黄際遇日記類編

师友乡谊录

黄际遇 著
黄小安 何荫坤 编注

图书在版编目（CIP）数据

黄际遇日记类编．师友乡谊录/黄际遇著；黄小安，何荫坤编注．—广州：中山大学出版社，2020.8

ISBN 978-7-306-06642-8

Ⅰ.①黄…　Ⅱ.①黄…　②黄…　③何…　Ⅲ.①黄际遇（1885—1945）—日记　Ⅳ.①K826.11

中国版本图书馆CIP数据核字（2019）第114053号

Huangjiyu Riji Leibian Shiyou Xiangyi Lu

出 版 人：王天琪
策划编辑：嵇春霞
责任编辑：孔颖琪
封面设计：林绵华　何　欣
封面绘图：周　桦
责任校对：李艳清
责任技编：何雅涛
出版发行：中山大学出版社
电　　话：编辑部 020-84113349，84111996，84111997，84110771
　　　　　发行部 020-84111998，84111981，84111160
地　　址：广州市新港西路135号
邮　　编：510275　　　传　真：020-84036565
网　　址：http://www.zsup.com.cn　　E-mail:zdcbs@mail.sysu.edu.cn
印 刷 者：佛山家联印刷有限公司
规　　格：787mm×1092mm　1/16　27.625印张　605千字
版次印次：2020年8月第1版　2020年8月第1次印刷
定　　价：94.00元

黄际遇在青岛时的留影（原载《黄任初先生文钞》）

《黄际遇先生文集》序[1]

◎黄海章[2]

际遇先生字任初，早岁沉酣经史，学养精深。值晚清政治腐烂，内忧外患，相迫而来，思有以拯溺救焚，乃东渡日本，穷探数天之学，以期施诸实际，旋赴美国，益事深研。学成归国，曾任武昌高等师范学校、河南大学、山东大学、中山大学数天（数学、天文学）系教授，作育英才，声誉卓著。暇则穷探中国古籍，以存国学之精微。在武汉时，与黄侃先生为深交。商榷古今，所治日进。黄侃先生殁，曾为文致悼，情词深挚，动人心腑。先生平昔长于骈文，仰容甫、北江之遗风，摒弃齐梁之浮丽，吐词典雅，气象雍容，当日号为作手。除在中大数天系任教外，兼任中文系教授。讲授“骈文研究”“《说文》研究”。沟通文理之邮，除先生外，校中无第二人。平昔治学甚勤，为《因树山馆日记》数十册。其中除讨论学术、文章外，象棋技艺亦在所不遗。先生棋艺甚精，与南粤诸高手角，亦互有胜负。而书法雄劲，光采照人，固不独以数天专家名焉。

一九三八年十月，日寇侵犯广州，形势危急，中大乃迁至云南澄江，后又迁回粤北坪石。而寇氛日炽，先生随理学院转移连县。抗日战争胜利后，由北江南下，不幸失足堕水，拯救无效。得年六十一岁。群情嗟悼，以为文理两院，竟丧斯人，实学术界之不幸云。

先生遗文颇多，因卷帙浩繁，势难全印，乃择其中一部分，公诸社会，存其梗概，庶几不堕斯文。

余于先生为后进，初在中大任教时，屡相过从，请益无倦。先生亦不余弃，奖掖有加。在坪石时，文理两院曾隔江相望，亦屡有晤面。先生意气豪放，谈笑风生，闻者为之倾倒。至今数十年，风采如在目前。哲嗣家教，治语言之学，于方言调查，尤所究心。在中大中文系任教三十余年，克尽厥职，门墙桃李，欣欣向荣。先生后继有人，可以无憾。

“文革”前有刊先生文集之议，余曾为作序。十年动乱，触目惊心。据家教

① 原载《中山大学学报》1990 年第 1 期，第 99 页。

② 黄海章（1897—1989 年），字挽波，号黄叶，广东省梅州市梅县区人。国立中山大学教授。中国古典文学著名学者，尤精于《文心雕龙》研究，有《中国文学批评论文集》《中国文学批评简史》《明末广东抗清诗人评传》《黄叶楼诗》等著作。

学兄云，该序已经散失。此次重编先生遗文，复请余序其端，余追惟先生之学问文章，言论风采，不辞鄙陋，复缀小言。数十年如石火电光，倏然消逝，余亦白发盈颠，皱面观河，迥殊往昔。所幸神州旭日，照耀人寰，先生有灵，亦当含笑于地下。

1982 年 12 月

《黄任初先生文集》序

黄海章撰　黄家教书

際遇先生字任初早歲沉酣經史學養深湛晚清政治腐爛內憂外患相迫而來思有以拯溺救焚乃東渡日本窮探數天之學以期施諸實際旋赴美國益事深研學成歸國曾任武昌高等師範學校河南大學山東大學中山大學數學系教授作育英才聲譽卓著暇則窮探中國古籍以存國學之精微在武漢時與黃侃先生為深交商榷古今所治日進黃侃先生歿曾為文致悼情詞深摯動人心脾先生平昔長於駢文抑容甫北江之遺風擴棄齊梁之浮麗吐辭典雅氣象雍容當日號為作手除在中大數天系任教外兼任中文系教授講授駢文研究說文研究溝通文理之郵除先生外校中無第二人平昔治學甚勤有因樹山館日記數十冊其中除討論學術文章外象棋技藝亦在所不遺先生棋藝甚精粵南粵諸高手面亦互有勝負而書法雄勁光彩照人固不獨以數天專家名焉

一九三八年十月日寇侵犯廣州形勢危急中大乃遷至雲南澂江後又遷回粵北坪石而寇氛日熾先生隨理學院轉移連縣抗日戰爭勝利後由北江南下不幸失足墜水拯救無效得年僅六十一歲聞者情嗟悼以為文理兩院竟喪斯人實學術界之不幸云先生遺稿因卷帙浩繁一時難全印乃擇其中一部分公諸社會存其梗概庶幾不墜斯文余與先生為僚道初在中大任教時屢相過從請益無倦先生亦不余棄獎掖有加在坪石時文理兩院曾隔江相望亦屢有時面先生意氣豪放談笑風生聞者為之傾倒至今數十 [illegible]

黃任初先生文集序

黃海章老師撰

家教敬錄

（注：黄家教是黄际遇的三儿子，本书编注者黄小安的父亲。序的手稿与原文略有不同。）

《黄际遇日记类编》序

◎黄天骥

近日，黄小安女士把即将出版的《黄际遇日记类编》（简称《类编》）交给我看，并嘱我作序。我始而惶恐，因为我早就听说，小安的祖父黄际遇教授，是近代学坛文理兼长的旷世奇才，像我这样水平浅薄的后辈，实在不敢置喙。但一想，通过阅读黄际遇教授的日记，学习前辈大学者的学术思想，了解从晚清到抗日战争时期社会的状况，体察在这一历史阶段知识分子的生活方式和心态，对提高自己对我国近现代学术思想、教育理念发展的认识，实在也是难得的机会。因此，便接过小安送来的校样，欣然从命。

我在1952年考进中山大学中文系，后来留校任教，也从詹安泰、黄海章等老师口中，约略知道中大曾经出现过无与伦比的黄际遇教授。黄老教授的哲嗣黄家教先生，师从王力教授，从中央民族学院进修回来后，在中大中文系任语言学科讲师，是我的老师辈。他和他的夫人龙婉芸先生与我过从很多，但也只从他俩的只语片言中知道黄际遇教授酷爱研究象棋，写过许多棋谱而已。总之，我知道黄际遇教授是学术界的名家，是传奇式的大学者，至于有关他的具体情况，却知之不多。这次小安把《类编》的校样和有关资料交给我看，浏览一遍，真让我眼界大开，五体投地。

黄际遇是广东省澄海县人，出身望族，诗礼传家，14岁即参加科举考试，成为同试中最年少的秀才。当时，风气渐开，清政府也开始派遣一些青年才俊到海外学习科学知识。黄际遇在18岁的时候，被广东官派到日本留学，专攻数学，成为日本著名数学家林鹤一博士的高足。可以说，他是我国早期专攻西方数学的留学生之一。回国后，他立刻从事数学、物理学科的教学科研和组织工作。1920年，他受当时教育部委派，到美国考察和进修。两年后，又获得芝加哥大学科学硕士学位。

黄际遇教授的一生，主要从事理科特别是数学、天文学科的教学科研，以及从事在全国范围内组织推动科学发展的工作。他担任过多所著名高校的理学院院长、数学系主任，出版过高质量的数学教材和译著、论著，被公认为卓越的数学家和开创我国现代高等数学教育事业的元老。最让人惊奇的是，他在国立山东大学担任理学院院长时，闻一多先生辞去文学院院长一职，他竟能双肩挑，兼任文学院院长。更令人意外的是，他在国立中山大学任教时，除了在理学院、工学院讲授主要课程以外，还常到中文系开设“骈文研究”“《说文》研究”等艰深的课程，并且受到广大学生的赞誉。今天，我看到他留下的日记手稿，全是以文言文写成，文章有时简约畅练，有时骈散兼备，有时更是全篇流丽典雅的骈文。看得出六朝辞赋、西汉文章，他均烂熟于胸，可以信手拈来，随心驱使。他还擅长书法艺术，行草篆隶俱精；对象棋艺术，也深有研究，能与当时广东棋坛的“四大天王”对弈，互有胜负，曾写就多达50册的棋谱《畸盦坐隐》。像他那样思路开阔、能够贯通文理的大师，在我国的学术史上实为罕见。

黄际遇教授有每天都写日记的习惯。在《类编》丛书中，收录有他在国立山东大学和国立中山大学工作时期的日记。此外，还有“读书札记”“读闻杂记”等多种笔记。在日记里，黄际遇教授或记事，或抒情，虽以文言写成，言简意赅，或以典故隐寓，曲笔寄怀，但都能让我们觉察到他曲折的心路历程。在早年，他参加过孙中山的同盟会，以科学救国为己任。在抗日战争时期，他看到山河破碎，悲愤不已，那一段时期的日记，贯穿着浓重的家国情怀。在日记里，他记录了许多珍贵的史料，也让我们看到民国初年和抗日战争时期学坛中许多知识分子的思想状态和生活方式。换言之，黄际遇教授的日记，虽然是文绉绉的，却又是活生生的。这是一部如诗如史的典籍，它对研究近现代历史，包括学术史、思想史、社会史的学者来说，都有很珍贵的参考价值。

研读黄际遇教授的日记，也引发我对一些问题的思考。

在许多人看来，数学与文学，是完全不同的学术领域，前者重逻辑思维，后者重形象思维，二者似乎毫不相干。其实，在人的大脑中，这两种思维能力同时存在，甚至本来就互相依存。问题在于，人们有没有把二者融会贯通的禀赋。

我在中大，曾多次听到数学教授们对某些数学论文的评价，说它们“很美”！我愕然，不知道那枯燥的数字和公式，和“美”有什么关系？后来向数学系的老师请教，才知道如果在数学论证的过程中，能发人之所未发，或鞭辟入里、一剑封喉，或奇思妙想、曲径通幽，这就是“美”。而要达到美的境界，科学家需要有丰富的想象力。如果说，推理能力与逻辑思维有关，那么，想象能力便涉及形象思维的范畴。因此，数学家之所谓“美”，和文学家之所谓“美”，实质上是相互联系的。显然，研究理工的学者，如果没有形象思维能力，缺乏人文情怀，他的成就也只能是有限的。同样，从事文学工作的人，如果只有想象力却缺乏逻辑思维能力，那么，尽管他浮想联翩，说得天花乱坠，终嫌浅薄，乃至于被人讥之为“心灵鸡汤”。

当然，要求学者们把逻辑思维能力和形象思维能力二者贯通，能够像黄际遇教授那样文理兼精、中西并具，能够任教不同的学科，能让两种思维能力水乳交融，在学术上达到发展创新的水平，谈何容易！何况，黄际遇教授曾任多所名校的校长、学院院长，说明他具有出色的行政能力；他又精于棋艺，能以“盲棋”

的方式战胜对手，说明他具有惊人的记忆力；他又是书法名家，能融合各体书艺，自成一格，更说明他具有非凡的审美能力。这一切，在他的身上，包容整合，融会贯通，成就为黄际遇“这一个”的独特风格，这绝非一般人之所能为。但是，高山仰止，景行行止，虽不能至，而心向往之，尽管黄际遇教授的学术造诣，我辈无法企及，但他治学的思想和道路给我们指出了如何有效提升学习水平的方向。

我们从有关资料上得悉，在少年时期，黄际遇教授即饱读诗书，过目不忘，特别精研《后汉书》，在中国古代文学、哲学、史学方面打下了扎实和广博的基础。在留日期间，他和章太炎、陈师曾、黄侃等学者订交，受他们的影响，对音韵学、训诂学、文字学都有深入的研究。固本培元，六艺俱精。而在清末民初，许多青年才俊已经认识到科学救国的重要性，在现代学科越分越细的情况下知道在学习上更需注重专业性。这一来，社会的学习风气，从科举时代提倡培养全才、要求“君子不器”转向“学有专攻”的方向发展。黄际遇教授多次赴日赴美留学考察，均瞄准现代数学，正是当时知识分子学习转型的表现。然而，由于中国的传统文化早就深入地渗透了他的每一个脑细胞，这就使他在现代数学、天文学方面取得辉煌业绩的同时，又在古代文学和语言学方面取得非凡的成就。在学术上，数学的美和文学的美，他各有体悟，又相互促进、相得益彰。可惜，他意外遇溺，逝世过早，他所开创的治学方向，人们还来不及研究和继承。在今天，在需要更进一步研究教育问题的时候，对黄际遇教授治学中西兼备、文理沟通的成功经验，我们应该从中得到启迪、充分发扬，为创造性地增强文化的自信力而奋进。

感谢小安让我读到《黄际遇日记类编》的初校稿。在20世纪50年代中，我初任中大助教时，常和小安、小龙、小芸、小苹四兄妹，在西大球场玩耍，他们竟把我这男青年戏称为“大家姐”。当时，小安还只有一两岁，往往要靠我抱起来，攀扯到单杠的横杠上。转眼间，60多年过去，小安已成为很优秀的摄影家，而且还有了自己的小孙女。使我感佩的是，她和何荫坤先生在退休后决心对祖父遗下的日记进行编勘注释，以便让更多的人知道黄际遇教授在学术上的卓越贡献，让更多的学者能利用这一份具有文献价值的文化遗产进行各方面的研究和探索。由于小安夫妇并非从事文史专业的工作，因此，检索史料、实地查询、注释章典，需要耗费大量的劳动。据我所知，他俩锲而不舍，辛勤地花费了长达整整10年的时间，最终才完成了这项十分繁难的工作，了却其父黄家教先生未了的心愿。现在，这部篇幅宏大的日记能获出版，我想，黄际遇教授在天之灵，定会对后人纪念之诚感到宽慰；广大的读者和学者，也将万分珍视这两位编注者为学坛做出的成果。

2019年2月23日于中山大学中文堂

祖父黄际遇事略

◎黄小安

在编注祖父黄际遇日记的过程中，不少前辈均建议应有篇“事略”或“简历”，先让读者有个大概的了解。我们以日记为主，整理的事略大体如下：

祖父黄际遇，字任初。后自号畴盦。

1885年五月十三日（农历）出生于广东省澄海县。父黄韫石（1842—1925年），字梦豁，清贡生，以廉干参与县政者数十年，董澄海县节孝祠事。兄黄际昌（1868—1900年），字荪五，廪膳生（1882年，受知广东学政、侍讲学士叶大焯）。祖父少时依兄受文章。

1898年，应童子试，受知师张百熙（1847—1907年）先生。入秀才，补增生。“先生以戊戌按试粤东。”

1901年，修学于汕头同文学堂，师承温仲和、丘逢甲、姚梓芳等。姚梓芳（1871—1951年），号秋园。两人自始为忘年交。

1902年，考入厦门东亚同文书院，补习日文，为东游计。

1903年，继续负笈厦门东亚同文书院。7月16日，与7位厦门东亚同文书院的潮州籍同学，联袂由汕头乘船赴日本留学。8月，抵达日本，入宏文学校普通科学习。其间，认识陈师曾、经亨颐等，共同赁屋而居并成为至交。

1905年，加入孙中山领导的中国革命同盟会。

1906年，曾习经以度支部右丞奉清廷之命往日本考币制，祖父以乡后进礼接待先生旅次，自始两人结识，并为忘年交。4月，自宏文学校毕业，入东京高等师范学校（今东京大学）数理科，从日本数学家林鹤一博士习数理。学校假期，与陈师曾联袂回乡探亲，并到南京中正街师曾宅进见师曾尊人陈三立，并与师曾六弟陈寅恪订交，“临行，老六以《张濂亭集》为赠，并署曰：‘他年相见之券’”。

1908年10月19日，日本政府借《民报》激扬暗杀为理由，下令禁止《民报》发行，并对《民报》编辑人兼发行人章太炎进行审讯、判决和拘留。“先生于是无所得食矣，穷蹙日京曰大冢村者，聚亡命之徒十数人，授以《毛诗》及段注《说文》，月各奉四金为先生膏火，际遇之及先生门自此始也。”其间，与黄侃、汪东、朱希祖等认识。

1910年5月，获东京高等师范学校颁发毕业证书，同时获理学士学位。自日本学成归国。初，受聘于天津高等工业学堂任教。下半年，清政府按照惯例对归国留学生按科举方式进行考试。进京殿试，中格致科举人。

1911年，在京与曾习经、罗瘿公交往。每由津入京，均住在陈师曾处。

1915年，到华中区的国立武昌高等师范学校（今武汉大学）任教授，兼数理部主任，期间一度出任教务长。学生有曾昭安、张云、辛树帜等。寓居武昌期间，与吴我尊、欧阳予倩交往密切。

1919年，黄侃由北京大学转教国立武昌高等师范学校。祖父与黄侃持论不同，却是终身挚友。

1920年，游学美国芝加哥大学，师事 E. H. Moore 大师。

1922年，获芝加哥大学科学硕士学位。学成回国，途经日本，在东北帝国大学见到陈建功，约请陈毕业后到国立武昌高等师范学校任教。从美国回来后，曾一度在国立广东高等师范学校（中山大学前身）任教。

1923年，国立武昌高等师范学校改为国立武昌师范大学，任新成立的数学系系主任。

1924年，陈建功如约到校（当时称国立武昌大学），学生有曾炯之、王福春等。祖父向校方推荐陈建功再次出国深造，并提及黄侃事，“与校长意见相左”，后应河南开封的中州大学（今河南大学）校长张鸿烈之邀，到该校主持数理系兼校务主任。

1926年，奉系军阀盘踞开封，中州大学处于停顿状态。祖父应聘任广州国立中山大学教授。

1928年，经黄敦兹介绍，河南省主席冯玉祥敦请祖父至河南省立中山大学（也称国立第五中山大学，今河南大学）任教。祖父向广州国立中山大学请假，再度北上，任该校数学教授兼校务主任。

1929年，河南省立中山大学校长致函广州国立中山大学，请慨允黄际遇先生留河南中山大学任教。5月，祖父任该校校长，兼河南省教育厅厅长。

1930年3月，中原大战爆发。5月，“罢官河洛”。9月20日，祖父参加国立青岛大学正式成立会议，任该校数学教授兼数学系系主任、理学院院长。在国立青岛大学时，与杨振声、赵太侔、闻一多、梁实秋、陈命凡、刘本钊、方令孺并称为“酒中八仙”。

1932年，国立青岛大学改名为国立山东大学，祖父任数学教授兼数学系系主任、文理学院院长。与文学院张怡荪、姜忠奎、游国恩、闻宥、丁山、舒舍予、萧涤非、彭啸咸、赵少侯、洪深、李茂祥、王国华、罗玉君等，理学院王恒守、任之恭、李珩、王淦昌、蒋丙然、王普、郭贻诚、汤腾汉、傅鹰、陈之霖、胡金钢、王文中、曾省、刘咸、林绍文、秦素美、沙凤护、李达、宋智斋、李先正、杨善基等，以及杜光埙、皮松云、邓初先、郝更生、高梓、宋君复等来往较频繁。其间，与罗常培互订音韵学研究。

1936 年 1 月，山东省政府借故将其每月给国立山东大学的 3 万元协款压缩为 1.5 万元，给学校带来很大的经济困难，祖父极感失望。在张云、何衍璿、邹鲁的协助下，祖父于 2 月 13 日自青岛启程南归；2 月 27 日回到广州；3 月，到国立中山大学（石牌），在理学院、工学院授“微分几何学”“连续群论”二课，在中文系授“骈文研究”“《说文》研究”二课。在中大期间，校内与黄巽、古直、龙榆生、李沧萍、黄敬思、曾运乾、李雁晴、王越、黄海章、萧锡三、胡体乾、林本侨、刘俊贤、张作人、孔一尘、邹曼支、戴淮清等，校外与陈达夫、林砺儒、杨铁夫、张荃等来往甚密。另外，经何衍璿介绍，结识了“粤东三凤”黄松轩、曾展鸿、钟珍，以及卢辉、冯敬如等当时国内象棋专业高手。

1937 年，卢沟桥事变后，日军军机肆意轰炸广州。国立中山大学各学院分散上课，除工学院依旧在五山外，文学院回旧校址（文明路），法学院就附属中学，理学院就小学。祖父因为要为理、工、文三学院授课，故在空袭警报声中于市区、郊区之间往返。

1938 年 9 月，国立中山大学西迁至云南澄江。祖父避难香港。

1940 年 9 月，国立中山大学由云南澄江迁往粤北坪石，祖父重回中大，任数学天文学系系主任，兼授中文系骈文课，又兼任校长张云秘书。

1941 年，介绍黄海章重回国立中山大学中文系任教。

1944 年 4 月，以老教授代表衔与代理校长金曾澄、教务长邓植仪欢迎盛成教授到中山大学任教。端午前夕，盛成教授赋诗贺黄际遇六十华寿。

甲申端午前夕贺黄际遇教授六十大寿

潮流往后不堪闻，声入心通请寿君。
艾壮韩汀惊岭客，蒲安坪石外溪云。
思家怕过他乡节，饮酒有孚靖塞氛。
醉后自寻仙境路，六经数理妙斯文。

是年夏，日军逼近坪石，理学院组织疏散，第一批教职员家属溯武水至湖南临武县牛头汾圩，临武人士闻知，邀祖父黄际遇到力行学校讲学，主要讲《说文》和古文。秋，李约瑟拜访盛成，盛成约黄际遇等教授一齐欢迎李约瑟。

1945 年 1 月，坪石沦陷，祖父避居临武五帝坪。5 月，他重返力行学校。8 月，日军投降，抗日战争胜利。10 月 17 日，国立中山大学连县分教处师生自连县起锚返广州。10 月 21 日，舟次清远白庙。凌晨，更衣失足落水，遂罹难。11 月，教育部特派员张云、新任校长王星拱、代理校长金曾澄、教务长邓植仪、总务长何春帆联合发起组织治丧委员会。12 月 16 日，国立中山大学在广州市区文明路附属小学礼堂为祖父黄际遇举行追悼会。同时，治丧委员会决定出版黄际遇著作并筹集专项奖学基金。12 月 23 日，国立中山大学潮籍员生联合广州城各机关潮州同乡，再假广州市区文明路附属小学礼堂，为祖父黄际遇等该校潮州籍死难员生举行追悼会。广东省政府委员詹朝阳代表省政府主席罗卓英主祭。

1947 年，中山大学呈请教育部褒扬已故教授黄际遇，经教育部呈行政院转呈国民政府。国民政府特于 2 月 8 日颁布褒扬令。褒扬令全文如下："国立中山大学教授黄际遇，志行高洁，学术渊深。生平从事教育，垂四十年，启迪有方，士林共仰。国难期间，随校播迁，辛苦备尝，讲诵不辍。胜利后，归舟返粤，不幸没水横震。良深轸惜，应予明令褒扬，以彰耆宿。此令。"

1949 年，由詹安泰教授、张作人教授等编辑的《黄任初先生文钞》出版，中有张云校长、詹安泰教授序文各一，列为中山大学丛书之一。

目　录

引　言

黄际遇出生于广东省澄海县。

1898年（戊戌）受知粤学使张百熙（冶秋），同时中式为县学生员有丁静斋与吴贯因（柳隅）。丁静斋是丁日昌（雨生）侄儿，与黄际遇交至耆艾之年。吴贯因1907年赴日本留学，在日期间，吴贯因结识了流亡在日本的梁启超，成为好友，从此他追随梁奔走呼号。当年在日之少年，基本上不归梁则归章。

1901年，黄际遇修学于汕头同文学堂，师承温仲和、丘逢甲、姚梓芳等硕儒。黄际遇与姚梓芳（秋园）成为忘年交。

1903年，黄际遇东渡日本留学，其间与陈衡恪（师曾）、经亨颐（子渊）等友善，并共同赁屋寓居江户（东京）。

又从章炳麟（太炎）游，治文字声韵之学，结识黄侃（季刚）等。

1906年，曾习经（刚甫）以度支部（户部）右丞兼任法律馆协修、大清银行监督、税务处提调、印刷局总办的身份赴日本考察，黄际遇"以乡后进礼，接待先生旅次"，得以结识曾习经，结为忘年交。

1936年，黄际遇回广州国立中山大学任教。经姚梓芳外孙女词人张荃介绍，认识词人杨铁夫。又是两段忘年交。

黄际遇曾自言："数予交好中，交最笃而责望最深者义宁陈师曾，蕲县黄季刚，揭阳曾、姚二老而已。师曾殁几二十年，季刚旅殡京华复逾十载，而季刚墓草亦已宿矣。自念无似，比来稍有述造，又不得此三友者见之，岂惟既悲逝者而已。"

本篇是黄际遇与上述师友以及家乡亲友的来往实录。

《万年山中日记》第一册

（1932年6月14日—7月10日）

1932年6月14日

济南工学院右邻有趵突泉，余每驱车历下，必临泉品茗。尝考趵突之名，自曾南丰始，屡欲写记其胜，而腹俭经年不成。章太炎先生比日来青岛，莅校讲学，其过济南时已有文纪泉之胜，即以实吾日记。

章太炎《游趵突泉记》：

“历下称七十二泉，皆济水之踊于地者也，而趵突泉为胜。其水坌地十有余尺，喷沫若雾，广袤四五丈，盖春秋所谓华泉。近人以铁筒导之，水踊稍缓，而旁衍亦广矣。民国二十一年五月，余自北平来，临流求饮，啜数勺，甘润不绝于口，信乎泉之至美者也。饮既毕，踟蹰亭上，追华泉旧事，下车取饮，嘉丑父之忠，抽戈冒身，念齐侯之勇。嗟呼，君臣相与，其诚如此，故能败而复振，返汶阳之田也。今之统军者，方其得志满意时，扬眉叱咤，若无余人。及兵败国蹙，求一驺卒与之戮力，且不可得，岂非以狙诈遇人，无赤心之郊耶？然则斯泉之在载籍，二千五百年于兹，岂徒以水之芳冽名，盖亦以其人焉。后之柄国者其亦取鉴于斯。章炳麟记。同游者龚振鹏、刘倚仁、周秀文、何筠慈。”

1932年6月18日

晚致书姚君慤[①]揭阳，约聘其少君万年[②]弟来任化学教授事，书别存录。

【注释】

①姚君慤：姚梓芳，号秋园。广东揭阳人。民国藏书家、书法家。

②万年：姚万年，姚秋园之子。

1932年6月19日

先兄荪五先生（际昌）[①]，年十六举茂才，为名诸生，南北试屡进报罢，坎郁以终，年方三十二（庚子），忽忽又三十二年矣。少时依兄受文章，而不能得兄立品行己之什一。孺慕之依，只今未衰。阅莼客[②]日记，知兄受知师叶宗履历，因录记之以寄甘棠之爱。（光绪八年壬午八月甲寅朔，诏侍讲学士叶大焯闽县，戊辰为

广东学政）

午张采石、宋树三[③]来并留饭，因招同吃番菜，雅不欲往，家厨乡味聊比郇厨[④]。畅话移时，剌知里门近事不少。饭后信步校园，各得野花二盆，囊载以归。

致陈硕友[⑤]书：

荷香清漪，蝉声澈朗。不审比日清兴何如？弟治事多疏。五十之年，忽焉将至。益以读书为乐。山中华表不越七十度，得此清凉一席，殊不甘辜负也。冷灶闲僧，别有滋味。因风怀想，不任钦迟。

陈兰甫（澧）先生卒于光绪八年正月，年七十三。

【注释】

①荪五先生（际昌）：黄际遇兄长黄际昌，字荪五。1900年卒。

②莼客：李慈铭。

③张采石、宋树三：广东潮汕商人，在青岛经营山东土特产运销生意。

④郇厨：见《新唐书·韦陟传》。后以"郇公厨"称膳食精美的人家。

⑤陈硕友：黄际遇儿女亲家。

1932年6月21日

陈元铎甥函来，云："已告王健民君并百元之捐可以豁免。"此答航空捐款事。澄海一邑，勒派五十万，从前认各项捐款数在百金者，现须纳捐千元。得黄峻六书云："阖宅迁避者已不少见，夫子曰：'何为不公，曰苛政猛于虎也。'"余远耕研田[①]，子俯仰待赡，八年以来，眷属且不能随侍，邑中居然指目为素封[②]。此次派捐二百金，比[③]函陈甥，代吁王君豁减也。即寄内子书告家中此事。

【注释】

①研田：砚。以田喻砚，把读写看作耕作。

②素封：无官爵封邑而富比封君的人。

③比：同"畀"，意思为"给、给予、付与"。

1932年6月23日

儿辈既无试事，为之讲治"国学"之道，并课诵《尔雅》"释言""释亲"二篇。《释亲》云："父之妾为庶母。"郝疏："庶者众也，庶母犹言诸母也。"妾者，《释名》云："接也，以贱见接遇也。"《传》曰："何以缌也，以名服也，大夫以上为庶母无服。"见《仪礼·丧服》。即函云溪[①]论此事。家书来。

【注释】

①云溪：黄云溪，澄海黄氏家塾教师。

1932 年 6 月 24 日

先君子[①]得董蔗林（诰）尚书墨迹十二帧，藏之家庙，文为节书《名园记》，黄云溪据洛阳《名园记》后一文中有"则《名园记》之作，余岂徒然哉"云云，断定所节《名园记》原文为宋李格非作，自是确证。

【注释】

①先君子：对已故父亲的称呼。

1932 年 6 月 25 日

是日先君子九十一岁冥寿，去捐馆[①]之年，忽焉七稘[②]。余家例不设祭，默识而已。海频舌耕，徒为饘粥计耳，何解惑授业之足云。历历追溯，益不胜杞柳杯棬之痛。今日读《北江[③]年谱》，知乾隆四十二年丁酉，即先生三十二岁时，屋母蒋太宜人忧[④]，以营葬乏资，偕孙星衍赴太平，馆刘榷之视学之幕，衣缟素不肯更易，值节日朔望，皆独处，在学署一载，率以为常。不孝方在母陈太宜人之忧且日逐宴会，不以为耻，平旦自思，已非人类。国学中文学讲师某，至屡持三年之丧为汉儒伪说，以相诋訾。予生三年，然后免于父母之怀。正不知先生所读何书，不孝之纳交为何如友矣。(在宏成发[⑤]记)

昧爽即召车，并挈家器[⑥]避潮[⑦]宏成发。属门者勿通客。见披发于伊川，能不痛心于齐鲁之邦哉。

【注释】

①捐馆：死亡的婉辞，亦省作"捐舍"。

②稘：一整年，周年。后多作"期"。

③北江：洪亮吉，号北江居士。清代学者、文学家。

④忧：父母之丧。

⑤宏成发：广东潮汕商人蔡纫秋在青岛经营山东土特产运销的店铺名。

⑥家器：黄家器，黄际遇长子，时为国立青岛大学数学系学生。

⑦避潮：逃避学潮，指国立青岛大学第三次全校性罢课行动。

1932 年 6 月 28 日

晨家器偕陈厨回家，拟由太古"四川"船南行，余挈之至莱芜路而归。

1932年7月4日

受知师张冶秋[1]先生，先生以戊戌按试粤东，殇于宣统元年。余东京游学以宣统二年归，先生不及见矣。

【注释】

①张冶秋：张百熙，字冶秋，号潜斋。

1932年7月7日

是日先嫡母王太宜人忌辰，器儿计已到家，当能代洁樽豆致祭矣。

1932年7月10日

姚秋园（君慤）先生来信，信封署姚氏学苑，信中称六儿万达有志国学，敝园文字之传，可望者仅此子而已。颇见天命在孤，横槊赋诗之概。昔汪容甫闻随园悬“此地有崇山峻岭茂林修竹，是能读三坟五典八索九丘”一联语，人曰改日到随园读读“三坟五典八索九丘”，袁子才[1]立下其联。此子才所自云（《答杨笠湖书》）：“君子之立身如坐轿，然要人扛不必自己扛也。”姚氏自榜学苑，复令人不胜“改日到秋园游观苑中风物”之感耳。书中又有“近因以文见托者，应之太繁，拒之不恭，定一润例，稍示限度，并请玉老介绍并签尊衔。亦冀略张吾军，假佣书[2]以自给”云。限度之语，终嫌舶来（东人谓欧货曰“舶来品”）。玉老似是吴道镕，石老未知所指。（石老陈衍石遗，玉老叶恭绰玉虎。纫秋言）

云溪复书论百日除灵[3]之说，极精审，略云：“孝子不忍其亲之死，故三月之制虽满，余哀未尽，故加以三日奉汤，三日奉茶，至百日为数，之终乃不得不除灵耳。”犹夫三年之丧既满而婚娶，仕宦须待禫服三月满方敢举行。三年可加三月，三月便可加十日，子舆氏所谓“虽加一日，愈于已”，或亦斯意也乎。今世士夫可与论此者寡矣。

【注释】

①袁子才：袁枚，号随园老人。清代诗人、散文家。

②佣书：古代受人雇佣以抄书为业。

③除灵：旧俗人死既葬，于除丧之日，延僧道追荐后，撤除灵座，烧化灵牌，以示服丧期满。

《万年山中日记》第二册

（1932 年 7 月 16 日—8 月 23 日）

1932 年 7 月 16 日

前月侍章太炎先生来国学[1]说经。闻一多竟比太炎于扬雄。可谓言人所不敢言者。

【注释】

①国学：国立青岛大学。

1932 年 7 月 17 日

忆洪宪之朝，太炎幽于请室[1]，谓门人曰："君等安心，彼袁世凯不但不敢明杀我，而且不敢暗杀我。"吁，偏至之士，或至求一杀以成名。吾终以得名为耻。

【注释】

①请室：请，通"清"。清洗罪过之室，即囚禁有罪官吏的牢狱。

1932 年 7 月 23 日

电姚君慤先生促万年弟北上。

1932 年 7 月 25 日

万年电来辞教席。

1932 年 7 月 26 日

入夜，涛声凄厉。挈儿辈，驾车沿大学路直下，南折过汇泉。山静如醉卧，海鸣似陷阵。车驶如飞，灯耀欲坠，戛然而止，炮台半屿尽处也。公瑾当年，雄姿英发。安所得铜筝铁板，为唱大江东去哉！旋乃下车穿径，据石濯缨，万里海天，廓然无物。以兹之乐，何异登仙？银河高横，乃以车返。纵御者之所如，历乱山而阒然。茂草丰林，仅可辨径。一环百曲，车行若梭。夜半游山，惟恐不邃。方之古人，未见著录。假使车御陡然失职，既涂辙之不辨，将马首之安瞻？忽望群火明灭，骤讶飞萤。御者告余曰："此台东镇也。"然则车行郊外已数十里矣。急回俗士驾，为君敛浪迹。翻然就寝，日影在窗。

1932年7月28日

自与陈师曾[①]结交后，二十余年不敢谈诗，诗律益疏，读诗亦不能入叩矣。浏阅诗话，亦以永此小年而已。竟《北江诗话》五卷，见其性情之厚，盖诗教之犹存也。

【注释】

①陈师曾：又名衡恪。美术家、艺术教育家。

1932年7月30日

早粥后诣一多，求为先慈[①]作像赞[②]，闻君谦让再三。乃拟转商陈寅恪[③]君代其尊人伯严先生[④]题耑，当写事略付之。

先大人尝为解释名、字相关之处：朱熹字元晦，号仲晦。熹，《说文》"炙也"，《玉篇》"炽也"，有明义，故济之以晦。韩愈字退之。愈，《玉篇》"胜也"，故济之以退。童呆嬉戏，闻之了然。际遇之名，命自大人，东游之时，心已不惬，至今未敢易也。阅王鸣盛序孙渊如《问字集》有云："韩昌黎文起八代之衰，其名愈，《说文》无此字，新附亦无。然其言曰：'凡为文章，宜略识字。'又曰：'羲之俗书趁姿媚。'是亦深有意乎识字者。或曰：'君子已孤，不更名。'盖昌黎幼孤故也。"然则际遇之不敢妄自更名，尚深有合矣。

寒家宅澄海三妃宫，自曾祖世亮公以来百五十年矣。宫与旧斋衡宇相向，中祀三妃，即天后宫也。

晚为儿辈讲《蔡琰传》。

【注释】

①先慈：亡母，是对已死长者的尊称。

②像赞：为人物画像所作的赞辞。

③陈寅恪：字鹤寿。历史学家、古典文学研究家、语言学家、诗人。

④伯严先生：陈三立，字伯严。陈衡恪、陈寅恪之父。

1932 年 8 月 1 日

检出庚午年所为《家慈登寿八十有六征言略》一文，督平儿缮写一通，托一多带诣燕城[①]，请师曾六弟寅恪为遗像赞，署伯严先生款。

儿辈欲往观水族馆，乃共驱海滨公园。有亭翼然，画栋朱栏，逼真大内。晦日亥正，潮方怒长，断崖悬石，搏激有声。遵海滨而行，下上低徊。俯焉拾级，仰焉攀巢。新馆在望，星电争辉，而馆门将闭矣，以刺诣之，优待有加。蛇行曲巷之中，蠖屈长衖之径。游鱼可数，伏甲不飞。容与漾漪，别有天地。斯时游者依稀，龙潜蠕动，欲抱珊瑚而长终矣。甫出洞门，凉风习习，披襟当之，真不知人间天上，今夕何年？

【注释】

①带诣燕城：带到北京。

1932 年 8 月 4 日

记留东四川某生事：

川籍女士某，留学日本东京竹早町女子师范学校，藉藉有声。女校长器爱之，逾于常徒。问字之外，且令就宿其家焉。时有同籍生某君，心焉爱之。顾以礼自绳，未敢通款女士，但刺得女士里籍，驰书父母向女士家长求婚焉。女士居女校长家，其家之小居停，则隳[①]落书生也，非我族类，实逼处此。女士慧觉之，乃托词僦[②]居他处。顾以师生之谊，时尚往来女校长之门。一夕留饭，饭已而大雨倾泻不休，主人觅车送客。车以油幕笼罩，车夫亦深衣大笠，不可辨色。奔驶越程，杳不知其所之也。车停而匕首见，闪烁逼人，严词喧吓，谓今夕之事，一言而决，得之则生，不得则死，俺之相伺，非一日矣。女士辨声，方恍然所御车夫，乃小居停之化装。林野旷深，强御咫尺，十年不字，俄顷死生，不复有盘旋回荡之余地矣。乃忽有一少年，突起草莽之间，趋凶手搏斗。女士得间，蓬首跣足，逸出号诉。逻者寻声而至。女士乃知遇险之处，为上野公园也。踉跄归寓，忐忑未曙，而《朝日新闻》晨刊已越扉送到，赫然二号大活板字大书："支那留学生杀人！"女士如醒方梦，如海浮大石，事之离奇，宁有至是者乎。异史氏亦适居东，闻之蜀人曰：支那留学生者，即川生某君也。某君之于女士，备致倾爱之忱，且备知将有不利于女士者。故由爱慕之切，而隐为保护之勤。或先之，或后之。情之所钟，金石不渝。况彼已得川书，详及两定约事，则女士已为其未婚之爱俪哉！情斗之下，胜负分焉，杀人者死，爰书已定矣。女士胍胍寸心，亦惟有向所谓"支那留学生者"挥一掬同情之泪而已。四川同乡会极鸣不平，吁之留东使者若监督等，抵倭庭力争，仅仅弛此垂死之命。其时女士乃得家书，天乎痛哉！毕生之所天，竟为向夕之镳客；须臾之决斗，即为终身之定情。于是诣庭申辩，洒泪鸣冤，辞旨清哀，闻者酸鼻。卒以徒刑十五年定谳。某君以伟大之爱，求仁得仁，甘之如饴耳。而造物不仁，以情场供牺牲，以青年为刍狗。悠悠苍天，尚何言哉。乃者，巢鸭犴狴之内，有声凄楚，如泣如诉。则女士与所爱者诀别之一幕也。女士卒废学归蜀，为某君守此十五年之约云。

余当年尚能历历道其姓名，今但撮记其事略如上方。

【注释】

①嬾：古通"惰"，懒惰。

②僦：租赁。

1932 年 8 月 7 日

晨往宏成发一谈。家书来报：归虞[①]事定正月初九（十二月十四）。适为大祥之后一日，公务在身，亦当谋归去也。

【注释】

①虞：一种祭祀名。

1932 年 8 月 23 日

晨访冯芝生、孔云卿于清华住宅，皆十年老友也[①]。芝生为觅车访陈寅恪于西山卧佛寺龙王堂，车行三十里。西山为九城名胜，余从青岛来，饱餐青山滋味，故不觉其可喜也。抵寺前下车，车夫告余曰："此君为清华教员，汝询何人，问之可也。"余曰："访陈先生。"一客曰："我即陈先生。"面貌依稀似尝相识，嘻，此二十六年前江宁中正街余在师曾宅所认识之陈老六也。时年十六，相与甚欢，临行老六以《张濂亭集》为赠，并署曰："他年相见之券。"今各年过四十矣，执手茫然，如梦如醉，古松之下，纵谈移时。其夫人烹饭酌酒，午后同游西山而归。抵吴宅已薄暮矣。梅校长[②]招往清华园便饭。

【注释】

①皆十年老友也：黄际遇利用到北京参加中国数理学会年会机会，遍访老友为媒介，广泛邀聘人才到国立山东大学任职任教。

②梅校长：梅贻琦。

《万年山中日记》第三册

（1932年9月11—20日）

1932年9月11日

晨发汕家器电："廿一补考。""社会怎样能够安定？"演题亘时七十分钟。袁道冲（荣叟）论从前"富贵贫贱"四字，独立分读今曰"富贵；贫贱"。粘合两名词分读之义，综论"人心世变"而归于"安分乐业"为社会安定之基础云。

示匀珪诸儿文体书：

诗至唐之排律，赋至清之律赋，遂极工整之盛轨[1]，韵叶之奇观。汝曹于《唐诗三百首》及《赋学正鹄》，各尝读过几首，知其格式矣。今为汝曹言骈体文。文有骈散二种，经、传、子、史中之文，大抵骈散并行，奇偶错变。试取已读之文复按之，当绝无不具骈句之文。五古、七古歌行，处处必插入对句，其气方有停滀[2]，不至一泻无余。其声调亦觉得格外铿锵，音如金石。即如善词令之人说话，试细听之，其中夹有如许并排句法。此亦自然界中一种自然之理。

至专以骈体文称者，汝曹已读过屈平《卜居》《渔父辞》，陶潜《归去来辞》，孔珪《北山移文》，王勃《滕王阁序》，骆宾王《讨武曌檄》，杜牧《阿房宫赋》，李华《吊古战场文》，韩愈《进学解》《祭田横墓文》，王禹偁《待漏院记》，汪中《自序》，余之《爱旌目诔》等篇。此等文字较难上口。选本所未及者，更无论矣。然骈体文不但为文体中不能缺少之一格，且可认为文格之最高者。予于此道素疏，向亦未经为汝曹论之，家中藏本又多未备。比年次第得《庾子山集》（庾信），《汪氏丛书》（汪中），《洪北江集》（洪亮吉），《茗柯文编》（张惠言），《越缦堂文集》（李慈铭），《寿恺堂集》（周家禄），《缦雅堂骈体文》（王诒寿），《国朝骈体正宗》（曾燠辑），《四六笺注》（陈维崧），《续文选》（雷瑨），《八家四六文注》（吴鼒选，许贞干注。八家：孙星衍、洪亮吉、孔广森、刘星炜、邵齐焘、曾燠、袁枚、吴锡骐），《国朝十家四六文钞》（王先谦选。十家者：刘开、董基诚、董祐诚、方履篯、梅曾亮、傅桐、周寿昌、王闿运、赵铭、李慈铭）等书，方计日而读之，近人中推汪中为最高，而选本多未之及，殊不可解。洪亮吉、李慈铭，予所最爱读者。选本则以王先谦《骈文类纂》类目宏富，取裁得体。此书尚未购得。兹亦非欲详示汝曹骈学。姑检出《国朝骈体正宗》一部，圈出毛奇龄《与秦留仙翰林书》，陈维崧《〈周栎园先生尺牍新钞〉序》，袁枚《与蒋苕生书》，邵齐焘《答周芝山同年书》《送顾古湫同年之荆南序》，汪中《自序》《汉上琴台之铭》，阮元《重修郑公祠碑》《〈兰亭秋禊诗〉序》《〈四六丛话〉后序》，洪亮吉《〈伤知己赋〉序》《〈八月十五夜泛舟白云溪诗〉序》《适汪氏仲姊哀诔》《与孙季逑书》《与孙季仇书》《出关与毕侍郎笺》，刘嗣绾《颐园读书记》《山中与鲍若洲书》，吴鼒《〈八家四六文钞〉序》，彭兆荪《与吴韵皋书》，凡二十首。有便舟南归，寄示汝曹。先钞读之，他日归里，再为讲解，或以所得者分饷俭腹耳。此示。壬申中秋前四日。

【注释】

①盛轨：美好的典范。

②停滀：亦作"停蓄"，停留蓄积。

1932年9月13日

柬云溪宗兄：

中秋前三日，遇白：一行作吏，此事遂废。槐花方黄，举子皆忙。长夏如年，粗治声律。秋风乍起，校务孔多[①]。既畏简书，坐以苶[②]懒。所得既微，旋又失之矣。仰望邃修，寡可告语者。比日寄示儿辈论文体一书，计呈蓙晚。点窜所及，无吝斧斤。明月在天，莼鱼可忆。

【注释】

①孔多：很多。

②苶：疲倦，精神不振。

1932年9月14日

柬慧：

前日写存一柬，阁置箧中。昨晚又得华笺，如吾腹意。灯前月夕，手此为欢；红豆莼鱼，心乎爱之。明日中秋，一年佳节，虽有分外之明，雅无共乐之侣。举杯邀酌，空成三人；对酒当歌，何心三匝。岂曰无车？出有蒲轮[①]。谁谓河广？渡有杭苇。（青岛非全市之名，乃大学前一小岛，有舟可渡）宁乏翩翩裙屐，点缀景光？只余落落心期，低徊尘影。子山哀江南而作赋，孝穆囚北齐而致书。酣读纵声，辄为泪下。矧在孤客，孰能无情？是用遁迹山阿，行吟泽畔。以去国离乡之感，发美人香草之思。山榛隰苓，嵩云秦树[②]，寄迢迢于一纸，摅脉脉之孤怀。亦知积瘁之躬，不堪结辖；但申同心之旨，利在断金云尔。千里共明，祇希亮照。（中秋前一夕）

【注释】

①蒲轮：让被征请者坐在安车上，并用蒲叶包着车轮，以便行驶时车身更为安稳。表示对贤能者的优待。

②嵩云秦树：嵩山的云，秦岭的树。比喻相隔很远。

1932 年 9 月 18 日

柬陈硕友：

得知千载，正赖读书；作吏一行，遂废此事。而研田可耨，结习难忘。自遁空山，复修旧业。舌耕助读，手录成书。亦愧面墙，不堪覆瓿。寒天归棹，聊当土仪。一雁南飞，系书将意。

1932 年 9 月 20 日

器儿辈初来，谈谈家乡近况甚详，老少怡然，田庐无恙。无事即是福，自全不为易也。作家书，并致书硕友亲家及黄云溪，订明春馆事。料检付家用各物并寄慧，托山东船姚楚卿带去。

《万年山中日记》第四册

（1932 年 10 月 2—16 日）

1932 年 10 月 2 日

复黄云溪：

今日接廿五日书，备知舍徒而车之苦。王道之不平，非晋之耻也。比者欲以读书为补拙之地，少言为寡过之阶。用是程功于日记中。即胸中别有阳秋，而笔下不敢月旦[①]。念古今成学诸儒，未有以老废学者。大作道出真旨。容日学步再呈。

【注释】

①月旦：月旦评。东汉末年由许劭兄弟主持，对当时人物或诗文、字画等品评的活动，因常在每月初一发表，故称“月旦评”。

1932 年 10 月 5 日

《偶成》（并答步云溪）：

五十学易已为迟，我乃五十未学诗。独抱楹书伤行役，不堪回首趋庭时。

家大人口授经传，既卒业，并授以大父允岩公《治易》一卷，嘱他日宜出外求师，精研易理，以竟先志。松楸已拱，樗栎[①]依然，抚念遗言，益伤迟莫已。

【注释】

①樗栎：喻才能低下，用为自谦之辞。

1932 年 10 月 10 日

挽马府王嫂夫人并唁隽卿兄。

唁马隽卿书：

隽卿足下：卅年棣萼[①]，一水蒹葭。翘首高风，感怀旧雨[②]。去年腊尽，克日南归。哭奠小祥，凄依封垄。庐居之侧，曾芜片函。骊驹在门，又惊倭寇，寇退则反。学无常师，芸[③]人之田，学古之道。间有收获，寡所取资。既思古人，益念良友耳。忽报书来，陡伤弦断。仳离[④]之什，蒺藜之宫。回首当年，抚心三叹。闻弦而坠（《战国策》：雁从东方来，更嬴以虚发下之。魏王曰：“射可至此乎？”更嬴曰："此孽也，故创未息，而惊心未去，闻弦者音烈而高飞，故创陨也。"），讵因风急天高；赁庑而春[5]，思我布衣椎髻（《后汉书·逸民传·梁鸿传》。又《汉书·陆贾传》注：椎髻者，一撮之髻，其形如椎）。何图吾友，重罹其屯。忝属通家[6]，素钦淑德。方谓作嫔君子，葛覃鸟飞；乃以倏渡中元，梧桐叶落。媪婢戚党，感缅遗芬，童媄舂杵，咸为罢相。矧吾兄情深故剑，谊重同穴，能无鼓严周[7]之盆，杖刘实之制邪（《晋书·刘实传》：字子真，丧妻，为庐杖之制，终丧不御肉，轻薄笑之，实不以为意）。弟以去国万里，助引未能。思君卅年，分哀无计。书成裂帛，权当诔词，寄奠灵帷，并申唁赙云尔。此启。

【注释】

①棣萼：比喻兄弟。

②旧雨：老朋友的代称，又叫旧故。

③芸：古同"耘"，除草。

④仳离：离别。夫妻离散。

⑤赁庑而春：指梁鸿与孟光的故事。

⑥通家：彼此世代交谊深厚，如同一家。

⑦严周：庄周，避汉明帝刘庄讳改。

1932 年 10 月 16 日

柬陈硕友：

久不通讯，弟之罪也。但多少总得把我一点资料放枪不还枪。兄以坚壁清野之法相待，真令人执笔旁皇，欲以曳白[1]博公垂青乎！一笑。篱菊含葩，海天一色。几间清旷，如挹高风。

【注释】

①曳白：卷纸空白，只字未写。

《万年山中日记》第五册

（1932年10月18—29日）

1932年10月18日

马新贻之被刺[①]，为同治九年八月初五日事（见同日《越缦堂日记》。实为七月二十六日事），翌日死，凶手张正荣。近年海上[②]喜排此剧，饰刺客为张文详（同治九年二月初七日上谕亦曰凶犯张文详，并据曾国藩奏“无另有主使之人”云云）。丁惠钊[③]（静斋）亲为予言：“此案与丁雨生长子有密切关系。”惜今不能圆其说矣，仅略记其有殴死嫌疑。事发之后，日昌志已决行具奏矣，幕者请示，则曰“忠孝不能两全”。事闻于日昌母（再谯之妇，生子二，昌行六，所称七大人者，最不法于乡里），犬马之恩，究不敌舐犊之爱，遂嫁祸家丁，以其子递归潮籍。今见莼客同治九年八月二十七日日记所载八月初三日上谕云：“丁日昌奏请伊子盐运使衔分发补用知府丁惠衡即行逆革，并自请严加议处，诏丁惠衡箸即革职，丁日昌加恩宽免。”（又略录丁疏，称“臣公出时曾属臣子将署内官亲家丁小心稽察，乃敢任听出外闲游，滋生事端，追臣访闻，有臣子跟丁范贵在内，虽伊子无在场。当时忿怒，欲以家法处死，丁惠衡畏死潜逃，至今半年之久，犹复惧责不归，致臣九旬老母寝食不安，兹督臣马新贻仅请交部议处，尚觉清浮于法”云云）阅此一新所闻于静斋者之回忆，显系八月初五日案发之后，日昌乃倒填前二日为此奏章，而架其子畏罪不归已有半年。又曰督臣马新贻仅请交部议处，更在新贻未被刺以前之事。然斧声烛影，线索可寻，其因老母作梗，顿改初志，尤为明显。莼客手录邸抄，并及原疏概略，亦不能谓为无所用心于其间也。当年安徽学政殷某出题曰：若刺褐夫。莼客以有知己之感，极不谓然，然亦可见当日士论之一豹矣。

【注释】

①马新贻之被刺：清同治九年马新贻回署衙时遇刺身亡，成为千古奇案“刺马案”。

②海上：上海。

③丁惠钊：丁日昌的侄子。

1932年10月23日

同里张采石、宋树三来，共午饭，异地乡谈，不乏佳趣。

1932年10月25日

予十一岁（光绪甲午年）考古学[1]背经一卷，尚存家中，其曰："若'稽'，古帝尧之'稽'，未从禾而从禾。"竟被指摘。当日场中阅卷，自有治六书[2]者，《康熙字典》尚隶"稽"字于"禾部"。以此责备未冠童子，亦以此炫其所知已耳。

【注释】

①古学：科举功令文字如策论、律赋、经义、八股文、试帖诗以外的经史学问。

②六书：一般指象形、指事、会意、形声、转注、假借六种汉字的构成和使用方法。

1932年10月29日

纫秋[1]为觅高丽参三两余，每两直七金，炁伯日记以京钱三十二千买高丽参一斤六两，今之视昔，总非五倍以上不为功矣。

【注释】

①纫秋：蔡纫秋，潮籍商人，青岛宏成发股东。

《万年山中日记》第六册

（1932年11月12—16日）

1932年11月12日

泽丞[1]付来母氏陈太夫人像赞，预署陈三立伯严世伯款。此已蒙允诺者。

“两仪既分，坤道斯立。刚德顺承，厥数以十。猗欤贤母，寔妫之秀。来嫔于黄，克靖克楙。维黄征君，弃荣笃亲。室有莱妇，阿阁生春。人安而劬，人缣而布。巍巍高门，履丰若素。有子汪汪，国中之特。永言孝思，母仪是式。义宁陈三立谨赞。”

【注释】

①泽丞：游国恩。时任国立山东大学教授。

1932年11月14日

像赞请姜叔明[1]书篆，叔明来谈。

【注释】

①姜叔明：姜忠奎。时任国立山东大学教授。

1932年11月16日

十时往集成纸店购六吉淳化宣纸各一张（八角），备叔明写像赞。

下午授数学演习及论文选读二课。归料检画像赞事，填稿打粉线丝栏。书报内子及慧。

《万年山中日记》第七册

（1932年11月21—28日）

1932年11月21日

先慈陈太夫人八十有六寿文，中州大学庄秘书曾谧（淑慎）所为骈文，声华实茂，兹承为题遗影，已不及用矣，录存如下。（际遇窃按：画像赞与哀诔祭文之体当有不同。孝若《东方画赞序》谓“慨然作颂”，末称“用垂颂声”。王益吾谓“赞之于颂，名异实同”。刘彦和谓“亦犹颂之变耳”）

《黄母陈太夫人像赞》：

“医惟贤母，颍水名楣。德容嬿婉，淑慎其仪。曰嫔春申，允谐倡随。鹿车共挽，鸿桉齐眉。恩周戚敞，孝事慈闱。岳岳江夏，声高词伯。早撷泮芹，旋登朝籍。图史自娱，林泉遁迹。克相外庭，伟兹巾帼。兆勉有无，靡朝靡夕。勤劬训组，评量刀尺。洁尔庶羞，只承宗祏。庭阶辑瑞，诞育菁英。齐看凤起，咸仰鹏程。传家坟索，播誉震瀛。载拥皋比，爰建霓旌。承欢褕翟，绍世簪缨。算益箕畴，松柏贞坚。何期夕照，遽薄虞渊。尘封玉兔，光掩金蝉。仰瞻遗像，仪容蔼然。如闻謦欬，遽隔人天。诗赓圣善，记载明贤。芳徽勿沫，著之简编。”

1932年11月26日

《清代朴学大师列传》，支伟成著，民国十三年（甲子）刊行，伟成时二十六（今伟成已殇二年矣，则得年仅三十一也）。首载《与章太炎先生论订书》有曰：“文字先有声，然后有形，字之创造及其孳乳，皆以音衍。”（余素持“言先于文字”之论。“演述”一语即成专书）又云：“校雠家之功罪，在清代正宜分别。”“清修四库，本借此以禁明代书籍，为其有所刺讥也。”

1932年11月27日

章太炎先生来大学[①]集诸生训语，“博学于文，行已有耻”二语，立言是本顾亭林[②]论学之旨。亭林与友人《论学书》云：“所谓圣人之道者如之何？曰：‘博学于文，行已有耻。’自一身以至于天下国家，皆学之事也。自子臣弟友以至出入往来辞受取予之间，皆有耻之事也。士而不先言耻，则为无本之人，非好古多闻，则为空虚之学。以无本之人，而讲空虚之学，吾见其日从事于圣人，而去之弥远也。”又在关中对人曰：“诸君，关学[3]之余也。横渠蓝田之教，以礼为先。孔子尝言：‘博我以文，约我以礼。’而刘康公亦云：‘民受天地之中以生，所谓命也。是以有动作、礼义、威仪之则，以定命。’然则君子为学，舍礼何由。近来讲学之师，专以聚徒立帜为心，而教不肃，方将赋茅鸱之不暇，何问其余哉。（《尔雅》：茅鸱，怪鸟，逸诗名所以刺无礼者。《左传》：使工为之诵茅鸱。）”章师所讲之旨，全本乎此，列席者扰扰五百，恐未能识夫子之毫芒也。

【注释】

①大学：国立青岛大学。

②顾亭林：顾炎武。

③关学：以北宋张载为首的学派，因张讲学于关中，故名。

1932 年 11 月 28 日

家书（十一月十九日）来，家事什之五六不如人意，世事孔艰，归虞事拟延至二十一年举行，即回电照办勿改。欧公《泷冈阡表》云：“非敢缓也，盖有待也。”今则何所待哉，养生送死而无憾，王道之始也。

《万年山中日记》第八册

（1932年12月24日—1933年1月4日）

1932年12月24日

辰初三十九度。晨九时呼马车运行李，别以汽车先往宏成发，智斋、保衡[①]及儿辈随至。采石来谈，并馈柿饼六十斤。偕器儿往购履物二三事，午回栈饭。纫秋托带三百金回宅。是日因消化不良，竟日不能用心，混混而已。四时登“新宁”船[②]，纫秋及两儿偕张培元、丁振成二生已久候于岸畔矣。晚启行，有风，竟夕震荡。

【注释】

①智斋、保衡：宋智斋、李保衡，均为时任国立山东大学数学系讲师。

②四时登“新宁”船：黄际遇利用寒假回乡省亲及扫墓，于本日登“新宁”号轮船南下。

1932年12月25日

阴。在“新宁”舟中，风仍不息，终日簸动，阅弈乘数，则兀坐永夕而已，不若以前之能吃能读也。

1932年12月26日　1932年12月27日

夜十时更衣拥衾，子中方入梦。晨辨色即兴，惯性不可易也，舟已入黄浦江，北风尚劲，灯下杂记数行，并作柬。九时舟泊浦东，有汤姓者，前泰安栈旧侣，相识二十余年矣，前来招呼，坐太古公司轮渡浦西，予以半金，极尽款洽。

十时抵宏发，得家信，与诸友聚谈，盖别来又是一年矣。午饭后张绣山陪往永安公司采购杂物，往西藏路中国公司购得《骈文类选》（张皋文）一部十六册，直三金，《书目答问补正》一部二册，直一金六角。归车，道小东门观红木家具，议贾不成。

五时回宏发，方各忙南舟信件，乃诣东新池沐浴剃须。晚黄思敬[①]设席甚丰，欲为其母索撰书像赞也。以姜叔明所书篆联付大吉庐绣金线。夜偕奋可诸子茗话至四鼓漏尽，就睡未熟，报来舟待发，即整比乡人所托杂件，及家用年敬等物，增加行李五号。张绣山及内侄蔡绍绪同至舟中，黄史英继至，喧嚣湫隘，大非舟发青岛时兀占全舱气象。与绍绪商洽家事移晷[2]，并草联三则付之。十时解缆，仍不能阅书，晚与客弈。

【注释】

①黄思敬：潮州籍商人。

②移晷：经过了一段时间。

1932年12月28日

阴。在“新宁”舟中，竟日听潮，北风颇厉，南舟如箭，晚弈至子初，睡。

1932年12月29日

阴晴相间。在舟中弈话而已，下午四时补日记，舟过南澳山，晚七时可到口岸，晚七时抛锚朱池肚。

1933年1月1日

阴，辰初五十六度，初月隐约。晨访陈志初、蔡弼丞。是日诸母唐氏生辰，陈甥元铎来写客目，陈云槎、黄德茂、陈福翁来。晚为儿辈讲读。铎甥来。家人夜谈。

1933年1月2日

阴，辰初五十四度。先大父母墓在上窖华窖，今日祭扫。早访林苹秋、陈巽臣翁。“日莫狐狸眠冢上，夜归儿女笑灯前”，写事之工，非亲临者少体会。归途访蔡竹铭于先外舅养和书屋。

1933年1月3日

辰初五十五度。晨饮豆腐汁而甘，出自东门，招黄润生同叩墓庐，入东湖，往蔡宅视，因女即归。陈志初来吊蔡映太公之丧。陈硕友来，下午诣便生[1]久谈，归途过福翁少坐。晚洪连三来，述旦来。

【注释】

①便生：当时的澄海县便生医院，陈硕友是主要股东。

1933年1月4日

辰初五十七度，夜雨泷泷，晨阴雨如丝，午晴。发青岛信。

晚赴陈硕友之招，小饮便生医院，陈彦卿、黄怀周、陈伯良、林鹤皋同席，文酒弈谈，更阑方散。

《万年山中日记》第九册

（1933年2月17日—4月27日）

1933年2月17日

上海，四十度，阴。

晨雾开，雨止，舟由吴淞口拔锚，舟客如脱羁囚鸡，未鸣已嘈杂相庆，整装倚篋，鹄登彼岸，余亦不克熟睡，揭被而兴。八时泊浦东，由小火轮渡黄浦，重阴薄雾，弥惑北地春寒。未九时抵宏发，同乡诸亲友谊隆情重，相别未久而叙话转多。午酌后主人命车驾诣华侨浴室薰沐，尚觉爽适，背污爪甲涤剪无余，如释重负，南中[①]无此乐也，然一浴之资一金有半矣。侍者殷勤逾量，不无长袖之疑，十里洋场，何所不有。归诣福安公司，购茄烟二十余金，聚粻三月。尼帽一架，直六金，糖酪等五金。返宏发已薄莫矣，赏车夫半金。晚饮啤酒，纵谈而欢，诸友必欲留余数日，究不出酒食留连、翰墨酬应诸事，心领其意而婉谢之。

夜史镆招往"天蟾"[②]观剧，其妇亦至，获观章遏云《玉堂春》全本，唱做均可取，惟道白少气力，所论本钱未够也。章伶之艺，三年前尝在天津观之，不久随大腹贾去矣。近方离婚，重理旧业，演此重头，全剧应不无身世之感。其于叙述忘恩负义等处，辄以咬牙切齿出之，自得剧中要旨，顾雨后梨花，何止几分消瘦，未知顾曲者有同感否耳。大轴为杨小楼、言菊朋《摘婴记》，演楚庄王事，过场太多。言伶二六一段，全与《法门寺》同调，小楼亦无特别卖力处。"摘婴"之后"好险也"一句，险字特意摇曳表情，边坐中有一叫好者，而难语于海上寓公矣。散戏已夜分一时，宏发诸友尚扑牌以待，余归即停战，以预备二日之鱼翅相飨，真令人不知在天涯作客也。息灯就寝，几拂晓矣。

【注释】

①南中：岭南地区。

②天蟾：天蟾舞台是上海历时最为长久、最具规模的戏剧演出场所，有"远东第一大剧场"之誉。

1933年2月18日

上海，三十八度，阴。

九时方觉晓，诸友复嬲[①]予易舟北上，实不可再误校务，乃振劣笔为诸友书联幅十余事，近已不肯以不称意纸笔辄为人书，今日乃破例为之，报雅意也。午酒未醒，掷笔辞行，旧门人张奋可以白兰地酒二尊、梅花盆景一双相赠，并请为蔡俊卿撰挽联。绍绪内侄等数人相送至浦东舟中，余亦以家酿及银鱼数事薄酬之。五时辘辘有声，舻已转矣。

夜独坐舱楼，阅《阅微草堂笔记》，温度降至四十以下，寒不自胜，拥衾入梦。

【注释】

①嬲：纠缠。

1933 年 2 月 23 日

授课未毕，宋树三率芝罘商人张卓臣来，为电函吴子丞、胡章甫、张秉虔诸友营救其子入狱事。

1933 年 2 月 26 日

晨代钟某写墓碑一通，宋树三所托也。

至日中得胡章甫[①]书云："张某已判徒刑五年。"得家书云："家钦几为捉烟者将去，避入宅中方免。"为之悒悒，举箸不怡。

【注释】

①胡章甫：胡绩。时在济南法院任检察官。

1933 年 2 月 28 日

张卓臣自济南来，相对无策，为代托律师以任顾问。晚往毅伯[①]及宏成发答拜。

【注释】

①毅伯：杜光埙。时任国立山东大学教务长。

1933 年 3 月 1 日

清代以来，著述之多，以予所知者有顾炎武、王船山、孙诒让、俞曲园、曾涤生、袁子才、梁任公、章师太炎。算学家有林师鹤一、长泽龟之助等。

1933 年 3 月 22 日

今日功课最重，四时方毕，力竭声嘶矣。归舍不能伏案，呼车宏成发，招纫秋往剪衣料，直十九金。晚餐尧廷同饮，饶有乡味，饭后与勤善弈于宏成发。

潮安吴上舍鸿藻子筠寄来《潮州先正丛书凡例总目》并《潮州先正遗书丛刊序文》一篇，白先正遗书实为诗文选录，体例即乖，难语决择。序文复芜，杂无家法。其征访中有大埔温廷敬（丹铭），绩学多闻，而选政[①]竟操之吴手，殊为潮州文献之厄也。

【注释】

①选政：编选文章的工作。

1933 年 3 月 27 日

为官献廷[①]书镜颂一方，附金十番贺之。

【注释】

①官献廷：潮州籍商人。

1933 年 4 月 1 日

晴，在江宁[①]。

下车即驱东方饭店稍息，九时至华侨招待所，盖此次“天文数学物理讨论会”招待所也，供设入时，所以怀远人也。上午行开会礼，朱家骅致词，陈可忠报告，旋分三组会议。数学组推冯祖荀、姜立夫、郑桐荪及余为主席团。余提议请国立编译馆员出席，述教育部召集会议本意，陈可忠代表报告三点：一定名；二课程标准；三书籍编纂。

午在招待所便饭。下午郑桐荪主席，通过名词用科学社底稿并先审定常用诸名一案，五时散会。偕冯汉叔、胡沇东、顾养吾同车至大石桥下车，访黄季刚[②]不晤。往东方饭店取行箧返招待所。

晚教育部公宴，同席为东主朱部长、段次长（锡朋）、李书华、丁燮林、冯汉叔、吴有训及余等凡八人。主人例有举杯之词，余已微被酒，代表致词，只可庄谐并用，谓小数点之在众人心目中至不重要而在学术上乃有真价值，今日吾辈亦社会上之小数点也，不意竟被教育部同仁之重视云云，殊解众颐。骝仙亦饮巨觥者数四，饭罢归寝室，已有客逻守，旅中最苦此，不为著姓名。同室者为来自广州中山大学之黄巽、张云二人，均系六年前之同寮，张尤为旧门人，别来无恙，握手遽然。室不可居，为避客也，乃偕往天韵楼听曲数阕。《宋江闹院》一出，词见乎情，情见乎面，尚是不恶，余娃不足道矣。夜分归睡。

【注释】

①江宁：南京。黄际遇到南京参加教育部召开的“天文数学物理讨论会”。

②黄季刚：黄侃。语言文字学家。

1933年4月2日

晴，在江宁。

晨往中央饭店邀沆东同访经子渊（亨颐），殊子渊已驾车来迓①，不见者十有四年，令人追忆少年同学往事，欷歔不禁耳。是日即在子渊京寓［太平路十四号，电话二一〇六一。上海康悌路（吕班路口）光裕坊七号，八四五〇六］漫游竹林，主人自云五十学画，五十学碑，顾已以画名于时矣。所居治寒楼，客例最胜者赠画一张（八圈为准），若胜者属主人，则以转赠最北者，此亦雅事也。夜同赴一绍兴馆，归已蹒跚，同居者竟夜未返，少年觅侣亦常有耳。

【注释】

①迓：迎接。

1933年4月4日

在江宁。

晚代子渊约冯汉叔、胡沆东、张少涵、赵进义、黄巽、张子春饮于治寒楼，飞觞挥指，不减少时。子渊为挥写《竹菊》一帧并跋语云："任初学长阔别十四年矣，故人澹泊如此，画犹有当年冰川趣味否。"相视乐甚。冰川者，三十年前江户游学时与陈师曾、杨华生、邓瑞槃、范均之、张少涵、朱造五同居之馆舍也，今者陈、杨、邓、范一时俱逝矣，抚今追昔，曷胜邑于。

1933年4月5日

在江宁。

是日结束整理诸议案。午辛树帜招饮中央饭店，仅能一到即走。应朱少韩兄弟之招饮于世界酒店，赶归代汉叔主席，又趋贺子渊遣嫁第四女于世界饭店。晚受武昌同学会之欢迎。归整比议案，复开夜会，再约明朝终会，已夜分矣。

1933年4月6日

在江宁。

晨八时开第八次分组会议，结束议案十二条；九时开大会，朱骝仙致词，后由张子春、李书华及余报告天文、物理、数会各议案，一致通过。余面向骝仙索青岛大学工学设备费十五万元事。

午赴方千里、倪尚达、张钰哲之招，路过大石桥十号得晤季刚，互道契阔，各有追感，举杯即尽，坚约晚饭。摒挡一切，应沈刚伯之招后复诣大石桥，则垂三十年不见之汪旭初（东）在焉，季刚赠余诗题云：“郢城兵合散萍踪，江国春深共酒钟。万事只堪三太息，八年复得一相从。等身日录成惇史[①]（原注：兄著日记每岁得八巨册），经眼风花换壮容（原注：兄明年五十，予少一岁）。且订海堙销夏约，嵎夷[②]犹喜是尧封。”共饮只有三人，酒则为五十年陈酒，醇馥无伦。季刚未改当年面目，语弹当道。予曰：“‘盗憎主人，民恶其上’，后语为‘子好直言，必及于难’。叔明言之。而为述民十五六年时僦居羊城，方悟邦无道免于刑戮之南容[③]所以可妻之理，并知乱世自全之难，所以劝故人也。”季刚喟然谓：“八年前之任初于今未改，亦自知直言伤世，但如鲠在喉耳，亦复自知南京尚可以居，世既无敢为本初，亦无敢为黄祖，一出南京之门，恐无地可容矣。”酒酣击节，笑谑间生，既非庄言，例不可述。夜握手订约而归。

【注释】

①惇史：有德行之人的言行记录。

②嵎夷：古代指山东东部滨海地区。

③南容：南宫适，孔子的学生。

1933 年 4 月 7 日

在江宁。

午赴益州饭店，骝仙坐上晤傅孟真[①]，亦自北平来，予指之曰：“古物南迁，君亦在内乎。”孟真必欲留余盘桓数日，不然亦必以夜车往申，予则不能应命，但感其意而已。又向骝仙坚工学院之费之请，谓非得命不克归而复命。骝仙曰：“然则予亦欢迎子之不归矣。”举杯婉谢。招张、黄二子遄返招待所。徐遂生、黄祖瑜二生各馈食物醇酒数事。

三时抵下关[②]，陈可忠、赵进义远来相送。车未转动，予已熟睡，展眼常州在望矣，万家灯火，如此江山而已。夜十一时许到闸北[③]，叩宏发门适十二时，仲儿[④]自青[⑤]过沪约面于此，绍绪、友章夜话移时，就寝。

【注释】

①傅孟真：傅斯年。

②下关：南京下关。

③闸北：上海闸北。

④仲儿：黄际遇次子黄家锐。

⑤青：青岛。

1933年4月8日

阴，在上海。夜雨如丝。

起床作书致内子，付仲儿将归，绍绪送仲儿登“山东轮”，午行。竟日清谈，间与友章、织云看谱。晚张其煌招往大东酒局，陈设华靡，不下珠江，哺啜[1]之道，粤人尽之矣。同席大率宏发友朋，能饮者殆十人，予欲稍事偃息，未敢贪杯。隔座笙歌，比邻蹁踊，穷研极态，醉纸迷金。庶几笙镛以间，鸟兽跄跄之盛，已席散，各有乐趣。予则观战至夜分，偕织云归宏发。

【注释】

①哺啜：饮食、吃喝。

1933年4月9日

阴晴，在宏发，辰正五十度。

早粥后补写白下[1]数日日记。朱少韩来。午酌纵谈颇乐。三时偕祥人、其煌、织云诸君往中华球场观中葡球赛，以七对二大胜，球艺确有可观。晚以方城，形势不展，夜复索酒，笑谑横生，闭灯入寝已丑初矣。

【注释】

①白下：南京。

1933年4月11日

在宏发。

宿诺已久，今日尽旅中之间为思敬太夫人及其兄题像，又为亡友鹏南夫妇题像。

《宗伯母陈太安人像赞》：

猗欤贤母，颍川之秀。来嫔于黄，末风自守。躬隆滫瀡，敬深俎豆。夏清冬温，己薄人厚。相夫睦邻，恤贫怜旧。茹荼而甘，楹书亲授。曰伯曰仲，肯堂肯构。汝得所归，天锡之寿。扶杖于乡，观化携幼。就养申浦，六十以后。明月在天，白云在岫。樛木永荫，葛藟常茂。侄黄际遇拜手顿首。

《思梅宗兄像赞》：

邈焉先生，炳忠以字。伯也执殳，少有远志。学剑不成，去岂学吏？箕裘之绍，乃居诸肆。欲成大业，先利其器。韫玉之材，囊珠以智。观物之变，取人之弃。岂曰长袖，实饶长candid。退而好思，邻称高义。奉母远游，莱衣彩戏。后嗣克昌，宗风未坠。缅君盛业，其来有自。抚图企望，摛辞而记。

《鹏南宗兄画像赞》：

抟摇九万，暴鬐展翼。积之者厚，振焉有力。瞰环吾党，公乃其特。望如春风，识与不识。传兼儒侠，岂惟货殖？溯公从迹，暨南北极。述公孝义，怡颜秉直。人弃我取，知白守黑。褐裘可风，折巾共式。我以漫游，常亲颜色。濡沫之交，水鱼之得。丰采匪遥，心铭骨刻。愧予不文，难申追忆。

《黄嫂李夫人像赞》：

兰之馨兮，弥于空谷。根之厚者，蔚为乔木。维黄夫人，泷西婉淑。高门不骄，父书能读。迨归我友，威仪肃肃。上奉舅姑，下睦亲族。职隆蘋藻，恩周臧仆。燕尔百年，恩斯三育。黄君壮游，方博斗斛。送死养生（鹏南不及赴父丧，事均夫人任之），仰事俯畜。资于夫人，不一而足。永锡尔类，自求多福。五世其昌，不龟可卜。瞻诵遗型，用深私祝。

午饭后以鲁公[①]笔法写毕二通，三时偕奋可、思敬驾车驱潮州山庄，道闸北一带，华屋为墟，满目瓦砾。抗日之光[②]，长存千古。折粤秀路抵山庄，凭眺古人，徆徊斜柳，碑碣犹新，江山非故。

【注释】

①鲁公：颜真卿。

②抗日之光："一·二八"淞沪抗战。

1933 年 4 月 12 日

在宏发。

晨补二日来日记。午饮微醺，欹睡片刻。三时，奋可、思敬、祥人同车，驶二十里而弱，抵龙华寺，盖唐刹也，居民聚镇，以寺得名。金尊法宝，备受皈依。莫鼓晨钟，发人深省。藏经阁备，空传梵咒之音；罗汉殿圮，非复庄严之旧矣。

出寺，迂折田畔，入韦园。园为韦氏墓庐，有司启闭者。叩之，乃得其门。古柏参天，嫩茵席地。幽通曲径，流绕一邱。红叶当阶，皆饶春色。隔篱黄犬，亦是知音。都自廛市中来，到此尽消烟火气。为问沮溺而后，几人复与木石居？绕园三匝，衣履皆仙。引吭一歌，鸟兽率舞。崦嵫日莫，偃蹇策归。拾贝折枝，各有幽趣。车尘辙迹，几遍沪西。予往来沪滨，已三十年，而西行未至此也。特记之以谂同游者。

1933 年 4 月 13 日

早补日记。后书箑[①]十余，意追明人风格，要总突出嚣尘湫隘之世界以外。作书抵申刻，未出户，与主人健谈。晚饮醇酒不及醉，而酩酊有欢，今某也东西南北之人也。史镆馈雪茄六盒。

【注释】

①箑：扇子。

1933 年 4 月 14 日

竟日未出户，亦无所事，傍晚为述旦书箑二面，嵊求者旁午矣。

1933 年 4 月 15 日

摒挡行箧，萧然一肩，信人来报：“‘四川’号船将以午刻行。”当窗作字，并致内子书。奋可馈雪茄四盒，铁观音茶二盒，潮州食物数事。午痛饮而别，奋可、述旦、有章、织云、思敬、史锳诸亲友送至江干[1]，一声珍重，舟中困睡，鸣钲东下矣。

【注释】

①干：涯岸，水边。

1933 年 4 月 27 日

夜习课后，卧阅任公学术史史学、方志学二节，于刘子玄[1]有微词焉。

致黄季刚书：

季刚尊兄史席，白下一夕之谈，等于笙磬。临岐赠语，何止作十日之思。惠我新诗，传观知好，万流宗仰，未敢私阿。旋遵沪滨，言归旧馆，有寇未至，琴木依然。祭酒赵君[2]，深致心折，属[3]为传语，以当先容。黉舍环山，士风椎朴，惜乏先觉，牖我后生。国学鳣堂，尤希清响，愿虚讲席，只迓教鞭。奚啻嘤嘤之鸣，聊致喈喈之意。庶几曲阜坠绪，高密余风，幸借心传，平添掌故耳。善宜令德，远贶佳音。际遇临书再拜。

【注释】

①刘子玄：刘知几。

②祭酒赵君：赵太侔。时任国立山东大学校长。

③属：古同“嘱”，嘱咐。

《万年山中日记》第十册

（1933年5月4—28日）

1933年5月4日

晤季刚金陵，以其词多愤懑，谓之曰："子理会古人事可矣，理会今人事作甚。"阅董秉纯（小钝）所为全祖望（谢山）《年谱》有云："姚薏田先谓先生：'子病在不善持志，理会古人事不了，又理会今人事，安得不病。'"遥遥吻合，亦桴鼓[①]之相应也。晨忽有倦态，入馆兴奋。

接黄季刚五月一日复书，注之以示器儿。

"任初尊兄先生左右：八年契阔，一昔欢言。蹊路徘回，还增悢悢[②]。顷奉手札，慰诲殷勤。首夏犹清，吟眺多暇，甚善甚善。侃近仍研讨清史，默察时势，绝类晚明。仰屋而思，废书而叹。既无斧柯之借，唯思薪火之传，逃命秦硎，藏书鲁壁。浮丘伯、高堂生，则我与兄所当向往者也。海隅讲学，道近不其。带草犹存，黄巾不至。倘得依风问道，其乐云何？别后颇有歌诗，谨录数篇，以资咍笑。如见存忆，亦睎（希也）时以述造示之。临书虔颂兴居清胜。五月一日宗弟侃再拜。"

［按：《汉书·儒林传》，申公事齐人浮丘伯受诗。又，汉兴，鲁高堂生传《士礼》十七篇。

不其，县名，汉置，北齐废，以不其山名。故城在今山东即墨县，不其在今即墨县东南。东汉初，北海逄萌隐居琅琊不其山中，即此。（《词原》）又按《后书[③]·逸民传》："逄萌字子康，北海都昌人也。家贫，给事县为亭长。时慰行过亭，萌候迎拜谒，既而掷楯叹曰：'大丈夫安能为人役哉。'遂去之。及光武即位，乃之琅琊劳山（原注：在今莱州即墨县东南，有大劳山、小劳山）养志修道，人皆化其德。北海太守素闻其高，致礼不答，使捕之。行至劳山，人相率以兵弩捍御。吏被伤，流血奔而还。后诏书征，萌托以老耄，迷路东西，语使者曰：'朝廷所以征我者，以其有益于政，尚不知方面所在，安能济时乎？'"又据此，不其山即今劳山，俗作崂。

《郑玄传》："会黄巾寇青部，乃避地徐州。建安元年，自徐州还高密，道遇黄巾贼数万人，见玄皆拜，相约不敢入县境。"玄《戒子书》曰："黄巾为害，萍浮南北，复归邦乡。"

带草，书带草也。常绿多年生草。旧称出山东淄川县郑康成读书处，本名"康成书带草"。］[④]

所示诗若干章，先录存一首。

《三月十九日恭吊明烈皇帝》：

“运丁百六强支持，终见颓阳下崦嵫。败不言和存国体，亡将身殉系民思。

鹃啼蜀道仍前日，鹿走秦关又此时。想像寿王亭下路，棠梨花落雨如丝。”

今日见乡报（《国闻报》）有“黄际遇纸墨费格”一则，赧然汗下，此系一时戏言，诸友竟为露布矣。招摇过市，按律有科条。（代订者：蔡鳌、谢华、陈钟、陈铭、许乃梅、蔡镜潭、陈硕友、陈志初、许比苍、谢少湘、陈鹿笙、陈泽涛诸亲友）

【注释】

①桴鼓：鼓槌与鼓。

②悢悢：眷念。

③后书：黄际遇日记中习惯将《后汉书》简写为《后书》，全书同，不再出注。

④括号内按语原夹注于日记原文黄季刚复书中，编者为清晰明了故抽出作一段。下文若书、诗、联等文中夹注影响阅读均同此处理，不再出注。

1933 年 5 月 17 日

季刚来明信片云：“竭一日之力始成前书。”乃检录之：

“别后所作，写以任初宗长兄，癸酉四月七日，侃。

《同县李盛鸣见和清明前二日之作，叠韵酬之》：

故里荆榛尚未平，飘蓬十载怕清明。青山最好怀蕲柳，华发相逢在冶城。

各守残编酬旧德，俱全乱世谢浮荣。蒋陵北去梅村路，载酒浇花约放晴。

（蕲柳山见《水经注》。郡先正杜于皇墓在太平门外梅花村）

《杂感》：

乍喜朝光照敝裘，旋惊急雨破檐沟。消寒只是须名酒，不见花开省却愁。

直北关山逐雪销，春原胡骑态仍骄。长江且可称天堑，空置将军号度辽。

不烦闺梦度黄龙，勃碣行看罢举烽。莫笑贾生谈表饵，还看魏绛备歌钟。

柳因藏燕低迷绿，花为啼鹃惨淡红。漫道江南烟景好，玉关一样有春风。

《同郡故人某君以所著辛亥札记属题》：

羲和鞭日自匆忙，柳谷何烦向暝光。黏户挑符空换旧，登筵舞袖转嫌长。

识家乱放鸡争杙，辞厕群随鼠盗仓。赖有一编相斫史，也供削稿付绨囊。

《咏二花》：

邪马台边佐久良，自夸绝艳占年芳。移来禹域知何等，合与阏氏作雁行。

古书稷粟未差伪，芦穄何曾是木禾。唤作国花浑不似，教人顿忆黍离歌。

（中国本无此花，故宜名从主人）

《四日二日谒郡先正杜于皇先生墓》：

东风香草孝陵隈，人指遗民土一抔。饥凤岂忘阿阁竹，飞鸮应避墓门梅。

气张荆楚情仍洁，诗续苕华意倍哀。愿诵清芬因共国，横流又到此身来。

（王逸《九思·序》言‘与屈原同土共国，悼伤之情，与凡有异’。元裕之云‘沧海横流到此身’，予诵之未尝不流涕也）

《灵谷寺牡丹歌》：

数年不到钟山下，原氏阡成山已赭。载酒谁能酹蒋陵，看花犹记寻兰若。

未劫将临佛亦哀，毗蓝风起法幢摧。已夺灵场为下里，尚余异卉在香台。

老僧护惜涕垂忆，忍使殊姿委榛棘。留得一丛深色花，扶持端藉空王力。

今年节候苦常寒，无数芳菲冒雨看。偶为嬉晴成散策，忽逢绝艳一凭栏。

宝髻华鬘堪仿佛，金裙玉佩辞空费。蚤共优昙现化城，应以浮云观富贵。

罗荐熏香夜亦清，缇帷护日晓偏明。孤芳空谷曾无恨，万里重阴却有情。

高花开晚犹失落，叶底深藏几红萼。不妨春色倍还人，嫩蕊商量作闲作。

蓬鬓栖迟白下门，何花无与共芳尊。佩壶且取连朝醉，绿树鹃啼却断魂。”

每来复以今日为最忙，晚待客未能静参，仅以友人寄赐篇什抄存之，亦求放心之道也。

1933 年 5 月 20 日

复黄季刚书：

辱与足下论交江城[1]，朝夕过从，而未尝以文请益，实未学为文也。别来冉冉八年间，有所记述，而未敢求足下论定，实未自以为文也。乃蒙奖掖有加，勤勤相诱，用录数首，求指迷途。弟虽垂垂老矣，而尚有志于此。惟吾兄以其不可教而终教之，亦以存友朋古道于今世也。此间日相往来者，有姜君叔明，笃实奋发，学如其人，信能承北方学者之风者，十年以前亦足下执经弟子，著有《说文转注考》四卷，即以寄呈。附录日记一则。末世交友益难，即以日记自友，不足深论。端此，它未具及。

【注释】

①江城：武汉。

1933 年 5 月 21 日

曾刚甫[1]为先君子《七十寿序》有：“阮生好屐比之祖生好货然而雅矣。”语出《世说新语》卷中：“祖士少好财，阮集好屐，（祖约，阮孚）并恒自经营，同是一累，而未判其得失。人有诣祖，见料视财物，客至，屏当未尽，两小簏箸背后，倾身障之，意未能平。或有诣阮，见自吹火蜡屐，因叹曰：‘未知一生当箸几量屐。’神色闲畅。于是胜负始分。”以斗量才，以屐量福，意奇语奇。

黄季刚馆鄂学[2]时，石蘅青“足下”之，大怒曰：“彼乌得‘足下’我也。”有为之缓颊者强石道歉，而石必不可。余为之语曰：“汝们读书明理的人才知道负荆请罪，咱们不读书不知道负荆请罪底事。”季刚为之拍案叫绝曰：“任初读《红楼》可谓到家矣（鄂人谓彻底曰到家）。”《世说新语》云：“王太尉不与庾子嵩交，庾卿之不置。王曰：‘君不得为尔。’庾曰：‘卿自君我，我自卿卿。我自用我法，卿自用卿法。’”真是语妙天下。然则足下自足下，其足下可矣，何季子之不广也。

【注释】

①曾刚甫：曾习经。民国藏书家、学者。

②鄂学：武汉大学。

1933 年 5 月 24 日

鄂馆王雨吾教授之死，季刚吊之曰：“令斯人死，而若辈生，是胡可恨，以一呷药，賈[1]七尺躯。”

语出《世说新语》伤逝篇：“孙子荆以有才，少所推服，唯雅敬王武子。武子丧时，名士无不至者。子荆后来，临尸恸哭，宾客莫不垂涕。哭毕，向灵床曰：‘卿常好我作驴鸣，今我为卿作。’体似真声，宾客皆笑。孙举头曰：‘使君辈存，令此人死！’”（“所以枕流，欲洗其耳；所以漱石，欲砺其齿。”亦孙子荆语。言“枕石漱流”，误也）

【注释】

①賈：古通“殒”，死亡。

1933 年 5 月 25 日

近九十四岁之马相伯与章太炎联名通电中有曰：“欲专恃长城则无秦皇之力；欲偷为和议并无秦桧之才。”

老人家尚有生气。

太炎先生“揭橥救学弊论”（即去夏来青时面为际遇言者），谓今之学校先宜改制，且择其学风最劣者悉予罢遣，而主张以史学为本，不能行其说，则不如效汉世之直授《论语》《孝经》，与近代之直授《三字经》《史鉴节要》，尤愈于今之教也云云。（章先生改正《三字经》附存日记第八册之末）

1933 年 5 月 27 日

季刚廿四日片简来：“尊书业已奉到，正在抽读。劳山之游陪者有姜[1]、张[2]二生，皆可与共学者，惜身不得预[3]也。禹域方沦，唯希为道，为身珍卫。”

【注释】

①姜：姜忠奎，时任国立山东大学中文系教授。

②张：张煦，时任国立山东大学教授兼中文系系主任。

③预：参与。

1933 年 5 月 28 日

《康熙字典》纰漏百出，前见《字典考证》一书，仍未能尽订正之力。奉敕为之，决无工者，其工者乃在深山草莽间也。王引之亦尝被诏修《字典》，缪妄如故。太炎先生云：“岂虚署其名耶。”

章订《三字经》有云：“惟大戴疏未成，《左传》外有《国语》，合群经数十五。”又据先生《清儒》篇云：“独段玉裁少之，谓宜增《大戴礼记》《国语》《史记》《汉书》《资治通鉴》，及《说文解字》《周髀算经》《九章算术》，皆保氏书数之遗，集是八家，为二十二经。其言闳达，为诸儒所不能道。”

《万年山中日记》第十一册

（1933年6月4日—8月7日）

1933年6月4日

澄海姚文登《初学检韵》字数（前年在舟中统计）：“上平声”二三三四字，“下平声”二一二一字，“上声”一八五五字，“去声”二三〇四字，“入声”一八二四字，共一万四百三十八字。

1933年6月5日

是日予四十九初度，楹书[1]具在，手泽[2]犹存，抚念先型，弥深惕厉[3]。（比日温读《左传》，仍系四十年前先大人点定之本）

【注释】

①楹书：遗言、遗书。

②手泽：犹手汗，指称先人或前辈的遗墨、遗物等。

③惕厉：亦作“惕励”，指警惕激励。

1933年6月6日

陈硕友自负谜、棋、酒三不让人，萧梁《王瞻传》云瞻：“及长，颇折节修士操，善棋工射。每饮或弥日，而精神朗赡。高祖每称瞻有三绝，射、棋、酒也。”硕友之射覆[1]亦射也。

【注释】

①射覆：民间近于占卜术的猜物游戏。在瓯、盂等器具下覆盖某一物件，让人猜测里面是什么东西。射覆所藏之物大都是一些生活用品。

1933年6月14日

是日先君子九十二岁冥寿，家中例不设生日忌祭，天涯萧馆，心祭而已。

1933年7月1日

午陈寅恪夫妇来[1]。孙生国封、慧函来。电子春。晚初见上弦。卯三刻矍然而起，清还馆中书籍，清尘捧砚，与古为徒。

午树三偕烟台伙伴来嬲以无憀[2]之事，留饭，午睡及申因此遂废。夜苦思数联挽陈硕友亲家，至鸡鸣：

特设一榻，去则悬之，海内存知己，天涯若比邻，如弟如兄，死友难忘陈仲举；（用徐稚传句）行矣元伯，永从此辞，此别间黄泉，相知成白首，（工部《哭李尚书之芳》）不封不树，生刍谁识徐南州？（林宗有母忧。稚往吊之，置生刍一束于庐前而去，众怪，不知其故。林宗曰："此必南州高士徐孺子也。"语在《徐稚传》。"死友""生刍"，工巧而不失之纤佻。昔人传"先生"与"后死"为绝对，不知视此为何如？）

南州景岳，群高文正之风，器最不才，亦忝称东床坦腹；（王逸少事，见五月廿一日日记）北海趋庭，未受桥君之学，公乎安往？何处向西土招魂？（《后书·桥玄传》：玄字公祖，"七世祖仁从同郡戴德学，著《礼记章句》四十九篇，号曰桥君学"。又《三国志·周瑜传》："桥公两女皆国色也。"）

即射覆、评棋、品酒而言，王瞻以还三绝技；（事见六月六日记）负急公、好义、孚信之行，范公而后一秀才。

【注释】

①午陈寅恪夫妇来：国立山东大学经常邀请著名学者来校演讲和讲学，此为陈寅恪做客国立山东大学。

②无憀：同"无聊"。

1933年7月2日

辰初起床，朝阳在儿，略餐新粥，答访陈寅恪夫妇莱芜路郝[1]寓。寅恪，亡友陈师曾六弟也。旋偕访泽丞，十时负暄而返，夏日可畏，自今日始。

戏窜《魔岛铭》口赠寅恪：

山不在高，有侣则名。水不在深，有浴则灵。斯是魔岛，唯岛德馨。巍冠上头绿，玉体入波青。谈笑无鸿儒，往来有白丁，可以谈性史背爱经。有狐乐之悦耳，无兽交之遁形。古道桑中会，倭国清风亭。摩登云：何魔之有？

【注释】

①郝：郝更生，时任国立山东大学体育部主任。

1933 年 7 月 9 日

器儿昨日毕考，以今午政记公司[1]“顺利”号南下归家，夜来面谕家中书籍人事各务，方为言陈硕友亲家捐馆事。

陈茂才[2]邦彦（硕友），与余家三世通好。少负俊才，以试事格于所受业师邹某，得先兄莼五先生多方维护之，始获最录，以是常依先兄。逮先兄捐馆之后，先君子尤喜恤之，即棋酒之会，亦必招之以为欢。余游学十余年，儿侄辈教育事几全赖之。交谊之厚，结为儿女婚姻，今长媳即其第四女也。晚岁一心经营澄海便生医院，躬走燕、齐、申、羊各处，以一秀才之力，博人之信，捐款二十万金以上。六月二十二日，赴邻友夜宴，甫归医院即痰臃。未交丑而逝，年五十七岁。所生子方及龀，少者尚未晬[3]也。地方失一有用之材，岂但友朋戚尚之私而已。

峻六来书，亦报硕友之丧，陈茂才㦸庭复以近日卒，林茂才蘋秋病将不起，故人相继而逝，言之心伤云云。访旧半为鬼，能无惘哉。

【注释】

①政记公司：政记轮船公司。

②茂才：和秀才同义。东汉时为了避讳光武帝刘秀的名字，将秀才改为茂才，后来有时也称秀才为茂才。

③晬：古代称婴儿满一百天或一周岁。

1933 年 7 月 14 日

方研朱点《陈蕃传》，幼山忽至，攀车至澡池深处，偕张子仁、王筱帆对榻而谈达午。

下午读《后书》，谭天凯来。晚约罗莘田、陈寅恪、姜叔明、游泽丞在舍小饮，至夜深始散。

1933 年 7 月 15 日

澄海有茂才陈硕友，以公益功业见许于时，李固《遗黄琼书》有云：“是故俗论皆言处士纯盗虚声。愿先生弘此远谟，令众人叹服，一雪此耳。”

髫龄[1]时，广东乡试，正主考刘某鬻名于市，副主考萨某昏庸，不克自持，羊人榜贡院门曰：“公刘好货，菩萨低眉，防民之口，甚于防川。”《后书・党锢叙传》载谚曰：“汝南太守范孟博，南阳宗资主画诺。南阳太守岑公孝，弘农成瑨但坐啸。”比事属办，由来旧矣。

【注释】

①髫龄：童年，幼年。

1933年7月18日

陈寅恪所为谐联传诵一时，题《新月》[①]（一种新文学杂志）云："都是新时髦者；何须月下老人。"

傅孟真云："斯人也而有斯疾也；年大时不如年少时。"［用《后书·孔融传》语意：融十岁随父（宙）诣京城。时河南尹李膺以简重自居，不妄接宾客，敕外自非当世名人及与通家，皆不得白。融曰："先君孔子与君先人李老君，同德比义，而相师友。则融与君累世通家。"众坐莫不叹息。大夫陈炜后至，坐中以告炜，炜曰："夫人小而聪，大未必奇。"融应声曰："观君所言，将不早惠乎。"膺大笑曰："高明必为伟器。""惠"应是"慧"］

罗家伦云："不成家数科学玄学；语无伦次中文洋文。"

【注释】

①《新月》：由新月社主办的月刊，创办于上海。徐志摩、罗隆基、胡适、梁实秋等任编辑。

1933年7月29日

晴，在"绥阳"舟中渡渤海[①]。

【注释】

①在"绥阳"舟中渡渤海：时黄际遇由青岛乘船到上海亚尔培路中国科学社总办事处，预定利用暑期入川参加中国科学社年会。

1933年7月30日

晨六时到浦西，有约不来，旋复尔尔。傍午见奋可云："入川舱位不可得，大菜间[①]并官舱[②]亦不可得，经已电青报知，得宏成发回电，始知已由'绥阳'南下。"余忽然游兴顿改，变计南归。是日在宏发。

【注释】

①大菜间：民国时习惯把头等舱叫作"大菜间"。

②官舱：旧时客船中的正舱或轮船中的高级舱位。

1933年7月31日

在宏发。

午又爽然，遂定南归之计。夜仍登“绥阳”轮，舟人欢迓。奋可馈马岭瓜一担，建茶数事。思敬馈白兰地酒二尊。绍绪、有章相将登船握送，竟夕守舟，不克以寐，天方曙，舟人鸣钲发歇浦[①]。

【注释】

①歇浦：上海市境内黄浦江的别称，也称“黄歇浦”。

1933年8月1日

早睡至辰尽，起看扬子江头，宽宕亘百里。过午抵宁波港小北门，潮人呼为乌龟门，船长得报，谓有飓风自南来，鹿鹿下锚，停舟待时矣。

1933年8月5日

南舟五日，汗蒸不克阅书，时翻《华阳国志》而已，余则以棋消暑。买办粤人刘某颇有东道之谊，留髡[①]共食。麦酒无缺，饭后剖瓜而谈，彼亦美洲留学者。客有徐咏青，善速画，故不俗，余子碌碌矣。

未中泊鮀岛[②]，晤峻六，适林鹤皋、许伟予、余晓钟在宏信，稍谈即与杜君侠同车入澄[③]，万家烟火在望矣。薄莫抵家，家人尚不意余之来也。童仆欣迎，琴书无恙，夜与室人话。

君侠为言杨守愚遇盗以八股自救近事一则：杨鲁（守愚），邑之名孝廉也，晚岁落拓津沽，几不自给，以掌东北义勇军捐款事，盗者货之，以摩托车绑之而去，不胜楚毒[④]，呼謈[⑤]之声达于盗首，讯之则以窘状自供，且云实胜清科甲也。盗首云：“然则能八比乎?”曰：“能之。”乃命题“温故而知新”一句，守愚故以此道博盛名，文成而盗首意怿[⑥]，谓之曰：“予亦科甲中人也，试问当今之世不盗焉往。”乃释其缚，资以五十金而遣归之，仍缚如故，且障其目焉，守愚念护送小卒若利此金，则命不保矣，乃以五十金畀之，卒返津寓焉，曰“不料八股之道未坠于地也”。

【注释】

①留髡：留客。

②鮀岛：指汕头。

③澄：澄海。

④楚毒：酷刑。

⑤呼謈：号呼，号哭。

⑥怿：欢喜。

1933 年 8 月 6 日

辨色而兴，率三儿、四儿[1]出东郊拜墓。瞻望弗及，负米奚为。伫立移时，晨曦东上，白云朝露，思不可任，复视文女[2]蔡家。即入城谒黄鸾阁、黄云溪而归。过亡友硕友之门，心焉伤之，怆怀老友均不胜，夕阳虽好，近黄昏之感矣。

为儿辈讲诵洪亮吉文一首。

【注释】

①三儿、四儿：黄家教、黄家枢。

②文女：黄际遇长女黄楚文，适蔡家。

1933 年 8 月 7 日

早睡早起，发奋可、纫秋二书，补日记。

《万年山中日记》第十二册

（1933 年 10 月 1 日—11 月 1 日）

1933 年 10 月 1 日

晨为河南汝昌中学书校额一方，应门人曹续彬之请也。

儿辈禀来，知黄上舍鸾阁逝世，年六十九岁。上舍治事缮公件，饶有干才，十年以来相依尤密，今夏尚得一面，则老态龙钟，卜其不久，所可念九十老母在堂，友朋之间久为窃虑，今果然矣。回忆母氏陈太夫人大殓之夕，上舍莅丧，亦为助哭，不孝心中已知其隐。所谓既悲逝者，行自念也，当为联寄赙之。

1933 年 10 月 4 日

构联哭黄上舍鸾阁：

君之孝行，月旦皆碑，誓墓负相期，送死养生遗隐痛；我所兄事，晨星可数，登高异曩日，倾河倒海哭斯人。

1933 年 10 月 6 日

王哲庵[①]示以章太炎师近年书联：

命意超化。先生不以书名，晚岁小篆极工，此联则非其至者。

【注释】

①王哲庵：王国华，王国维之弟，时任国立山东大学外国文学系讲师。

1933 年 10 月 18 日

午，仲儿、冢妇[①]等家禀来，报云老于九日（八月二十日子刻）病故，年六十岁。

黄云溪世居澄海邑治，父某邑诸生，夫妇前后二十日相继而亡，时云溪甫二十岁，视家之所有者四金而已。只今念及之，犹泪涔涔下，曰“生无以为养，死无以为葬，祭无以为礼”，曰“伤哉贫也”。云溪早知有《说文解字》等书，实闻于过庭之时，其治学已不陋矣，名场偃蹇，秀而不实。戊戌张冶秋先生督学粤东，复与际遇并拔初试，而覆榜落第。此后更坎坷终其身。乙丑十四年，先君子弃养，不孝仍负米[②]四方，乃聘云溪馆于余家，令群从从学，及门者十许人，方知云溪之学博而不疏，达而得要。内子尝问儿辈：“先生讲书，孰与亚爷好懂。”相与应曰：“亚爷说故事如说书，先生说书如说故事。”盖一循循善诱之良师也。只以一生抑郁，戚戚无欢。十口瘁瘏，栖栖寡侣。馆于予家者八年，忍饿而已，惟学问治事，则犹得切磨之益。今夏予归省墓，过门视之，则已累然卧病，相见潸然，幸其有此一见也，寒素之苦，念之凄然。幼山丙寅春主于予家，予招云溪、鸾阁、硕友、峻六、东铭作陪，昨日幼山尚垂问诸旧雨，讵知东铭、硕友、鸾阁先后凋丧，幼山甫行而云溪之耗又至也。每有良朋况也永叹，况死生之大哉，联以哭之：

衡门之下，倏尔八年，暗淡谢时评，底事方干不第（唐新室人。貌寝，缺唇。有司不与科名。殁后，宰臣张文垒奏文人不第者十五人，干与其数。追赐及第），罗隐无名（五代吴越新城人，貌寝，十上不中第，能诗），从先生者坐若春风，抵死晏如，书来犹辨古丧制（存《万年山中日记》）；东野之官，萧然一尉，凋零伤异客，为念北海倾尊，鳣堂问字，彼君子兮化同秋草，此生已矣，论者以方汉弘农。（汉杨震，弘农华阴人。父宝。习《欧阳尚书》，哀、平之世，隐居教授）

日晡走示泽丞推敲数字，泽丞辄为见其深处。

家书又报辅轩第新屋左边已约典郭子宏号（三千三百五十元）。复内子书嘱送云老奠仪十金，加送赙仪十金。又截百金为大嫂家用。柬奋可、思敬、史英、述旦上海。

【注释】

①冢妇：嫡长子的正妻。

②负米：外出求取俸禄钱财等以孝养父母。

1933年10月30日

家书来，云溪家人来赴[1]。家中付来鲦[2]脯，奋可付来淡巴菰[3]，均由“山东”船带到，乡味异香，殊犨人意。

夜作澄海黄处士诔：

中华民国二十有二年十月某日，澄海处士[4]黄云溪卒。黄际遇在胶州横舍闻耗，既为联吊之。空山残月，长夜秋霜，顾景儽然[5]，情不自克，用述曩契，发其慕哀，僭缀诔词，表兹明德。诔曰：

我昔负米，于役武昌。岁行在丑，闵遭父丧。我家小子，其狷其狂。求师于乡，众佥曰黄。八年于兹，群士之坊。获此明师，道义粻粮。小子有造，长毋相忘。我之识君，垂四十纪。耳长者言，君信佳士。信于人者，在工八比。谓以青衿，如拾芥耳。长沙使粤（张百熙冶秋先生），群流所跂。我亦随班，名后于子。胡是区区，童头豁齿。世方相尤，吾独否否。君之至处，在彼非此。我忝知君，父书能读。父名诸生，颇涉小学。君我言时，涟洏以哭。二旬之间，两丧生鞠。方罄所有，四金不足。伤哉贫也，典券可掬。敛正无羸，祭安得肉？孺慕终身，畴若君笃？虔数君行，敢讯薄俗。如此畸儒，乃真人师。鳣堂棠荫，春日迟迟。何幸寒门，弦歌被之。蒙以养正，四子为基。行有余力，迁史唐诗。夫子循循，善为说辞。寻良师者，指振祖祠。时雨化之，乐哉诸儿。妻诘诸儿，先生说书，孰与阿爷？儿曰有诸，先生说书，如讲故事；爷讲故事，乃如说书。诸儿善状，我乃不如。追维前言，辄为轩渠。何图戏言，已成陈迹。秋风一叶，乍惊捐客。子敬之琴，山阳之笛。弹不成声，节谁应拍？满箧君书，比于球壁。丧制一书，厥辨尤剧。不名之争，而实之核。展如之人，其仪不忒。履綦典型，俛仰瞬息。空文驰哀，酬君灵魄。呜乎哀哉！

【注释】

①赴：同“讣”。

②鲦：又名柔鱼，即鱿鱼。

③淡巴菰：tabaco的音译，烟草。

④处士：善于自处，不求闻达于当时的清高代号。

⑤儽然：颓丧貌。

1933年10月31日

夜交丑，属稿方就。晨走视泽丞商榷文律。以诔文初稿寄谕仲儿代致祭，并柬谢炎廷上舍。

报载简竹居先生九月二十九日殇，年八十三。先生名朝亮，字季纪，号竹居，世居广东顺德简岸乡，其祖迁南海佛山镇，尝受南海朱九江先生（次琦，嘉庆十一年至光绪七年）。其弟子黄节（晦闻）称先生立身无愧，程朱为学，不分汉宋。所著述有《尚书集注述疏》三十五卷、《论语集注补正述疏》十卷、《孝经集注述疏》一卷、《礼记子思子言郝注补正》四卷、《明诗》四卷等书，最近有《续资治通鉴论》《仅致南宋诗文集》《有读书堂集》十三卷，此为门人去岁请于简先生而刊者云。

1933 年 11 月 1 日

午宏成发宴客小总会，重楼杰阁，高绝人环，而肴馔不相称贾，却极风会，所趋付之一笑。局散，乡人招往猎较，亦佛家所谓“作如是观”而已。

归治方程式。申正应梁文柏公记楼[1]之招，引满倾杯，洗尽积块。复趋同乡贺陈朋初娶媳，勉赴英记楼。坠珥拾箸，偶然作客，分无东方割肉，辜负北海倾罍矣。

明月在天，孤鸿掠景。伤时感旧，我劳如何？红豆坠欢，青萍减色。抚髀增叹，对影成三。

【注释】

①公记楼：当年青岛除了鲁菜馆外，最多的便是粤菜馆，公记楼在粤菜馆中属名气较大者。

《万年山中日记》第十三册

（1933年11月5—27日）

1933年11月5日

课儿治学二事：曰门径，曰工具。治学无门径，则不得其门而入，不得其道而行，所谓终身由之而不得其道者，众矣。治学无工具，如工欲善其事，不先利其器，乡壁虚造[①]，面墙九年无益也。如读书无从下手时，姑取涤生家书[②]，若金匮华氏学谈、笔谈，浏览之不唯得敲门之砖，亦复认识途之马。

【注释】

①乡壁虚造：对着墙壁，凭空造出来的。比喻无事实根据，凭空捏造。

②涤生家书：《曾国藩家书》，曾国藩的书信集。

1933年11月10日

记曾刚甫：

曾习经，字刚甫，号蛰庵。广东揭阳人。幼随其长兄曾述经读书。时丁雨生中丞以丰顺县籍侨居揭阳县治，归田之暇，时为文会[①]。清例，六十年间无登乙科者，削博士弟子学额。揭阳县适以光绪某科以习经兄弟中式乃免，不可谓非丁氏流风所被也。

习经旋肄业广雅书院[②]，从梁鼎芬辈游，得立身为学之大要焉。予识先生已在通籍[③]之后。时先生以度支部右丞奉清命于光绪乙巳往日本考币制，以乡后进礼接待先生旅次而已。

宣统庚戌后，予假馆天津，以时入都，必主先生，乃稍稍窥所学。辛亥鼎革，先生罢官，躬耕津沽军粮城，间主予家者竟月。时人皆谓先生食尽必作官，予独信其饿死亦不作官。予顽钝不学，无可为先生知者。而此事则蒙引为知己。于民国甲寅三年所为家严慈《七十双寿序》有云："予与任初交，垂十年矣。"又云："盖年来天涯友朋间从迹之最密者也。"先生为文得阴柔之美，而不易于言，不轻为文，其不耻下交者如此。其后，先生卒守志以终。

记民国三年，梁启超尝以长广东民政事，介罗瘿公先容，以觇[④]进止。先生闻讯，急起出户外，当风而立者移晷。然则启超辈尚不若予之知先生矣。

军粮城田窳[⑤]无所获，清俸亦垂垂涸矣。予南北转徙，间三四岁入都，必谒先生馆次。民国十四年由汴趋往，则先生方鬻其所藏碑籍，以维饘粥，而仍责际遇必受其一餐也。翌秋而先生之讣至，年甫六十。无子，以仲兄□[⑥]之子为嗣，非先生志也。予集《文选》句“室无姬姜，门多长者，悲缠教义，痛深衣冠”（任昉《王文宪集序》）为联挽之。（原作为：“我虽不克列弟子，而甘执门墙，稔知志洁行芳，问津愿从沮溺后；公卒不克为东坡，而终于彭泽，只今秋高风急，诗卷长留天地间。”意有未惬，故易之）

不若澄海吴梦秋一联云“十四年稼学杨漕，回思广雅师承，晚节不惭梁太傅；八千里魂归榕水，若论潮州耆旧，遗风何减薛中离”为足传先生矣。

先生于学通达，不守一家言，而立身粹洁，则世无间言者。不知世有善为先生传者否？今日见叶恭绰所为《〈蛰庵诗存〉序》，述交而已，惟云“刚甫于友朋风义至笃。叔雅、节庵、瘿公之逝，伤今悼往，一著之节章（瘿公之逝，记在先生之后）。其为诗回曲隐轸，芬芳雅逸。盖自《诗》《骚》、曹、陆、杜、谢、李、杜、王、韦、韩、孟、温、李，以迄宋明欧、梅、苏、黄、杨、姜、何、李、钟、谭之徒，暨夫释家偈句，儒宗语录，悉归融洗，而一出以温厚清远，盖庶几古之所谓风人之旨。尚论近三百年诗者，吾知必将有所举似也”一段，尚克道出真际，姑扬较如上方，傥有作者，理而董之。黄垆人眇，腹痛如何。（《后书·桥玄传》）

【注释】

①文会：文士饮酒赋诗或切磋学问的聚会。

②广雅书院：在广州城西北，由两广总督张之洞创办，是晚清洋务派创办的诸多书院中最具影响力的一个。

③通籍：亦作“通藉”，指做官，意谓朝中已有了名籍。

④觇：看，偷偷地察看。

⑤窳：（事物）恶劣，粗劣。

⑥原文缺字用“□”代，全书同，不再出注。

1933年11月13日

仲儿禀来，云今日坐“山东”船北上。

校读孙诒让所著书。孙诒让字仲容，浙江瑞安人，父衣言清大仆卿，性骨鲠，治永嘉之学，而诒让好文艺古文，年二十中式同治丁卯科乡试（先子亦以是年选博士弟子员），晚年清廷征主礼学馆，不起，年六十一。光绪三十四年五月病中风卒。余杭章炳麟为之传，存《章氏丛书》中。孙君之殇，章师适窜居江户，主《民报》笔政，孙君殇前一年之八月所与章师书，方辗转致达江户，今《籀庼遗文》中所载《与某君书》首曰“□□先生有道而不名者”，盖是时文网方严也。是年章师作《瑞安孙先生哀辞》（今集中题曰《瑞安孙先生伤辞》），谓“吴越间学者，有先师德清俞君[①]及定海黄以周元同与先生，三皆治朴学[②]，承休宁戴氏[③]之术，为白衣宗。先生名最隐，言故训审慎过二师，著《周礼正遂》《墨子间诂》《古籀拾遗》《经迻》《札迻》如目录”云云。予之知孙君自此始，其乡李笠（雁晴）主中洲国学科，时时称道其乡先生说，笠为学复恪守家法，盖已隐然如有所谓归安学派者，询之果有“籀庼学会”也，今者承学之士莫不知瑞安矣。

箧中所藏先生著书，丹黄蟫蛀，纷然杂陈，略条系之如下：

《札迻》十二卷，雠校古书，自《易乾凿度》至《文心雕龙》，七十七种。自序于光绪十九年，谓其群经三史说文之类，谊证繁博，别有著录。校书如扫落叶，如此读书，不但受书之益，反使受读者之益矣。自云年十六七读江子屏《汉学师承记》及阮文达所集《琴经解》，始窥国朝通儒治经史小学家法云云，亦示初学者以门径也。此书取王怀祖观察《读书杂志》及庐绍弓学士《群书拾补》义法以治古书，综汉唐以来校雠家之大成，光绪二十一年俞樾为之序，曰：“校雠之法，出于孔氏，子贡读晋史知三豕为己亥之误，即其一事也。汉儒以是正文字，为治经之要。后人又以治经者治群书。”予读西籍讹夺字句绝少，而比来国内承印之书，几不敢寓目，民性之勤惰亦随世风为隆替哉！

《籀庼遗文》二卷，民国十五年瑞安颍川书舍刻本。籀膏者，籀文小屋也。凡各书所不载遗文六十余首，分寿、序、题、跋、碑、铭、祭文等，李笠序云：“专著裁篇命名出自作者，后人整理校勘之外，无余事矣。则凡属遗文，均不忍割弃可知。披览二卷之中，当以《征访温州遗书约》一首为最赡博，朱育对濮阳之问，汪中应广陵之对，谊无多让也。”

《籀庼述林》十卷，丙辰五年刊本，不序不目，襞积而成，然确为仲容皓首之作，可与《述学内篇》骖骞先后矣。

兹最其有关礼制学术篇目如左：

卷一《圣证论王郑论婚期异同考》。

卷三《释由申玉篇义》（谓由即用之异文，非古别有由字也），《籀文车字说》。

卷四《古籀拾遗叙》《古籀余论后叙》。

卷五《名原叙》。

卷六《集韵考正跋》。

卷七《毛公鼎释文》。

卷九《温州经籍志序例》。

卷十《与王子庄论假借书》《与梁卓如论墨子书》。

诸篇精熟训诂，通达假借，真经生之文，泽于尔雅者也。

【注释】

①俞君：俞樾。

②朴学：特指考据训诂之学。

③戴氏：戴震。

1933 年 11 月 15 日

辰初四十度，晴明，初著灰鼠求[1]，竟日北风，燃炭当炉，茶香满庼[2]。上午授课三小时，下午治微分方程式论，别存稿。晚怡荪来谈。发季刚金陵书。

【注释】

①求：古“裘”字。

②庼：小的厅堂。

1933 年 11 月 27 日

是日先妣陈太夫人九十岁冥寿，家例不行冥祭，惧难持久也，客馆更难举此，呼小子识之而已。黄翊生前辈十余年前赠予美洲远行诗，有“华堂双白发，沧海一青灯”句，追理当年情事，几忘松楸[1]之已绿也，夜梦见母。

【注释】

①松楸：松树与楸树，特指父母坟茔。

《万年山中日记》第十四册

（1933 年 12 月 10—12 日）

1933 年 12 月 10 日

阅《归纳杂志》，仅见第二期有章炳麟《论宋明道学书》、黄侃《日知录校记》等。

1933 年 12 月 12 日

阅《左盦集》，仪征刘师培（申叔）著，北京修绠堂藏板，凡八卷。淮海之间多以经学世其家，刘氏其一也。集多精勘之作，末有《六儒颂》，有《序》谓继容甫之作，六儒者：昆山顾先生亭林，德清胡先生东樵，宣城梅先生定九，太原阎先生百诗，元和惠先生定宇，休宁戴先生东原也。

《万年山中日记》第十九册

（1934 年 5 月 22 日—6 月 25 日）

1934 年 5 月 22 日

语云："多识于鸟兽草木之名。"予生于海隅，去海不十里而遥，昕夕皆可闻潮声，顾以受书，身同禁锢。九岁始见溪河（赴郡试），十六岁始临大海（赴乡试），于昆虫名物不辨，如騃痴然。餐饭所资鱼族，是赖口之于味，少亦在百种以上。今许文"鱼部"所存者百有三文而止耳。古今人纵甚相殊，维兹鱼族因地固有不同，因时谅无大异也。乃参读《释鱼》，比而稽之。

1934 年 5 月 24 日

接广州林砺儒、驼江吴馥岩信，均少年丱角之交[①]，而来书皆加圈点，恐人不能断句乎。故交所在，即裁复之。

【注释】

①丱角之交：丱，古代儿童将头发束成两角的样子。"丱角之交"同"总角之交"，指儿时就结交的朋友。

1934 年 5 月 29 日

予以光绪戊戌受知于长沙张百熙（冶秋）先生，及庚戌游京师，而先生已于己酉归道山矣。追理人琴，益伤苜蓿。数十年来，使粤臣工唯朱古微稍为自好，余皆凡尔，不足厕于士列。先生文章风谊，卓尔不群，惜升堂在后，无从受简传经。越缦记中不一二见，其最早者为爱伯五十三岁时（三十七册十八页），时光绪辛巳七年，先生年辈应在爱伯二十年以下也。

1934年5月31日

偶为儿辈述族中耆年硕德，所及见者不下十人，今则族中之有鬓须者仅一人而已。忆烝伯句“人生见此犹为幸，世事方殷惜我衰”之句，爽然者久之。

1934年6月5日

乡人侯某（传贤）来云今日南归，料检家中用物数事，托以将归。

1934年6月7日

午退课，得家中六月一日快函，云诸母唐孺人眩利交作，适陈氏姊归宁在家，已遣人告适蔡氏妹云。测书意恐不起矣，即命仲儿治装，以明日“新疆”号南归，并电家中报知，饭次训两儿养送各事。今夏决留胶州，今又恐所计不终耳。柬泽丞过谈，借抒心曲。宗邦古礼，旧家遗俗，苟非其人，靡从申说。冠盖酒肉之游，可与言此者寡矣。

1934年6月25日

晡归舍，作家书，并报镐臣。今日陈伻来，口述家中不欲儿辈归家，因县中风气甚坏，纪纲不振，始明前日有“留青读书亦佳”之语。

夜应麦鼎华、吴祖耀两同乡招饮于吴宅（湖南路七号），华贵细精兼而有之，所饮逾量，而醇醪不伤人，得免于醉。归车往宏成发小谈。

《万年山中日记》第二十册

（1934年7月3日—8月23日）

1934年7月3日

是日先君子韫石君冥寿九十三岁，距弃不孝者九年矣。

1934年7月13日

光绪十四年五月二十二日邸钞[①]："命编修张百熙（湖南长沙，甲戌）为四川正考官。"按编修按郡南粤，为光绪戊戌己亥两科。

【注释】

①邸钞：亦作"邸抄"，即邸报，并有"朝报""条报""杂报"之称，是专门用于朝廷传知朝政的文书和政治情报的新闻文抄。

1934年7月15日

是日王太夫人忌辰，赁庑之躬，奉奠无从，家有主妇，藻苹[①]自无缺耳。

【注释】

①藻苹：指祭品。

1934年7月17日

奋可付来《三字经》三百部并附长函来。器儿今日坐"山东"号南旋，付路费五十金，又赋百金将归为家人衣履之用，发家电报器儿行期。

1934年7月20日

宏成发电报："张奋可、黄述旦自申来。"将晡，驱赴一面，留谈，饭后纫秋共车遵行海陆，过海滨公园，拾级披襟，经年无侣，为之屏迹。入水族馆，鱼虾飞潜，供人指数，固有日常供馔之物，而不知其学名者众矣。复绕浴场、炮垒，御风而归，邀二客下榻寓斋，月出登山，游谈至夜分。

1934年7月21日

与奋可阅《残冬伤春记》。晚宏成发宴客可乐地，酒后归寓夜谈，登汇泉炮台听月。

1934年7月25日

蔡乐生来，留午饭。邓植仪（广州中山大学农学院长）、吴祖耀觉生（青岛监务稽核所所长）来，满座乡音矣。

1934年8月12日

午送奋可、述旦赴大连，及宏成发少坐而返。

家书来，内子以其母病视汕鮀[①]，四、五、六诸儿皆未随往云云。想疾革[②]矣。家锐[③]已于五日坐“甘州”来上海，转杭州投考艺术学院[④]。仲儿年已二十一岁，徂南往北各自求独立之途，理应尔尔，但因体弱，朴学非其所任，改而之此。从此须过单独生涯，不免为之黯然耳。即走书寄申示谕之，并柬陈建功、张绍忠代为照料。作家书示珪儿，言儿云四儿头痛食鬲，并示以摄养之法。

【注释】

①汕鮀：汕头。

②疾革：病情危急。

③家锐：黄家锐，黄际遇次子。

④艺术学院：国立杭州艺术专科学校（中国美术学院前身）。

1934年8月19日

补日记。器儿禀来云蔡外祖母以中秋日领帖，母亲令其陪奠，过此日子方行返校，然须误课二星期云云。念此非校规所许，不过情意亦有是处，作示并柬内子礼次商定之。示仲儿上海并嘱其往善钟路。

1934年8月23日

闻里人陈景仁（云秋）今年春卒。近潮人号最能书者也，年七十余矣。光绪中尝赀为郎[1]。客京师久，多购石拓摹之。先兄荪五君以丁酉公车[2]与云秋有兰契，余以辛亥冬方识之鮀岛，似亦好言诗者。实惟写几个隶书，尚仿佛汉隶躯壳。其摹仿极于漫漶剥蚀处，有似近人手拓墨本，去郑谷口辈尚远耳。至上款署名，行以行书，则无足观矣。学力使之然也。然里党更无人事此。虽欲勿记，可乎？

今日暑甚，方挥汗作记，陈朋初诸乡友来谈，对弈二局，亦蛩然之音也。入夜风益闭，欲雨不来，乌云密合。

仲儿来禀，言已取录杭州艺术学校，需款百金，即复示之，并令伻检其衣被，明日南寄。抄游记付慧。

【注释】

①尝赀为郎：出钱捐官。赀，通“资”。

②公车：汉代负责接待臣民上书和征召的官署名，后代指举人进京应试。

《万年山中日记》第二十一册

（1934 年 8 月 27 日—9 月 20 日）

1934 年 8 月 27 日

家书来，器儿禀尤详，中云“东湖外孙女已硕大矣”，为之怃然。三女绮文五岁，来禀数行，井井可观。

1934 年 9 月 7 日

料检寄家中节物，腌鱼、苹果、花生、花红、白梨之属，又以其余寄慧儿，均托“绥阳”归舟中人萧、陈二伴带去。岁时存问，节序迁流，睹物依风，行深莼鲈之感矣。

1934 年 9 月 11 日

纫秋传意下山一面。张采石娶子妇，贺以四金。

1934 年 9 月 18 日

日昳归舍，亨乡茶而甘，纫秋所遗也。柬纫秋代寄二十金为锐儿留杭之用，寄家书。

1934 年 9 月 20 日

蔡镜潭函来。寄示家锐杭州，家器上海。寻购王氏《汉书》，柬门人杨渠章长沙，亦为此事。晚少侯[①]以张人麐复书相示，云锐儿已考隽。少坐，同出望月，清寒欲绝，秋意侵侵，迫矣，夹衣尚感凉。今日接家书（十三日）尚云九十四五度也。夜读至人定后。

【注释】

①少侯：赵少侯，时任国立山东大学外文系教授。

《万年山中日记》第二十二册

（1934年10月1—29日）

1934年10月1日

器儿自南来，适携来申上文瑞楼[①]王本，直十金，犹且快意尔。晡酌，谈家常桑麻事。故庐无恙，人竟日非，蒿目江河，不任世变之惧。

【注释】

①文瑞楼：清代末期创办的民营出版发行机构。

1934年10月10日

锐儿来片告寒，即汇二十金赴杭，为冬求之用。门人张奋可自上海馈金华腿脯、陈酒，助诗酒之兴，并函来。

1934年10月15日

是日先兄际昌先生忌辰，际遇少从兄学，执笔未能传兄学行什一，忽忽三十五年间事矣，然未尝弭忘也。

1934年10月29日

夜得奋可书，详述南北各港商贸萧条，汕头市受纸币朘削[①]，倒闭接嶂，故交星散，金尽交疏，为之扼腕。又寄来雪茄烟四合，馥芬沁口，弥感久要。

【注释】

①朘削：剥削。

《万年山中日记》第二十三册

（1934年11月5—16日）

1934年11月5日

夜忽因羊[1]函述及文儿[2]遗雏，怅然于怀，几至罢读，伤哉女也。

【注释】

①羊：广州。

②文儿：黄际遇长女黄楚文。

1934年11月16日

是日先妣陈太夫人九十一岁冥寿，弃养者四年于兹矣。言犹在耳，影犹在堂。鲜民[1]终身永叹何已，夜来梦见慈颜者屡矣，为儿无状，累母远视。

【注释】

①鲜民：无父母穷独之民。

《万年山中日记》第二十四册

（1934 年 11 月 20 日—12 月 27 日）

1934 年 11 月 20 日

乡邻程梅阁来青，周尧廷、张采石陪来午饭。晚宏成发开筵英记楼，趋往陪食，适功课最重之日，无心谈宴，刻意解题，然满座野花，数声啼雁，蓬鬓皃胫，薄解羁情。归思浩然，远山如画，四无鸟迹，人在灯前。

1934 年 12 月 2 日

家书（11 月 24 日，十月十八日）来报内子产男，上午十点三十分（即戌年十月十八日巳时），阖家欣欢，产此七儿。吾祖之生，几同令伯，既无伯叔，终鲜兄弟，吾父生我年过四十，所谓门衰祚薄，晚有儿息。及我生子，复及三十，蕃衍之望，五世于兹矣，食德思泉，弥深敬惕。作家书并柬慰内子。谕锐儿杭州。

镐臣长函来，述乡中“年来凋零之状，人事奇异之观”。忧时之言也，作书慰之，并寄羊书。

1934 年 12 月 12 日

家书来云：“新宅一半租与姚姓，月十三金，收九成余。”殊出望外。四儿禀云：“七儿酷似六儿。”真“家书抵万金”也。并云“以十月廿七日开初”。此是澄俗，意云开荤，盖产母生子十日方进肉也，产后三日曰上腊（宋曰三朝），至开初之期曰忌腊，此期内忌一切剧烈动作如舂杵之类，无敢犯者。以此俗询之他处，皆云事或（自南宋已有一腊之名，七日旦腊见二四〇六一八日记一腊条下）有之而不得专名，故无从正其字。

1934 年 12 月 13 日

仲儿婚期定感日（12 月 27 日，十一月二十一日），嘱先期归。又须变计提早矣。

1934 年 12 月 16 日

收检行囊，颇携家人所爱之物。一年一度图此寻常之欢，稚子山妻尚为知己也。

诸友熟知者又烦送礼。同乡宜今兴号致礼券六金，永丰兴号四金，宏成发号四金，张采石八金，宋树三六金。共二十六金，易银杯一对，镂曰“百年之好，五世其昌”，并镌诸友芳名，永系琼琚之好。

1934 年 12 月 17 日

家书来报，六儿活泼，七儿十一日剪发，次儿授室十五日文定[①]纳采[②]，二十六日光厅，二十七日辰时迎娶，次媳邑南桥头蔡景祥先生长女公子也。

【注释】

①文定：代称订婚。

②纳采：古婚礼六礼之一。男方向女方送求婚礼物。

1934 年 12 月 27 日

是日辰时，家中为次男家锐迎娶。以教以学皆不能归，有负盛典矣。粤人多出外营业，又忸于择吉之习，先行迎娶以待者往往而有。余于乙卯四年三月迎内子蔡夫人时，适就馆武昌，亦格于校务不克亲迎，越六月方归家也。

午设席答乡友陈朋初、周兰生、周尧廷、张采石、宋树三，邀少侯作陪。

念锐儿生于甲寅三年十月，深博先大人[①]之欢，忽忽长成年二十矣。既愿为之有室，复望克成祖武[④]耳。

【注释】

①先大人：亡父。

②祖武：先人的遗迹、事业。

《万年山中日记》第二十五册

（1935 年 1 月 8 日—3 月 24 日）

1935 年 1 月 8 日

辰初三十五度，晴明。

返舍御者在门，器儿随往宏成发。午炊未熟，执简无间，复以所得于途者草示诸生。

午晓廷、采石共饮，加未登“新宁”太古公司轮，报明朝“海亨”，不及待矣。交柜头发上海隆记、汕头宏发电各一通。晓廷同车来码头，气宇澄莹，旅行多福。采石、树三及赖君远来相送，一声长笛，催人远行，全舟仅载旅客一人，孑单可想，为之罢饮，早睡。

1935 年 1 月 9 日

温煦，在“新宁”舟中，晨小雨，午阴旋霁，夜雾。

舟中治微分方程式各题自遣而已，然亦时见新意。

1935 年 1 月 10 日

晨雾，舟泊上海，未理稿。

晨因雾，舟行濡滞，午方入吴淞，纡回西上，维揽浦东，绍绪越浦江来迓，饭于隆记，故友黄鹏南之遗业也，今史镁主之，尚存箕裘[①]之意。乡友族尚闻讯来集，复与陈织云、张锦灏、黄述旦同访南丰、致昌、宝大、庆丰各号，皆十年以上之交情，多且及三十年，今日散处四方，令人不胜今昔之感。锦灏本浙东人，佣书潮商三十余年，几成丱角之交，追履陪谈，倍见久要之意。夜史镁开筵招集旧雨，纵谈至夜深，绍绪侍榻前，缕述乡事，鸡鸣数匝矣。

【注释】

①箕裘：比喻祖先的事业。

1935年1月11日

重阴，带丝雨，六十余度，在上海。

起床作示两儿，旋得家书，云："南中亦阴润如春，失时甚矣。"思敬以车来，速[1]往南宝，即应之。午食并为多饮，酒酣放笔作书，酬爱我者，首集句为史镔楹帖云：

圣代即今多雨露；故乡无此好湖山。

索书者纷然麇至，罄要[2]悬腕，多以楹联应之。自未达酉，尽积纸三之二而已，几五十通，仍不能人人而济也。

夜思敬设席，因倦甚，为减杯。饭后聚谈，有竹林诸贤之兴，四更方散。绍绪共话，复及天明。

【注释】

①速：邀请。

②罄要：弯腰。

1935年1月12日

阴霾如晦，自上海南征。

晌午方起，采购杂物，史镔、绍绪各送次儿昏礼[1]绸袍一袭，思敬送礼券十金，隆记又致笔墨二合。午述旦开筵，招致旧识十余人，倾怀痛饮，呼酒及于三次，过客之乐此为最矣。午后史镔、述旦、锦灏、有章相送江干，长笛一声，别君南浦，倾身便睡，晚餐为废。

【注释】

①昏礼：因为古代婚礼在傍晚举行，故引申为婚礼。

1935年1月13日

阴雾，在"新宁"南舟中。

客劳未纾，欹枕多睡，舟人对局，进者皆负，披靡望风而逃。夜只以弈乘为侣，冬行春令，重雾霿霡，船笛放声，彻夜不绝，为之披衣起视者数焉。水夫打水浅深，适在卧床楼板之上，辘轳邪许[1]，震耳欲裂。此是公事，心亦安之，黎明方入梦。

【注释】

①邪许：劳动时众人一齐用力所发出的呼声，即号子声。

1935年1月14日

阴雾，午甫见日，日昃复阴。及亥始见天有月。

早起并弈侣不可得，竟日读《寿恺堂集》。舟行不辨百武，有闻无见。

1935年1月15日

阴，舟抵汕头。六十五度。

中夜起视，未见厦门灯塔，佥谓非逾午不抵汕岸，侵晨起眺，则乡山历历在望，转眼入港矣。

行囊颇多，益以托附之物，只手调护，亦需时刻，不胜筋力之劳。舟甫泊岸，宏信伙伴来接，与峻六连话久之，未尽年来乡事之奇变也。昔人危邦不入，乱邦不居，予于父母之邦，谓之何哉。其能为之返辙回车邪？相对慨然，所谓万事只堪三太息而已。

因青、申[①]商贾事，走访张奋可、杜伯渊，即返宏信。

午饭峻六苦留，予以未入家闾，急于息驾，驱车，日加未抵家。嫂妇出劳，童稚攀裾，六儿见面，解呼阿耶，七儿在抱，酷似诸兄。作客经年，劳薪半世，一肩甫卸，征尘在衣，相顾怡然，顿解劳结。邱嫂告以明朝东郭扫墓事，我父我母要柩，于是春禴冬未亲捧奠，先期一日获亲是役，所谓八年犹得一相从，感慕交集。家人方忙祭品，亟片达至亲，出郊助扫。晚团餐共话。

入夜不寐，枕上成联挽黄麟阿：

东郭有人，我家万石；南风不竞，为子七哀。

【注释】

①青、申：青岛、上海。

1935年1月16日

阴，辰正五十二度，西风。

晨陈次宋、黄式予来。旋出访陈志初、杜若蘅，晤林秀山、杜君侠、杜英三。

交午出自东门，墓庐无恙，宿草犹青。宗人二十余人来叩，墓外有陈志初、陈次宋、蔡弼丞、蔡子翔、陈名珪、朱鹤鸣、陈云槎、黄式予、黄燕方、黄润生、黄左乘，臬陈甥蔡倩，后先踵至，野祭衣冠，以此为盛。西风顿紧，张幕为屏，祭余餐宾，亦得一饱。斑白诸老，尤富谈谐，耆旧流风，此焉未沫。路人远瞩，指而目之。归为君侠书墓碑二通。

夜偕妇坐话。示二儿青岛、杭州。

1935 年 1 月 17 日

阴，辰正四十九度，午甫见日，重云复合。

是日先（生）妣陈太夫人忌辰，盖去母之殁满四稘矣。周家禄《诔张謇母》云：“侍母十日，痛母百年。”我之情事与此正合。追维当年，景况如新，而松楸已拱[①]矣。杯棬之思，伊其何极。禄养不及，捧檄奚为。祭器得亲，已为游子。厚幸影堂，高设栗宝在上；如忾如僾[②]，鉴兹馨香移时。蔡德轩、陈镐臣、黄燕方、陈志初、陈次宋均来叩遗像，一一培祭如仪，昔人当忌日不茹荤，不见客，俗所不忌，未能践履。

黄芹生、杜君侠来谈。收检行李，夜阅瓯北《廿二史劄记》。

【注释】

①松楸已拱：人死了很久。

②如忾如僾：仿佛看到身影，听到叹息。形容对去世亲人的思念。

1935 年 1 月 18 日

晴霭，辰初四十八度，夜月如镜，分外高清。

表兄陈虞史来谈，七十许人矣。

夜月特佳，出西门访外舅蔡梦阶，丈人荒斋，晤化臣，小坐而归，庭除步履隐约可辨。郭外池沱，漾漪如练。前辈风流今无存，负郭之民不安席，犬惊牛喘，动关世运也。夜阅瓯北《廿二史劄记》。

1935 年 1 月 19 日

辰初五十度，晴霭，入夜薄阴，月色蒙眬。

晨出吊东郭林、黄二家，返城治吊蔡钓溪及陈仲韬、蔡益三之母，陈蔡两家孝子皆出帏叩见。亲旧凋零，民生不易，荒茔败砾，睹目怆怀。归柬泽丞、少侯、毅伯，并示长次两儿，旋得两儿禀。柬马隽卿。谢炎廷长简来，未晤。

晚峻六招饮孚信庄，挽侯汝霖、林鹤皋、蔡弼丞、陈志初同席，为之纵酒，酒后偕至陈家祠茶话，乡园之间尤难得此乐矣。夜，家人祀灶送神，酬一年神佑也，虽无亨羊，亦复杀鸡购肉。夜谈数匝，爆竹一声，童孺争豚，姬人言宴，天涯负米，于焉释肩，四更方睡。

1935 年 1 月 20 日

星期，辰一刻五十四度，重阴。

晨方伏案，有客纷集，陈福贞、谢炎廷、蔡化臣、陈志初、黄孝德、郑姊夫坐至日中，旋答访峻六。

夜阅完《幼学琼林》[1]，分类比词助记诵，增补者邹梧冈附序于乾隆二十五年，较原作更涩晦，科举盛时此书颇盛行蒙塾间也。

【注释】

①《幼学琼林》：古代儿童的启蒙读物。

1935 年 1 月 21 日

辰初五十八度，霭净，夜月清极。

设几东厢，朝曦可挹，整襟南面，蠹简为邻，堂之北隅，余地数弓，断梗疏篱，颇可涉足，挟书吟睡，稚子相从，此为一片干净土也。夜访志初，望月有旷邈之思。

1935 年 1 月 24 日

辰初五十三度，晴，夜人定月明。

日昳应乡人之求，书楹帖屏幅若干事，盖犹未免有酬应之心存也。

里居舍读书教子外，涉足成趣者，惟近郊踏青一事。南中温暖，虽冬犹青也。昨日出自北门，溪流有声。傍岸而行，循垣而走，庵名竹隐，地辟陋园，衡宇对门，叩扉莫应。庵设佛会，香火犹新，声彻木鱼，眼经苍狗，住持屡易，真塑空存。中有信徒，自言旧识，殷勤指点，缱绻肩随，以彼缁流，炙我道境，三教不昧，万念为空。耳传呗经，来自屋漏。有士二人，在此谢关，一室深锢，三年申誓。虽末流之如此，亦王泽之寖衰，有绝俗而抗尘，遂骈肩而属目，人心不得归宿之处，吾道难置赞否之辞。仍沿溪而行，迤西一带，公路环绕，雏儿睹车而雀跃，村妇出口若驴鸣。年事方殷，心切媚灶，操其杵臼，陈其鸡豚，白屋短墙，美富毕见，村居况味，殊富诗情。日在西隅，携手赋归，言过朱门，犹见流泽，颓垣断石，非复昔时之旧矣。

1935年1月25日

晨淡阴，食时渐霁。

日昳[①]，走送仲韬之母之丧，至则輀车[②]已发矣。十年不入斯门，以事有所牵，姑往一拜，坐壁有录王岱“诚求”二字一额，澄民于今所不能忘之邑令，惟王宰一人。(《县志·王岱传》:“岱号山长，湘潭县举人，以诗名，康熙癸亥宰澄。”先君子手藏王岱《寿潮阳陈园公诗序》亦云：“余忽令澄海。”又《县志·职官表》列“康熙二十二年知县王岱，三十一年陈嘉绩”，则是在任九年)

晡得锐儿申禀，即快函示之（可回即回）。

【注释】

①日昳：太阳偏西。

②輀车：载运棺柩的车子。

1935年1月26日

辰初五十五度，晨微雨，阴达晚，日昳降至初五十三度。

读经。柬高振之上窖。

乙亥春联：

奋軋于乙，春冠四时；始一终亥，化成万物。

晡讲诵《孟子》。夜话至鸡鸣，嗃嗃嘻嘻，无伤情爱耳。

1935年1月27日

星期，辰三刻五十一度，阴，日入小雨。

是午“字纸会”举行年会，成例曰“敬惜字纸”，今之人闻而欸之，实崇祀苍颉[①]、沮诵二圣也。自先君子诸前辈奉行数十年，今则告朔饩羊[②]，局促北隅，所存者此耳。

下午率诸儿侄孙出东门谒墓，依回移晷，沿水曲而归。

【注释】

①苍颉：仓颉。

②告朔饩羊：原指鲁国自文公起不亲到祖庙告祭，只杀一只羊应付一下。后比喻照例应付，敷衍了事。

1935年1月28日

小雨竟日，阴翳。

读经。授《孟子》。访志初。示大儿胶州，次儿上海。夜授《三字经》。马隽卿函来。

1935年1月29日

辰初五十一度，晨阴。

终日授《孟子》。

1935年1月30日

清理藏书，殊感肖屑，职掌所在，不敢坠也。高振之来，周英耀来，洎晚客仍满坐。

1935年1月31日

辰初五十二度，晨阴，小雨竟日，阴。

录钟德祥所为黄氏振祖祠告庙文：

“诰封奉直大夫，晋封通奉大夫奕振公，黄府祠堂先德寿述，垂示子姓之文。

黄府君奕振公既奉祠，其裔孙来请文，余敬述之曰：夫寿之说亦广远矣，集耄耋期颐之算，而受长龄遐年之祝，美之者曰古稀，曰大董，此则谓之寿。积厚抱朴，隐德垂远，身其康强，子孙其逢吉卜昌于世，而垂裕于后。春秋祠社，奉爵上食，如在其上，陟降僾忾，世世奉养，若侍左右。如奕振公府君者，虽去今几二百年，亦可谓之寿。公幼而驯谨，不好为少年戏弄，故习业皆正经，性至孝友，为宗族乡党所称许无间言。稍长则出而交接世故，悉以浑厚谦让和平忠实处之，兄弟亲戚朋友咸推公为德人。然而公之心非以此邀名也，其天质固厚然也。及其起家也，退然闇然不为人先，而能积小以高大，遂克侍天成。立藏之久者，其发必远，蓄之盛者，其流必长。此公之所以创世业充家实，积中而发外者，殆如河之出昆仑，江之导梁岷，源泉渊流，汇合众派，故天福盛其波澜愈远而益无际涯，公之才略足以致之乎，抑公之德，实有以厚载焉者也。当是时，公年浸高，环顾五子并成立，女二亦皆得所归。乃以一子出后其宗，四子者又可属家间事。公顾而乐甚，以万盈之数兴其家，复有克肖之诸子荷其业，于是逍遥庭阶，居游林泉，见者或目为地行仙也，不知公之以仁，存心以义，制事以理，察物以情，接人皆合乎天理而得天之佑，故愈老愈强健愈从容以和。公盖享年九十余，所谓上寿非耶。夫人之寿，大都黄发骀背，受杖乡杖国杖朝之隆礼，誉之者曰：此恒春之树种，寿之泉焉。斯已耳鸿范之次五福也，曰寿又曰富华封之祝三多也，曰多福又曰多男，于以信公之寿为乐全之老人，何易几及也。今且进而征其家族，自公有子男众多，亦既麟振而鹊起，以逮于今。本支开四房焉，硕大蕃衍，秀茂间出。列胶庠者至二十人，为廪膳生者复数人，乃赞叹公五代同一堂，乡邦人士咸仰其门阀而颂其繁祉，于是公冥寿又八十余算矣，云仍来耳之递嬗而张其族，至于百数且未艾也。家世之兴，富贵寿考于斯为盛德，配陈太恭人肃雍正位以助于内，至于今八代，所谓其后必大，实有征应矣。后之人能继祖宗之志，成美大之业，奕奕祠庙，以享以祀以传无疆之休，而承荷天宠，固宜文之以垂示子若孙，永永无极。

赐进士出身诰授中宪大夫侍讲衔翰林编修前江南道监察御史南宁钟德祥拜撰并书，光绪三十一年苍龙在乙巳火七月律中夷则甲申金初一壬申金立秋前八日穗垣越王台识。”

早起仍应人求书，助邱嫂整比年事。家有纪纲，卢姓随先君子十余年，今又更十年，殊干练可靠，家中族中肖肖事如蝇附，已非此不办也。吴梦秋来，未晤，七年不见矣。马隽卿自和平里馈节物四事，又谢函来。

1935年2月3日

星期，辰五十八度，阴，食时日见，午阴，昳渐霁。

清付市债，与阛阓[①]之夫交接者半晌，治生乏术旧矣（计付年数三百五十金，又支付二百五十金），赏赉[②]饴饼之钱，于是乎赖。

梦秋来为内子及长媳开方，长揖入门，别来无恙，须鬓虽白，神貌湛然，背诵七年以来投荒诗章，琅琅可听。适有索租，乱人清意，未能遍记也，笠屐之存，文字之友，吴子有之，不胜硕果之爱矣。

恭录杨廷科乡先辈所为曾祖世亮君像赞：

“凤山后杰，虎观耆英。承欢孝道，久敬交情。学因勤得，业以俭成。治家严肃，处世和平。湛深左藻，敦笃田荆。燕翼三史，贻谋六经。春风广被，月旦高评。金王望重，兰桂芳腾。德述银管，颖炳丹青。披图俨若，奕祀仪型。特授惠州府儒学教授杨廷科拜手。”

除夕有节祭，澄海通例以元月初一、初二、上元、清明、端午、中秋、十月、十五、冬至、除夕十节为祭先之期，苹藻肉燔，焄篙荐侑，不有尸者，莫守社禝，不有主馈，谁絜盘飧，香火所承，必恭敬止。家人屏当祭具，夜半未休，稚子然灯，孺人躬爨。年事虽忙，自有至乐。

【注释】

①阛阓：借指店铺、商业。

②赉：本意是赐予，引申为赠送。

1935年2月4日

晴丽，辰正五十六度。

“居人未改秦衣服；今日犹睹汉威仪。”十五年除夕口占此联，实贴家庙大门，尔后不敢更以此联标榜矣。今年篆书“阳春新岁月；江夏旧门庭”十字应景而已，衣冠揖让之仪，人尚谓兹祠为盛也。

是日王父厥中君忌辰，崇祀庙中，王母蔡太恭人、林太恭人共此栗主。岁首，早起素食谒庙，群从以次，叩头戾止，嘉宾并致膜拜。王父殁仅三十三岁，两太恭人享寿俱迈七十，例旌节孝，林士骐孝廉赠联悬画像之傍，联云：“樛葛同心栢荼励志；雪冰褒节雨露覃恩。”此事五十余年矣，余方在襁褓中也。是日来祭来贺者三十余人，以陈福贞、陈虞史、黄润生、黄式予四翁齿为最长，皆垂垂八十，亦“凤山四皓”也。

1935年2月5日

立春节，辰正五十七度，黎明小雨旋止，竟日阴。

是日先君子玉琉君忌日，冥寿九十四岁。回思十稘之前，此日此夕泊舟江阴，风木之悲，永感靡极。清晨进香，清茶一酌。隅中荐食祭丰，何补族中子弟追思耆德，友好硕旧仰挹先风，一拜深深，余情戚戚，祭余之肉，用以待宾。

辰正率诸儿往黄氏大宗祠叩谒列祖。归途过瑾祖祠，见建人张岳崧所匾书“笃培堂”三字，局促如辕下驹，不足语于斯道，自署“史官”二字，尤令人失笑。张某所官何史，清代史官何官，不学之夫无一而可也。吴梦秋之宅仅隔一墙，两宅皆百五十年以前古屋，比屋世交，择流五世，连床三日，每日必来二次，吟声履綦，笑嗤行人。

记寿曾三（刚甫）一首：

“卅载倾心曾蛰老，劳劳眼底望京尘。填词时有沧桑感，躬稼竟成隐逸民。

潮海文章推巨擘，亭林风节见传人。何当返棹云湖上，把酒看花醉寿辰。”

真不落凡响者。

1935年2月6日

辰初五十八度，阴，有东风。

先辈例以是日为此春酒[①]，少时侍侧，岁岁今朝。客冬次儿授室，亲友来贺者百三十余家，乃假修禊[②]之期，作置酒之会，裙屐冠带，复极一时之盛。未午，已室无余坐，门多停车。黄迪勋介远客王显诏、林□（潮安县）来赏书画，并邀入坐，略以所藏阳明山人手卷、周栎园藏箑、陈师曾画册数十事酬客厚意。觥筹交错，更酌极欢，尽意周旋，亦费心力。日加申客方散去，已觉不支，与家人年话而已。

梦秋又检所藏书二部见馈：一为《番禺陈氏[③]家塾丛书四种》（《汉儒通义》七卷，《声律通考》十卷，《切均考》六卷，《外篇》三卷，《汉书·地理志·水道图说》七卷），缺求之数而不得，一旦有之，为快何如；一为《汲古阁珍藏秘本书目》一册，《季沧苇藏书目》一册，《孙庆增藏书纪要》一册，皆可为读书之助者。

【注释】

①春酒：民间习俗，春节时宴请亲友叫吃春酒。

②修禊：季春时，官吏及百姓都到水边嬉游，是古已有之的消灾祈福仪式。

③陈氏：陈澧。

1935年2月7日

辰正五十八度，东风未息，薄阴。

开树滋古屋整比藏书，补写日记，此四十年前读书处也，屋庋书十余架，每岁必事整理，仍不免于蠹食。余自幼至冠侍读于此，尔后岁一至焉而已，老树枯桐，在在起人思也。梦秋寻踪而至，为占一联云：“树木十年传管子；滋兰九畹读离骚。”

嵌字之作最难不伤大雅。

日入读《孟子》。夜饭后访志初。夜，家人迎神，俗谓初五日神自天下凡也。

1935年2月8日

辰初五十八度，晴。

早发示二儿。柬周英耀，辞其招往开会也。梦秋今日出汕卖医，来面。英耀来。

1935年2月9日

辰初五十九度，晴，午阴，日昳小雨。

里居笔债至不易了，半日浮生断送于此。日昳，约英耀挈诸儿同出南郊，庙毁城圮（邑南辟望古庙，传自宋迄今），满邱瓦砾，所见者唯此而已。

入港口乡，视适周氏姊，叩怡怡园晤鹤琴、石如孝廉两姻前辈，倾谈移晷，日将夕，有小雨，催归。夜阖家共坐。李寿熙来。

1935年2月10日

辰初六十二度，小雨，日昳达六十五度。

专人往上坑山巡视先兄荪五君及先荆蔡孺人墓。电上海黄思敬。湖南旧门人远惠商务板《广东通志》《湖南通志》二部来为鲰生[①]祝寿，十五年前问字之徒，久而弥慕，致可感也。具名者龙履冰、徐钰礼、罗大藩、陈鹿苹、杨渠章、喻钦典、曹泰宇、袁志农、张德滋、邹芝山、谭邦杰（长沙桂花井十一号，罗徐）。三月五日在青始见馈书，为函谢之。

【注释】

①鲰生：犹小生，多作自称的谦词。

1935年2月11日

辰正五十三度，雨间作，及午滂沱，日昳未息。

重门禁足，暗室连城，天伦人事，聊相慰藉。杨静吾自汉口函来。姚君慤先生自揭阳秋园函来，历述相思，并索近作，即复之。

是日邱嫂七十寿辰（实夏历正月十一日）。

1935年2月13日

晴。接高某函，以大父墓事胁迫巨款，访黄峻六。

1935年2月14日

晴，夜月清极。今日信宁乡因驱邪（俗曰净乖），过外埔地界毙外埔人一名。按周官有大傩，周官岁终命方相氏率百隶索室驱疫以逐之。驱傩之始也。

晨招次宋细商，忍无可忍，虽长嫂寿辰，仍决定出汕头叩律师之门，挈四儿及侄孙绍启同行。午饭于有信庄，寻黄台石不晤，诣老友陈衡父略述情由，彼云先拍影片，以妨其伤毁，次据高氏子函报县存案，此后如发生交涉，彼一力任之。法家之言切中肯綮，一揖即归，抵家未昏，立命家人引相工往华窖摄影。夜陪邱嫂小饮，祠庙是夕张灯，光彻院宇，家人导游，踏月至夜分。

1935 年 2 月 15 日

晴，辰初五十九度，夜月尤皓。

晨自草报稿，十年不入公门，避是非也，兹因祖墓事不得不一访之，坐未定即辞出，步送数百武，拱立而入，旋又来答拜，盖尚知礼数者。该稿经衡父点定二字而已。夜灯尤盛，裙屐翩翩，余招燕方宗侄出步月，诸儿从焉，意欲寻旧日钓游之所。考邑治各祠堂屏文有可入目者，不卒之无可信者，尚以本祠钟文为明义法也。

1935 年 2 月 16 日

晴，辰初六十度，夜月明，有风。

陈虞史表兄来。午为人役书。晚次儿自申电来。

1935 年 2 月 17 日

晴，辰初六十度。

寄示器儿清理家务。陈镐臣、吴梦秋来谈。夜独对纱灯，游侣绝迹，入此室处，陪室人竹林之戏。中夜望月皓洁如秋。

1935 年 2 月 18 日

晴，夜月初晕，旋明。上元张灯见本记三月二十三日。

是日曾祖婆林太宜人忌辰，曾祖王父世亮君享年八十岁（乾隆甲戌十九年生，道光乙未十五年卒），曾祖王母卢太宜人八十四岁（乾隆甲戌生，道光乙亥十九年卒），生从祖，祖父居中君传为名廪生，二十六岁而殁。曾祖王父举其文篇笔迹付之一炬，至今家中不睹只字。祖伯殁后，曾祖婆始来归（乾隆甲辰四十七年生，道光丁未二十七年卒，享年六十四岁）。愈年王父厥中君生，曾祖王父典质尽举人，所典质者令无利取赎，迨王父补博士弟子员，曾祖王父犹及见也。又举人所典质之物令无利取赎，遂停业不复为此。乡人尚有口碑在焉。念王父之殇，吾父甫及三龄，吾兄又早世，所异于三世单传者，几希奉栗奠觞，悚皇无地，敢数典而忘祖哉。记此谂来者，是皆闻于吾母者也。

高祖王父奕振君五世同堂，澄人荣之，均传享年九十七岁，今日敬稽拓宝之阴，所记实生于雍正戊申六年五月十三日亥时，卒于嘉庆己卯二十四年四月十八日□时，实享年九十二岁，不知何以有大寿百年少三春之谚也。其生月日时全与际遇相同，窃诧为奇合，不勉为肖裔哉。器儿言九十七岁应是俗例加闰计算之数。所言近是。术数家以第一甲子为上元，又唐人谓正月、七月、十月之十五日为三元日，盖已沿佛教之传矣。

日昳循例致祭祖庙，叩首毕，灯光大放，颇见游人。朱星文茂才失足坠楼死，赙以二金。

1935年2月19日

晴。

未早膳，创儿[①]叩门，方自上海归也。自蔡氏女来归，妇父劭星亲家屡致珍味，翁婿夫妇均未见面，即下酒柬，迓其来饮，使者三往始应敦请。

出吊陈笠樵之母。

【注释】

①创儿：黄际遇次子黄家锐。

1935年2月20日

晴。

摒当行箧，付人力挑往汕头，待舟而行，王事萦怀，洎然家务，临岐怅惘，犹是人情，六儿解语，攀枕破臣，七儿伊哑，就母索乳，顾弄之乐，予实有之。

午劭星亲家来宴，命创儿叩见，次媳亦出堂相会，志初、梦秋、镐臣、次宋、蔡倩作陪，颇纵报投之好。

上海思敬电来，促理大宗祠后分地事，宗人中有不听命者，殊费口舌，急电史铁上海，即得复："请主行。"夜集宗人周洽至二更。

1935年2月21日

晨小雨旋阴。

应以今日北行矣，引满不发，心绪如乱丝。内弟蔡锡畴自羊扶病而归，抽身往视之。峻六自汕来电话，报姚君慤先生约面会，如不出汕，即专人来迎。时宗人方麇集议地股，宗庙之中如阛阓然，亲出发长途电话与峻六面订。公事比归，集者益众，且有二俄罗斯人环游过此，为署名赠金遣去，日中而议，方定每股三百九十金，署券立约，居然海上交易所矣。

令创儿乘车出迎姚老，未加申而至，皤然一叟，不见八年，神清貌腴，信乎有道之士也。时满堂张悬寿屏，皆予父母七十八十大寿时义宁陈伯严先生、天津赵元礼先生、黄翼生先生、黄季刚君、河南汴馆同人及姚先生所赐者，余光在壁，长者在门，何止倒屣之迎，敢追下榻之雅。晚镐臣、梦秋来陪，呼鱼生为馔。陈姬出见，盖二十四年前先生道津沽主予寓时所曾相识者，先生一见，极口奖借之，谓"其年甫四十，已娶媳二人，有子将毕业大学，倘再假二十年，安知今夕侍膝之女婴它日不为大学之教授乎，此时我不过八十五岁，再登黄氏之门，其乐奚如"。先生可谓以善诱人者，而其好学之诚，已流露于口齿间。

客散挑灯，互以近作相示，姚君曰："今夕看之，明夕改之，此来专为谈文一事也。"余敬谢而受读焉，有若《曾撰甫[①]传》《曾右丞传》《丁乃潜传》《书张志道教学事》《石宫后岭墓碑铭》《徐展绥死事状》诸文篇，姚君重曰："此皆君所熟知者，不可不令君订正之，传于后者，必信于今职是之谓与。"余亦以《记曾刚甫》及《澄海黄处士诔》并一年来日记请益姚君，鸡鸣嘐嘐，已三鼓矣。移存姚作一首，余首命儿辈录之，并以志刚甫也。

《曾右丞传》：

"光宣之际，吾国学者论海内诗人，于广东必举曾刚甫。刚甫名习经，号蛰庵，刚甫其字，揭阳棉湖人也。曾大父宗唯，妣郑氏。大父岐山以御乡寇，由监生保叙六品职，《邑志》有传，妣蔡氏。父中孚武生蓝翎把总，妣李氏。三代以刚甫贵，均封赠如其官。刚甫兄弟四人，长馔甫别有传，刚甫次居，三少从馔甫学。光绪戊子张文襄辟广雅书院，选郡县高材生讲肄其中，刚甫兄弟并与选，同游梁文忠之门。当是时文忠虽罢官，而直声震天下，诗名尤洋溢岭海间。刚甫于辞于声若天性然，既肄广雅，百学靡窥，而于诗益寝馈不厌。偶有所作，芳馨悱恻，醰醰醉人，文忠惊异焉。已丑与兄馔甫同领乡荐，逾年偕赴礼部试，中式庚寅科进士，旋分户部，居京曹殆二十年。晚始补主事，累迁度支部右丞。任右丞时主计重臣倚畀甚，至各行省奏咨到部，或准或驳，动中肯綮，见者知出刚甫手。其他如改铸银币创办税务学堂诸要政，擘画尤精，盖政声烂然矣。宣统三年，逊清让伍，诏书未下前一日，刚甫毅然先引退，有诘之者，刚甫曰：'吾行吾心所安而已。'其后买田杨漕，与三数遗民耦耕其间。每乘农隙省太夫人，旋复北行，往来京津治田，功不辍田，屡不逢岁，则斥其所藏图籍书画陶瓦以易米，往往不给，而刚甫啸歌自乐，不忧不怨，不歆不畔者十五年。鼎革之始，神奸张毂思罗刚甫自重，刚甫不恶而严，巽词自免而凛然示之以不可辱，大义炳然，可讯万世。以丙寅九月十八日卒于宣南郡馆，年六十。梁任公、叶玉虎二三故旧等为襄治其丧，其手写诗一册，于是年六十生日手属任公曰：'子为我定之。'逾年任公为之序，玉虎为景印，署曰《蛰庵诗存》，附叶氏《遐庵丛书》中。刚甫治诗积四十年，未尝间断，仅成一卷。趋公之暇，视诗若性命，然不轻下笔，间或吟咏，厚自掩藏，尚絅恶文，非至亲昵，未窥全豹。及遗稿流布，得之者若环宝。论者谓其诗境凡三变，晚年所诣几入陶柳圣处，此论当与天下后世共定之。余交刚甫久，以少不习诗故，未及与刚甫细论也。壬子出都，刚甫手写八九月所读书题词十余首见诒，余读罢以为学人之诗与才人之诗向画鸿沟，不易并久矣，得此则众流一源，学问情性悉经陶冶，可砭时流无读书之识而敢于为诗者，盖非此不能见刚甫之学，即不能读刚甫之诗，刚甫叹为知言。任公与刚甫交最挚，尝题其遗像曰：'卓荦之才而示物以无竞，介特之操而予人以可亲。其施于政事者，文理密识而不损其器识之俊伟，其发为文辞者，幽怨悱恻而愈显其怀抱之清新。既不能手援天下之溺，则归洁其身，年四十四全节以去，六十而返其真。呜呼，此揭阳曾刚甫右丞遗像，有清易代之际第一完人。'其倾倒刚甫甚至，读此亦可识刚甫持躬制行治学从政之大丸矣。刚甫配陈夫人，女一适吴，男殇，以兄馔甫子靖圣为嗣，靖圣毕业北京大学，今任揭阳县立中学校长。"

姚秋园曰："番禺吴淡盦先生编纂《广东文征》历年十余，为书至百余卷，犹以但得十七八未完书不肯舍，功亦勤矣。顷从余征曾刚甫、丁叔雅文，余求之其家，及久与二君游者，仅各得数篇以报先生。刚甫立身出处，且有本末，生平邃于诗，所为文不多，偶为之亦不存稿，然以文传人，即此足传刚甫，文可传顾在多乎哉。昔在故京习与曾、丁游，余为刘鸣博特科廷试策序，刚甫见之叹绝，告叔雅曰：'吾侪结习各有所偏，至若论文事，应独推君慤。'此溢辞，非事实，余于兹事独少知，好之云尔，不能厚有所入，复不能精有所出焉，足副刚甫言，独念二君宿草已久，余一业无成，晚思治诗，又末由面良友请益，而余亦苍然老矣。缅想风流，车过腹痛，编君传竟，绕室旁皇，不自知涕之何从也。"

【注释】

①曾撰甫：曾述经，字撰甫。

1935年2月22日

晴煦，达七十四度，不胜棉裘，然行李已行，换衣不得，终日揑汗。

晨使人视锡畴病，云尚能粥也。日出寅宾[①]偕姚老遍观老屋古斋藏书旧画，复出游市井，观东门姚氏祠宇，与姚氏耆老子弟道得姓徙澄故事。姚于澄为旧家，姚文登《初学检韵》，姚行轩《远游诗钞》，钱竹汀[②]称其辩审守约者。今虽无黉门[③]之士，尚有一二略解事者出而晋接，检其族谱尚称不陋，盖先人之流泽长也。出自东门，展拜先墓，姚君以补立墓表为言，君子爱人以德，默而识之。

午归，蔡家已以内弟丧来赴。弟年未及四十，外舅梦阶丈三子与先室异母，而友爱逾恒，瑾愿一生，辛勤半世，寄食羊市，竟以病归，归仅四日卒焉溘逝。妻党手足，此焉尽矣，伤哉。

午后有事大宗祠，舌辨滔滔，不觉辞费。十年前宗人投资购地，今日卒得分界定区，虽有黠者，严词责之。日昃而毕事，族谊所在，虽劳不敢辞也。

归视内弟于寝，夫复何言。夜陪姚老宴于姚氏之斋，全席皆姚姓，初更后复谈文至更深，侍者云："姚老两夜阅日记至子漏。"

【注释】

①寅宾：恭敬导引。

②钱竹汀：钱大昕，号竹汀。

③黉门：古代称学校的门，借指学校。

1935年2月23日

晴。

早起，以所见用白纸签存姚君文篇，备采刍也。乡人每慨广东人未有以古文雄于世，前人亟称澄海谢元汴，因检《县志》所载谢文，与姚君共观之，要未脱竟陵公安之习闻，吴玉臣（道镕）前辈方辑《广东文征》亘百余卷，亦云勤矣。姚君未三十时，已以古文辞有声于时，今老而弥笃，名山事业不可知，而岭表已难得比肩者。行将别矣，姚君命家人展先君子遗像瞻望移时，余又以亡兄遗像视之，求为画像赞，以垂示子孙，传状惟君所命，要之兄之孝友人无间言，所最服膺者以躬行实践而言，则海内外惟曾刚甫及先兄二人而已。先生诺焉。乃率诸儿送先生出北门登车，镐臣、燕方同行，未莫返舍，颓然倦甚，偃卧一榻，室人躬为斯磨，客来一律不见，夜早睡。

1935年2月24日

晴。

集诸儿授读《孟子》几至终日，客来傍听而已，日入毕《孟子》七篇，于今二载矣。夜独与家人围床而话，明朝便当远行，怯听骊歌，烧残蜡炬。

1935年2月25日

晴。

早起率家人荐香薄粥而行，不及荐食矣。研田为生，牛角终老，山妻悉索，稚子攀裾，温语慰宣，长揖就道。

及汕宏信庄，姚君慤、徐子青、吴梦秋诸老萃[①]于峻六之庭，黄君铬、黄其鸿、卢秀山、余扶之亦闻风来会。午共饭极欢，诸友复携送至海滨登国轮"海利"号（舟资至上海二十二金，加青岛二十金），鸣钲始握手为别。所与姚老谈有可记者：

澄海康熙年间进士黄国宝（菊地乡人），与其父下乡闱时，其母悯其父之老也，嘱国宝场中以文助之。至期果同号舍，其父亦急于功名，遂易文而写焉。榜发国宝登贤书而父落选。其后一科父方捷乡试，而国宝进南宫矣。其父每问人曰中二举人与一进士孰贤。邑人传之名在邑乘中。姚君曰：“邻县亦闻之。”虽科名小事，殊足资佚闻也。

【注释】

①萃：聚集。

1935 年 2 月 26 日

晴。在“海利”舟中。

1935 年 2 月 28 日

晴。晨雾午霁。在上海。

舟中多睡少阅书，因雾停泊吴淞口，洎午方抵十六甫栈桥，奋可、史镔来江干接船，同抵南丰号。夜思敬开筵东亚酒店，隔邻邦人闻讯纷纷越席迎谈，知与不知各居其半，则亦答拜之如仪。与思敬浴于浴室，纵谈公地事达五小时，夜宿于宝大。

1935 年 3 月 1 日

晴。在上海。

晨与奋可长谈，午应史镔之宴，略谈乡事，晚饮于南丰。奋可馈雪茄、干肉，许祥人馈雪茄，思敬馈陈酒、潮茶，乡友厚情殊可感。作函寄内子。夜观局壁上，交寅复饮，奋可、思敬、祥人五六人护送上船，谈风未杀，天将曙始散，倒身便睡。

1935 年 3 月 2 日

晴。

起床已交午，晤同人王淦昌，小谈。仍多睡。连日以来左脚感痛甚矣，其惫也。

1935 年 3 月 3 日

晴。

舟行每时十三海里有奇，下午加申已抵青岛。与器儿话家事至鸡鸣。

1935年3月4日

辰初五十度。

汇款千二百金交思敬转宏信，寄片报平安。

1935年3月10日

督制波黎[①]镜，书曹大家[②]《女诫》一节，并广州张缋集联："虚心愿比郎官笔；感兴平吟才子诗。"南寄门人张奋可，助其长女适李氏之奁。

【注释】

①波黎：玻璃。

②曹大家：班昭。史学家班彪之女，班固、班超之妹。

1935年3月18日

章炳麟先生原名绛，亭林先生原名亦绛。全谢山所为《神道表》云："乙酉改名炎武。"乙酉，甲申之翌年也。《春秋左氏·襄三十年传》："绛县人或年长矣，使之年。曰：'臣，小人也，不知纪年。臣生之岁，正月甲子朔，四百有四十甲子矣。'"其季今三之一也，故亭林《谒攒宫文四》有云："每届春秋，独泣苍梧之野；多更甲子，仍怜绛县之人。"《答徐甥公肃书》有云"正未知绛人甲子，郯子云师，可备赵孟叔孙之对否耳"云云。"长为率野之人，无复首丘之日。"周余黎民身世之感深矣。康熙庚申元旦，亭林作一对曰："六十年前二圣升遐之岁；三千里外孤忠未死之人。"犹是此志也。

1935年3月24日

记丁叔雅[①]之子：

叔雅之子少从姚君慤学于岭东同文学堂，时监督邱仙根（逢甲）先生下令诸生，人仅能用一桌一椅，丁子竟揭君慤寓室何止一桌一椅，以相抵牾。

叔雅没于京师，其子扶柩道出津沽，同乡萧仰宣已为备护照，买舟直航汕头，执绋[②]有日矣，仰宣过丁子客邸，则已剃发去衰麻[③]，罢所约，云将转舟上海也。诘其故，不外为海上汗漫游计耳，舆榇[④]以从，匪夷所思。

叔雅没后，友人刚甫、瘿公辈穷究遗诗不可得，旋于汕头《汉潮日报》时时见丁子与人酬答诗，则窜改叔雅诗序以为己出也。

后数年君懿具鸡酒过丁园一祭亡友，与其家人会食馂余，丁子终不具礼不答拜，叩之则在家也。问何为，叔雅妻泣曰：“方樗蒲[5]耳，且詈言一生未受人一骂，惟见骂于姚先生，宁死不愿见姚先生也。”君懿为予言时，已忘其何时骂过此子。予曰：“桌椅之争曾忘之乎。”君懿为之哑然。

今年见君懿，则谓人有言汕头摇钱过市为人操捶背贱业者中有丁子在，且屡向人述其身世云。“问之不肯道姓名，但愿困苦乞为奴。”不足为丁子道矣，记此为之怃然。

【注释】

①丁叔雅：丁惠康，丁日昌之子。

②执绋：送葬时帮助牵引灵车。

③衰麻：丧服，衰衣麻绖。

④椟：棺柩。

⑤樗蒲：盛行于古代的一种棋类游戏，从国外传入。

《万年山中日记》第二十六册

（1935 年 3 月 31 日—4 月 28 日）

1935 年 3 月 31 日

余杭章先生所作挽联，皆它年史料也，录之以志私淑焉。

挽孙中山：

“孙郎使天下三分，当魏德萌芽，江表岂尝忘袭许；南土是吾家旧物，怨灵修浩荡，武关无故入盟秦。”（《离骚》：“指九天以为正兮，夫唯灵修之故也。”注：灵修言秀慧而修饰，妇悦夫之名，借以喻怀王也。武关，秦之南关，汉高祖由武关入秦）

挽岑西林：

“暗恶叱咤有项王风，唯受善故群材乐用；恭让温良得夫子教，以小心斯北面终身。”

挽唐蓂赓：

“功似周绛侯，才似李西平，僭制已除，独秉义心尊法统；燕昭晚求仙，齐桓晚好内，雄图一蹶，最怜敌国起舟中。”（桓公好内，多内宠。见《左传》《史记》）

挽黎黄坡：

“继大明太祖而兴，玉步未更，绥寇岂能干正统；（“绥”一作“倭”，误。吴伟业有《绥寇纪略》，原名《鹿樵纪闻》，纪明末流寇也）与五色国旗俱尽，鼎湖一去，谯周从此是元勋。（后主从周策降魏）”

挽饶宓僧：

“陆敬舆言成典谟，翰苑经纶如孟子；韩致尧辞虽绮丽，莫年哀思即灵均。”

挽汪衮甫：

“陆太中常使诸侯，且欣好畤端居，五子邑堪传宝剑；（陆贾为太中大夫，往使尉佗，吕太后用事以好畤田地善往家焉，有五男死家得宝剑）扬子云旁开圣训，何意甘泉恶梦，千秋谁为订玄经。（扬雄法言旁开圣训）”

挽徐宝山：

“复九世重仇，特起异军酬阁部；知百年定分，肯陈符命媚当涂。”（《扬雄传》：“爰清静，作符命。”《后书·袁术传》：“少见谶书，言代汉者当涂高，自云名字应之。”李注：当涂高者魏也，术字公路，自云名字应之）

挽蒋百器：

"夫子之道反害夫子耶，兵果自焚可以休矣；灭道众生实无灭道者，佛亦不立如是观之。"

挽张其煌：

"丹青不渝，松柏不凋，一诺至今思季布；直木先伐，甘泉先竭，儒冠终竟误高阳。"（郦食其，陈留高阳人也）

夜静阅《国学商兑》[①]（旋改《国学论衡》）一期至四期，多湛然之作，太炎先生及石遗老人[②]诸老所主持也。国学会设于苏州（公园路吴县图书馆内），章先生所为宣言，以四经为范，二贤为表。四经者谓《孝经》《大学》《儒行》《丧服》，二贤者范、顾二公，比于五季之睢阳、衰晋之凉州诸子云。感沁心脾，彻夜寤梦，大经敉而贼民兴，岂曰"吾道大彀哉"。

【注释】

①《国学商兑》：陈石遗主编，以"保存国故，交换旧闻"为宗旨，研究国学的纯学术性质刊物。

②石遗老人：陈衍，号石遗。近代诗人。

1935 年 4 月 1 日

夜端坐朗诵《儒行》《丧服》二经，《隐公春秋左氏传》，朗朗如出金石，儿时常课也。先君子督读，晨鸡再鸣，四时即起，余母护送书斋，惟岁旦停一日，自余未龀至冠，十年不间。每日生书上口以一百二十八行为率，约二千余言，温书以六十页为率，约三卷。儿时以为苦，由今思之，厥有至乐。今夜之读，"青灯有味似儿时也"。姚姬传"耄不辍读"，刘海峰亦然，但缓声以舒其气耳。凭几纵阅，今日文篇，抱守之儒，大江左右往往遇之。

1935 年 4 月 8 日

《述今古源流及其异同》一篇，太炎先生讲（《国学论衡》二期）最称简赅，而持论不偏者。

1935 年 4 月 14 日

电复并函英耀，代谢钟衾处断高氏之子借山要挟事，柬内子。

1935年4月24日

镜潭函来。秋园函来，有“足下潜研朴学，肆力文字、音均、训诂、算学，皆卓然名家”诸语，秋叟亦闻足音而喜者耳。

1935年4月28日

邑人蔡上舍卓勋竹铭，晚自号瀛壶，与先兄同社，年十五以府试案首举博士弟子，声名凌轹[①]，并时无两。尝一游广雅[②]之门，而囿于词章不克自拔。六十以后尤好诗翰，结纳南北词人，刻稿相赠答，亦风雅士也。不善治生，千金辄尽。垂老之资，出于鬻宅。至举藏书卧榻博换米盐。客冬南归，闻其局促穹庐，未及往视。而纫秋得江宁郭竹书《哭壶师诗》，则竟以春仲饿死矣。长联哭之，以当驴鸣（并函家人赙以六金）：

会其丧者以千余，哭师一纸，卷秦淮凄雨而来，痛步兵车迹，谯郡琴声，末路同萧条，谁为瀛壶修恨史；入此岁来已七十，复社长兄，随龚生天年竟夭，问中郎赐书，两当遗稿，名山久寂寞，可有灵迹瘗诗囚。（元好问诗：“郊岛两诗囚。”指孟郊、贾岛也。曾《祭汤海秋文》[③]“放此诗囚”已引用之，恐駴[④]人见闻，写联时仍作“诗魂”）

【注释】

①凌轹：超越，压倒。

②广雅：广雅书院。

③曾《祭汤海秋文》：曾国藩悼念汤鹏的一篇祭文。

④駴：古同“骇”。

《万年山中日记》第二十七册

（1935 年 6 月 1 日—7 月 14 日）

1935 年 6 月 1 日

陈弢庵（宝琛）以今年三月殇，其所取士如陈丈伯严先生已为文坛冠冕，所谓聪明早达、太平寿考兼有之也。如此挽章能无佳制乎？《天和阁联话》所录十余则，则皆未见有戛玉鸣球之致，即如陈散原丈联云：“沆瀣之契，依慕之私，幸及残年偿小聚；运会所适，辅导所系，务摅素抱见孤忠。”尚不如丈所挽王国维“学有偏长，与乾嘉诸老相抗；死得其所，挟鲍屈孤愤而归”一联也。以文句为联，涤生[①]创之而最工，挚甫[②]亦入其室，卓如[③]间有至处，彦昇（周家禄）最妙于时，而世寡知者如涤生挽汤海秋云：“著书都数十万言，才未尽也；得谤遍九州四海，名亦随之。”彦昇挽范如松云：“与先君同字，视予犹子，视公犹父；从诸孤之后，事死如死，事亡如存。”皆不仅洒脱见长者。

【注释】

①涤生：曾国藩。

②挚甫：吴汝纶。

③卓如：梁启超。

1935 年 6 月 7 日

姚秋园函来，极称散原文境并世罕有。又称予日记序及诸联华实并茂，经史之泽流溢行间，吾潮读书种子舍君更无第二人，有知音者必以此言为不妄叹也云云。士元[①]为溢美之誉，子桓[②]痛知音之难，殗殜[③]半床，欷歔去日。

【注释】

①士元：庞统。

②子桓：曹丕。

③殗殜：病不甚重，半起半卧。

1935年6月13日

是日予生日，盖五十一度矣。古人满晬（周年也），方为一岁，与今西人计年之法同，则刚得五十岁也。先属门人勿称觞[①]。

早起默念先德，自策前修。器儿毕业考竣。顾养吾书来。丁仲祐书来，馈所著《六书正义》。自寿一联：

读破三九诸篇释；生前六一八日身。

【注释】

①称觞：举杯祝酒。

1935年6月21日

复姚秋园书：

秋园先生执事：春初一晤，未饫[①]教言。解缆北征，倏逾三月。低徊去日，载戢[②]高风。难遂抠衣[③]之诚，时深健履之祝。今之少年，不睹耆旧。谅兹阛阓[④]，亦无畸踪。辄与晨夕良朋，展诵曾、丁[⑤]佳传。莫不叹榕水之流，上接望溪；黄岐之秀，远承蕺山者也。仆以久中荒跷[⑥]之气，每逐两兔于同时，而欲于营逐之余，妄策十驾于峻坂，其亦难矣。然先生善人之善，不啻若己出。而仆喜张己之长，常愠不人知。度量相越，岂不远哉。近惭灯影，远辱嘉评。虽汝南月旦，高子将之人伦；而冀北群空，谓士元之溢量耳。唯是齐民[⑦]失学，久不得赵德之师；鲁颂绝弦，谁与赓[⑧]东塾[⑨]之记。先生群峦之领，万流之归，发为文章，资人菽麦，推无行不与之志，于号称易治之乡，尤足令小子后生，取则不远矣。时或扣钟不鸣，其道大瞉。而不其山下，且有罗拜之黄巾；本初幕前，何须称官之弟子？高邮桥梓，世业肯堂；[⑩]栖霞夫妻[⑪]，注经赌苑。此缁尘之难浼，即清气之长存。亦所以衣被群生，冠冕卿士者也。所见瑞安多识字之士，华亭半明算之俦。学会名以籀庼，徐家世为天监。君子之泽，有不必于身亲见之者。仆久负家山，食言誓墓[⑫]（乙丑飞鲸沉舟之难，急时自祷于天，谓幸而免，归葬父事毕，不再行役）。纵阙里之多士，北面甚惭；忝扶风之及门，东归无易。所以迟回，遂揽辔也。剪西窗之烛，话雨何时？睎[⑬]南雁之飞，因风将意云尔。伏惟节卫不宣。

【注释】

①饫：饱。

②戢：聚合。

③抠衣：提起衣服前襟，这是古人迎趋时的动作，表示恭敬。

④阓：古指市场的大门。

⑤曾、丁：曾习经、丁惠康。

⑥跷：举足行高。

⑦齐民：犹平民。

⑧赓：连续，继续。

⑨东塾：陈澧。

⑩高邮桥梓，世业肯堂：桥梓又作“乔梓”，用来比喻父子关系。此处指王念孙、王引之父子。“肯构肯堂”，原指儿子连房屋的地基都不肯做，哪里还谈得上肯盖房子？后反其意而用之，指修缮房屋，用来比喻子承父业。

⑪栖霞夫妻：山东栖霞人郝懿行与其夫人王照圆。

⑫誓墓：去官归隐。

⑬睎：眺望。

1935年6月22日

先大夫是日冥寿九十四岁，家中例不设祭，心慕而已，李烝伯三代忌日记云：“古者忌日哀而已，无所祭，祭非礼，祭而□及先世之生日尤非礼。”澄俗有行之者，西郭外祖蔡家是也，谓之慭忌[1]，读如“免”，想系冥忌耳，冥慭双声也。祧[2]及五世以上，一年两忌，渎则不敬，亦难以垂久也。

【注释】

①慭忌：死者的生日。

②祧：承继先代。

1935年6月23日

津沽[1]本旧游之地（自庚戌至乙卯），辽金入疆胡之虚，枕漳卫之长流，倚芦白之重阻。六年假馆，一卧沧江，邑乘[2]茫然，水经高束。有违居邦友仁之懿训，惭对登高能赋之大夫。忽忽二十年，胸中泥爪，不外酒食之游，胜地风光，但忆艛橹之盛。负郭无山，三百里而遥入关，有约十一国之辱，余此非所知矣。爱伯晚长三取、问津两书院，往来白河、葛沽之间，寻脉逆源，补郦经[3]卫白之注，骚文诗史，寄严生濠濮之思[4]。野老荒畴，胥入歌咏，橹声树影，谱为画图，蒿目河山，增誉掌故，甲申[5]春记，百六劫灰，一样伤心，无涯浩叹。

【注释】

①津沽：天津和塘沽的总称。

②邑乘：县志，地方志。

③郦经：郦道元的《水经注》。

④濠濮之思：同“濠濮间想”，指闲适无为、逍遥脱俗的情趣。

⑤甲申：指“甲申国难”。

1935 年 6 月 26 日

家书来言又侄孙（绍启[①]）将以七月授室，邱嫂蔡迟[②]予归也。先兄荪五（际昌）上舍以庚子九月初八之夕坎轲没世，年三十有二。仰遗双亲，俯艰弱息，榱崩栋折，月落乌啼。痛绝脊冷，诗废螟赢，松楸已拱，涕泪如新。遗孤家楫[③]方三岁，育于珠江蜑户[④]。吾兄素惮家教之严，虽嫂氏不知其有子也。社友李少莲（祖庚）上舍来告，蔡竹铭、钟子鋆始终其事，迁延百日（十二月十八日）将彻灵床，卒哭于寝矣，子鋆乃挈阿母襁负[⑤]赴哭。侄生羸弱，勉承箕裘，从学武昌，习算学，行毕业矣，复以瘵[⑥]殒，得年才二十四，自大父以下皆在堂也。时予客游美洲，闻耗几坠其业。遗又侄孙二：曰绍启，曰绍裘。胥[⑦]在抱中，今又几二十年矣，其长者先为之授室，亦以妥亡兄之灵，垂孀嫠[⑧]之爱耳。志墓无文，姑记于此，以备家乘[⑨]焉。作家书处理安宅。

【注释】

①绍启：黄绍启，黄际遇兄黄际昌之孙。

②迟：等待。

③家楫：黄家楫，黄际昌之子。

④蜑：古同“蛋”，蜑户指“蛋家”，又称“疍家”，是广东、广西、福建、海南和浙江一带一种以船为家的渔民。

⑤襁负：用襁褓背负。

⑥瘵：病，多指痨病。

⑦胥：全，都。

⑧孀嫠：守寡。

⑨家乘：族谱、宗谱。

1935 年 7 月 1 日

晚陈朋初再治筵邀饮，鱼鳍两奏，大嚗饱饕，极礼款客，亦报一联之贻也。客未毕至，与彭东原象弈三局，又以某高手游戏一局相告，别附存二十六册之末，且云人以十金得之者，其实亦无出奇处，东原于此道本不高也。心欲枉[①]访纫秋，夜已迟矣。归仍卧读汪、李[②]之作。中夜不寐，起读范书“逸民”“列女”两传，如遇故人矣。(《少仪》“夏右鳍”，郑注：鳍，脊也。《说文》无“鳍”。《释文》作“鬐”。鬐，新附字。)

【注释】

①枉：屈就，含敬意。

②汪、李：汪中、李慈铭。

1935年7月3日

温文，点《汉书·西域传》，格磔钩辀[1]，仅尽半卷（梦秋尝云："一万字为一卷。"未知所据）。上月二十三日家报来言内子新愈又患暑不快，因前疾不敢服药，为乳儿计也，今已别雇蔡妇哺七儿，梦秋来诊二次，行可告愈云云。"有子七人，母氏劳苦。"远传此信，心极念之，非不怀归，畏行多暑。午发电报汕头转家问疾，云如未愈，来电任可即归。又作家书并书问内子。

入室汕头复电已至，文曰："尊夫人疾愈免介。"盖族兄峻六以长途电话转家中得问也，署三日十九时二十分。亦云速矣，远人快慰何似。

【注释】

①格磔钩辀：鹧鸪的叫声。

1935年7月4日

是日先妣王太夫人忌辰。王太夫人弃养已六十余年，邱嫂年已七十，时尚未来归，家人中无及侍者，予自少负笈江户，以是日之前驰归上香也。

1935年7月7日

上月三十日家书来言内子病状，或曰伤风，或曰伤暑，服梦秋诊方五剂未愈，梦老亦出汕头，别延三弟先生治之，微觉稍愈，家人忧急万分云云。为之悬心，幸初三日已有病愈之复电，此书乃前三日也，然以畏暑爱读而不行，更为不情，午执箸而筹，卒决计以初九日坐"海利"国轮挈器儿归去。适发家书尚未定计也。

纫秋闻讯来商乡事。

1935年7月8日

宏成发来报"海利"已抵港，即托买舟次席，并电家报明日行。

复马隽卿书。隽卿久不来书，老友可念，今日函来，为之色喜，书中属为一吴姓作祠宇碑记，兼有薄润，当有以应之念。癸酉莫冬之会，慨然有感于予心，写成俪词，抒我积块，书云：

隽卿如兄左右：渴望玉音，为日旧矣。遐心匪远，旧梦可温。比岁言溯练江，薄游珂里。和平桥下，摩挲信国之碑（文相国有"和平里"三字碑在和平桥下）；清平阁前，低徊尚书之泽（《一统志》云：在潮阳练江沙陵上，宋尚书王大宝建）。

瞻西山之宝塔，人话唐僧（相传唐僧慧照居此）；数远游之名庵，我思吴隐（县西北麻田山中，宋逸士吴复古隐此，东坡有铭）。辱二三子，作十日欢。鲁酒醇醴，《齐谐》俳弄。世态本如此，刻画前道之驺；贤书信可人，喧哄满堂之腹（马荦飞孝廉语妙天下，演说《四人抬桥笑林》）。处也连席，出也接舆。群季肩随，履綦踵比。日涉成趣，开府之小园半弓；林不在深，先生之宅前五柳。迈郭门则桑麻弥望，远尘世而鸡犬亦仙。平畴无辍耒之夫，方舟急溯瑞之楫。寒砧莫杵，蜡鼓声中，祭韭涤场，含饴节后。躬谒扶风横舍，绛帐如新（六联马大宗祠学）。指点史云祠堂，外黄伊迩（过范家祠）。路旁相目，竞折一角之巾；老父独耕，枉劳百步之道（《后书·逸民·汉阴老父传》事）。兰亭未序，东山之诗已传；辋川有图，摩诘之疾亦愈（事见唐朝《名画录》）。斯游疑非世有，结念深于友于。属闻爆竹除年，催访戴归人之棹；忍听塞笳诀别，折缮书蔡女之翰（《文姬传》语）。极目去舟，呕心呷药。传经未毕，饰巾已矣。哀乐靡常，一至此哉！从兹孤坟孑孓，宿草离离；飒飒秋风，萧萧潘鬓。浮生多感，况过中年。涉世寡欢，难逢知己。虽成陈迹，非太上未能忘情；追理昔游，即梦中宛然在目。天寒酒薄难成醉，伤赋江南；巴山夜雨会有时，独吟渭北。故人之禄未厚，久断音书；下潠之田就荒，乃瞻衡宇。方聚粻于三月，无羞于王霸之妻；约偕隐兮何期，忽远致子卿之札。揖使南首，奉书叩头，遥知老眼无花，聪明犹昨。载咏孔怀，常棣兄弟，莫如属以题辞，敢不将命？惟是维舟在岸，解缆来朝。会逢孺子太学之归，挈依先人敝庐之庇。迟便鸿于鲩江之曲，订及瓜以为期，效倚马于猎较之乡，当投李之永好焉尔。

族人云严来送行，馈熝脯一肩，干牛舌四，并作乡谈，以大宗祠后屋事也。

1935 年 7 月 9 日

交卯不寐，起作数柬别诸友，辰初呼车行，微雨来相送，密篷蝼屈，不知东西。待舟宏成发楼上，索书者纷如。屏当家人用物，纫秋相助为理。

午与晓庭小饮。四时登舟，今春正月以“海利”来，舟子犹能相识也。晓庭、纫秋、智斋、云岩（各馈行粮）、晓舫及岳长奎、许震儒、赵环亮、高翔鸰诸生淋雨远送，温话移时，鸣钲催别，旅怀激荡，一握分手矣。

1935 年 7 月 10 日

在“海利”舟，夜望海上月云。

起已八时，登艛橹远眺，海天俱丽，一目无际，不及见成劳诸胜矣。二等室仅予一人，释书无可语者，仍时读汪文。

1935年7月11日

晨晴，旋雾，蒸热，华氏表八十七度，午后有急雨，热仍不解。

晨七时抵黄埔岸，诣南丰访乡友，为时尚早，就宝大客室补二日来日记。

陈织云、黄思敬、史镆、述旦、李韵涛来会，思敬托处理建宅事。急雨初过，日已昳，出觅《缃绮楼日记》《更生斋文集》，皆不可得，购《南史》一部（中华书局仿宋聚珍本），三金有奇。入华侨浴室，浴而后沐，自顶至踵，剔毛刮爪，捶腰奉心，曲如人意，此间大可消磨也，为之睡去，不知日落。夜聚欢宝大楼上，麾汗为人书便面[①]六扇，运指特活，比来作字较多之效也。陪思敬诸旧识夜话至丑尽，假寐数刻，东方既明。

【注释】

①便面：扇子的一种，后亦泛指扇面。

1935年7月12日

晴，“岳州”南帆舟中，波平如镜，薰风徐来。

自青岛以“海利”来，而申汕间客坐早已告满，不得已于昨日播迁负戴至太古公司“岳州”船占小室一隅，六立方尺有奇，勉容二客之足，付番银四十一金，陈设俱备，极合孤意，招商局四海新轮所不及也。镇庭送至舟中，忽来关人，倾囊倒箧，察及渊鱼，所奉令者讥军火白银而征之耳，然书箧墨合无一幸免矣，信极为暴之能事哉。儿辈屏营，经时未了。舟以七时展轮，室中生凉，可温早枕，朝粥后坐客厅温书。

思春申之居，一日无可纪者。思敬言申市方厉行强迫教育，逻者四出，自胜衣[①]以上至强仕之年，识字不满六百而不入学者，科有常刑，懿[②]哉，丰镐[③]之遗美也。思敬二妾略辨之无，依例合束发入义塾，随班唱诺，吁恳方免，逻者临去犹悻然言：“半载后再试最也。”

舟中晤里人高友桐，适自津来，忽集于此，其言有可识者。邑故孝廉高学能（巽琴），当年富豪一邑，因缘得举孝廉，善货殖，亦小有才。顾才为财所掩，予但识其酷好作书，泛学而无所成也。今日友桐言孝廉殁时，自字簏[④]中拾得其丁未至己酉垂殁日记一束，楮墨纵横，动静操存靡不具焉，潢而什袭[⑤]之有年矣，它日孝廉之孙某（伯昂）见之，乃诧谓有胠箧[⑥]之者，实则早在败簏劫灰之数矣。斯记幸而廑存，余未之见，不必过论，独念作记者不无襞积之勤，日积月累，绵蕞甫终，剩墨已几付诸一炬，人生几费老牛舐犊之爱，而圣子绳孙不为乃祖若父稍留乌爱有如是者，魂而有知，应为是恫耳。

夜阅《南史》“隐逸传”“文学传”。

【注释】

①胜衣：儿童稍长，能穿起成人的衣服。

②懿：美好。

③丰镐：亦作“丰鄗”，周的旧都，借指国都。

④篚：用竹篾编的盛零碎东西的小篓。

⑤什袭：原指把物品一层层地包起来，后形容珍重地收藏。

⑥胠箧：原谓撬开箱子，后也指打开箱子。

1935年7月13日

晴。“岳州”舟过温州、福州，东南风不劲，稍感闷热，夜月有光。阅《南史》“文学传”“孝义传”，未及札记。夜以眉叔[①]骈文遣寂。

【注释】

①眉叔：王诒寿。

1935年7月14日

晴。南帆早十时半过厦门港口，较昨日尤热，厦汕相去百二十八海里，非速驶则日入以前不克入汕港矣，乘客盼切欲穿，卒以晚七时安抵岸桥。至有信银庄，面峻六已将九时矣，即电家报到，行李由广泰来代脚，费五元。浴餐俱毕，急雨数响，南风习习，与峻兄各据一几，纵谈至鸡三唱，诵佳文述趣事，犹神奋不肯休。自起行来，一来复间，彻宵不睡者三宿矣。稍就榻，而银行批脚[①]有事早行，十余辈起造食，辘[②]釜橐[③]屦[④]，鸡唱狗吠相闻，起舞旁皇，只有坐以待旦矣。复案批脚者，分送南洋各埠北来之汇银，负以布囊，晨发汕庄，昼入各村。孰识村户之行脚者，素未闻褪负而逃，亦甚希。为人所越，人甚赖之，民族相维之道，时有非法令所能及者，此其一例也。

每远游归，必记诵管韫山（缄若）《归与归与》一章，提比[⑤]二比云：“征人羁旅半生，望乡树而欣然色喜，乃入其里而已少钓游之侣，过其巷而绝无笾豆[⑥]之欢。井闾言复，而朋辈无存，其恻怆[⑦]有倍于离乡去国时者，夫何必怀此都也？君子轗轲[⑧]白首，问里俗而慨焉情深，乃观其士而久无进取之思，征其品而渐近同污之俗。芹藻依然，而风流顿歇，其感喟有增于息辙还辕后者，夫何能资以老也？”此为八比之极。则韫山古文辞本亦能手者。

【注释】

①批脚：福建方言或者潮汕话都称“信”为“批”，俗称“番批”“银信”，专指海外华侨通过海内外民间机构汇寄至国内的汇款暨家书，是一种信、汇合一的特殊邮传载体。华侨与家乡的书信往来便是“侨批”，侨批派送员俗称“批脚”。

②轑：车辐。
③橐：古代的一种鼓风吹火器。
④屧：泛指鞋。
⑤提比：明清盛行之八股文中的一部分。
⑥笾豆：笾和豆，古代祭祀及宴会时常用的两种礼器。借指祭仪。
⑦恻怆：哀伤。
⑧轗轲：坎坷，路不平。

《不其山馆日记》第二册

（1935年10月12日—11月13日）

1935年10月12日

十日《大公报》载季刚（黄侃）逝世专电，云“中大[①]教授黄侃八日晚逝世，享年五十。黄年来筑屋台城傍之九华村（蓝家庄九号），闭门著述，不闻外事。六日旧历重阳，黄尚偕老友陈蛰存等登鸡鸣寺，持螯对菊，饮酒赋诗，狂欢竟日。八日晨忽口吐黑血，倾盆而出，延医打止血针无效，延至八日晚七时，冲尽而亡。九日晚在寓成殓。居正、叶楚伧、罗家伦及中大学生百数十人均往吊唁，哀悼异常”云。

泽丞特诣公室相告。予方治公，未及阅报也。闻讯为之泫然。

侃字季刚，湖北蕲州人。（父讳祥云，四川按察使，有清名。母周）未冠而孤，少好文章，负不羁之才，不为老成人所许。年二十，从诸少年革命者游，东渡日本，以避文网。余杭章先生出狱，穷居江户大冢村，无所得食。余等聚二十余人，人月奉四金为先生赁庑，其志非尽以求学也。侃遂得侍侧三年（自光绪丁未）。独能刻苦，传先生学。顾时时以打架、通夷妇忤先生。既识其大者，又识其小者欤。民国肇兴，归掌北京大学讲席。好治《说文》，尤颛[②]音均，广江[③]、戴[④]诸家之说，分“均类”二十八，“声类”十九，士论尊之。

侃虽记诵师说，而时致纠弹，独于扬州刘师培（申叔）相友善。师培立身当别有论定[⑤]，其治经卓绝，世共称为“读书种子”者。一日师培蹙然曰：“我命不知在何时？惜无传吾学者耳。”侃曰：“若予者，何如？”曰：“其庶乎！”侃翻然下拜，如近制三跪九叩首之礼。师培南面正立受之。自是此两人者，为众儒所讪[⑥]也滋甚。侃既不偶[⑦]于时，奉母南行，就武昌师范国学讲席。师培之没也，侃为文祭之曰“我滞幽都，数得相见，敬佩之深，改从北面。夙好文字，经术诚疏，自值夫子，始辨津途”云云。且终其身，无甹词也。

侃多为大言，知之者不以为夸；好为直言，有心者引为益友。然去世益远矣，所主教席，辄三仕而三已。失馆之时，至手《白话文范》，月博十千钱于湖北女子师范学校。其母殁于武昌馆舍时，罄筒中仅有所为钱者四千。侃每为人道之而泣。侃以楚人，享时名于天下，而武昌至不可得一馆。信乎名与身，果孰亲也。其后转徙兖冀，踬弛[⑧]如前。晚主钟山[⑨]国学，稍敛奇岸之气，闭户治学，顾益不轻以所学示人。予固不足以知君，而又恶知君之遽止于是也。

君元配王，早殁，遗二子，□□[10]，一女。继娶于彭，不终其偶。又娶于黄，生二子，□□。所著书已成未成者如干[11]种，文如干篇，别为目录之。

予之交君，始自己未时，同侨武昌长湖之濒，盖无一夕不携榼[12]相从。然持论各不相下，君舍予又盖无乐处。交六年而别，余始稍稍知君。又后八年，乃一遇于白下大石桥。时君之长子已殁，女已适□，次子□年方二十，能写父书，知应对，三子、四子甫龀，尚争梨栗。夫人黄出，拜问予家人，周而有礼。君强留予，招汪旭初（东）来饮，口占诗赠曰："郢城兵合散萍踪，江国春深共酒钟。万事只堪三太息，八年复得一相从。等身日录成惇史（原注：兄著日记每岁得八巨册），经眼风花换壮容（原注：兄明年五十，予少一岁）。且订海堧销夏约，嵎夷犹喜是尧封（原注：癸酉清明后一日，宗小弟□）。"君喜甚曰："仍是八年前之任初也。"君其以予一行作吏而汨没乎？酒酣语弹古今人，仍有偏至处。予急止之曰："'盗憎主人，民恶其上。'予今日方知，邦无道免于刑戮之南容，之所以可妻之也。"君喟然曰："世既无敢为本初，亦无敢为黄祖，而吾知所以居此矣。"濒行，屏旭初，告予于门，有来胶州之意。归而告诸祭酒者，然君卒不果来。此别遂为永诀也，悲夫。君自矜书翰，垂老弥甚，而所为书致予必庄必尽。其癸酉五月一日一书曰："八年契阔，一昔欢言。蹊路徘回，还增悢悢。顷奉手札，慰诲殷勤，首夏犹清，吟眺多暇。甚善，甚善。侃近仍研讨清史，默察时势，绝类晚明。仰屋而思，废书而叹。既无斧柯之借，唯思薪火之传。逃命秦硎，藏书鲁壁。浮丘伯，高堂生，则我与兄所当向往者也。海嵎讲学，道近不其。带草犹存，黄巾不至。倘得依风问道，其乐云何？别后颇有歌诗，谨录数篇，以资咍笑。如见存忆，亦睎时以述造示之。临书虔颂，兴居清胜。侃再拜。"呜乎，塞上闻笳，秣陵未答，屋梁落月，腹痛如何？先成一联，以寄吾哀：

世人皆欲杀，吾意独怜才，（杜句）传学无郑兴，笺注等身一手定；（《杜林传》：河南郑兴长于古学，尝师事刘歆）重有金樽开，何时石门路，（李白《鲁郡东石门送杜二甫》）抚尸恸脂习，死生负汝百年期。（《孔融传》：脂习与融相善，每戒融刚直。融死许下，习往抚尸曰："文举舍我死，吾何用生为?"）

并作柬唁恤黄夫人。

【注释】

①中大：国立中央大学。

②颛：同"专"。

③江：江永。

④戴：戴震。

⑤师培立身当别有论定：刘师培背叛革命事可参见其生平事迹。

⑥讪：毁谤，讥刺，挖苦。

⑦偶：迎合，投合，适应。

⑧跅弛：行为放荡，不受约束。

⑨钟山：南京。

⑩原文此处有意缺两个字，下同，不再出注。

⑪如干：若干，表示不定数。

⑫榼：古代盛酒的器具，泛指盒一类的器物。

1935年10月13日

读季刚遗什，如闻啼鹃。

1935年10月16日

略理杂务，归为小简。

季刚尊嫂夫人礼次：

陡闻报载宗长兄捐馆之耗，嗒然[①]累日。追忆平生交相责善之义，感念身后藐是诸孤之艰。随会九京，从此媲人间更远；居易未冠，至今说长安之难。夫人遘[②]此闵凶[③]，岂惟家之不造？吾道逢兹丧乱，又值人之云亡，真可为天下恸也。差幸二世兄行已长大，诸弟复颇有父风。满箧遗书，礼堂方须写定；凿楹克日，肯构信有传人。共挹画荻[④]之恩，谁谓茹荼[⑤]之苦？金石跋录，报德父之呕心；江都成书，嘉喜孙[⑥]之克荷。则夫人今日所仔肩[⑦]者，正非沟渎[⑧]之为谅矣。遇自闻哀，颇思南走，亲致唁赙，并理遗编。九秋叶枯，一馆匏系；马首安仰，驴鸣未申。传状挽章，借为奠告，如需面命，一苇可杭。际遇再拜。

夜风不息，然灯观览，怡然自适，不觉夜之长也。又成一联挽季刚：

丰芑眉叔，筮仕止于校官，看朴学玮词，汉室渊云成嗣响；（朱骏声官黟县训导，扬州府教授。王诒寿武康训导）汪狂赵侯，得年才满大衍，有喜孙居士，湖边梅鹤即传人。（易安居士称明诚曰赵侯，明诚卒年四十九，汪中卒年五十一）

【注释】

①嗒然：懊丧的神情。

②遘：遇。

③闵凶：常指亲人亡故。

④画荻："画荻教子"，见《宋史·欧阳修传》。

⑤茹荼：荼，苦菜。比喻受尽苦难。

⑥喜孙：汪喜孙，父汪中。清代藏书家。

⑦仔肩：担负，承担。

⑧沟渎：田间水道，比喻困厄之境。

1935年10月18日

早不寐，起写单一纸八百金，托纫秋清还思敬于上海，一身责尽，万念云消。

1935年10月20日

再复邢冕之书：

冕之太史足下：自被佳书，时用自壮；再叨俪札，滋拜盛情。三年不言，容为破笑；一刺已漫，尚存诸怀。荆州阶前，既许尺地；汉中门下，不俟通家。腹中黄祖，何啻万端；心危郑侨，敢请小间。凡百事物，存于自然。厥于其间，系之以法。圣者作之，贤者述之，中材以下，守之而足。法之为物，因时演进。由繁溯简，古意或乖。上蔡同文，武康声谱，或颇省改，自谓入神，而灭断古文，谬创声律。适今变古，功罪惟均。六朝缛文，五代沸鼎。声响相胜，戎马生郊。文敝史庞，鲜可省览。马头人斗，极于宋明。虽昌黎有言，须略识字。楚金祛妄，云去师心。积重之下，起衰实难。南渡以还，反经匪易。茫茫千载，徒奉隶书；区区九千，仅属专业。人不爱宝，自焚自坑；天丧斯文，愈变愈烈。引车卖浆，而操文衡；裂冕毁冠，以阿世好。揭橥简字，篡制国书。雨粟鬼哭，于今而信。彼自逐臭，醍醐而甘，乃有当涂，披风而靡。著为法令，垂诸宪章。自不识字，与民同之。曰简字体，三百廿四。簉及卿士，询谋佥同。“簡”省为“简”，斯焉取斯？“阁”阀“闹”“闽”，何劳类举？“圣”可作“聖”，“怪”字何从？“聽”而作“听”，听然而笑。“医”本盛弓，不可假人。“袜”以束衣，《类篇》误“襪”。宋后有然，犹曰俗书。“廿”而为“念”，咻及吴语。“皃”“貌”本同，识者几人？“賛”“贊”“亜”“亞”，所简几许？荪卿曰：“其为人也，多暇日者，其出人不远矣。”夫子所谓“夫我则不暇”。如此典章，徒轻世士，绕朝而溺，鼓吏为羞，女安之，则为之。公不言，仆亦不敢妄叹也。榜诸国门，敬谢结舌。愧非小范，无须畏讥。逢此百罹，歌及采葛耳（《诗序》：“采葛，惧谗也。”）。江滨岛濑，久惯独行。飞辨骋辞，未闻心赏。王霸之子，礼则未知；袁隗有妻，箕帚而已。一游太学，并在田间。有子七人，如交九尺。东原求归，尚思一馆；九江林下，犹有廿年。自同昔人，愈疏阔矣。印须我友，如挟纩然。乙亥既觏君子，霜降率复不庄。（二十三日，市报载长沙何键电，反对简字体云。咄咄怪事）

1935年10月26日

《散原精舍文存》载《先府君行状》一文，长亘五千五百余言，其人其事其文足以相举也。首称府君姓陈氏讳宝箴，字右铭，江西义宁州竹瑕里人，其先自闽上杭来迁，是为府君曾祖云云。忆当年师曾言其原籍嘉应，固不足据，以其尊人[①]之文然，可见其远祖事已属失传，可征者及于《行状》中人之曾祖而止，且又不详行谊。接笔方云：“祖曰克绳公，学者称韶亭先生也。”《状》中但详列当官施事，不及修学，综曰：“府君生平所得，盖非不孝所能测矣。”深得纵勒之法。所述湖南巡抚任内事尤酣肆[②]，当时散原以公子参预戎幕，左右之力为多，故不觉言之深切耳。独往往深夜孤灯，父子相语，仰屋欷叹而已。此可以想见也。

落叶满阶，径无人迹，小窗多明，役书于人，佳楮良辰，为逢小劫，申眉展纸，求无足轻重之是非于人，总觉得是多事。

【注释】

①尊人：对他人或自己父母的敬称。

②酣肆：放肆恣意。

1935年10月28日

亡友季刚之侄焯，报书述其叔病殁详状，医官言胃中血管破裂，卒以重九日翌二日午后四时四十分捐宾客[①]。初十日之晨犹强坐。圈《唐文粹补遗》。啸咸[②]言季刚本于“唐文家数”辨析甚精，惜彼在北京大学时不及受教也。九日登高尚赋诗一首，悲老伤乱彼黍离离之什也。此则“杜鹃欲化，犹振哀音；鸷鸟将亡，冀留劲羽”（稚存[③]《出关与毕侍郎笺》中句）者。与其叔母当昏去二小时，见尚病不能兴，弟念田[④]因过哀，神志失常。小弟妹辈六人，大者十一岁，小者未及周晬。其叔购书置宅外一无储存，诗文可得数卷外，经学、小学止有单篇，未有全书，名山其人不可论之今日云云。为之永叹。

书词彬彬知礼，料是黄夫人命子念田为之，古人谢唁恤手帖，例在卒哭之后，亡族此时可不答予之书，故变其例，假犹子名义为之，书体又酷肖其先人，季刚为有子矣。哀亡悼存有不能已于言者，复报书云：

焯、念田贤宗世侄礼鉴，并叩贤侄堂上清吉：比获报书，斌然知礼之言，凡属素交，同为亡灵告慰。事已至此，只有逆来顺受。膏粱文绣之场，无名子弟。菜根不咬，不为知味，吾侄勉之。身后之事，待理万端。惟有三事，须及今而言者。筹思累日，不敢默而息也。丧具称家之有无，大夫亦三月而葬，料量所费，勿逾二千。大学尊师，不后于人，抚恤有条。需之今日，可丐旭初先生大力负之。即以此款，平章丧葬。丰俭失宜，殡宫久旅，非所望于贤昆仲者，一也。抚养诸弟，后死共之。孝哀大节，经济亦非小事。念田贤侄见隶何校？此后之计，可于三数好友中，商定一人，卒哭之后，襆被从之，奉以为师。躬率小子之役，但借抄胥博食而足。此古今中外，成人成学之法也。大都究不可以久居。尊公弟子姜叔明云，都市子弟，有钱者学不好，无钱者无从学好。访旧稽存，言之可痛。既幸得一椽之庇，即以为三窟之谋。入室他人，归田故里；抯兹屋产，置我薄田。啜羹布衣，不失一乡之善士；革鞋过市，非复三代之斯民。毋贪建业之鱼，宁饮武昌之水。鼓角山下，雨声弥清；钴锅水边，湖光尤胜。（并见《蕲州志》）延先人半耕之绪，读举世欲烧之书。鸡犬桑麻，并歆明德；蓬头历齿，亦为愿人。此所望于诸弟、妹、母夫人者，一也。《郑志》八篇，自须善述；邺架三万，尤赖明时（一作昌期）。苟非其人，毋禅为枕中鸿宝；世无闳识，更不赖车下弋名。韫椟而藏，盛名无既。亦有异文，校于一手。眉端细字，行里端书。乙夜之劳，辛勤所萃。岂为手泽，即此心传。便合传家，以待来者。至于泛览简编，原同屐货，聚于所好，无妨达观，举以相随。适足为累，博薪换米，自古而然。理董有方，即是孝道；经权交守，乃为通人。此所望于亢宗贤母者，又一也。借箸狂言，出于至悃；过车痛腹，无负初心焉尔。某率复。

【注释】

①捐宾客：弃宾客而去。对居高位者死去的婉辞。

②啸咸：彭仲铎，时任国立山东大学中文系讲师。

③稚存：洪亮吉。

④念田：黄侃次子。

1935年11月1日

季刚遗族寄赴音至，文甚长（三千五百言）可观，即行状也，间述革命之功，与下文有相类者。

报载《黄晦闻墓志铭》，余杭章炳麟撰，其人其文皆可存者。

“晦闻讳节，广东顺德人，弱冠事同县简先生朝亮。简先生者，与康有为同师而学，不务恢怪，性尤清峻，寡交游。事之数岁，通贯大体，冠其侪归，独居佛寺读书。又十年，学既就，值清廷失政，群佌用事，遂走上海，与同学邓实等集‘国学保存会’，搜明清间禁书数十种，作《国粹学学报》以辨夷夏之义。时炳麟方出系东，避地日本作《民报》与相应，士大夫倾心光复自此始。简先生闻二生抗言以为狂，颇风止焉，而二生持论如故。清两江总督端方知不可禁，何欲以赂之不能得。香山孙公[1]主中国同盟会，闻晦闻贤，以书招之亦不就。及民国兴，诸危言士大氐致通显，晦闻独寂寂无所附，其介特[2]盖天性也。始自广东高等学堂监督，历京师大学文史教授，凡在北平十七年，中间尝出任广东教育厅长、通志馆长，岁余即解去。其为学无所不窥，而归之修己自植[3]，然尤好诗，时托意歌咏，亦往往以授弟子，以为小家琦说，际爵而起与之辨，则到讻讼终不可止。诗者在情性之际，学者浸润其辞，足以自得，虽好异者不能夺也。其风旨大抵近白沙[4]而自为，诗激仰厉峻过之，自汉魏乐府及魏三祖、陈王[5]、阮籍、谢灵运、鲍照诗替为注释，最后好昆山顾氏[6]诗。盖以自拟云：‘晦闻始因京师大学校长蔡元培招充教授，然论议与元培不相中，其后睹学制日颓，与人言辄喷叱久之。’民国二十二年简先生殁，晦闻哭尽哀，自是始病，二十四年一月卒于北平，春秋六十有二。先卒时人为刻某《蒹葭楼诗》二卷，然诸涉风刺者亦略删之矣。子男二：大星、大辰。女子三。以某年四月葬于白云山之阡，以状属为铭，余之辞不足增饰晦闻，虽然使晦闻而是民国之政，必不偷薄以逮今日无疑也，乃为铭曰：'其言足兴，不列勋籍。其默足容，又何谘盖。刚峻其心，而守以泊。被褐之父兮，就知予之精白。古所谓天民者，其斯人之徒欤，其斯人之徒欤。'"

【注释】

①香山孙公：孙中山。

②介特：孤高，不随流俗。

③修己自植：传统的自我修身方法。

④白沙：陈献章，明代思想家、教育家。

⑤陈王：曹植。

⑥顾氏：顾炎武。

1935年11月3日

少侯言《世界报》叠载季刚轶事。必媚世者为之。

1935年11月6日

国民政府明令云："国立中央大学教授黄侃，学识渊邃，性行高洁，早岁奔走崎岖，参加革命，近年专心教育，阐扬文化，于党于国，厥功昭著，兹闻溘逝，悼惜殊深，应即特予褒扬，并交湖北省政府妥为安葬，用示政府轸念贤劳之至意。"此令亦儒生稽古之荣已。

1935年11月10日

今日家中祀先，俗曰十月半节而无专名，应即下元节也。唐人谓正月、七月、十月之十五日为三元日，今上元、中元既例行两节，则下元应援例定名耳。（旋见《搜采异闻录》云："太平兴国五年十月下元，京城始张灯，如上元之日。"）

予旧宅在天后宫前，而足迹所至闽粤，同乡无处不有，崇奉天后之庙，慈帆翀幪，及于海外。美国桑港，日本横滨、神户等处皆然，今青岛仅存旧式宫殿一所，即大学天后宫也。《退庵随笔》云："天后庙祀，详见《元史·祭祀志》。"（遍阅未见）盖自宋宣和间为致祭，庙号顺济，后累加封号，第称夫人。至元中，以护海运有奇应，始封天妃。康熙间，以澎湖之役，敕建祠湄州，加封天后圣母。乾嘉三朝累加封号，积至三十二字，祀事遍海内。其缘起见宋潜说友《临安志》，以宋人言宋事，其言必有所承，嗣是何乔远《闽书》、张燮《东西洋考》、吴任臣《十国春秋》皆因之，虽文有详略，而以为莆田林氏女则无异同，惟近人全祖望、赵翼疑之。赵氏以为水阴类，其象维女，天后之名即水神之本号，非实有林氏女其人。全氏则立三怪之论，肆口诋諆[①]，皆似是而非之说。

世界书局付到《续资治通鉴》（毕沅著，嘉庆六年）、《明纪》（陈鹤纂，同治十年）二种，并前《资治通鉴》（二册）、《四史》（三册）、《文选》《龚定盦集》（各一册）共九巨册，预约付十五金，将以裨楚言[②]也。作家书并柬内子。

为人写楹帖。晡往宏成发同尧廷小饮，应纫秋友人写堂匾，擘窠[③]之书，最难于浑厚，雍穆之余，有举重若轻之概。所见汴梁鼓楼"声震中天"四字，径可六尺，疏密相称，气象万千，额不署名，相传为米元章[④]笔，要非清人之所能为也。笔峰一开，求者肩接，殊苦之，交亥蹋月而归。

【注释】

①诋諆：毁谤污蔑。

②楚言：黄际遇次女。

③擘窠：指大字。

④米元章：米芾，北宋书法家。

1935年11月12日

早起作数柬，均为寄书事，躬自护送。周尧廷偕访朋初，乡人相聚而谈，殊有天涯之乐。朋初留午饭，遂应之对局者三，午饮微醉，借榻而安。

"泽生"[①]买办许长庚嵊至，面托运书箱五，日记箧一，允到汕头亲交峻六，乡情可感。

返舍写航空快信谕器儿，依期到汕接书，亦颇为斯文之重，不仅为小己之私计矣，痴哉。

【注释】

①泽生：泽生轮，是怡和洋行的轮船。

1935年11月13日

检《朱九江集》寄马隽卿潮阳府，附以小柬。

采办冰糖花生鲨脯（《小雅》："鲿鲨。"《毛传》："鲨，鮀也。"《尔雅》："鲨，鮀。"《说文》无"鲨"，有"魦"字，是"鲨"为"魦"之不省）为一苞并寄"泽生"船，为家中备祭之助。

邵德辉来托译日电，促其妻及妹速归，事可知矣。

《不其山馆日记》第三册

（1935年11月24日—12月31日）

1935年11月24日

作家书，并以高丽参五支托云岩将归，为内子冬令服用，以番蚨[①]二购牛舌二颗，长可逾尺，祖[②]云岩之行。

【注释】

①番蚨：番银。

②祖：饯行的一种隆重仪式，祭路神后，在路上设宴为人送行。

1935年11月28日

季刚之殇逾月矣，欲为之传而未成。啸咸途上告予，报（十一月二十三日《南京日报》）有太炎先生文也，急足索之。

《黄季刚墓志铭》：

“季刚讳侃，湖北蕲春人也。余违难居东，而季刚始从余学，年逾冠耳，所为文辞已渊懿异凡俗，因授以小学、经说，时亦赋诗相倡和。出入四年而武昌倡义[①]。其后季刚教于京兆、武昌、南都诸大学，凡二十年，弟子至四五传，余之学不能进而翲，而季刚芳颖[②]骏发，所得视曩时倍蓰[③]，竟以此终世。多知季刚之学，其志行莫得闻也。黄氏出宋秘书丞庭坚，自徙蕲春，至季刚如干世。考讳云鹄，清四川盐茶道，署按察使事，以学行著，所生母周。季刚生十三岁而孤，蕲春俗轻孽庶，几不逮学，故少时读书艰苦，其锐敏勤学亦绝人。即冠，东游学日本，慨然有光复诸夏之志，尝归集孝义会于蕲春，就深山废社，说种族大义及中国危急状，听者累千人，环蕲春八县皆响之，众至数万，称曰‘黄十公子’。清宣统三年武昌倡义，季刚与善化黄兴、广济居正往视，皆曰：‘兵力薄不足支北军。’乃返蕲春集义，故谋牵制，得三千人，未成军为降将某所袭，亡去之九江。未几清亡，季刚自度不能与时俗谐，不肯求仕宦，尝一为直隶都督赵秉钧所迫，强出任秘书长，非其好也。秉钧死，始专以教授自靖。民国四年秋，仪征刘师培以筹安会招学者称说帝制，季刚与师培善，阳应之，语及半，即瞋目曰：‘如是请刘先生一身任之。’遽引退，诸学士皆随之退，是时征季刚，众几不得脱。初季刚自始冠已深自负，及壮学成。好酒一饮至斗，所俾睨调笑，行止不甚就绳墨。然事亲孝，丧生母，哀毁几绝，奉慈母田如母。尝在京兆召宾友食，北方重蟹羹，庖人奉羹前，季刚自垣一方问母得蟹羹不，母无以应，即召庖人痛诃遣之，世以比茅容、阮籍云。性虽俶异，其为学一依师法，不敢失尺寸。见人持论不合古义，即眙视不与言。又绝类法度士，自师培附帝制遂与绝，然重其说经有法。师培疾亟，又往执贽称弟子。始与象山陈汉章同充教授，言小学不相中，至欲以刀杖相决，后又善遇焉。世多怪季刚矜克，其能下人又如是。为学务精习，诵四史及群经义疏皆十余周，有所得辄笺识其端，朱墨重沓，或涂剟至不可识。有余财必以购书，或仓猝不能得书簏，即举置革笥中，或委积几席皆满。得书必字字读之，未尝跳脱。尤精治古韵，始从余问，后自为家法，然不肯轻著书。余数趣之曰：'人轻著书，妄也；子重著书，吝也。妄，不智；吝，不仁。'答曰：'年五十当著纸笔矣。'今正五十，而遽以中酒死。独《三礼[4]通论》《声类》目已写定，他皆凌乱不及第次。岂天不欲存其学耶，于是知良道之不可隐也。配王，继娶黄。子男八：念华、念楚前卒，念田、念祥、念慈、念勤、念宁、念平。女子二人，长适潘。季刚以二十四年十月八日殁于南都，以十一月返葬蕲春。铭曰：'微回也，无以胥附；微由也，无以御侮。繄上圣犹恃其人兮，况余之瘣腐嗟，五十始知命兮，竟绝命于中身；见险征而举翮兮，幸犹免于逋播之民。'"

记者[5]并谓季刚文词雅澹，尤精古韵，历主坛坫，精思乙乙，妙理庚庚，闻者餍心[6]。于人少许可，唯对余杭[7]，拳拳服膺，步趋唯谨。今年五十初度，余杭特寿以联云："韦编三绝今知命；黄绢初裁好著书。"[8]又有署宝盦者述诗风云："近人之论近代诗者六派，曰湖湘派，闽赣派，江左派，岭南派，西蜀派。"季刚鄂人，诗文企向乃在湘绮老人[9]，而湘绮固湖湘派之魁硕者也，故先生早年所作屏绝近体，暨移教中大，江山引袭，宗风稍变，石桥一集，遂有律绝，其《北湖人家即事》一首云："丛树阴阴水拥舟，芦荻深处出群鸥。当门山是忘形客，绕屋花供卒岁谋。城上鼓笳声自急，湖中渔钓事偏稠。身经治乱无心叟，看到曾玄未白头。"章先生称其"感寄虽深，而辞无噍杀[10]，七言律中难得之作"。可见先生晚年诗功已不专守六代，而渐为盛唐矣。尝斥陈石遗《近代诗抄》为不足道，云以地域所分诗派亦不足据。(白下报翌日又载刘继宣、胡光炜挽季刚二联，劣甚不足录)

【注释】

①武昌倡义：武昌起义。

②芳颖："芳"古同"苕"。苕颖，比喻意旨文辞之精妙特出者。

③蓰：五倍为蓰。

④三礼：儒家经典《周礼》《仪礼》《礼记》的合称。

⑤记者：章太炎。

⑥餍心：同"厌心"。心服。

⑦余杭：章太炎。

⑧韦编三绝今知命；黄绢初裁好著书：上联典出于"孔子读易，韦编三绝"，意思是说黄侃勤奋好学；下联典出于东汉蔡邕题曹娥碑"黄绢幼妇，外孙齑臼"，意思是希望黄侃写出绝妙的著作。黄绢，是染色的丝，为"绝"；幼妇，少女之意，

为“妙”；外孙是女儿生的孩子，为“好”；齑臼是放置辛辣物的容器，古字同“辞”。四字合在一起便成“绝妙好辞”。

⑨湘绮老人：王闿运。

⑩噍杀：声音急促，不舒缓。

1935 年 11 月 30 日

雇羸车，雨中迁书市肆，幸托小人之庇，及是则“官虽止，而神益行”矣。甚矣，不可与为缘也。柬纫秋寄家千金。二十三日家书来：“记籍抵家，吉庐安稳。”

1935 年 12 月 7 日

晨走治公，即返，穷一日之力成季刚墓碑一首。晡驱应德籍教授酒约，一爵而还，时尚未脱稿，不欲阁笔也。太侔[①]来访，不晤。

《国立中央大学教授蕲春黄君墓碑》：

夫儒乱法而武犯禁，二者皆讥[②]。振学术以援天下，斯人安往？是以行名不载于儒墨，贾许世谓无文章。匹夫称贤而不彰，犹史公之所甚恨；学士畸节而失传，宁非为友者之奇耻乎？以余所友楚人黄君者，讳侃，字季刚。世承孝友之风，系出文节[③]之后。蜚声江夏[④]，著籍蕲春。至君考讳云鹄者，官四川盐茶道，署按察使，晚主江宁尊经书院，以学行显于世。母周太夫人。君于诸黄为晚出。贡少翁犬马之齿，老蚌有珠[⑤]；郑小同丁卯日生，手文似己。白傅[⑥]辨之无于未晬，百数不差；邢劭读《汉书》于雨中，五日略遍。顾厚于天者，吝于人；丰于才者，啬于遇。虽丹山万里，雏凤声清；而陈思七步，豆萁燃急。于君公诵诗之岁，丁令伯见背之哀。年十三岁而按察公卒[⑦]。桓宽朴学，不受财物之诒；康成单家，曾无绂冕[⑧]之绪。谓骈枝为无用，苦蔗境之未甘。孤孽[⑨]余生，卷葹未死。廉吏之子，行负薪[⑩]而谁怜？小人有母，发楹书而俱在。《孝经》在手，《文选》从头。灯影一檠[⑪]，机丝千匝。渔夫望火以卜旦，野父闻声而负锄。嘉读未烧之书，分延半耕之绪。久矣传其母教，蔚为口碑，此一时也。

时张之洞开府武昌，以兴学弋[⑫]天下士。君遂入选东度。鸿飞冥冥[⑬]，依余杭章先生门下。涉彼屺[⑭]兮，予季行役者万里；吾道东矣，日夜寻诵者三年。盖扶风之学，薪未尽而火已传。而爱日[⑮]之晖，昏甫黄而荫已失。斯则谱寒泉之什，莫慰劬劳[⑯]；聆攀柏[⑰]之号，感哀行路者矣。属以邦家多难，儒效[⑱]日窳，志士扼腕，侠豪亡命。君秉三户亡秦之志，张九世复仇之徽。部署遗黎，阴结豪士。岁时伏腊，犹奉故国之衣冠；袍笏[⑲]空山，不戴新朝之天日。鲁先生东海宁蹈，帝不可秦。臧射阳操血而盟，泪继以血，如崩厥角。请看今日之域中，共举义旗，咸惟公子之马首。盖当日皖鄂之交，无人不知有黄十公子者也，此又一时也。

已而清祚[20]告终，乾纲不立。学之既丧，国乃真亡。谁忧杞国之天，挥返虞渊[21]之日。强与兵子共语，拂衣者不特刘巴；号率诸侯攻秦，溲[22]冠而踞见郦子。君不忍视天下之皆溺，独毅然为举世所不为。承国脉家学之源，守尊闻行知[23]之说，衍[24]东海、召陵[25]之业，于国学、乡校之间。陈第已来，声类至君而写定；顾绛[26]而后，道统之重有传人。余事以作诗人。一生耻为文士，而吉光片羽，落在人间，漱石枕流，传诸史册。亦足以彰独至之行，慰求志之荣矣。比年筑宅钟山，鬻文日下[27]，栖魂经礼，偶影妻帑。自谓逃命秦刑，藏书鲁壁。（君癸酉致予书中语）而时悲青冢旋雁，蓬山巨鳌。（君临殁前二日登高诗语）矜秘羽毛，凄凉身世。余杭章先生趣之曰："人轻著书，妄也；子重著书，吝也。妄，不智；吝，不仁。"则应之曰："年五十当著纸笔矣。"呜乎！三绝韦编，今始知命；初裁黄绢，正好著书。（章先生寿君五十语意）乃于大盗移国之年，乙亥登高之日，刚风过处，犹振哀音，落帽归来，尚饶云气，而心期中酒，造物不仁，刀圭[28]无灵，文星永坠。呜乎哀哉！

君生于光绪丙戌十有二年，殁于民国二十四年十月八日，年甫五十也。卒之翌月，国民政府特褒之明令下，称君"学识渊邃，性行高洁"。信无溢词矣。并交湖北省政府妥为安葬，用示政府轸念贤劳之至意云。寻览遗族报书，书卷之外，略无余财，山木所资，一由诏葬。从兹鼓角山下，书带草生；钴鉧水边，三鳣鱼跃。盈尺片石，特书万丈之名；孤剑芒光，长依死士之垄。以君厉魄，能无式凭者乎？君事慈母田如母，挈家南北，辄舆槅柎[29]以行。洎其殁也，君方失馆武昌，贫几无以为敛[30]。名满天下而不得一馆，行齐古人而不理于口。君子犹或伤之。

娶于王，生子三，□、念田、□。女子子一，适潘。继娶于黄，生子五，□、□、□、□、□，并幼，□、□蚤[31]卒。念田知礼，能传记诵之学。喜孙、龂孙，争说汪洪有子；到溉、到洽，无惭任昉之知。不又可以寒秋草之悲，杀自叙之怨乎？（君尝作自序比迹冯、刘、汪三君）余忝长君一岁，结契卅年。同岑异苔[32]，略分无以知君学。尔枘我凿，持论又各不相能。而君也，偶别三日，非我不乐；我也，结言千里，微子安归？曾诵盗憎主人之言，辄改容以谢脂习。今数公为始满之岁，方移书以论孝章。岂知述作之志斐然，而论定之知已渺。呜乎哀哉！零落山邱，凄其风雨。车过伯山寿藏，有怀一卷之古文；心仪邠卿画图，虔写四贤之遗像尔。

夜脱稿，鸡三唱矣，北风狂吼，所居南窗，犹时震撼。

【注释】

①太侔：赵太侔，时任国立山东大学校长。

②讥：指责，非议。

③文节：黄庭坚。

④江夏：武汉。

⑤老蚌有珠：同"老蚌生珠"，原比喻年老有贤子，后指老年得子。

⑥白傅：白居易。

⑦按察公卒：黄季刚13岁时，其父黄云鹄（四川按察使）卒。

⑧绂冕：古时系官印的丝带及大夫以上的礼冠，引申为官服、礼服。
⑨孤孽："孤臣孽子"，比喻遭遇艰难困苦的人。
⑩负薪：指贫困的生活处境。
⑪檠：灯架，烛台。
⑫弋：取。
⑬鸿飞冥冥：大雁飞向远空，比喻远走避祸。
⑭屺：没有草木的山。
⑮爱日：儿子供养父母的时日。
⑯劬劳：劳苦、苦累，特指父母抚养儿女的劳累。
⑰攀柏：悼念亡亲的典故。
⑱儒效：儒者的作用，儒学的效用。
⑲袍笏：借指有品级的文官。
⑳祚：皇位。
㉑虞渊：古代神话传说中日没处。
㉒溲：大小便，特指小便。
㉓行知：实践其所得到的认识。
㉔衍：扩展，扩充。
㉕召陵：许慎，东汉经学家、文字学家。
㉖顾绛：顾炎武，原名绛。
㉗日下：指京都。古代以帝王比日，因以皇帝所在地为"日下"。
㉘刀圭：医术。
㉙楄柎：古时棺中垫尸体的长方木板。
㉚敛：入殓。
㉛蚤：古同"早"。
㉜同岑异苔：不同的青苔长在同一座山上，比喻朋友志同道合。

1935年12月9日

家书来。镐臣书来，称予为"都讲"，亦合《后书·杨震传》："有冠雀衔三鳣鱼，飞集讲堂，都讲取鱼进。"又《侯霸传》："霸师事房元，治《穀梁春秋》，为元都讲。"则如今学舍之长也。而《后魏书·祖莹传》："时中书博士张天龙讲《尚书》，选为都讲。"则今制之讲师耳。

1935年12月16日

纫秋丁卯为邑人陈鳌（解珊）作《文法阶梯叙》，首笔云："古之能文辞者，非特其聪明卓越俦辈，必其博览群籍，覃研精熟，复阅数十年，无稍倦辍，始发为渊邃雄奇之文辞，寓托其精神意趣，以垂不朽者也。”卓然知旨之言，五年以来，溷迹[1]廛市[2]，遂令吾县少一继起之人，为可惜也。纫秋游燕[3]有年，及炙[4]刚甫者，其外舅侯节（乙符）茂才能诗，亦香火之源也。

【注释】

①溷迹：混迹。

②廛市：市廛，商肆集中之处。

③燕：北京。

④炙：喻受到熏陶。

1935 年 12 月 19 日

冕之复书云：

“前奉手教，并辱[1]高文。东坡表涑水[2]之碣[3]，不负平生；中郎[4]书有道之碑，洵无愧色。季刚先生文行茂美，得公椽笔，自可信今传后。今年，晦闻先生逝世，而侃叔又继之。黄氏清才，惟公健在。汪汪千顷之波，亭亭物表之望，惟期于左右矣。时艰日亟，天方洊[5]辞，哀我人斯，于何从谷？减字之说，且令蒙诵。昔金轮制字，孙皓作书，但思取快一时，讵足远追往古。今当局者，无西夏造字之能，鲜满洲国书之创，乃欲使‘圣’‘怪’不分，‘鸡’‘难’无别，真可谓蚍蜉撼树，夏虫语冰，昔颇愤嫉，今惟目笑存之耳。”（按佛经言，转轮王中以金轮王为最胜。王出时，诸国咸服。则天称“金轮圣神皇帝”本此）

【注释】

①辱：谦辞，表示承蒙。

②涑水：司马光。

③碣：圆顶的石碑。

④中郎：蔡邕。

⑤洊：古同“荐”，再。

1935 年 12 月 22 日

器儿禀，并抄《哀学篇》文稿来，即条正之。柬内子云：“今冬祭扫不能久待矣。”

1935 年 12 月 23 日

今日宗祠中行冬祭大典，三十年未与此祭矣。此日先兄荪五君之丧未浃旬，先大夫孑立奉奠，老泪双垂，祇今未能忘也。频年以来，更无习礼之士。老成凋谢，不堪回首，归时峻六每为言："家庙礼仪废驰之状，思之腹痛。"年年作客，邈焉山河。

1935年12月27日

日本林鹤一师，闻以十二月四日逝世，年七十矣。相从十年，后余赴美洲[①]，先期特访先生于仙台[②]，霜雪蔽天，履綦[③]连日，笑言杯酒，谈道入玄。临别拜先生于门，师母亦出送玄关，约以美洲归来再会。先生莞尔曰："黄君归国，不急视夫人而远来访汝乎。"风尘澒洞尔许年，言犹在耳，恩岂忘心。而再面末由，九原永诀。念当年之函文，奉下赐之遗文，于邑何极。拟合数学系师生电吊之。

【注释】

①美洲：美国芝加哥大学。

②仙台：日本仙台。

③履綦：足迹，踪影。

1935年12月28日

晨发唁林师遗族日本电。

午小访纫秋，询归航，有直放汕头者三日半可达。

成丙子新岁宅门联云：

丙舍常留半耕地；子孙长读未烧书。

因树轩联云：

因其材而笃焉；树若人如木然。

研墨写寄南中。

作家书，摒挡年事，并命儿辈收拾因树轩瓦砾，莳花洗石，归欲作十日盘桓也。

1935年12月31日

长、次儿，次女禀来。

姚秋园先生自广州（东山启明二马路之一楼上）函件一卷来，函略云："已蒙叔明枉过嚣[①]谈，真绩学[②]人也，信取友不苟矣。比垂老坐兹冷席（秋老近授文学海堂），取师友撰作之未经流布者刻示及门，尊稿具存数首，以古字太多，梓人以无法印出为辞，其陋如此。朔风怒号，竟日闭户，极少见人，以可访人亦极少，故也印文一卷，曰《师友渊源录》，计吴淡盦（番禺吴道镕太史，字玉臣，尝主韩山书院，年八十犹能细字鬻书）四首、章太炎一首（黄晦闻墓志铭）、唐天如一首、黄晦闻二首、黄任初二首（《万年山中日记》第二十七册叙、《不其山馆》之铭及序）。”吴太史以胜朝遗老，史阁清流，闻鼎革而后，独汲汲岭南文献之搜存，鲁殿岿然，无负里人之慕，所著有《广东文征》《明史乐府》等书。观秋园《明史乐府·跋》有云（癸酉先生寿八十有一）“先生以为诗与文皆不足存，独《广东文征》百余卷，有关文献，年来瘁心血，此中不忍弃。及太史所叙《胜朝遗民录》（九龙真逸辑，明季遗民旧事二百九十余人）云‘吾粤自宋时被中原文献之传，讫明而岭学大兴，与中原埒[③]，名臣钜儒先后间出，莫不敦崇名教倡导乡邦’云云，可以窥太史之志矣。其文以《榕石园记》一首为最永隽，中涉刚甫右丞者云：‘乙丑三月，堕城墉开，弛道表里，无阻奇美，斯出乃壁为园，缭垣四周。’（揭人，孙吴文献）得其妇翁刚甫曾右丞擘窠书，文曰：‘榕石深处，榜诸门曰榕石园。’右丞榜书时，虽未知其意何属，而宦游半生，梦寐林壑，则情见乎词矣。乃沧桑易观，进有千古之悲，而退无一丘之托，仅储此手迹相待”云云。如见故人之心矣。

唐天如（未详）代蒋光鼐《十九路军抗日死事将士公墓之碑》一文，极摹湘乡《湘淮昭忠祠》诸碑，雅有气盛言宜之美，唯四言诗及工力不胜矣。晦闻《曹子建诗注·自序》《阮步兵咏怀诗注·自叙》二首，未若其诗之雍雅也。秋老诸文，大半曾经我目，合所未见者诸首而观之，仍以《丁征君传》（自注：庚戌。按征君，丁惠康叔雅也）为最善，《曾右丞传》出晚作，亦见精心结撰，不特文以人传，题目本来极好。撰文之择题比于居室之卜宅，如唐天如之文在题目一事已占尽无穷胜势，临文之际但问力足以副之不耳。亦有趁极小之事以寄幽爱之思者。

秋园《记二鹅》云：“余壁秋园之日，有人自芜湖携得白鹅一笼，馈亡友高园者，高园以一雌一雄转馈于我，遂畜之园池中，自时余出游几八年，鹅之存否不复闻也。甲子秋，假归氏园，见二鹅健硕皙白倍曩时，鲵鲵向余鸣，若将有所告诉者。会余以监税事牵，三宿而又别去。噫，以兹鹅之无知，豢余园中，累月经年而不失其毛羽。今鹅存而亡友之骨沦没，尚不知何所，余对兹鹅能无痛耶。记二鹅益以悲馈鹅者之不可复见也。”文仅百数十言，而一丘一壑，尺幅千里，《归梅集》中可时遇之，如《寒花葬》志书杨氏婢事，此事向来疏，尝闻林畏庐[④]颛家绪论于秋老曰：“先去汝之新名词，与报上文章笔调，而后谈古文也，盖有一于此则大足为一篇之累。”畏庐悬此为戒律以谂从之游者，然其文集具在，实尚未能爬梳净尽，所谓风气然也。士大夫能不随一时之风气，知古而又不至不知今，旷代而观，犹或难之。故于秋老之文录有未安者二事，其未肯割弃中年酬应之作，如癸卯年刘鸣博经济特科廷对策序之类，及泽词未雅，如最近作文阶序以示学海书院生，犹有曰“不为一时思潮所鼓荡劫持，而流转者殆往往而绝也，夫以文字为一国国性命脉所系托表现”云云，不特思潮表现诸语，有类梵语之入中国，即其句法文势亦缘于严复、梁启超辈之所为，而濯涤不尽，是亦京雒之淄尘也。

秋老于今为州闾先进，而忘年投分，晤面通书，必以纠摘舛谬，勿存客气为言，然存此于怀者旧矣。其他所作，曩墙姚、曾，舍陈散原年丈、马通伯前辈外，造诣如斯，者在畏庐传镫之下，吾尚未见之也。畏庐晚集（即三集，民国十三年商务本）《赠张生厚载序》中自计辛丑就征至京师后，授徒过三千，视娄东之门左千人，门右千人，不审如何，然其中涉通贵而享重名者多，独揭阳姚君慤、成都刘洙源以古文鸣，同县黄秋岳以诗鸣云云。洪北江《戒子诗》云：“九州之内，人同蛾多。”而可数者如此。至所录文中猥厕拙文二首，发简视之，惧然汗下，况所自叙日记诸篇，信笔记存，本不足言文，秋老盖不无乡里之私矣夫。

湘人周肇祥先生之子璿在太学[⑤]，将其尊人所为批阅之稿来。周君与冕之、沅叔两太史常同游山买胜，而予实未识也，老辈不吝诲人之旨，殊可敬佩，言之当不别是一事，瑾移其跋尾于此眉批数处，分识于原稿之上：“文甚典雅古茂，自是杰作，盥读敬佩。唯碑于文体，大都为纪述功德。汉唐诸碑，其末多系以韵语，或铭或颂，无韵语者古之墓表是也。黄君学行殊绝，无愧于表异耳，僭删数字，未悉当否，仍希尊酌是幸。乙亥日长，至周肇祥谨识。”

际遇谨按：周君当是恪守欧、曾[⑥]义法家言，窃所以为据者有洪稚存《铅山蒋先生碑》及吴穀人《清故奉直大夫翰林院编修洪君墓碑》等文，其结笔气势并摹效开府而不系以韵语，则非自我作古也。“诏葬”字样，周君欲易以“官给”，语既不驯，事尤乖实，庾子山《周大将军崔说神道碑》云：“北陵追远大司马有赐绶之恩，西京赠行冠军侯有诏葬之礼。”今者黄君葬事，实出政府明令，交湖北省政府妥为安葬，谓为“诏葬”，词乃极安廑。曰“官给”，则路旁陈骨，何莫非公理而官给之。但识于此，以俟定吾学之进退，不敢陈书强辨也。

记吴柳隅：

晨报来，则里人吴君柳隅以十二月二十八日终于地安门织染局京寓矣，得年五十有六。按，君讳冠英，字柳隅，入民国更名贯因。世为广东澄海莲阳乡人。少孤贫，既无伯叔，终鲜兄弟，濒失学者数矣。时丰顺名诸生王惠和馆于莲阳吴氏，为学负坚苦之操，而以授其徒者，则依猎科之所需与夫徒质性之所近，因材施教而已，不以治朴学之功相强也。君幸得附学，觏此良师，年未期，头角崭然。会戊戌变政，废八股，百日之间，号令屡易。历县、府、院试，自八股而策而论而经义而律赋、试帖，无不遍，而仍以帖括毕试事。时知潮州府事者，鄂人李士彬，于终复试命八比之题四，曰：策（布在方策）、论（论笃是与）、秀（秀而不实）、才（才难）。督学使者湘人张百熙（冶秋），则太守之门下士也。榜揭，澄海年少者，君与周之槐、林一鸣、谢廷芳及余五人，一时艳称得人焉。此五人者，其年相长各一二岁。予之识君，自此榜始。而惜乎皆不获主持风气之人，互力为朴实之学。末俗重科名而歆[⑦]微利，遂共趍[⑧]于博膏火[⑨]、弋小试之所为。君晨起盥漱，必随手检四子书，自拈一题，构八比一段，盥毕而腹稿脱，挟此驰骤于短檐棘闱之下，十决而十拾，无掷而不雉。庚子、乙巳间数年，九邑之内，无不交口齿澄海吴冠英者。君固用是自喜，亦力不克自举也。试科之局，斩于乙巳。恃此为名者，终失其业属。

予归自江户，谬以所学口传邑人。君乃率其徒十余人，相从问算学。迨冰未泮，结伴而东。方新会梁氏披其新民之说，揭为立宪之楬也。少年之士，不归梁则归章。心之所宗而挡派，蔚为天下裂。潮人居东者不百人，实划然二派，始以不通住来，继以互相倾轧。予与君几遂无复朋交之可言焉。

梁氏方以誉望卵翼乡后进，于潮人，得君而大喜。君亦终始为所用。壬子、癸丑之《庸言报》，君之所以助梁，谈政以扑异党者，功在项城⑩矣。世知有粤人吴贯因者，亦即自是始也。宪政行，庸言塞。君改官内务部参事者，垂十年。置宅燕京北门，有终焉之意。其后政府南迁，君乃不得不东出关门，都讲沈阳。旋遭边警，仓皇丧其图籍以归南，迎母挈妻为久居长安之计，复时时以政论与世人相见。晚岁，一度应南政府⑪之征。至则安车蒲轮，礼至优渥。传闻欲借君管粤学也。君忽扃身高引，世论高之。

所传君藏书画金石颇多精品，然非其颛门也。予与君生同里闬，出共游帆，而求师致力依归各异，故所以知君者亦断不足以传君。盖时并从迹而不能具举。顾乡人必于予南归时，从予刺君消息，仍目可以述君者，莫予若也。予无间，三年不入都。君得予北来讯，辄盛馔征侣以款予。顾予之知君、述君者，而仅止于是。是则予之负君，尚何言也？自我不见，于今三年。间于报上见君所为杂记，竟有窜经传至言效卓吾⑫谰语者。予惊其或假君之名以行。不然，则予之与君去绝交者，安有一间之存也哉？而今已矣。其书满家，论定自有公是。独念里中人力学砥行以成名者，有几何人？君没而凄然于后起之难，孤立之感，又当何若？李贺有母，孝标无妹者也。共怀千岁之忧，今退未卜一丘之托。所为追述陈迹，略纪离合之故，以谂乡人之思君而未见者，以塞予之思而已。乙亥岁尽，风雪中，同里黄际遇记。

【注释】

①鬯：同“畅”。

②绩学：治理学问，亦指学问渊博。

③埒：等同。

④林畏庐：林纾，近代文学家、翻译家。

⑤太学：国立山东大学。

⑥欧、曾：欧阳修、曾巩。

⑦歆：喜爱，羡慕。

⑧趍：古同“趋”。

⑨膏火：求学的费用。

⑩项城：袁世凯。

⑪南政府：广东陈济棠政府。

⑫卓吾：李贽。

《不其山馆日记》第四册

（1936 年 1 月 3 日—2 月 12 日）

1936 年 1 月 3 日

作家书，为辖轩第事也。

古君函来，乞代撰寿言，并征衔名，以为钟金母寿，期已迫矣，援笔缀之。夜，文就□。

《钟（大金）母张太夫人寿序》：

颍川著姓，钟繇标善书之名；萱草无忧，张纲厉清节之望。不以仕而废其学，可知堂构之贤；闻其政未式其庐，已卜闺门之教。冠球君以不世清才，屈百里令长。三年风偃，一县花开。憩甘棠之阴，听舆人之诵。使君到喜，儿童骑竹马而郊迎；潘岳有亲，父老欲板舆以浆奉。民食其德，人以为荣。自岭以东，未有如钟张太夫人者也。太夫人系出清河，家承耕读。五华钟公显廷，方励志锄经，小人有母；惊心故剑，中馈无贤。于是求弋雁于敬姜，谐伯鸾之梁妇。必有酒肉，体曾子养曾晳之心；躬执巾栉，谓寡君使婢子之意。箕帚不形于色，蕉萃靡出诸声。秋萤半囊，月夜有待客之酒；寒砧一杵，闵氏无啼饥之儿。乐夫子采芹之归，于以采蘋，虔祭先庙；禀欧母画荻之训，譬彼画虎，垂惕后昆。终令幼长女归，赘秦并山阴之选；不独亲亲子子，饭信哀王孙之穷。种德于公之门，五百之孤寒垂荫；进号严氏之妪，万石之封君媲荣。人指五之之门庭，世艳二乔之夫婿。太夫人顾而乐之之中，独深生可求乎之虑。隽不疑行县而返，必问平反几人；李景让治军有年，不宽儿时之笞。宜乎钟侯诸昆仲，琴堂春永，怀南陔生我鞠我之恩；简书露冷，数北堂倚门倚闾之日。舟泊修岸，犹忆飘蓬；檄奉公朝，敢忘覆餗？方赤眉之肆毒，煽青犊之劫灰。焚山及绵上之田，问津乏秦时之舸。太夫人誓守先陇，远遣其孥，火焚赵礼之居，躬陈大义，箭及薛包之室，无惜兼金。卒之，铜马解围，武城之薪木如故；黄巾崩角，郑公之桑梓无惊。室家叨再造之恩，比落蒙瓦全之赐。以今思昔，援古例兹，称引嘉言，皆非溢媺。况值太夫人六十览揆，开百岁之期颐；二月花朝，播五华之椒瑞。庭深萱翳，阶前之玉树交柯；日暖春晖，海上之蟠桃齐熟。某等瞻倾婺曜，被若慈云，介祉心同，抚尘谊切，能勿扬南国之隆化，荐鲁酒以延年。又指鲰生，粗解文章，属为贤母，略陈梗概，重违嘉命，遥献椵辞。（《新唐书·李景让传》："母郑，治家严。景让出为浙西观察使，母问行日，率然对：'有日。'郑曰：'如是，吾方有事，未及行。'盖怒其不尝告也，且曰：'已贵，何庸母行。’景让重请罪，乃赦。故虽老犹加棰敕，已起，欣欣如初。尝怒牙将，杖杀之，军且谋变，母欲息众讙，召景让廷责曰：‘尔镇抚方面，而轻用刑，一夫不宁，岂特上负天子，亦使百岁母衔羞泉下，何面目见先大夫乎。’将鞭其背，吏大帅再拜请，不许，皆泣谢，乃罢，一军遂定。”赵礼孝之弟、薛岂俱见《后汉书·列传》第二十九卷）

平生不惯为此，今日始为人作嫁矣，然尚有意境，不作字面铺排，如寻常四六寿序也。

1936 年 1 月 7 日

是日先妣陈太夫人忌辰，弃鲜民者，五易寒暑矣。游子天涯，杯棬永感，欲归不得，白云杳然，遥致心馨，冀亲僾唈[1]，想家人云耳。虔拜祠堂，在上明明，歆[2]其来飨耳。

【注释】

①僾唈：犹呜咽，泣悲貌。

②歆：祭祀时神灵享受祭品、香火。

1936 年 1 月 8 日

午赴宏成发交三百三十金。

1936 年 1 月 9 日

作家书数行，云：“年莫恐不能到家。”

1936 年 1 月 10 日

里人陈朋初，年甫过五十，昨以柬来，将于新上元日为其五子授室矣，容福不可及。为联书珊瑚锦笺，嵌波黎镜贺之。(《后书·左雄传》“容容多后福”，小颜[1]注：“容容，犹和同也。”)

第五之名齐票骑；(《晋书·何准传》事）上元此夕穜宜男[2]。(《影灯记》：洛阳人家，以灯影夕——应是“多”字——者为上，其相胜之词曰：“千影万影。”又各家造郎君芋，食之宜男女。曹植文：“草号宜男，既烨且贞。”)

族兄峻六快函至。未发柬，卜为催文之书也。并述其二子长简、长礼两月来连举二男。信吾家之庆！夜，枕上为构二联，备其桃符换彩之用。

晋朝称二陆魏[3]；魏世重双丁。（《梁书》：到溉字茂灌，弟洽字茂沿，皆有文才，兼善玄理。时人比之“二陆”。故世祖赠诗曰：“魏世重双丁，晋朝称二陆。何如今两到，复似凌寒竹。”按华希闵《广事类赋·兄弟类》引作《南史》，既失史实，且“世祖”二字在《南史》亦为不词。《魏志》：丁仪、丁廙俱有文才，人称双丁。）

两到双丁垂今望；纪群谌忠著高名。（《后汉书·陈纪传》：纪字元方。弟谌字季方，与纪齐德同行，父子并著高名。《世说》：陈元方子群，与季方子忠，各论其父功德，争之不能决，咨于其祖太丘，太丘曰：元方难为兄，季方难为弟。）

翌晨柬复峻六，告以心所同然，寿文已应征矣（附示器儿支年费家用百金，压岁钱伯母二母各十金，余人各四金，适郑氏姑四金，外孙女二金，亦百金。外赏卢家三十金）。计此残年，无以自解，井上有李，衾重梦多。

【注释】

①小颜：颜师古。

②宜男：旧时祝颂妇人多子之辞。

③魏：疑多此一字。

1936年1月11日

日在西隅，管犹在手，曶[1]有栏入经廎，履丌[2]相及，所欲谈者，度不过尔许事，遂令废然[3]。一转念间，呼车而车在门，访客而客在舟，及之江岸，饭于乡肆，自此辚辚之声已渺，琅琅之论丕开。小陪尧廷三爵，辄止得纫秋纵论艺文，臧不[4]人物，书声与土音相间也。往往里居，浃旬不获一倾谈之局，今夕何夕，并市而共此可谈之人。既曰并市，则旦旦可有之耳，何今夕翻然而舍我，对古人之光阴以对今人也，先生亦自知之矣。纫秋阅予近文，为是正[5]一字，及二事悉采入记中。三鼓后，雇人力车怀书而归。

纫秋觅书甚于嗜痂[6]，择别殊具眼力，所假归者三种：曰《手录刚甫自写定诗》一卷，曰《吴挚父平选汉魏六朝百三家集》十二册不分卷（丁巳八月都门书局印），曰《郭之奇抄评唐诗大观百家合选明人写本》。车过陂陁[7]（俗“陀”字，司马相如《子虚赋》“罢池陂陁”），虑车子不任，下而将之，时时返顾，惟恐或失，引车者言“我也晓得书比甚亦要紧”，东周尚可为乎。一路寒云浸天，疏林漏月，既望才二日，而下弦悬缺，卜月小建，残年益无几矣。悠悠我心，尚何求哉。入此室来，闻又有客自钥而入，客固谓我反关自键之也。正恐夜深花睡去，又惊星斗落江寒。思纫秋言姚秋老今尚不废午夜朗诵之课，桐城湘乡传法如此，此邦之人，板桥茆店，尚未梦见，能无见月影而扪椝，闻鸡声而启关乎？读蛰庵诗，醰醰而睡。

【注释】

①曶：古通“忽”。

②丌：垫物的器具，底座。
③废然：沮丧失望的样子。
④臧不：臧否。谓善恶。
⑤是正：订正，校正。
⑥嗜痂：指“嗜痂之癖”，原指爱吃疮痂的癖性，后形容怪癖的嗜好。
⑦陂陁：阶陛。倾斜不平貌。

1936年1月12日

校雠刚甫诗稿十余字（纫秋手抄本），并节存罢官后十五年间断句，盖断自结交之始，知之较稔[1]也。

《既乞罢移旧居》云：“沧桑久有横流叹，晏岁难为去国心。蹈海栖山差一间，春晖远道思方深。”

《壬子题靖节桃花源记》云：“相逢便问今何世，始觉陶潜是恨人。”

《题王右丞集》云：“惭皇官职偶同公，寥落千年怅望中。但得晚来修白业，不妨文字牛马风。”（拟作马牛风）

《送汪子贤还休宁》云：“久经丧乱添霜鬓，暂卷苍茫入酒杯。”

《田间》云：“温罢公羊才饼熟，家风还是秀才时。”

《田居》云：“迟日野阴残照在，新潮春涨断冰宽。”

《二月十一日大风雪》（按属癸丑年，是年先生躬耕杨漕，过津馆予家，《田居》诗皆见过）：“村醪虽云薄，饷我一美睡。”

《夜晴有月》云：“出户偶然成履迹，隔河隐约有歌声。”

《堤亭》云：“荒荒广野四天低，碧浸红亭别一蹊。来与杨嘈添掌故，八分亭扁手亲提。”予尝于莫春休日，携斗酒双柑，至田间陪先生坐此亭下一日也。

《题法源寺饯春图》云：“已成经雨孤花泪，持谢呼春百鸟声。”

《题丁叔雅遗墨》云：“旧日交亲原不薄，他生怨悱更何如。人间夭枉兼常痛，肠断丁三数纸书。”

《鲤鱼沟谒先大墓》三首之一云：“有田杨漕湾，躬耕代微禄。万里资负米，连岁又不熟。飘然今来归，有泪不敢哭。及春事畴垅，行复念牛犊。眼看枌社地，又同桑宿（原夺一字）。天地本自宽，生年今蹙蹙。”

《偶述》云：“较量前哲经千品，惭愧新名署特夫。”盖先生季子喑而又殇之痛也。

《姚君慤秋园图》云：“一舸乘水暂得seemed抵，南园北第起参差。久传子美沧浪记，待补东坡草木诗。地僻正宜常闭户，心间无碍近弹棋。倚栏别有沈吟处，不是温公独乐时。”

《寄题朱九江先生祠堂》云：“陶潜归去来，凝之清静退。一世风流照映人，不须更惋文章碎。大道多歧语不欺，河汾讲席至今拟。瓣香别有沉吟处，欲榜荒山孺子祠。”

《挽黄孝觉》云：“并时未或知君志，况向他年断简中。”

《苦热》云：“平生圣之徒，衣巾貌为敬。晚亦耽白业，修慧不修定。”先生盛暑不卸布衣，邑馆诸少年化之“无短衣跣足者”。

《题梁文忠师诗札》云：“当时何止三千牍，此后真无六一贤。栖绝寒松门下士，至今辛苦有残篇。”

《哭罗瘿公》云：“廿年为客梦，一代过江人。”以名士定论也。

《夜闻窗外藤荚花落地，锵然有声，作》：“穷巷绝车辙，那复长夜娱。老眼久昏花，亦无必读书。”

盖自此诗后，亦几绝笔矣。得年六十。丙寅之秋，余方在汴梁馆中，尝一度入京，不及其六十生日，而急遽登车，只今怊怅[②]。其卒后一年，任公为之《序》，仍谓其历官至度支部右丞，而《集》中已自以同官辋川为幸，此又增予之不解也，竭一日之力签出二十余则，还之冷香室主人。

刚甫立身不苟异于物，而岸然不缁[③]。晚尝为予言，已绝不入人家酬醋[④]。偶以羸车一出，则吊丧问疾耳。其自定诗稿如此谨严，所传诵于少年口齿名句，今《集》中无一语存焉，而不删伶官投报数首，仍是晚清京士之习，假刚甫尚在，亦必不以此言为然。事本无与风怀，歌者自寄陵谷，存而不论可也。独恨二十年之前，辱许为友朋从迹间之最密者（甲寅先生所为先大夫《七十寿序》语），而文质无柢，彼时诚不足以知刚甫，今日始于荒海之濒，乱山之麓，手其不盈一卷之遗诗，以追维同里，并时共数晨夕，可歌可仰之乡先达，益自断其知先生之未能尽。“只缘身在此山中”，“横看成岭侧成峰”，斯人之谓矣，先生自有句云：“并时未或知君志，况向它年断简中。”所为感恻舐徊，不能自已也。

【注释】

①稔：熟悉，习知。

②怊怅：犹惆怅，形容感伤惆怅的情绪。

③不缁：比喻品格高尚，不受恶劣环境的影响。

④酬醋：犹报酬。

1936年1月18日

今日报载：“去惠来县治二十里有乡蔗园者，尚出没食人之土番，近受其害者以十数。”未可遽信。然率兽食人，何必土番，何独蔗园哉。又云：“申上某银行家已为四匪劫持其车，其御者故驶车与无轨电车撞突，车中人大哗，匪见车不可行，而人又众，急而舍去。”慧哉御者也。

1936年1月19日

夜深，成联吊周鹤琴姻前辈。鹤琴讳之松，兄之桢（秋琴）、弟之柏（石如）两孝廉，县南氏族。予第三女兄[1]适周上舍缵汤（韩甫），秋老长子也。鹤琴以茂才纳粟[2]，听鼓[3]马江。比来二十余年，从事乡闾义举，如甲寅之大地震（民国三年正月初三日），壬戌之大风灾（十一年八月初二日），澄海一县遭谴最酷，死者数万，堤防崩溃，沧桑之变生于俄顷之间。善后恤灾，鹤翁独任劳苦，乡人共见。虽喜自述，然服力之勤，维桑与梓。予颇以其言为信。年甫六十，已废然多病。婆娑荒园林下。予闲岁一过之，多识大体之言，不视为风尘俗吏也。嗜予书，殊过恒人。予无可为鹤翁知，而鹤翁之知予者亦止于此。今闻其没，并此前辈风流亦不可见矣。寄联吊之，尚为称情之作：

扬绩播八闽，蟹匡蝉緌，去思自周公栎园以还，吾见罕矣；归田刚二纪，里歌邻相，怀德视范氏义庄何若，或谓过之。

【注释】

①女兄：姐姐。

②纳粟：古代富人捐粟以取得官爵。

③听鼓：官吏赴缺候补。

1936年1月23日

二鼓后穿峡而归，箫鼓声喧，爆竹并响，山鸣谷应，送此残年。遥知妇子举饧[1]，分得阿耶压岁，欲比茱萸遍插，少此飘泊一人。然炭自温，抛书无计，涧盘[2]俯仰，瞻望夷犹[3]，万里投荒，一身未了，惭会稽之通籍，殊金门之大隐。安得数顷之田，于伊颍之上哉。吾道徒为铺啜此间，不承《权舆》，谀墓[4]煮书[5]，同付一叹。（后数日器儿禀来云“收到钟令葛衣一袭，直约数元”云。深至不满之词也，恃此求生者直得其反耳）

【注释】

①饧：糖稀。

②涧盘：山涧盘曲处。

③夷犹：犹豫迟疑。

④谀墓：为死者歌功颂德，在制作墓志铭时不论其功绩如何，一概夸大其词予以颂扬的行为。

⑤煮书：反复品读、钻研，深入了解书中的内容。

1936年1月24日

是年予五十二岁。

先王父忌辰，南向心祭。纫秋嶂门贺年，不及晤。

1936年1月25日

先大夫忌辰，殁后之十一年，冥寿九十五岁矣。频年奔走，犹得以此日奉宝上香，率子侄祭奠。今日并此一祭而不可得，不解所为何事。阑干苜蓿，况味几何，师道之衰，顾庸不若。寇至无日，鹿游有年，弥坚誓墓之心，毋贻下车[①]之笑。适家书平安二字款关而来，子妇辈迟予不至，各致相忆之忱，余怀浩然，不必及瓜为券[②]矣。

【注释】

①下车：指“冯妇下车”，比喻重操旧业的人。

②及瓜为券：同“及瓜而代”。到明年瓜熟时派人接替，指任职期满由他人继任。

1936年2月2日

托纫秋寄百金上海为锐儿春季学费。发家书，不胜天运苟如此之感。

秋老《文阶序》，举孟氏《论知言养气》，韩氏《序张中丞》（疑脱传字）、《答李翱》（疑李翊，误），《周子通书》，《张子西铭》，曾氏[①]《记圣哲画像》数篇示学海书院生，谓此数首集录之不盈一卷，探讨之终身不尽。予意不如举《太史公自序》《圣哲画像记》《进学解》《论骈体书》（刘孟涂《与王子卿太守》），附以《欧阳生文集序》，而为学之纲领，六家《史记》之要旨，进学修辞之大法，粲然具备。

家中转来秋园小岁短简，订期待会，亦“相思千里深也”，旦日当以此意驰复之。

【注释】

①曾氏：曾国藩。

1936年2月6日

早复秋园书，本不具稿，以多关乡邦文献之谈，乃补存之。

秋园先生撰席：南中转到除夕一简，敬稔安抵河里，阖宅檀栾，献岁迎春，观傩于乡。此至乐也。非不怀归，畏此简书，远辱订期，又孤良晤耳。北局杌陧[1]，危于累棋[2]。比来默察盱衡[3]，遂不觉归志浩然，宦情顿减。留九江廿年之林下，挹二侯（度康兄弟）竞爽之草堂。欲行未能，形之于梦。吾粤自玉生、叔立、兰甫、子远、子襄诸先达，以经学文章溉濡后进，风流未沫，謦欬[4]犹新。得先生翱翔其间，典型宛在于是。岭南有桐城之学，方来志乘，不可诬也。更有请益者，尊箸《文阶序》，类举孟、韩、周、张诸作，示人博约之方。力大声宏，江河万古。惟韩子之序张中丞、答李翱句中，"丞"下疑夺"传"字，"答张翱"疑为"答李翊"。依《五百家注释》本樊注本云："公答李翊二书，或作李翱，非也。"又《答李翱》自有一书，似非尊旨所在。际遇窃承此意，拟举《太史公自序》《圣哲画象记》《进学解》《论骈体书》（刘孟涂《与王子卿太守》），附以《欧阳生文集序》。庶几修已治人之纲领，六家《史记》之要指，进学修辞之大法，粲然具备，不知其有当乎否也。更欲秉李越缦[5]所有志未逮者，辑录论学骈文诸篇为一卷，如牛里仁《请开献书之路表》、孙过庭《书谱》、纪晓岚《〈四库全书〉告成进表》、汪容甫《广陵对》、孔巽轩《〈戴氏遗书〉总序》、刘孟涂《论骈体书》，附以拙著《哀学篇》，所不知者，请附益之。昔谭（莹）、黄（子高）诸老为学海堂学长，并历数十年，抱道传经，原殊传舍，无论末流。迁变何似，不能不赖二三垂老抵死不变之士，主持撑柱于其间。南望几坛，不胜硕果之慕矣。又怪清人选本，如姚、黎及王氏[6]二纂粤人之作，仅最张曲江文三首，谭玉生一首（王氏《骈文类纂》、谭玉生《温伊初〈梧溪诗画册〉后序》），殊恐未为知定之论。《九江先生集》较晚出，其中卓然可传之作尤多。《清史》列九江于《循吏传》，然循吏又何足以传九江哉？诸所云云，阛市人蛾，已无解语，山中又无人迹，自为腹语，积成喑疾。恃逾分之爱，妄尘清听。或蒙视同此中人语也。

【注释】

①杌陧：倾危不安的样子。

②累棋：堆叠棋子，比喻形势危险。

③盱衡：扬眉举目，观察，纵观。

④謦欬：咳嗽声，引申为言笑。

⑤李越缦：李慈铭。

⑥王氏：王先谦。

1936年2月8日

夜得邹海滨[1]、何衍璿电，速即归省。

【注释】

①邹海滨：邹鲁，时任国立中山大学校长。

1936年2月9日

柬内子，先以心事告之。夜督陈奚[①]先以不急书籍、纸类、碑帖等庋诸柜，办装之事始矣，早睡。

【注释】

①陈奚：从澄海来青岛，专门打理黄际遇饮食的厨役。

1936年2月11日

发秋老广州快函。以电话问纫秋船期，以后天“怡生”为合局。发内子快函，先报行期，约抵申再发电。

1936年2月12日

季刚己巳七月晦日[①]书（时予主汴馆[②]）：

“任初尊兄先生侍右：违离教益，亟阅清煊[③]。追怀鄂中之游，过则相规，善则相诱。岂惟谈燕[④]之友，实为患难之交。顾书疏稀阔，至于数年者，亦良有以。盖自丙寅北窜，眷属累人。晨出佣书，抵莫乃反。甫能糊口，不为转尸。以此绝宾客之欢，忘文史之乐。一也。

丁卯之秋，长男遽夭。念其孝弟温厚，实是佳儿。体弱而耐劳，资鲁而好学。门户之寄，乃在斯人。遂遘斯灾，惊怛已极。方欲冥心[⑤]孤往，回向弥陀。二也。

东渡辽水，挈家以从。虽其地人情敦厚，可以相容，而冰雪无垠，苦寒难受。穷冬蜇处，妻怨儿啼，斗室喧嚣，心绪庞杂。三也。

及来秣陵[⑥]，殊有朋尊诗社之乐，然自维轻率，颇畏讥谗。耳目适可视听，笔舌已敛锋芒。望若萧闲，实多息患。每至夜阑薄醉，往往泪下沾衿。四也。

此即侃频年状况，度兄亦必详知。上年在金陵大学遇贵乡吴生[⑦]，言兄自汴中反粤，必当过宁[⑧]，冀于尔时得展契阔，后段凌晨过访，因从问兴居甚详，知教于汴中，颇能行道。实为彼邦人之庆，微独朋友相誉之私也。昨承手书，如闻声响。并知老伯母大人康强胜昔，更为兄庆。承召赴汴一游，不禁踊跃。况闻李世兄廉方先生在彼，尤愿与之聚首，一诉离悰，且侃近日山水之好颇深，将趁此往登中岳。日来稍有文债未了，兼须略为聚粮。倘俗冗已清，当先以书驰告，恳饬仆从相迎驿亭。中州本侃旧游，昔已乐其风土。伊鲂河鲤[⑨]，尤足餍口腹之求。此番奉访，度未必久留。然既得奉手高明，复得与贵校诸老先生遍求指诲，亦云幸矣。或者兄明年仍祭酒彼郡，侃能脱此间牵累，庶谋长聚，重寻当钓渚当年之乐耳。顷日闻书法大进，捧玩手札，诚为不虚，侃则依然罗赵于此，见频年百无进益也。秋气渐清，愿益加调卫。宗小弟侃顿首，九月二日即此七月晦。”

馆汴馆鲁，两招季刚，并不果来，遂成隔世。十年之间，仅得一面，音容言笑，藐若山河。何贵并世之生，尤悲客邸之死。倚庄执简，思旧如何。季刚之文胎息齐梁，走笔通书出以散体，而体势严整，律吕谐和。二句为节，四句为笔，文章之秘，消息已传。昔爱伯死友陈德夫责□[10]曰：“其以文章之秘一二相告，毋尽靳而不宣也。”则予以所知者表而出之于此，它日过辽东自笑可矣。

【注释】

①晦日：农历每月最后的一天。

②汴馆：河南中山大学。

③煊：煊赫，形容名声很大，声势很盛。

④燕：同“宴”。

⑤冥心：泯灭俗念，使心境宁静。

⑥秣陵：南京。

⑦吴生：吴贯因。

⑧宁：南京。

⑨伊鲂河鲤：伊河的鲂鱼和洛河的鲤鱼，比喻极难得的美味佳肴。

⑩此处有一字看不清。

《因树山馆日记》第一册

（1936年2月13日—5月2日）

1936年2月13日

付宏成发七百三十六金，取二百金，结存一千二百一十二金。

晨起清行囊，分广州者六件，归汕者二十余件，老鼠搬疆更相关也。为纫秋书手卷，写《直妇行》全首六百余言，以行草行之，心思二王（孟津、阳明）之意，欲出矣简劲清适而未能也。日加申，旁人催行，乃接淅[①]而行，同车至海屿，少顷鸣钲解缆矣。

"送行者自崖而返，与吾党相期于远大"二句，本是管韫山句。韫山，管世铭号也，字缄若，在清代，八比文气息声情无出其右者，亦善古文词，而名为八比文所掩，其最称诵人口者为《归与归与》一章。提比二股，正与予情有合，因录入今日之记，文云："征人羁旅半生，望乡树而欣然色喜，乃入其里而已少钓游之侣，过其巷而绝无笾豆之欢。井闾言复，而朋辈无存，其恻怆有倍于离乡去国时者，夫何必怀此都也？君子辘轲白首，念里俗而慨焉情深，观其士而绝进取之思，征其品而渐近同污之俗。芹藻依然，而风流顿歇，其感喟有增于息辙还辕后者，夫何能资以老也？"其二结句皆出韩集，又末比结笔云："昔岂无轻去其乡之感，而志盛气锐，虽欲即安而不可也。送行者自崖而返，与吾党相期于远大，而岂谓离群千里足婴志士之胸？今犹是斯人吾与之怀，而车殆马瘏逆知卒老而无益也。倦游者旷野而歌，悔生平多事于风尘而不禁回首故乡，愿息劳人之驾。小子乎？狂狷乎？其亦有拭目而俟旅人之返者乎？吾安得就其已成之章而裁之，使进于道也？"笙镛以和，情文兼至，当年之和声鸣盛，今日之写予心曲者，此之谓矣。

【注释】

①接淅：行色匆忙。

1936年2月14日

是日先王母蔡太恭人志辰，向早南向心祭。

《曾文正公全书》，当年东[①]居获交陈师曾，稍知为学之法，即赖此书。师曾生年即湘乡薨岁，师曾大父右铭先生为锡[②]此名云（同治壬申）。予于曾集一百余册几无一字不读，其日记五十余册、手书景本亦经虔诵一遍。少年亦与亡命者游，而为人为学之方实隐然以湘乡成法为旦夕目想心仪之轨范。所稍稍学古文义法，亦在此时，归国几三十年，不知何以久不亲其遗作，但时时借口说传之后生而已。

濒行检得湘潭王启原所编《求阙斋日记类钞》一册（二卷，光绪丙子刊本），将携过申，付儿子家锐句诵之，因循览温故，如遇故人，得其一知，皆终身求之而不能尽者，真资人菽麦之书也。

【注释】

①东：日本。

②锡：赏赐。

1936 年 2 月 15 日

未晓，舟抵黄浦江口，少停即溯江而进。锐儿及史镁仆人来接。

1936 年 2 月 18 日

舟过福州，酉正过牛山，航海者以此为标识，其形如牛背浮水，仰首牟鸣，山脊竖灯塔，光芒横射，状如横笛牧童也。未昏过此，卜明日必抵汕头。汕头去上海六百六十英里，牛山当其三分之一里程，舟速十英里有半，全程需六十小时。渐歇征帆，乡山在望矣。

1936 年 2 月 19 日

申正安抵怡和码头，儿子家器来候舟未晤，陈夥在焉，刺之峻六不在汕，计日已落，即雇小车直趋公路车站，趁上尾车，过华埠桥，恍然在汕未发电，家中不及知舟已到境，适陈巽琴识予，便托发电报宅。

渡外砂时，姑表侄已闻电，拱候江边呼渡船开及小北门，儿侄成群，笑迎道畔，入城犹未灯也。不五百武，家人候门，老少怡然，山妻加健，一杯税驾[①]，半载归来。

夜授文篇罢，久谈为乐。

【注释】

①税驾：解驾，停车。谓休息或归宿。

1936 年 2 月 20 日

晨六十三度，阴，午东北风作，晡五十八度，小雨，风益狂，夜雨有声。

晨辨色率五儿、六儿、绍启侄孙出东郊叩墓，松楸无恙，狐狸不惊。归料理家务五六宗。

器儿自汕计行李来即返龙溪中学。陈次宋来，侯汝霖来。医者陈生来视七儿种痘。检书量衣，不日又将有远行也。入因树轩审度屋材去留之宜，呼圬人匠人葺治之，它日予之藏修处，即邑先达明佘志贞太史书斋也。夜饮助以鱼生，与家人共食之，微醺博得好睡。

1936年2月21日

晨五十四度，重阴，北风未息，取支宏信百金付室人杂用，夜闻雨声。

整理行箧，命梓人[①]伐樟木制书柜四，宜两面嵌波黎，一面为插丛书，集成四千册之计，一面容《四库珍本》四部，续刊二千五百册，高下在心，亦见思匠。

蔡亲家镜潭来电，云在省欢迎陈镐臣来授小子诗礼，与之谈文久之（送茶敬四金）。

夜陈姐夫述初来。课文罢，咳嗽大作，中夜得水饮之，方稍止。

【注释】

①梓人：木工。

1936年2月22日

霡霂，时雨如丝，午五十九度，加申日见。镜潭函来，柬纫秋、智斋青岛。

检行箧，以潍县手杖馈陈衡浦、黄峻六，以北方土仪馈陈镐臣、陈次宋。复子春[①]函。张奋可上海函来，即复，并柬思敬谕锐儿。函马隽卿（附近文一首）。为曾翌吾书箑，并柬复之，以龙田乡人事也，殊费口舌。剪发。器儿归自龙溪，指示分度书籍，洎二更方息。

【注释】

①子春：张云，时任国立中山大学数天系教授。

1936年2月23日

星期，午五十九度，阴，北风，日时见。

督小子分抄半年来文篇，凡十六首，声嘶不克授读，但为校字而已。

食时出吊港口周氏，奠仪四金，见悬联百余对，未得可入录者。

鹤琴大令传迟予不至（石如孝廉言），乃托邑人杜云程为之叙述政绩，行谊尚无谬于法处。曾翌吾、陈志初翁、蔡竹轩、陈云槎来，均晤谈。戴礼庭来，未晤。

1936年2月24日

午六十二度。

两年不及上先大父母华窖墓室，今日因高宅有丧，乃乘舆吊之，借叩先灵。田畴尚未布秧，沟涧未盈。

归偕镐臣徘徊因树山馆久之。蔡亲家劭星馈时果乌鱼，午过谈。内侄蔡绍绪来。秋老上元一函由青转来。柬史锳上海。夜团话。

1936年2月25日

晨雨，交巳甚，达夜滂霈有声，是日丁祭，有雷殷殷。（丁祭见九月二十六日记）

早起诸小儿环而戏。是日有事节孝祠公私旁，午雨有间，即抽足就途，行具亦以午挑而抵汕，而甚霎之矣。午饭吴梦秋来共之，诵诗品文旋怀为摅。

1936年2月27日

五更舟已泊香港文咸街口，盥漱点心毕，阅书待旦。拂晓有信港庄黄、曾、蔡三友来接，以换舟尚有待也，登陆入四海通楼，上有信庄小憩。峻六族兄已戒旦相迎，四十载贫交，它乡情话别怀，未倾十一，已报瑞和省渡以七时三十分行，匆遽赴之。甫上船楼，即解铁缆，间不容发，无暇与峻六诸友话行。“送者未及返，君在天尽头。”

晨峻六询及张幼山，以仍执事山东建设厅对。幼山丁卯之春尝偕凌济东（冰）访予鮀江鸿泥一夕，此后亦常问及峻六，忽忽九年矣。予仍囊书觅食，橐笔代耕，戴笠乘车，能无怆浪。峻六云：“子自有学者之业，则又何以当此。”

逾午帆樯益盛，突阁交骈，南土壮图，北省未能或之先也。未正抵西濠口，车摩毂击[①]，当年临淄稷下或有此境耳。镜潭亲家已率伴相迓。卸肩成发旧行[②]，陈荫三门焉。八年于外，堂燕复归，臧仆犹欢（余十六年冬、十七年春住此楼，今二旧仆俱在），故人之乐可知矣。而磨驴未已，感喟交加，晚遂纵杯，陈蔡二君，对酒成三，已过微醺，助以看价。

【注释】

①车摩毂击：肩膀和肩膀相摩，车轮和车轮相撞。形容行人车辆往来拥挤。

②成发旧行：成发行，潮商陈荫三在广州西关经营的商号。

1936年2月28日

早起偕镜潭驱西关访方靖山，年七十余矣，矍铄如昨，长杯弥泽，十六年广州之变同困八邑馆[①]中，烽火迫门，杯酒以之，危急从容，宛然心目，十年无恙，故我依然，可为感叹。

【注释】

①八邑馆：潮州人在各地设立的组织，旧称潮州八邑会馆。

1936年2月29日

早柬秋老约晚会。出寻雨衣，羊居苦雨，不可少也。

1936年3月1日

晨起较迟，食时姚万年来谈，不见十六年矣，青岛约聘未赴，今日始得一晤。

秋老近欲助吴澹老[①]从事《广东文征》，昨日言骈文之选，当使贱子[②]助之，则吾岂敢。

与镜翁多谈家务。里人周槐卿、陈格非来访，格非于癸卯同度江户，归国后不复相见，亦二十五年矣。

达夫来谈，适林砺儒（高州）在坐，遂共久谈。

【注释】

①吴澹老：吴澹庵。

②贱子：黄际遇长子黄家器。

1936年3月4日

家中转来秋老自羊复柬（正月二十一日），有“得书狂喜，但盼早临，所陈高论，至佩卓见”之语。

叔明自石岛复柬云：“到粤当在二月半以后，与秋老毗宅，消息可相闻。”皆答予上元后青岛报书也。

“不受朝廷不甚爱惜之官，亦不受乡党无足重轻之誉。”（京江张文贞《不患无位》一节末比名句）此意可与二君道之。

1936年3月5日

柬秋老略云：

连日车过东山，乘人之车，恣君所之，未克独行，甚惭过门不入。自前日东迁石牌，托广夏之一间，憩频年之敝箧，冷僧萧院，尚有好怀。舍下转到赐书及叔子手笔，蛩然之感，彼此同之。晚课表如残棋一局，要著无多，而布防殊密。成发主人约以星期三、六两日出就外宿，侍教有日，走使以闻。某启。（花朝日）

1936年3月14日

鹿鹿再驱东山，不爽姚宅之约，万年、桥梓刮目相待，且征里人教授大学诸君来共匕箸，郇厨家酿，陶令[①]乡情，其融和有出于寻常酬酢万万者。盏酌既彻，肩随秋老夜登寓庐，见惜抱[②]手书二十言屏条，饶有魏晋人逸趣，刚甫跋后小书二行，谓"尚非惜抱之至者，君愍宝此，亦缁衣好贤之意与"云云，署年丙申（光绪二十二年），时刚甫年甫过三十，书跋意境似未若斯老妙冲夷，而君愍此时亦未抵日下。秋老自云"丙申"乃"丙午"之误笔，后有考勘者又将据署年之不符，并断曾跋为赝笔矣，一笑。

予自未冠时识秋老于澄海家庙，忘年之交垂四十载，其内外子辈孙外无一不识予，昵予今夕，呼其外孙女张荃[③]出见，民初育于春明[④]，今已亭亭玉立，且以酷耆文事称于昆弟间，为之温勖数言。告归成发，镜潭已堪兀坐，招荫三为叶子之戏，予能以算理口说胜负之数，顾物不我与，无掷得卢，数固有然，缘不如此，天时人事，从可知矣。夜分复饥，呼食后浴，入睡尚隐（今作稳）。

【注释】

①陶令：陶渊明。

②惜抱：姚鼐。

③张荃：诗人，后为黄际遇入室弟子。

④春明：借指京城。

1936年3月15日

俄顷，达夫[①]袖别来所刻印谱二册至，阴文[②]难于阳文多矣。兹事自石如[③]、撝叔[④]辈振起皖浙之间，后有作者莫能越其范围也。达夫奏刀之术，受之于义宁陈衡恪（师曾）、上虞经亨颐（子渊），刀法直上直下，已具快马斩阵之势。今日见尚非其最近者，庶几已得宛曲敦厚之旨耳。

【注释】

①达夫：陈达夫。

②阴文：表面凹下的文字或图案。

③石如：邓石如，清代篆刻家、书法家。

④撝叔：赵之谦，清代书画家、篆刻家。

1936年3月18日

盼家书甚，今日方得三月八日书，辗兮转兮，政（邮政之政）出多门，此大学所以为大也。三女发痘之后（俗曰“食縻”，食粥也），五儿、六儿以次继发，此于人事为顺，而为母者之将护云劳矣。即复柬慰室人并谕仲儿上海，发青岛纫秋函，托付仲三十金。夜抵成发，闻李业宣两次过寻，未晤。偕荫三、镜谭坐至三更。

1936年3月21日

午得十五日家书，诸儿分榻，安养发疹，内助多劳，即在成发发书劳之。海滨、公愚[1]并索手书《三字经》，函谕三儿[2]邮致。

【注释】

①公愚：古直，时任国立中山大学文学教授。

②三儿：黄际遇三儿子黄家教。

1936年3月22日

忆客见秋老前楹帖：“八千里外初归客；四十京朝老学生。”

俊句也。（壬子秋老主[1]天津余宅，姬人称以老学生而深喜之）

【注释】

①主：寄住。

1936年3月25日

午退食，见秋老遗刺[1]在户，属于餐馆相晤，不俟驾而走觅之，至则行矣。

复访秋老答借日记（四册），秋老屡以予移家事为念。结邻有约，买山无缯，深可感叹。坐未定，急趋成发。晚饭一杯在手，聊偿终日之劳。

【注释】

①刺：名帖。

1936年3月26日

刚甫手阅书帙散在人间，所余者复以一千二百金鬻于学海书院，自此悉索尽矣。好屐好货之讥，盖将毋同，改玉改步之余，此何足论。但不堪生前华屋，零落山邱，及吾生见其子弟不事读书一至于此，手泽杯棬之谓何哉。(事据叔明云)

1936年3月29日

早饭后镜潭导往诊牙疾，以将返里，未遽奉刀。

东就校车，途次已感蒸热，南中节序早暖如此，春亦深矣。及舍，得家书，家人极盼归也。即复，并柬内子。后闻达夫过访成发，别订期会。

1936年3月30日

晡抵成发，买舟定初二日“海享”招商轮（十一金），计可到家过清明也，柬峻六转告家人。

1936年4月1日

以镜谭代约达夫，晚将祖道也。复西车而下，在学海小坐，加申入成发。

1936年4月2日

时秋老嚣然[①]杖而入，答昨日予之往拜也。适及于门，将偕其夫人出卜佳宅，以予相过，翻然入室，告予日记中误事二三则，如刚甫仕清实为右丞，刚甫诗亦自比于诗人辋川[②]，其左丞者乃复辟时授官，予所记者适左右相反，左职进于右职一级云。又“高仰云受贿褫职[③]”一语于事亦不符，仰云实因报崇善将军之知遇，为陈壁所劾受累，既记存之，虽不问世，亦应纠正，且以见文字之道，概贵微实。东坡每作一文竟，即至习之书，复一一令门人覆按[④]之。老辈嘉言，弥拜攻错[⑤]之赐，未敢久坐，言告暂归。复拳拳以结庐东山为券，叔明且令多携佳书俾相周流。但泛宅移家，殊费脚力，频年独客，又感仳离，秋以为期，方有定局耳。

秋老重述《广东文征》之役：“乡誉攸关，粤人古文辞容或为风气所囿，而骈体文作者委可抗手中原，澹老所选，专在古文兼及古赋，骈文之选，则吾子力任之矣。然非累年积力不为功也，吾子勉之哉。子所评《潮州耆旧集》之选，信能道出冯教授真意，胜国士夫乃逢达识，近乡人某等有刻《潮州先正丛书》之举，粗阅其目，则惟潮州二字为举实，外此则多先而不必正，且有仅为先死而无当于先者。又有仅有一二断稿，本不成书，而厕诸丛书者。又丁中丞自有集，特文则无专录，乃为标出丁氏文鉴之名者。吾辈尚在，及见此等谬刻，天下后世，其谓吾辈何比，尝移书劝其稍事慎重，正恐彼辈虽承之而阳奉之也。”并嘱“督抄《黄君墓碑》及《哀学篇》二文备刻，示及门字体以俗书为主”。

日之夕矣，春江潮长，榜人[⑥]待发，揖我良朋，镜潭、燕方乘桴远送。万家灯火，一水蒹葭，蛋妇健舵，渔歌节橹。昨年破镜，今夕半轮，菀约中怀，低徊长夜。送者自涯，行者展枕，衾寒人静，波涛有声。

【注释】

①嚣然：闲适貌。

②辋川：王维。

③褫职：革去官职。

④覆按：审察，查究。

⑤攻错：琢磨玉石，比喻拿别人的长处补救自己的短处。

⑥榜人：船夫，舟子。

1936 年 4 月 4 日

晴，午阴，东风作，舟抵鮀江。

辩色已见莱芜、莲花诸山，别来无恙。辰正维缆，渡江如鲫。移时陈元荣方克登舟相接，峻六偕梅县黄由甫鹄立岸桥，执子之手，骈肩而谈，丱角之交，老倍亲爱。

途过官献廷医室，一面而行，旋来宏信庄上久谈，峻六坚留午饭后同归，先以电告家人。未正抵小北门，诸儿侄孙田间相会，及门老少同欢。节事已迫，率家教、绍裘出东郊谒墓，桑麻未绿，春寒伤秧，未遑久留。入城顺访陈志初，并走小子告陈镐臣、吴梦秋、陈次宋，道予来也。梦秋旋来谈至灯红。小酌共家人话，有鲥鱼助馔。夜阅宋张舜民《画墁集》（有云：白云黄鹤楼者，取费祎上升之地，仙洞尚存。祎始乘白云而去，久之复乘黄鹤而归也）。

1936 年 4 月 5 日

清明，阴，午六十三度。

柬镜潭并谕蔡智。次宋来谈，视以时人一文，亦“临表涕泣者”类也。早率群从出东郭扫太高祖王母戴太恭人墓。墓在后坑园，计卜兆之祀二百矣，从高祖王父母诸失祀者多祔焉，一一叩首参拜。念此生在家度清明者屈指可数，今日尚是乞假归来，马医夏畦，柳州所为深痛也欤，傍午返祠上香。

梦秋来谈，延陈姊夫、述初来诊长妇产脉，立疏气安脾方。下午偕家人息于新宅树下，镐臣来，未及谈。夜断齿根，巉峭露骨，臣动辄痛，为之罢酒辍读。四儿口诵局谱，聊以卧游。

1936年4月6日

午六十六度，逾午日见七十二度。

是日祭扫太高祖上父开耀公墓，在港口南郊九世之蕃云，仍二百龙眠之地，颇在堪舆家[1]口碑中。予缺扫叩之仪总过三十年矣，家乘失纪，仅闻康熙之初由莆田播迁，以席为门，爰居东郭，不三世而勤绩丕[2]著。卜宅城东，次及北社，今为吾家老屋，虽非右族[3]，亦数旧家远德，先畴可数之典止此矣。

漫山扫侣，遍野飞花，凭吊古人，歆兹薄酹，莫春三月，群苗方长，黄墓之前，子孙盈百，聚族之赐，实利赖之。族例年六十以上得肩舆上墓，予勉行十余里，挥汗涔涔，午先归。

过望美乡巧圣庙，木匠梓人崇奉作牙之所也。跨阈[4]瞻仰，中祀公输子（赵注：鲁班，鲁之巧人。墨子作“公孙盘”。《史记》等皆引作“般”），未知见《祀典》否，但视它淫祀[5]多出附会者不同科矣。午浴后酣睡。

高茂才学潜与先兄同学，今日以其妻朱来赴，出往吊之。《澄海县志·祀典志》云：“巧圣庙，祀周公输子，在南门外池墘[6]。”由来旧矣。晡访峻六。周英耀来请为其伯父鹤琴作传。

【注释】

①堪舆家：古时为占候卜筮者之一种，后专称以相地看风水为职业者，俗称“风水先生”。

②丕：大。

③右族：豪门大族。

④阈：门槛。

⑤淫祀：不合礼制的祭祀，不当祭的祭祀，妄滥之祭。

⑥墘：方言，旁边、附近。

1936年4月7日

晴煦，七十八度，夜月隐翳。

晨访志初翁。午访福贞翁，方知其失冢孙，善辞唁之，夜其叔子蔡初来谢步。连日感春，气喉音哑然，不敢为小子诵诗，所苦齿根忽然脱坠，如释羁绁[1]，哑哑笑言，快何如之。

为思敬“文思家塾”落成撰联云：

乐观厥成，周书垂艰难一训；何以为宝，臣居在廉让之[2]。

【注释】

①羁绁：拘禁，系缚。

②末字佚，疑为“间”。

1936年4月11日

是日长孙生一旬矣，锡名曰绍闻。《康诰》[1]曰：“绍闻衣德言。”《说文》：“绍，继也。”绍闻、绍衣、绍德、绍言勿替引之。《尚书》孔传本云：“继其所闻也。”澄俗儿生三日而上腊，戒笨重举动。及旬而开初，初之为言荤也，可食肉也，荤本新附字，日月气也，不知俗何以用作荤素之荤。至此俗则作始于唐人，前记七儿之生已及之矣。媳家陈送洗儿礼物六台来，过盛腆矣，以冢[2]出而隆之也，亲友族党馈肉卵饼饵冒饰之属沓至。

征人待发，略事勾留，电话催行。半夜闻辘辘之声，知乘舟起锚西驶，劳劳未可息乎。（后阅胡鸣玉《订伪杂录》卷十云：“衣去声，服之也。言继其所闻，服行文王之德言也。今人名字多取义焉。”亦先得我心之同然者矣）

【注释】

①《康诰》：《尚书》中的一篇。

②冢：长。冢嗣指嫡长子，冢妇指嫡长子的妻子，冢息指长子。

1936年4月13日

凌曙过虎门，泊珠江岸，方卯三刻也。镜潭鹄俟[1]江岸。

午饭于秋老“寄庐”，顷刻尽四器，姚宅长幼或熟视而笑之，何来此饕客[2]也，谈久。意欲入成发小休，絮絮乡谈，遂消永日，夜浴。

偕镜潭、荫三作小别之饮。

【注释】

①鹄俟：如鹄引颈翘首而待，形容盼望殷切。

②饕客：指贪吃的食客。

1936年4月20日

日昳至人定[1]苦思成楹联二对，秋老所属撰，憧憧往来，未应命者。

姚太公（老世伯百岁冥祭）：

再命而伛，一命而偻，世有达人，问字亭前钦明德；葬以三鼎，祭以五鼎，礼由贤者，泷岗表后无异词。

张母姚夫人生祠颂寿（秋老女兄子季熙、女孙荃并有令誉，明年七十，其族党为生祠祝之）：

如此女师，以司徒为父，兰台为弟，合有左芬子幼，远绍馨芳，南国荫葛累，欲筑怀清客巴妇；乃瞻衡宇，伐忠孝为栋，贞顺为梁，况逢沛相汉家，树之绰楔，他年奏高行，故应县祀膰桓嫠[2]。（下联用《列女传》沛刘长卿妻桓鸾之女事，沛相王吉上奏高行，显其门闾，号曰“行义”，桓嫠县邑有祀必膰焉。嫠通嫠。）

夜成稿，念立意审题，故自不易，定声选色，兹乃更难。首联欲以寿语祝已故者，下联欲以祀语贶[3]犹生者，真未知死何如生，生何如死也。予能以治算学解难题之法语人，而不能以作联属文之隐宣之于口。人定亦无可语者，校灯已戛然熄矣。

【注释】

①人定：夜深人静的时候。

②嫠：寡妇。

③贶：赠，赐。

1936 年 4 月 23 日

十九日家书，知长媳病有危状，为之悬念，弱质之躯，不堪生育，殊可虑也。

1936 年 4 月 24 日

有乡人蔡适自东来，为道长媳陈[1]病状，甚悉，已可无虞[2]，谓三日前闻诸陈之女弟。彼之于陈，为亚侄也。可谓“君自故乡来”“家书抵万金”者矣。

【注释】

①长媳陈：黄际遇长媳陈姓，陈硕友第四女。

②虞：忧虑。

1936 年 4 月 26 日

家书来（二十一日），述长媳已脱危象，侯医生汝霖之力也。即复示诸儿侄，并作小柬，贺思敬新宅，兼谢馈物。

1936年5月1日

蔡智告归，付以二十金交室人，为长孙哺乳之费。以五金交子侄莳花木，无多可语。

1936年5月2日

校报见李沧萍诗，题曰《简姚秋园丈》:

“惜抱宗盟一代中，高文秋叟最推崇。襟怀朗朗争天月，义法森森凛朔风。

少日常思亲老辈，中年竟善结邻翁。丈人自有千秋在，峻洁刘彭道岂穷。”

（自注：“岭南文如刘轲、彭泰来两先生，皆卓立千古者也。刘文当时与韩、柳[①]齐名。彭亦在龙翰臣、王定甫之上，盖将与梅伯言同骖行矣。”）

存其事焉可也。

【注释】

①韩、柳：韩愈、柳宗元。

《因树山馆日记》第二册

（1936 年 5 月 7 日—6 月 30 日）

1936 年 5 月 7 日

里人郑振文（潮阳）来访，并丐书便面二方。

1936 年 5 月 14 日

温丹铭先生特自通志馆来访。先生名廷敬，年六十八，辛丑岭东同文学堂襄教，治岭东文献尤力，自我不见三十六年矣，忘年下交，谈移晷，送之及门，坚约再晤。

器儿、仲儿禀来。

1936 年 5 月 19 日

就对门答访丹铭先生通志馆，老年同于孺子早寝早起也。陋室半椽，破书盈箧，藓苔逼榻，圬匠在门。修志之声盈耳矣，馆贤之礼如此哉。求史材则千里降追，语宦途则十年不进。知几[1]忤时之论，吾见其人至忠，得书之惭，今未可望。丹老虑宗邦梼杌之就湮，莫景崦嵫之日迫也，先刻其《明季潮州忠逸传》六卷。岂惟深虎贲之思，亦重寄麟书[2]之笔矣。蒙锡一帙，远胜百朋，坐语片时，抗怀千古。

简书在御，博食何家，方阖户而诵书，有穿限[3]而索笔，割其佳日，代人吮毫，几见谀墓之金，竟类乞播[4]之食（里人来乞书墓前楹帖，竟以非本意而应之），教匠人而为雕琢，叹此道已成舆台[5]，绝笔非苛，敝帚自赏已耳。

旋见校报[6]载丹铭诗，题曰《大雨志馆湿床帐戏作》，云：

“夏初大雨倾盆势，新盖数椽漏不止。少陵枉抱广夏心，区区一己未能庇。

帐被沾湿愁吴侬，却望明朝日脚红。九儒十丐寻常事，一笑浮云蔽太空。”

虽曰戏作，而意事殊可叹也。

【注释】

①知几：刘知几。

②麟书：麒麟书，后为对别人文字的尊称。

③限：门槛。

④乞播：乞求施舍，亦指人生活困窘或为谋利而不择手段。

⑤舆台：舆和台是古代奴隶中两个等级的名称，后泛指地位低贱的人。

⑥校报：《国立中山大学日报》。

1936年5月20日

《明季潮州忠逸传》凡六卷。

卷一《死节》：郭之奇（子天禔）、陈瑸、杨开（子州俊）、林尔张（父应选）、萧时丰、谭经纲（父圣典吴万雄、吴廷桢）、姚霁云、陈者高、张景、吴元昌（母梁氏）、林际亨、张玿、郑同元（子振芳）、林佳、王兴（侄茂公）、许国佐（邢之桂，子茂茺）、谢名选（母李，妻陈妹纯玉）、赖心台、吴式亨、郭辅畿、黄一渊、杨士蔚（子椅梧）、李日炜。

卷二《遁荒》：辜朝荐（弟朝采，女藻凰）、黄奇遇、罗万杰、洪梦栋（傅天祐、陆漾波）、谢元汴、赖其肖（赖应殿）、谢宗鍹、孙耀祖。

卷三《遗臣》：夏懋学、黄锦、林萃芳、林铭球、李士淳（子梓、梗、樟）、梁应龙（弟应华）、邹鎏、王宗昌、陈良弼、韩元勋。

卷四《逸士》：珧孙炳（兄孙焜，弟喜臣）、杨宫、林崧、赵必先、萧璒、马光龙、张琚、林佳相、廖衷赤、陈廷策、蔡文兰、王之骥、詹韶、陈国英（陈表）、林隽胄、陈守镔、饶希夔（伯父璒，罗淑予）、饶球、林粤夫（姚拂尘）、薛学参、曾捷第（沈殿一）、蓝嗣兰、李以贞、廖昙、戴晃、谢大宾、张乾福、吴梦龙。

卷五《外篇》：官侨鲁王以、海宁静王术桂、宗室由榛（慈奋）、李椚、孟应春、黄安、唐有章、王振远、张家玉、吕大器、朱天麟、徐孚远（妻戴氏）、刘子葵（王简伯）、陈骏音。

卷六《附录》：丘辉、郝尚久。

终焉凡得正传六十九人，附传三十三人，外篇十七人，附录二人。一朝之末，一省之隅，其可见于纪载者如此，丹铭翁参订志乘，钩稽同异，存为信义，榜诸国门，断代画地（明代潮州兼治程乡、平远、镇平三县），略迹愿先民有作，后世难诬者矣。《自序》首云："吾潮有明一代，人才为盛。粤省自广州为首，郡外他无俪之者，其声气所及，常与中原相应味。至其末季，炎运告终，天南流播，以粤桂滇黔为尾闾，而吾潮实其冲要。其间人士之黾勉从王，崎岖尽瘁，及其无成，则以死继之，或乃遁荒海外，枯槁深山。至无位于朝，而终守不仕之节者比比也，则辑述之意，若纲在纲矣。"

昨记（乙亥冬季）尝谓冯奉初教授之辑《潮州耆旧集》也，实隐寄遗黎之痛，秋叟阅记，不谬鄙言，兹序亦云奉初辑就其文字之有传者表章一二，奉初而后略亦百岁，予别温君远且万里，危苦之见符节同之，虔诵未周，仅存党碑如上。

1936年5月21日

同事潮阳萧锡三来访，殷勤同往出吊于方氏盖彬士母丧。萧君本约同归，午复驾车及予姚馆，秋老有命，不可不留。车中陡闻吴太史之耗，惜粤游三月，尚未登谒。闻老来愈关心潮州后起之士，秋老则谬以贱子之名进也。料秋老连日料理方忙，丧次甫晤，即命偕往襄见，视各文稿。

按吴太史道镕，字玉臣，号澹盦，番禺人。光绪庚辰进士，改翰林院庶吉士，授职编修，澹于仕进，历主金山韩山丰应元书院，监督高等学堂。清亡，愈深韬晦，所成文甚富，不许门人刻集。弟子姚梓芳主讲学海书院，刊《师友渊源录》以相传习，乃得见太史之文二十许首。晚二十年倾其心于《广东文征》之别辑，已成者垂一百卷。病榻炉边，雠校不释，先正道脉，赖之不坠。不能亲卷册者仅二日，以前日夕（闰三月二十八日亥刻）卒，从此东南耆硕儒尽矣。

1936年5月22日

作家书，支青岛存款三十金付仲儿。

1936年5月26日

秋老命序其《述德征言》，期以片言借之千古，所弗敢任也，重违雅意，为书其后，夜脱稿。

述交（书揭阳姚氏《述德征言》后）：

夫以孔文举[1]之有重名，忘年而结尔汝之友；公沙穆之游太学，定交乃在杵臼之间[2]。伐木丁丁，鸣鸡胶胶[3]，往往遇于班荆[4]，期之千古。而况乎挹清叔度之坐，问奇子云之亭，尝托累世之通家，更复为群而拜纪者乎。落叶尺深，庭椿已拱；江山易老，謦欬如新。折梅寄岭外之人，春风永挹；索米困长安之市，旧雨可怀。用迹前尘，载歌往德。忆昔戊戌之冬，日方向莫，登堂有客，设馔无鸡。获以髫年[5]，辟咡[6]执烛，与林宗共载，望若松乔[7]，状李邕魁仪，观者阡陌。予兄[8]诏之曰："此揭阳高士姚先生也，汝其得从先生游矣乎。"闵予不造[9]，蹭蹬[10]秋风，庚辛之际，乃及先生于鮀江撰杖[11]之所。逐流废学，释策而嬉，犹不以其不可教而不教之。后二年，先生遂观光京师，陟[12]泰岱，载誉河洛之间。我来自东，则闻姚丈嵩生先生，辱在下邑，主于先大夫，持论亘日夜，兴学劝教以外无枝词。"微丈言，汝几不卒所业。"先君虽终，言犹在耳。拜东岩夫子之赐，逾于百朋；（揭阳县北，上有石湖，四时不竭。绝顶有石浮图，下有二岩，东岩曰"竹岗"。相传宋邑人陈希伋读书于此，元祐中，举经明行修第一，目为"广南夫子"，故又名"陈夫子岩”。见《广东考古辑要》）卜南安门第之昌，不待五世矣。玉步虽更，薪木未毁。畿沽馆舍，迭为宾主。姚氏内外群从，振振兮蔚起。其游学京朝者以十数，皆昵于予。予日为蝇头书，则竞先匿去，以为笑乐。醍醐酪乳，萃于一门。遏末封胡，何止二到。酷似其舅，有阿士之文章；何妨不栉，传左芬之赋颂。人但屈指东南之竹箭，我尤推心杜孟之宝田。一经一籝[13]，其效可睹矣。只今观之，又二十年间事耳。当年舞勺舞象之侣，靡不各本所学，显用于时。岭南故不乏耆儒，姚先生今最为老师，三推祭酒，灵运颖生，兴言祖德，士衡文赋，祇诵清芬。推于自出之耳仍，共隆百年之心祭。凡以使末俗咸知君子之泽远，杰士不待文王而后兴也。无改淑世之勤，寄其终身之慕，永锡尔类，信夫孝之大者矣。独念际遇受读父书，见知蚤岁。亦尝伏阙从大家之读，摩肩写太学之经。而食粟略同曹交，诵言妄比臣朔。既无名于达巷，徒奉手于通人。重劳他山，错此顽石。污为故楮，亦识精思。能无甚惭下交，轸怀知我。手《述德征言》一卷，遥致南州孺子之刍；歌投玖报李卒章，永言东海太公之化焉尔。

【注释】

①孔文举：孔融。

②杵臼之间：同“杵臼之交”，指不计贫贱的友谊。

③胶胶：泛指禽类的鸣声。

④班荆：朋友相遇，共坐谈心。

⑤髫年：幼童时期。

⑥辟咡：尊长者恳切教诲。

⑦松乔：泛指隐士或仙人。

⑧予兄：黄际昌。

⑨不造：不幸。

⑩蹭蹬：路途险阻难行，比喻困顿不顺利。

⑪撰杖：执教。

⑫陟：登高。

⑬籝：箱笼一类的竹器。

1936年5月27日

午休小顷，自定小文，别纸副稿，走使送秋老。

秋老前日评予文“不患才少而患才多”，深愧何足以当此语，以之转赠良士乃至当耳。

1936年5月28日

得秋老片复。家书来（二十四日），闻予将归，冢媳已瘥[①]，家门充布喜气也，闻洼田苦潦，农事可忧。（今日以诗卷求题辞者二起，真令先生小病一场）

【注释】

①瘥：病愈。

1936年5月29日

早毕二课，停车在道，一跃而登，走访秋老东山，便倾积块，秋老恭谢昨作，已付手民[①]矣，且易篇目为题词，冠冕卷首，附识原标题以明予之谦德，弥感蔼蔼之爱，续见挽吴太史联：

“病中犹手一编，安定门人，遗书珍重平生托；眼底已伤千劫，所南心史，孤抱凄凉后死悲。”

出张汉三手，行家之笔，时辈不易几及也。

“东里吴宗潜庐姓并同，更闻大耋韬光远；北江洪亮吉乐府续咏，别有孤怀寄慨多。”

宗潜，崇祯诸生，能诗，高隐不仕，与太史俱为粤东里人，得年并逾八十。（见明稗史）又太史著有《明史乐府》五卷，自序为仿渔洋、北江之作，盖亦以寄一代兴亡之感云。

“削简待编排，故乡文物资征晤；附棺犹检点，方外冠棠不染尘。”

下联亦纪实之语，记太史去秋八月，因秋老谒别，书赠便面一诗云：

“临别先寻再见期，衰翁心事有君知。支离榻上身如赘，冷落门前雪已稀。

孤往论心情默默，百年述德愧迟迟。却因玉树皆成栋，奚借文章教孝慈。”

读之令人增函丈之重，秋老比步均和作，令际遇于便面之阴书之，是又添一掌故矣。在秋庐见高要彭泰来子大（清史有传）《昨梦斋集文》数首，超妙灵活，洗尽铅膏，吴太史谓“百年无此作也”，而世莫知之者。秋老贻新刊文章如干首，有未肯割弃其少作处。今日假得《匔盦文稿》，归而读之。

【注释】

①手民：古时仅指木工，后指雕板排字工人。

1936年5月30日

蔡纫秋书来，佳札可爱，中有“青大[①]今已易长，今春轩车毅然南返，每交好谈及，莫不叹服睹微之独早”云云。则所云诸君亦不失事后有先见之明者，忘国大夫，不足与图存也久矣。

【注释】

①青大：国立山东大学（前国立青岛大学）。

1936年6月1日

晡作家书，柬室人约归期，谓“不复有四方之志矣”。复蔡纫秋。

1936年6月2日

陈梅湖、蔡秋农、萧锡三诸里友过谈。梅湖言丹铭翁昨日水漂通志馆，背负绝流出之而后免，是又甚于“文通漂麦”者矣。

1936年6月9日

知试事[1]十六日午可毕，即柬示诸儿侄，并走使托镜潭买舟。

蔡秋农来长谈，卝角钓侣，已无几矣。蔡智来自田间，家人令携单衣来。春服既成，瓜期已代，秋风未起，长箧永闭耳，将何用哉。蔡倩述乡事甚悉，农事亦顺，潦不为灾。

【注释】

①试事：国立中山大学学生考试。

1936年6月10日

官献廷来访，讯之则十日前发汕头赴增城行医，归途过省也，长谈至午，留饭。

日加申诣秋老寓庐，坐而赏奇，晡同访李沧萍，未晤。

1936年6月11日

连日午梦不成，遂感疲尔，盖已不胜征逐奔走之烦矣，今日多睡以振之，晚出步田野。方少舒、秋老付到新印各文稿，枕上读之。

1936年6月12日

《师友渊源录》一卷（姚秋园《学海书院传习录》），吴谵庵三首，汪憬吾（兆镛）二首，黄任初二首（《蕲春黄君墓碑》《哀学篇》），杨果庵一首，廖叔度一首，李高斋二首，姚秋园二首（《节孝堂记》《师友渊源录序》），所选旨趣与去冬一卷略同，惟不佞二首学骈文，它作皆散文。

吴太史重刻《四库全书表文笺释序》一首（己未八年），尤须特记者《笺释》四卷，茂名林鹤年撰（乙卯四年吴兴刘氏求恕斋校刊本），予前已记其大凡。据《序》则林朴山重刻于粤，较浙刻增删校订百数十条。又谓粤人遗箸，观《明史·艺文志》、阮《通志》所著录，今传者仅什一，南海伍氏刻《岭南遗书》反有得其本于它省者，以见守文征献之匪易易也。廖叔度《三香居士五十生日自述》，托室人之颂言，为夫子之自道，文既未成宗派，意在谱其历官，不惟可以不选，而且可以不作。

万年偕吴其庠（邑人）来访，因未退公，不克晤。

1936年6月15日

报来，惊悉章太炎先生以昨晨（六月十四日）八时十分殇于苏寓，东南文星坠矣。昨日之朝，因论少年著述事，胪举五人，唯先生在焉，乃适为先生易箦[①]之时也，精气之感或不尽然，而事迹之合有如是巧。南天孤馆，北首倚庄，谨记所知，以志永事。

章太炎先生名炳麟，初名绛，犹顾炎武之初名亦绛也。浙江余杭县人，生于胜清同治七年。及事德清俞樾及定海黄元同，少读《东华录》等书，即抱种族之痛。浙东黄宗羲、全祖望成书具在，所渐摩兴感者深也，遂决意不弋科名，治《左氏春秋》及周、汉百家思想之学，所著《訄书》最早行于世，年未三十也。癸卯，与刘师培、黄节、邓实创《国粹学报》，多以学术之隐谛，发国性之幽光。川少年邹容著《革命军》一书，先生为润饰而序行之。大狱以兴，与容逮系上海三年，遂通释典大义。

丙午出狱，走日本，主《民报》笔政，与《新民丛报》各以排满立宪发为政论，士论皆为右袒。《民报》被日本没收时，先生诘逻者以犯例主名。曰："扰乱治安。"先生曰："贵国之治安乎？敝国之治安乎？"曰："日本之治安。"先生复曰："予之文章，中国人士尚鲜能句读之，贵国人断无能读者，乌从而扰乱日本之治安也？"逻者无以应之，亦无解于文字之狱。而先生于是无所得食矣，穷蹙日京[②]曰大冢村者，聚亡命之徒十数人，授以《毛诗》及段注《说文》，月各奉四金为先生膏火，际遇之及先生门自此始也。每列坐授书，以二小时为率，言必古音而土音不改，行必称古而边幅不修。从游之士窃笑之，先生不顾也。一卷未终，语侵康有为已数次。洎刘师培卖身端方，更为先生心痛之大者，于黄、俞两先生哀逝之辞，发其隐痛焉。

辛亥归国。壬子，参预枢密南京，视天下事益不可为。癸丑挽祭列士一联，传于白下，云："群盗鼠窃狗偷，死者不瞑目；此地龙蟠虎踞，古人之虚言。"愤嫉招尤，疯狂贻诮。无何，项城窃国，更傀焉不可终日。燕都幽绁，几不免于难。尔后，愈不为世所容。而其学已隐然为一代大师。诵习师说者，远及陬澨[③]。时祭酒大都学会，屏足瞻听者恒如堵墙，旋踵又稍稍散去，信难为浅见寡闻者道也。

壬申八月，一至胶州，际遇躬侍先生都讲大学[④]，已龙钟不能宏讲教化矣。比年主讲苏州时，仍出其政论，多所匡弹。明理致用，儒之行义，有如此者。非蒲轮殊礼所能易其操也。然道之不行也滋甚。今竟以六月十四日殁于苏寓。电传矣，岁行在。

【注释】

①易箦：更换床席，指人将死。

②日京：东京。

③陬澨：僻远处。犹言天涯海角。

④大学：国立青岛大学。

1936年6月16日

夜宿香江。

辨色即起，屏当行李，随者居者分别部居，此事亦见经济。

午发石牌，同舍人郑重言别。车过东山，与秋老一面。入成发小坐，偕镜潭答访丁静斋统税局差次。当年文谶之侣，末吏风尘之中，长我十年，别来一纪，清癯胜昔，神明不衰，言少胜多，会希心重。海珠维舟曰"泰山"，以申正东下，镜潭、桥梓护送至周。

1936年6月17日

起决买太古"苏州"船东归，以重违东道主人勤勤之意，盛暑之下，裸裎挥汗大书十余通，助以沁冰麦酒。逾午划小舟登轮，曾广权（广权故人杏村之子）送至舟中。

1936年6月18日

舟泊汕岸已亭午，峻六共饭，予独饮殊适。柬镜潭索逋负[①]。日中鸿飞导往阅市，得心欲之茶几一套，大小四几，贾十三金余，评贾未定。日昳趱车入城。

夜与家人坐藤花下，热犹不胜，枕簟之间，汗濡衾席也。

【注释】

①逋负：拖欠赋税、债务。

1936 年 6 月 19 日

晴，午九十度，少风。

拂晓挈仲儿、六儿出东郭，田畴未熟，沟洫皆盈，潦署失时，农收可虑。比及茔侧，稻穗阑干，田畔泥深，搴裳难涉，省依循览，日之出矣，轨轨有光，匆匆归去。小访陈志初翁，晤同岁生王锡瑚（岱铭），颓然老翁矣。同学少年多老去，最难堪者，远归时过因树轩，昔人之近市山房也，方汰其瓦砾，莳我干枝，会以暇时，冥心于此。次宋来。送镐臣仪四金。梓人为办书架一具，两面四层约可容八百册三千卷（价二十五金），百城百雉，乐而不寐。日昳独坐因树轩树下，披诵久之，夜灯下不辍，时苦蚊而致思不废。

阅茗柯文，文颇步武班陈，运心琢炼，气韵稍厚矣。朱鼎甫云（《复傅敏生妹婿书》）：“阳湖一派，恽子居、张皋文为大宗，而张优于恽，视桐城则少贬矣。”自是平情之论，其论宗祠非古也（《嘉善陈氏祠堂记》）：“古者，大夫、士立庙各有数，皆于大门之内。其自别子若始迁为大夫，而其子孙继世者，得立为太祖。然昭穆之世，惟及祖考。有大事省于其君，乃祫其高祖（按《汉书》可见）。非如后世宗祠，以下皆立主而祀之也。其继世为大夫者或失位，则庙亦毁，非如后世宗祠一成而弗废也。三代以下，宗法不立，民无统纪，而轻去其乡，则背祖忘宗之祸作。宋之大儒忧之，乃始讲论，使士庶人之祭，皆及高祖，而又以义起先祖初祖之祭，宗祠之作，盖由此其仿也。”此论可时为里人道之，吾邑宗法，尤重邑治之，内凡祠堂百十有二（陈三十余，蔡二十余，黄十，它姓凡如干。据黄云溪口说），亦云盛矣。

1936 年 6 月 20 日

晴，午八十九度，晚东南风，暑稍杀。

起方酉正，盥而受读。

思敬来，同往相其新宅，藩屏宗祠，毗连族党，十万买宅，百万买邻，宗法之重，卜宅为人生之最要也。瞻眺良久，同谒宗祠，又入因树轩，乘凉层树之中。蝉声催夏，乱砾废台，修葺未暇耳。蔡纫秋、陈次宋来久谈，纫秋借去《因树山馆日记》。夜自诵文。广州日报来。

1936年6月21日

星期，晴，午有急雨，檐溜泷然，八十五度，夜无风。

日方出，偕思敬率群从出小北门，游陈氏陋园，园主人尽室远商，园者招待维殷。园中异卉吐妍，乔柯方拱，棕榈蕉果，或如擎或如盖，结实或累累如珠，亭榭湾池，既可眺可登，游鱼历历可数。荒郊小邑，得兹园点缀其间，时枉曳屣之俦来诵小园之赋，是可记也。

褦襶[①]者盈坐，强聒不休，为之束策废读。纫秋走人还日记。

【注释】

①褦襶：衣服粗重宽大，既不合身，也不合时。比喻不晓事，无能。

1936年6月22日

晴，午八十五度。

置靠椅一对，茶几一，直三十三金，粤东称曰“桑枝”者也。

澄海黄氏宗祠落成于民国二年，先大夫实终始之昭穆[①]之，次括以三十二言曰：“祖先骏业，忠厚鸿基。和平笃庆，诗训留贻。聿修伦纪，崇正纲维。富贵长远，福禄来宜。”（先大夫早行也）

读《水经注》，排比书籍而乐之。夜授读《述交篇》。器儿自龙溪归。梦秋来谈。

【注释】

①昭穆：古代宗法制度，宗庙或宗庙中神主的排列次序，始祖居中，以下父子（祖、父）递为昭穆，左为昭，右为穆。

1936年6月23日

端午，晴，八十六度，晡初见新月。

起尚未曙也，督小子洒扫之役，辟家庙正门，涤拂祭具，以为奉先之祭。三十余年来，惟丁卯馆羊，得假归渡此节。今日为第二次。艾蒲粽果，别有风味。夜课文罢，早睡。

1936年6月24日

晴，八十六度，西南风，夜有月无风。

晨起共坐庭下久之，读《晋书》，阅《水经注》“淯水”条。

晡纫秋来，同践思敬新居酒约，肴酌具有精意，为之纵杯尽量。与黄孝德弈数局。夜热，去铺板以竹席横红砖上取凉，始得一睡。

1936年6月25日

午八十八度，晴，南风。

起以书达衍璓、叔子、秋老广州。夜家人共坐月下亨茗。

1936年6月26日

晴，八十七度，晡东南风，夜上弦清皎。

凌晨小步假园，蒨翠萧疏，俯仰之间，兴怀无已。曾翌吾来丐书。

日在西隅，率儿侄孙辈东出郭门，徘徊涧阿林峦之间，以俟日落。禾黍离离，实颖实穗，甘苦粒粒，或菑或畬，课子弟以田耕，孰与执干戈以卫社稷者乎。墓门在望，披荆而后达，熟禾丰穗，其亩南东，牛犊休呼，鹳鹅尝饱，天之爱民甚矣，岂久使一人肆于民上哉。展拜已毕，色将暝矣，炊烟渐淡，行人亦稀，诣阙叩阊，夜卧听书声。

1936年6月27日

晴，早北风转东南风，八十八度，晡后北风，夜月清绝。

未起客在门（周英耀来）。

青岛门人智斋函来，魅魆如画，令儿子家器复书，为致谢诸君。镐臣来授诸小子口诵，小别不觉多谈。夜室人并坐月下，藤萝掩映，皓洁横空，北风其凉，雏儿拥绕，弥爱此境，因之眠迟。

1936年6月28日

晴，晨北风，午日昳有浮云雨，旋息，八十八度，月明，二更北风息，苦闷。

辨色治书，洎午退休，而踵门者穿户，皆有求于平原君者也。

付启明斋交商务馆定购《缩本四部丛刊初编》，直百五十金（凡四百册），十年梦寐若见之书，定交一旦，即此是闲户一快。

1936年6月29日

洎午北风，八十八度，日昳东南风，风日俱丽，夜月尤胜。

晨兴率四五六儿、三女穿小北门观禾，农收弥望矣。亘野夏畦，刈搜邪许，百姓不足，君孰与足。倚树而歌，辍耕太息者所在皆是，非国家之福也。归袖山林逸气，作新日记序一首。午，文成。挥笔之间，愧无西河[①]肆应之捷，而有项籍刓印之疾，是以无佳篇耳。

河南门人于海晏（安澜）自燕京大学呈所作《汉魏六朝均谱》一部。

夜课诵，步月林下之至乐也。二更风塞，彻宵窒淤，小儿之睡，亦多不熟。

【注释】

①西河：毛奇龄。

1936年6月30日

早仍无风，食时北风，午八十九度半，晡东南风，夜月薄昙，初更后皎甚。鹊噪枝上疑晓破，妇哓于室为儿啼，夜热可想见也。

《因树山馆日记》第三册

（1936 年 7 月 1 日—9 月 21 日）

1936 年 7 月 1 日

晴，早无风，食时乌云南飞，小雨间之，旋霁，逾午东南作，华表升至九十度余，日入月已高悬，光焰如昼，二更风息，亘夜热如处瓶中。

是日予五十二岁初度。起时星河在天，小子辈喜为郊行，相将出郭，东作犹未兴也，好风不来，未晓已汗，攀槐小坐，还亲笔研。家人治食，薄进一觞，物力日艰，万钱一箸，亲者失其为亲，栎釜[①]之声，比户而然，予家亦所不免，可叹也。

庚午此日获侍吾母膝下，手上翅羹一小器，母颜为开，此自寻常家人闲事耳，而在不孝则几为毕生罕见之事，良以耄耋之年犹及享晚子一羹及养之欢，天壤间无此至乐也，然当日亦乌知此乐之遂不可再乎。手泽杯棬，当筵永感。

夜因热罢诵，席地幕天，共坐消暑。言女[②]赴汕头会考。

【注释】

①栎釜：以杓刮釜使其出声，以示羹尽。

②言女：黄际遇次女黄楚言。

1936 年 7 月 2 日

气候一如昨日，午逾九十一度，入夜月白风窒，南中暑已盛。

下床已拜暑威，桑下凭石，好风不来，食时甫完昨记，未及展诵，蔡纫秋来访，兼为人索题匾。林卜三来杂谈至午。日昳，骄阳皜皜，与镐臣对榻阶前，望天无语。

思敬亲来邀饮，日落赴之，非不欲饮，畏夜多热。性好麦酒，引满者屡焉。初更后即告归浴，屋梁满月，枕簟引风。凝眄羲皇，蚊蚋嘬之，勉荐卧榻，小儿苦热，更迭夜醒，予乃引而它去，叩家庙之门，抱衾与裯，三五在天，明月入怀，清风时至。念浮屠不，三宿桑下。“夜如何其？夜未央。”移席避过云微雨。五儿并榻，略得小睡。

1936年7月3日

晴，食时薄阴，小雨不成，午后达九十一度，夜热。

坐以待旦，暑夜一睡之艰如此。晡督清账目，此家务也。

日出，出吊陈笠樵之丧，隅坐丧次，晤乡友谈半晌，亦睦邻敦好之意。杜诗："坐深乡党敬，日觉死生忙。"如此真死生皆忙也。偕林鹤皋来祠堂款论文艺，久矣夫无此乐矣。鹤皋述梁节庵挽陈昭常联云：

"关中见赏陆尚书，回思万里驱车，行在烽烟诗一束；天上若逢陈表弟，为道孤臣种树，崇陵风雨泪千行。"

1936年7月4日

晨西北风，未午已达九十度，未刻至九十二度，加申转东南风，晚有雨。

昨夜据片席，辗转阶上，覆以行帐，古曰斗帐。二更未定，略入睡，人定后风静月倍明，游蚊四起。中夜不安于席，趋井侧吸水，高屋建瓴，醍醐灌顶，五吸而止。此热不时有，此举亦十数年不为矣。反侧起伏，五更而后入梦，虫飞薨薨，与子同梦，断章取义，适得其反，可用自坎。

凌晨光已轨轨，北风偏西，卜今日大热，食时华氏表已报九十度，午日骄人，路人为少。闻溪涧鱼虾有浮毙者，日昃几达九十三度，在海南为仅见矣。坐望候旗正转东南，予告坐客酷热可不为厉，今夕以前非时雨沛然则云腾风止，必无佳月。洎晚疏云渐集，二更有雨数点，气候斗凉，四更倾盆而下，檐溜泷然，席上卧听，清脆欲绝，今夕何夕，得一清凉散也。

是日家人亨鹅杀鸡，助以时果，虔谢明神，致祭家庙，报去冬桁渔之利，所谓还愿者类，此久待予归，今始得间也。酒醴之下赖有笙簧，顾（俗作雇）影戏一台，喧阗[①]祠道，虽非梨园全豹，亦具菊部[②]雏形，居然粉墨登场，一例戈矛相见。角抵之戏，盛自西京，傀儡由人，今也尤甚，潮俗概曰"影戏"。其先盖张纸为幕，翦革象人，炳烛之明，投影于纸，此制虽变，袭名未改耳。民生日敝，一傩[③]维艰，久矣不闻钟鼓之声。管龠[④]之音，箫鼓甫鸣，童叟麇至臣门，车马亦极一时。观射于矍相之圃，割肉奏孺子之刀。雏儿舞蹈以为欢，野叟曝言而鼓腹。故乡流俗自有可观，惟不可入诸新少年之目矣，存此备野乘也。是日适周氏姊、陈氏姊来。

【注释】

①喧阗：亦作"喧填"。喧哗，热闹。

②菊部：泛指梨园行。

③傩：一种神秘而古老的原始祭礼。

④管龠：亦作"管籥"，泛指乐器或音乐。

1936年7月5日

星期，早露，午晴，九十度，日昳多阴，闻夜月食。

拂晓率三儿、四儿蹋郊外，微雨沾衣，春耕大热，胼胝[①]手足，每每原田阴云不常，笠蓑从事，侄辈随纪纲北巡龙田、上坑、下坑，洼田前习农事，亦绍家风。予折归，过负郭一小肆，耰锄耒耜，农家田器，粲然具备，小子识之，觐于鼎彝[②]。人有不菽不麦者乎，而菽麦能辩者谁哉。

衍璿书来，弈兴倍高，君问归期，巴山夜雨。燕方自省城来。

【注释】

①胼胝：俗称“老茧”。

②鼎彝：泛指古代祭祀用的鼎、尊等礼器。

1936年7月6日

晴，午八十九度，夜无月。

早家人共坐因树轩石上，指数先泽，心度前程，日移花影，林深不知，炁伯句云：“此间可著书千卷，黄叶声中自闭门。”低徊诵之。又为人作书，心所不谓然，笔下无从逞媚，为之废然中辍。初更后犹灯下细书，薄酒一杯，自偿辛苦。

1936年7月7日

未晓大雨如注，午晴，八十五度，东南风，昼夜急雨二次。

夜枕上有声，澎腾清脆，爱听之，不甘即睡，早起凉爽，而日来发痱，几无完肤，老来弥不胜祁暑之威也。当阶补完昨日会计之业，食时告毕，两年积务，一旦廓清，心无一尘，身轻似羽。

夜饭去酒，尽饭四器，天青雨过，石阶生凉，跣足横陈，幽情远挹，乐躬操蓬首之，山妻携雀跃宛足之童稚，陶然时睡去。好雨随风来，潮谚云“一斗东风三斗雨”，可对“二分明月十分愁”。枕上雨声，清响弥胜。

1936年7月8日

晨有小雨，午晴，八十六度，二更后下弦肥满。

起行郊外，禾已刈矣，田中牧女，负榼拾螺，此蚌蛤正肥时也，趋与之言，易其所有，汝岂韩伯休[①]耶。丫鬟解语，信逃名之不易也。偶攀树阴，好风穿袖，小雨潆漾，避就瓦肆，殷勤老父（张）自云臣生四百九十有二甲子矣，牛衣夏畦，尚多有真诚未沫者，礼爱野人之真，斯语亦难尽信于今日矣。

有不率教[2]者来，小子辈辞以它出，云深不知处矣。夜授文。

【注释】

①韩伯休：韩康。借指隐逸高士。

②率教：遵从教导。

1936年7月9日

午八十八度，晡东风紧，夜有骤雨，海滨之夫称之曰“浪颂”。

起才五时，促诸小子下榻醴[1]盥。呼啸东行，负郭之田，十九宿草，诸老农云：“今夏之粟肥每秙加重五六斤，而穗枝少熟，主者之厚，而农者之薄也。”出郭六百武，抵墓田展坐移时，四围奔拱墓前，邻田前年有人负土为堆，建言卜穴，以相要挟，今日谛视之，已消灭无形。人定可以胜天，而况于人乎？

入城一访陈志初，作小谈。返舍，纫秋来坐话，并为人索碑记，实告以非润笔，不妄为无病之呻矣。

【注释】

①醴：洗脸。

1936年7月10日

晨有小雨，入午霁晴相间，八十六度，西风。

授震川先妣状一首，督纵声读，自得趣解，不必谆谆强聒也，文之妙者不在华靡，入理入情自到好处。人有以佳茗丐书者，振笔应之，乃大佳，先生殊无以自解。

是日先大夫九十五岁冥寿，距先大夫之殁十二年矣。夜授读《泷冈阡表》，此种文与李令伯《陈情表》、韩昌黎《祭十二郎文》、归震川《先妣事略》、李天生《请乞终养疏》皆肫笃恳挚之文，发乎情仁乎礼义，读之令人增天伦之重者。汪容甫《先考妣灵表》、张皋文《先府君行实》《先祖妣事略》《先妣事略》皆穷尽力气摹似之而称工者。先大夫之丧，不孝《哀启》一首，严范孙丈赐唁联，有“百代芬芳遗逸传，一篇沈痛告哀文”之句，盖哀而许之也。

蔡竹轩来谈，澄海县治属于清初迁徙乱离之事甚悉，盖留心乡乘者，老来当博采而记之。思敬来馈菸烟之属，知山人未能免此也。刘盼遂自燕京函来。

1936年7月11日

晴，时阴，午八十五度半，夜尚凉。

晓月清胜欲绝，疏钟残照，比诸早枕尤可爱也。比日多彳亍[①]杝落[②]间，偶翻藏书，聊以永日而已。

【注释】

①彳亍：小步慢走或时走时停。

②杝落：篱笆。

1936年7月12日

星期，林蝉振翼，啁哳[①]可听，午九十度，西风达夜，南风不竞。

日在西隅，妇稚携锄负耒，启因树轩之户，扫径刈榛，负乱石而坐。树古可二百年，张罗如盖，落叶满襟，冷然善也。园果有橘、柚、龙眼之属，尚非其时。惟俗呼黄皮或曰黄辍者大如龙眼，熟时皮作黄金色，味甘而酸，或以其形似黄豆，故呼之，之音亦近之欤。此果至上海已无所见，纯属南方土果，故不得圣人锡之嘉名，又非荔枝、葡萄、罗薄、薏苡之属，虽于诸果为后出，译音多为謰语[②]，而史书《夷志贡赋》："包茅[③]入于上京，垂为方物[④]，黄缀之不得正名，亦南域之耻也。"小子五六人，攀视涎垂，予乃履巉缘干，曲其枝而折之，有实离离，可百余颗。童年攀折惯事，垂老复一奉故技，不能谓非舐犊之爱矣。

【注释】

①啁哳：形容声音杂乱细碎。

②謰语：连语，也叫联绵字、联绵词。

③苞茅：南方的一种茅草，又叫菁茅。

④方物：本地产物，土产。

1936年7月13日

晴，午九十一度余，亘日西风，夜感闷，客言粤局如之。

加卯日未出，呼僮破关南行，答蔡竹轩之访（假以《名人象传》及《潮州忠逸传》二书），陋园古木自有佳处，主人粗衣坦腹，致亦不俗，茗三沦而行。

访蔡纫秋，闻剥啄[①]声，方应门而起，应怪客来何早也，假得邑乘二种以归。

入养和书屋小坐，此处舅蔡丈梦阶翁旧庐也，墓草之宿十有五年矣。人琴之思，黄垆之思，低徊久之，不能去焉。

归舍，客已盈坐。致书张幼山济南，又柬复张筱台、王志刚。柬古敬熙，旋得古君走使致箑索书。叔明自五羊惠新箸《儒学》二册。

【注释】

①剥啄：敲门声。

1936年7月14日

晴，午九十一度，西南风，逾午东南风。

早起修我头。午冒烈日展拜外祖蔡越祖，十余年不与此祭矣，食馂余而后归。大热沉瓜善刀剖而食之，南瓜之甘，今夏尤可数也。柬镜潭。

晚膳汲水沁麦酒谋兼味，于市厨得水鸡焉，清脆芬烈，夏令上乘食品也。北人呼为田鸡，字作蛙，北人少以为食品，南人酷耆之，今为政者谓其功能杀害苗之虫，禁入市肆，然口腹耆利之所在，不能绝也。酒罢纳凉阶下，夜去床张席砖上，方得甘寝。

1936年7月15日

晴，热，午后达九十二度。钱贵币贱，由三百余枚缩至二百四十枚。

是日高祖奕振公忌辰，子孙来叩像者，皆有赐钱。早起督童稚洒扫厅庭，顿换旧观。客至，周接至午，北方之人不若此之重视忌辰也。因热罢读，坐话消暑。

1936年7月16日

晴，早西北风，未午蒸溽，午九十度余，有东南风。

凌晨挈三四五六七诸儿及三女度北郭，坐小溪上看榜人刺船运粟。天旱水涸，来舟不多，菱芡及时，螺蚌垂尽，问耕老父，结伴村童，朝阳歊蒸，林下亦热，坐祠道瓜下啜粥，悠然领略泉石风趣。未午，为人作书十余通，借此永夏。

夜卧听书声，终以新弈谱均可复诵。

1936年7月17日

晨北风转东南，午热不高，八十八度，昳阴，风息又热。

韵文用韵，遵平水者[1]固陋，据广均[2]者亦多非，甚古之刺，然则如之何而可。芸台[3]《与学海堂吴学博（兰修）》一书有云“自陆法言等定四声均为二百六均之后，唐人作诗赋并窄为宽，沿至今只一百六均矣。以今均为今时文则可，若作古赋诗辞而用今均，识者哂之。至于唐宋以来，独用通用浅入所为已鲜依据，或且臆以时俗土音动辄乱用，直似以元人剧曲之均，拟唐人为律赋更不如今一百六均矣，岂有不明音均、篆文、训诂，能上似相如、子云者哉。（即如昌黎《进学解》均臆用无法，世罕知其谬者）予娄[4]欲并广均而以古音分部，使便于拟汉以上文章辞赋者用之，迄未暇为之计”云。阮氏意欲并为廿一部，特未得定论，以折衷之耳。

晚课读早休，凉床欹枕，夜话久之。

【注释】

①平水者：《平水韵》。

②广均：“均”古同“韵”。《广韵》。

③芸台：阮元。

④娄：假借为“屡”。多次。

1936 年 7 月 18 日

午八十八度，东北风，日蚀。

未明起而盥漱，属小子辈检《邑志・崇祀先儒表》，虔诣文庙[1]谒拜先师。棉木萧森，頖宫[2]缭绕，而“刍荛者往焉，雉兔者往焉”[3]。道之将废也，与道之将兴也，坠绪[4]茫茫，胡搜胡绍。谨按《邑志・学校志》，大成殿四配：复圣颜子[5]、述圣子思子[6]、宗圣曾子[7]、亚圣孟子。

东序先贤：闵子（损）、冉子（雍）、端木子（赐）、仲子（由）、卜子（商）、有子（若）。西序先贤冉子（耕）、宰子（予）、冉子（求）、言子（偃）、颛孙子（师）、朱子（熹）。

东庑先贤：蘧瑗、澹台灭明、原宪、南宫适、商瞿、漆雕开、司马耕、梁鳣、冉孺、伯虔、冉季、漆雕徒父、漆雕哆、公西赤、任不齐、公良孺、公肩定、鄡单、罕父黑、荣旂、左人郢、郑国、原亢、廉洁、叔仲会、公西舆和、邽巽、陈亢、琴张、步叔乘、秦非、颜哙、颜何、县亶、乐正克、万章、周敦颐、程颢、邵雍。

西庑先贤：林放、宓不齐、公冶长、公晳哀、高柴、樊须、商泽、巫泽、巫马施、颜辛、曹䘏、公孙龙、秦商、颜高、壤驷赤、石作蜀、公夏首、后处、奚容蒧、颜祖、句井疆、秦祖、县成、公祖句兹、燕伋、乐欬、狄黑、孔忠、公西蒧、颜之仆、施之常、申枨、左邱明、秦冉、牧皮、公都子、公孙丑。

东庑先儒：公羊高、伏胜、董仲舒、后苍、杜子春、诸葛亮、王通、范仲淹、欧阳修、杨时、罗从彦、李侗、吕祖谦、蔡沈、陈淳、魏了翁、王柏、赵復、许谦、吴澄、胡居仁、王守仁、罗钦顺。

西庑先儒：穀梁赤、高堂生、孔安国、毛苌、郑康成、范甯、韩愈、胡瑗、司马光、尹焞、胡安国、张栻、陆九渊、黄榦、真德秀、何基、陈澔、金履祥、许衡、薛瑄、陈献章、蔡清、陆陇其。

东庑崇祀未载邑志者：毛亨、陆贾、郑康成、韩琦、谢良佐、袁燮、辅广、文天祥、刘因、方孝孺、黄宗羲、孙奇逢、刘宗周、张履祥、张伯行、汤斌、颜元。

西庑：刘德、许慎、赵岐、陆贽、游酢、吕大临、李纲、曹端、吕坤、黄道周、王夫之、陆世仪、顾炎武。（吕善《圣门志》各先贤并有传，祀典崇废亦详。《丛书集成》本）

瞻拜既毕，徘徊经阁荒址，过黄氏"文思家塾"以归。蔡纫秋、程仰熙来谈。

夜室人稚幼共坐，假园中听邻妇土歌，予谱局伴之至夜深。

【注释】

①文庙：纪念和祭祀孔子的祠庙建筑。

②頖宫：泛指学官。

③刍荛者往焉，雉兔者往焉：割草砍柴者、狩猎者均可前往，比喻为公共场所。

④坠绪：失落的线头、湮没的源头。

⑤复圣颜子：颜回。

⑥述圣子思子：孔伋。

⑦宗圣曾子：曾参。

1936年7月19日

晴，午九十度，亘日东北风。

午前濡墨纵书，强自排遣。午后官献廷、桥梓自汕来久谈，为作柬致秋农、达夫广州。夜团坐纳凉。

1936年7月20日

晴，早西北风，愈午转东北，行秋令也，午热达九十一度，夜有雨即止。

农人望雨极矣，起视风方朝北，莫东居然秋令，殊非田事之福，比日农户中夜溉灌，日出未休，稍失沾濡，赤土并裂，旱灾已兆，岂惟夏畦之病，而秉国者未暇此忧也。客日来言南局之变，此则无与山人事矣。苦热罢读，为荒于畋耳。

1936年7月21日

皜热，午九十一度半。

夜枕上听雨，度人皆色喜，早梦初醒，不知夜已分，不也侧耳。无多时，雨雷甫有声而已，戛然告止。久旱之下，何异车薪一杯水，奚裨涸肆。雨过风歇，蚊蚋乘之。

是日先妣王太夫人忌辰，早起率群小子扫阶涤器，奉宝展像，移花厅事，鬶尖尊壶，虔荐晨香，告母来格。母长于先大夫二岁，屈指冥寿九十有七，距其殁也七十有一年矣。适东门陈氏姊母所生也，外祖东溪乡右族，今舅党无存者。午陈祭品时鲜，与祭者族季之外来宾陈镐臣、黄燕方而已。堂庑竫深，趋跄整肃，家祭俎豆之盛，今北方士夫犹未见此也。

晡林鹤皋来久谈。

1936 年 7 月 22 日

食时小雨，顿霁，气流顿塞，午九十度，终日夜无风，初见上弦。

花下听小子朗诵白傅诗。亘日苦无风，虽扇不凉。间阅邑人杨钟岳《搴华堂文集》，明季风习如此，此震川所以为特出之杰也。

俗以六月六日为一年以来死者过桥[①]之日，祭品以西瓜为不可缺之品，先一夕而巷哭之，人谓之死鬼节。此事不知所据何典，度不外彼教所称奈何桥者近是，而澄海一邑之外，邻邑潮安已不尽行，余则未之前闻，无从傅会[②]。

【注释】

①死者过桥：亡灵过桥是一种祭礼民俗，在广东潮汕十分流行。

②傅会：同“附会”。

1936 年 7 月 23 日

大暑节，八十八度，时阴入夜稍凉，三更有小雨。

清晨未解宿热，不雨不风，夏畦之病甚矣。北启因树小园之钥，与妇孺倚树根拾橡听蝉，稍摅沉闷。比日废书而叹，束带为劳，思族兄（克正）有可纪者。

《黄松石传》：

有清之季，澄海有黄松石者，海濒之畸人也。“松石”其字，一名曰“李”，人以“狂李”呼之，亦不为忤。于际遇为族舅。生不干禄，不治生产。好酒，好客，好义，尤好石。有客必酒，无客亦酒。无客，则路人皆可客。酒不备，则室中长物皆酒券。不继，则及所御之物。而兴益酣，酒益豪。客或惊而却走，则纱臂裂裾，不听，且怒目及之。彼其意，谓四海之内，无不可友，无不可友而酒之也。颇聚书，要不必读。颇重宗法，要不必皆协于礼。尝与先子力成高祖之庙。庙成三十年，未尝謦要展拜焉。邑中贵人巨室，更于松石何有哉？以是狂益著，产益溃，客亦稍稍散矣。而魋结奉帚，蓬门自扫；葛衣虽敝，花径不尘。丐者丐于门，呼“耶”乞食。松石以其耶之也，则反唇曰：“我将乞汝之食耳。”丐者曰：“我乞食者也。”则更忿然曰：“夫又谁限人而不可乞食耶。”方遇明时，彼其才卒无所表见，人莫知其胸中蕴抱者何物，而何以抗脏不平若此。所居庐以聚石有声，大小几数百颗，石罅满植青草，作古松盘石状。其滋溉也，非得雨水则立槁。雨水不可常得，计必多方渟之滀之。莳灌之役，不能有一晨一夕之间焉。乐此不疲者数十年。其如何获兹石也？有躬负之百数十里之外者。入室它人，茂草已鞠。彼究非狂，宁不前知。好货好屐，有不可强同者耳。晚岁以未葬其亲之故，杖屦荒山，冀营安宅，往往数月不知去所。终乃犯吾家之不韪，强委诸祖茔之侧。虽以及老之年，躬受先子之杖，而甘如儿笞，不见怼色，以为亲受之也。论者不得卒目之为狂生，斯亦世之畸人矣夫。

瓜果丰收，市直大贱，瓜斤不过铜元一枚，以盐奇贵（一元十余斤），卤渍之法不行，物阜而民不丰，夫谁使我至于此极也。客来言羊局大变，孙皓出亡，赵达发棺，钱贾稍平，乌云杀热。

夜次宋来，思敬来，同靸鞋[①]叩峻六旧宅，其家子妇咸相欢待，峻六踵至，移坐庭间，绿叶拱环，葩香喷涌，剖瓜沉李，消夏第一家也。三更始返舍，一睡及晓，雨来不知。

［铁夫[②]签云："出亡事易知，发棺事未能共闻，后世必有以为僻典者，此则赖后人之补注矣。"谨按，当日竞言"潮州翁军师炮毙于天字码头"，予以人言往往非事实（后果不然，而各报喧腾矣），又雅不欲直叙时人事[③]，故以《吴志·赵达传》似之，不料不旋踵间即来铁老之批难也。丙子九月记，任初］

【注释】

①靸鞋：拖鞋，无跟之鞋。

②铁夫：杨铁夫。

③时人事：此处指两广事变，又称"六一"事变。

1936年7月24日

晨微雨霡霂，亘日恒阴，八十六度，夜雨。

辛未春奉先妣遗命，买祠东陈姓宅为辖轩第，第之东旧有棋杆石竖于路隅，旧主踣[①]之，始得成券[②]。今日陈云槎来言，乾隆壬子举人陈玉衡所竖也，考之《邑志》而然。

【注释】

①踣：跌倒，倒毙，僵死。

②成券：订立契据。

1936年7月25日

多雨，阴翳，间之凉，可不汗，午八十二度。

夜雨隶，晨丝丝入卯，喜雨夏日，人情不甚相远耳。

为语家人听雨因树，把臂从者近十人，五年以长则肩随[1]，未龀以下则手挈之。蓑笠几袭，山屐几两，降阶拾级，入此轩来。林鸟不飞，天地为迮[2]，古木交柯，视天一角，修竹玉立，余地无多。入夏已深，群荫孚甲[3]，雨以润之，分外逞青，蠕虫（音卉）化生，嫩芽颖拔。石边凝睇，袍裾透湿，雀跃蝇踊，童稚忘归。予亦恨不得屏弃百事，惜此非下潩之田也。

夜坐荷下，诵背容甫文，授小子诵之。

【注释】

①肩随：并行时斜出其左右而稍后，为古时年幼者事年长者之礼。

②迮：狭窄。

③孚甲：草木种子分裂发芽，引申为萌发、萌生。

1936年7月26日

晨大雨，午有间，多阴，及昏更雱[1]霈。

晓未破，雨大作，霎霎有声，如瓶迸帛裂也。亢旱一月，又值秋耕，五日不雨，新秧将槁。比日骄阳之下，犁者、锄者、汲者、激者，终日勤苦，流涸犊病，天人交迫，有治白圭之水，谁问丙吉之牛。侧闻邻国上游竭枯弥甚，溪浅见底，土坚于石，澄邑滨海，犹蒙下流之福耳。跣步堂阶，听望皆怡，冠笠蹑屐，督奚清道，去秽绝淤，沟水澄清，园居关怀，无过此者。

夜订谱，自负有不让今人处。

【注释】

①雱：同“滂”，雨雪下得很大。

1936年7月28日

晴，午八十五度，日昳有雨过境，夜月净洁。

既雨，晴亦佳，复北出空郊。挹早爽，幼者亦剑负之，无小无大，从公而迈。绕郭顺流，西城在望，跨跃不已，厉揭[1]继之。有吴家村夷教之民聚焉，宅衢修整，过者易观。阿七婴儿，尤为徘徊不肯去。一生爱好是天然，可知与有生俱来者矣。日出返舍。

纫秋来告旬日返青岛。林卜三来为人丐书。

午峻六走人来速汕头之行，答以未果。汕头教育会由吴其敏介函请往主讲，畏行多汗，非敢云招虞人以旌也，谢之。

【注释】

①厉揭：涉水。连衣涉水叫厉，提起衣服涉水叫揭。

1936年7月29日

晴，午八十七度，夜月尤胜。

起早秋意在胸，独立阶下，对鸡冠花久之，金距紫冠，不甘为后庭玉树也。（苏子由[1]诗注：矮鸡冠或云即玉树后庭花）

作榜书[2]，握大笔，渐悟运臂使指法，缀一联云：

坐久忘机无客至；生来爱好是天然。

家藏邑人黄璧中堂[3]，以允明[4]、雅宜[5]之作挈之可不辨也，明人书法，接武[6]典午[7]。

璧，字尔易，号小痴，去明季未远，犹挹其余风，沾丐来者。《潮州府志》称其壮游入武夷至西湖、虎丘，归而登罗浮，足迹遍天下名胜，则其所蕴蓄者然矣。惟谓其为海阳人，而《邑志》则云下外人（《人名辞典》曰潮阳人。以潮州为潮阳，称名太古），按澄海之上中下外三都，原自嘉靖四十二年析自海阳。璧非明人，则不得谓为海阳人也。

【注释】

①苏子由：苏辙。

②榜书：古曰"署书"，又称"擘窠大字"。

③中堂：挂在厅堂正中的大幅字画。

④允明：祝允明，明代书法家。

⑤雅宜：王宠，明代书法家。

⑥接武：继承。

⑦典午："司马"的隐语，晋帝姓司马氏，后因以"典午"指晋朝。

1936年7月30日

晴，午八十八度，东北风，三更风寒，复感闷热。

有邻县人远来看画。黄家以富藏名于岭东，时有闻风叩门丐观者，亦人事之一累也。索书穿限，挥洒移时，换鹅[1]无闻，仆夫[2]况瘁。

晚膳家人以蛙汤进，南产夏令美味之尤者。夜课读容甫文罢，月下布局奇著横生。

柬门人智斋胶州。

【注释】

①换鹅：晋代书法家王羲之的典故。山阴地方有一个道士，他想要王羲之给他写一卷《道德经》，他打听到王羲之喜欢白鹅，就养了一批品种好的鹅。王羲之知道后派人去找道士，要求把这群鹅卖给他。那道士要求他写一卷经，王羲之毫不犹

豫地给道士抄写了一卷经，那群鹅就被王羲之带回去了。

②仆夫：泛指供役使的人，犹言仆人，此处为黄际遇自称。

1936年7月31日

晨多雾，逾午八十八度，东风偏北，夜月已朏[1]，云兴雨间作。

夜大为蜚[2]蚊所袭，贴席难安，非有可移之榻，几于坐以待旦矣。卧榻之侧，群雏鼾睡，不为动也。起因少迟，"有客有客"，遂辍朝读。

夜授读罢，息灯借月光订谱至三更。

【注释】

①朏：新月开始发光。

②蜚：臭虫。

1936年8月1日

连霈霖达晚，继夜风以助之，三更益狂。

早雨横斜，霡霂感秋，笔研俱润，临池滋胜。

雨有间，出吊陈虞史表嫂之丧（赙二金）。门无他客，海雨欲来，归途一访陈翁福贞，甚雨及之矣。

亘日作书，夜听雨，有书声杂之，清晰的历，不减坠涧修篁[1]之均。二更之后，风威渐肆，一灯一枰，晤对当夕，时念户外田间，不知摧折几许也，夜又苦蜚。

【注释】

①修篁：修竹，长竹。

1936年8月2日

星期，大风以雨，折枝坠果，午稍息，七十九度，夜如深秋，清滴之音，更漏俱永。

夜雨声入耳，几有震撼之势，山妻危坐，惊述壬戌十一年（8月2日，六月十日）大风之变，海倒屋崩，奉其两亲，仅而后免。远客美洲[1]，越三日而得耗，叠报漂死十余万人，风速百余海里，为之寝馈不甘者弥月，征诸史志，亦奇变也。今夕幸风力尚不缩聚，可以虎虎之声卜之，盖尚未底[2]飕[3]疾猋[4]溯[5]之域，或伤物尚轻。

晨起巡视，院落飘英盈径，坠果满园，新芽为催，古枝多折，假园篱竹倾圮，栏干当阶，芙渠荡摇，委顿尤令人怵心壬戌八二之灾。呼钥启古斋之户，园果更堪问矣，摘具可食者，浅尝之而亦甘，其又经几番风雨。呼斟酒在杯，擎盖赏雨，此怀千古，在水一方。

午过因树轩，狼藉纷披，甚于前院，童子拾柚，既盈倾筐，灌园躬耕，时有不我与者，亦小厄也。自书因树轩楹帖将付梓人。

刚甫尝述北京某和尚仅以一事传，一事伊何："每风雨满城，和尚必戴笠，囊酒蹲足旷野，不画不诗，啸傲自娱，雨止酒罄，乃孑孓言归。"此何足传？传之者刚甫耳。

【注释】

①远客美洲：黄际遇时在美国芝加哥大学。

②底：同"抵"，达到。

③飕：疾风。

④猋：古通"飙"，暴风，旋风。

⑤溯：溯滂，风吹物发出的声音。

1936 年 8 月 3 日

拂晓雨息，时又微雨，行者戒途。

雨未霁，萧斋偶影，不无俯仰之感。午犹凉，饮苦酒而旨，抛杯睡稳。甚雨不知，梁熟梦回，小院水盈，雏儿雀呼，兕鸭共浴，水性宜人。闻山潮稍至，忧旱念潦，与园农共之矣。

夜读授北江《南楼忆旧诗集序》，辅以《戒子书》及符孙、齮孙之作，一家百年间之事，悉呈于一室一灯之下。小子愚鲁，无似不能，更无所观感耳。

1936 年 8 月 4 日

多雾，时有凉风，溪水暴涨。

虫飞薨薨，鸡既鸣矣，昨梦可温，清风卷袖，亦复"对酒当歌，人生几何"。濡墨挥毫，素襟寄焉，仿王良常所临谦卦，李阳冰原本也。谦字并卦象：

凡十有九体，变化秀出，仪态万方，盖由心知其意，学得其通，故百变不离所宗。十目未极真谛，用笔之妙，画沙折股[①]诸诀，庶几尽之，而圆通分布，尤有出

乎规矩以外者焉。投笔彷徨，据桉四顾，我思古人，俾无訧[②]兮。

谢炎廷上舍过谈，并索书箑。

市人言江水逐涨，夜来增几许矣，南桥闸卡已闭，围堤以内积水不泄，洼田泽国矣。日课言毕，日照崦嵫，微服轻装，劳农问舍，负郭万亩，一片汪洋。幸刈后秧初，尚少伤稼，先期一月，吾民皆不粒食矣。彳亍小桥之上，小子引绳垂饵，久之无得，惟睇水波错迕，荡漾横流，相与语曰："大似阿爷写篆字也。"皃鹅舞剑，电制云起，成文观化，天人交应，事固多存于自然之间，今日却轻轻被一小女儿道破。牛羊下来，征夫遑止，肩随叩郭，目笑摩碑，闉阇[③]之下，晤黄茂才式予，执予手曰："何章身一如百姓也?"卒应之曰："与百姓同之耳，非所为轻身以先于匹夫也。"

归舍已曛，薄酌自遣。幼山函来。夜授洪子龄、方彦闻隶书楹帖跋文一首。二更言女侍侧校谱，见北方名手漏著间出，此道恐遂南也。

【注释】

①画沙折股：锥画沙，折股钗，壁拆路，屋漏痕，印印泥，等等，都是书法家的书法术语。

②訧：罪过，过失。

③闉阇：古代城门外瓮城的重门。

1936 年 8 月 5 日

薄阴，望月已过，下弦不及待。

晓起，未审水事何似，啸呼小子七八人出郭，乘车北驱堤侧，表侄陈润先实胥附之。停车埔尾渡头，童年赴郡试必由之辙，兹则十许年不道此溪矣。北去女墙二三里，极目睇眄，不任寥廓之思，此水此山，钓游之迹宛在。大溪之水来自韩江，一二日间，溢流寻仞，水面高处几与堤齐俯，较内田约高二丈，偶有崩溃，万流奔湃矣。先民创县营堤，阴功千万，斗筲之人，何足算也。

夜酌小醉，陶然石砌上，时复睡去。

1936 年 8 月 6 日

晴，中夜微生秋意。

比每中夜不寐，志意何时，复类昔日，生如子桓，尚有所怀。万端之言，虽未白头，能无行已。长大之感，屋梁漏月，天末秋风，长剑薄鞍，凄凉枕侧。浪迹生涯，茕怀孤况，有非它人。所能分忧同戚者，衽席[①]之间无与焉也。

起检残简，朱栏学篆，成《秦峄山碑》文二百余。字刓圆为方，纳散于整，同文变古，功罪维均。琅邪片石，早堕海中；秦刻斯碑，澌[②]亡殊尽。得此长安本大徐摹篆，对临一遍，恍与上蔡[③]晤对一堂也。

纫秋来。思敬来。秋老羊函来，“往事不足道”云。日落看人补缀杝竹，危者持之，颠者扶之，大风之后于茅索绹[④]之功也。

小子诵北江《南楼忆旧诗集序》至下一联云：“此则明明如月，难忘在闼之辰，悠悠我思，无逾树杞之里。”默然思北江垂老不删《风怀之篇》，因手揭《北江诗话》及《外家纪闻》关于“蒋家适河桥程氏表姊”数则，与室人共读之。《郑风》（首章）曰：“将仲子兮，无逾我墙，无折我树杞。岂敢爱之？畏我父母。仲可怀也，父母之言亦可畏也。”章旨灿然。又《齐风》：“东方之月兮，彼姝者子，在我闼兮。”遣字铸词，泽于经义者如此。

【注释】

①衽席：泛指卧席。

②澌：竭尽，消失。

③上蔡：代指秦相李斯。

④绹：绳索。

1936年8月7日

晴，尚凉。

晨及郭即返，问水汛也，江水渐退，不酿巨灾，闻此潮为十年来之雄，叨幸其退也速耳。澄邑人口四十六万有奇，外砂一乡五万余，谢生璜云。

晡林鹤皋过谈良久，比日无此欢矣。初更后陈衡浦来谈，皆丱角斯磨之友也，为之漏尽，所忻慕焉。睡迟贪话。

衍璿函来促文。

1936年8月8日

立秋节，八十七度，午后稍热，下弦弥胜。

拂晓叩鹤皋精舍，庭除洒然，约之出访衡浦，谈至食时。鹤皋属为陈某书匾，匾高三寻，架屋而上，写成颇壮观瞩。林本侨函来。

陈次宋新遭母（丁元）丧，走使唁之，闻其问于使者曰：“可得一联乎？”次宋比邻通家也。口占成之（款曰陈节母丁嫂夫人）：

太夫人丁貌是诸孤之艰，靡笄画荻，大义凛然，十步草芳，绰楔欲方陈孝妇；贤少君秉聿念尔祖之训，九教楹书，厥德无忝，百年萱萎，闻雷共护王裒庐。（《晋书·王裒本传》：“母性畏雷，母没，每雷，辄到墓曰：‘裒在此。’”）

有人介客自邻县来，博观藏画，骄阳之天，舍静坐外别无良法。人既遥临，我当东道，搬疆更仆，鸡犬不宁，长揖伴食，襟袜胥湿。午枕未热，客星犯座，为此鹿鹿，使人惘惘，解带视之，足下之肿及跖矣（跖，足下也，段注：今所谓脚掌也）。畏炎又不习劳一至于此，侧闻旦日又有嵦至者，更为颓废。

夜浴罢，斜倚花间，击钵成联，神思一振。生不解事，而深结文缘，而今而后吾知不免也。

1936年8月9日

炎热，九十一度，夜尚凉。

达夜反仄不安，趋炎之病也。起较迟，赶补日记，枕侧诘小子曰：“能知予所思乎。”曰：“对联耳。”成之容易却艰辛，侍侧者尚窥见其推敲之状也。

怯客坌集[①]，早课完后方进食，臣门如市矣。叩门不刺，入坐不名，数及十人，留饭过半，海枯市竭，勉得一馔，拱而让坐，无从呼名。世人简略，不谙酬酢[②]，且指旧俗，陈腐可厌，吾亦末如之何也。已食已无不，出恶楮[③]索先生劣书者，予足之不良于行也滋甚。予手拮据，予口卒瘏[④]，接物待人上全未下功夫，但望儿曹补吾之过耳。

鹤皋来，激赏昨联，搔痒触疥，难能可贵也。

【注释】

①坌集：聚集。

②酬酢：宾主互相敬酒，泛指交际应酬。

③楮：纸的代称。

④瘏：疲劳致病。

1936年8月10日

晴炎，夜热未减。

今日足加蹇[①]，趺坐[②]学弥陀。与镐臣分坐赌荈[③]，以此消暑也。阅《释名》，夜授容甫《汉上琴台之铭》，渊然金石。

【注释】

①蹇：跛，行走困难。

②趺坐：佛教徒盘腿端坐的姿势。

③荈：茶的老叶，即粗茶。

1936年8月11日

晴霭，夜星布如棋。

终日戒行，不及百步，间订《释名》，攻弈谱，名不正则言不顺，君子之于名也，无所苟[①]而已矣。

一名一物，辨正之也，乃繁乃琐，及其见诸文施诸事也，黼黻[②]文采，斐然成章，鞟皮无讥，同风三代，岂不懿哉。素心难得，艰苦谁知，呼小子前，倾囊倒箧而出之，声均之道，亦强聒之，恐区区小邑，兹事遂已也。

夜授容甫《吊马湘兰文》，托情于无有之乡，比迹于非类之偶。嘐嘐炫美，伤心弥甚，琅琅之声，达于户外。灶婢屏听，亦为坠心，先生以此终焉矣乎。一局自消，三宿可恋，长眠不足，独醒何堪。闺人戏谓“愿先睹挽词”，亦憨矣哉。

【注释】

①苟：马虎，随便。

②黼黻：泛指礼服上所绣的华美花纹。又象征文章好，才华横溢。

1936年8月12日

秋暑犹热，午升至九十一度，日入热未消，夜东北风时作。

起已朝暾[①]轨轨逼人。“竹里坐消无事福，花间补读未完书。”可用以自咏。勉加带袜，出吊东邻陈氏。

今日堂前暴[②]粟二十秳[③]，《说文》：“秳，百二十斤也。”与今语一石一百十余斤合。段注：“古多假石为秳。”今则久假之而不归矣。

众雀噪庭，哀鸿遍野，久击中饱，空如己饥，惧漂麦之未遑，悯赁舂之寡助。方冠童子，自塾下来，人恰两三，情殷负戴，谢家阿买，康成后堂邪？许嗍于道，寸田尺宅，居然充栋，坐俟饥来，乃驱我去也。

【注释】

①朝暾：初升的太阳。亦指早晨的阳光。

②暴：同“曝”，暴晒。

③秳：同“石”，古代粮食重量单位。

1936年8月13日

食时有急雨，傍午不热，晚有秋风。

足下之行稍胜鹄立，引满荡臂悬书，日中而息，信结习之难忘哉。笔正酣时，自榜一联曰：“生计忧花事；关心到雨声。”尚为称情之语。

叔子自羊函来，百感系之。黉舍牧场，本无足道，但刚甫手校之书以千二百鬻来者，不及半年同澌以尽，积书于子孙，子孙未必能曝（读暴，潮语双声）。先大人尝痛乎言之，最不堪见故人身后一落至此耳。

二更初峻六来寻夜谈，三更始散。

1936年8月14日

晓小雨即霁，午晚露餐，两遇骤雨。

冢孙生五月矣，硕壮加于常儿，乳之者得健妇也，已粗解人意，家人莫不钟爱抚抱之，予亦不免。

又写楹帖之属至午，难完逋负。偶拟《书谱》四开，使转究多未圆劲，予四十以前颇有冥契[①]，行未作吏，此事已废，至如慎伯[②]所云："自矜已甚，每以行草应求。十余年来几于绝笔，亦以南北所见学者什佰，审其字画，已无不舛[③]，别横生者，未能媚人，先学欺人，为人作书，弊乃至此，故自跋其后二语曰：'学《书谱》者多矣，如涂涂附[④]耳。'"蒿目时艰，不禁慨乎言之也。

夜枕竹簟凉生，蛩虫袭之，易席而后即安，鸡再鸣矣，唧唧胶胶相应和也。

【注释】

①冥契：默契，暗相投合。

②慎伯：包世臣。

③舛：违背。

④涂附：拼凑。

1936年8月15日

西北风，未午已歊热，未刻达九十二度，今夏第二热天也。加申转东南风，差解人愠，入晚风息，亘夜温蒸，蛩痱交攻，不安衽席。

邑右室高屡丐人求像赞，重违所请，卒冒暑缀文应之，是亦昌黎之谀墓也。例应不存稿，然群居终日，舍此亦无可存者。

澄海望族，莫高氏若。经济异才，盖六七作。累仁者崇，积德者厚。洎资政公，猷为尤茂。有子九人，骖驔五之。晖石明经（行七），叔豹季随。翩翩世胄，泽以诗书。南阳宛孔，叔世芙渠。陆生奉使，皆如意指。盘谷暨南，使君到喜。存心爱物，于人有济。行之终身，我闻如是。矫矫先生，在邦必闻。承其风者，顽廉懦奋。如今两到，复似寒行。并有左芬，同工异曲。我来采风，虎贲可型。述交表德，用垂颂声。

1936年8月16日

星期，晨热不解，北风犹竞，加未弥闷，八十九度，申初风雨交作，夜风隆隆。

拂晓，额高氏题像，殊耻为人役，又惧误书，闭门为之，食时已感热。

逾午北风如蒸，交申东转，密云乍合，洋溢乎国中矣。晚膳厨人以蛙鳝进，更尽一器，布衣粗食，已非易事，淡泊自甘，信夫，大有经济在焉。

1936 年 8 月 17 日

晨大雨旋晴，午过天霁，八十六度，晚有凉意。

乌云天际，海雨欲来，小子雀踊入因树轩。山妻爱静，曳屐随之。未及园中，沛然莫御。虚堂一角，依树如盖，朦胧隐约，绝好画图。庭草并青，园果半熟，数峰怪石，人立虎踞。流泉夹际，尺地千里，借兹余地，洒其素襟。雨过衢清，积潦可濯。半瓯早粥，便便如矣。

呼人修我头。潮安吴隐夫过访，自言三十年前江户旧侣，而商颜不可复识矣。夜悄时作丁丁之声，灭灯博得好睡。

1936 年 8 月 18 日

晴，八十八度。

不出郭门，忽焉十日，晨风殊爽，悠然有江湖之思。从游童子，集者六七人，亦屐亦跣，以挈以携，鸭队雁行，负郭而走。百雉女垣，旭熹淡照，东睇凝立，如一片晚霞。环城有河，石桥可渡，百武而外，遥望皆青。一旬不来，秋秧弥播矣。力田为男，臼辰为农，有田不力，当晨不臼（居玉切），失时愒[①]日，是谓惰民，不耕而食，不织而衣，吾党之徒真可耻也。早稻八十日而熟，秋稻百二十日乃成。课桑话晴，言本经训，平畴秋美，方骋远怀。回首河湄，中流一网，黠四奋臂，绝尘而奔，痴五骙六，挈而后行，小七在抱，蹑而可及。沿流曲畔，不可方足，瓦砾塞途，跣者戒心，履丌相将，肩随邪许，迂回跨跃，言达溪皁。泠泠朝露，薄沾我衣，采采芣苢，胡为泥中。若者蹲而席茵，若者褰而拾蚌，观先生非有求于平原者，今吾子乃辱在泥涂之中。村女犹识韩康，文人不见夫子。退复未曾结网，临渊徒尔羡鱼。四体不勤，百灰俱劫。姑倚野树之爱，数西逝之波。与汝相忘，干卿底事，而饥来驱我，去息驾归，闲居咬韭尝新，饮河亦饱。嗟呼，天之爱人甚矣，独奈何又以衣食苦之哉。

晡时客谈佛教会之害，棍男愚妇，善诸口不善佛诸心，意谓应有负正邪，息诐之任者，实则豺狼当道，为渊为丛者多矣。“氓之蚩蚩”，谓之何哉。长兄嫂患腹泻，延陈医诊方。

【注释】

①愒：荒废。

1936 年 8 月 19 日

西北风终日不转，未午已咄咄逼人，未刻升至九十一度余，立秋后第一炎天也。昏时一见弓月，薄才一线，气海不动，虽扇不凉，室内较阴，更深觉有秋意。

朝起，夷犹残荷新菊之间。忽曶三竿，未亲一简。纫秋来坐，颇及邑志缺坠事，恐老成凋谢之后，著手滋难，然就眼前所见者而从事之，亦恐通人[①]难必写定无闻，此刘知几所为致慨于“头白可期，汗青无日”耳。

刘少樵（扬芬）上舍来谈，先子行仰韩社友之裔，今存者惟黄君辂与少樵，感旧稽存，不能自已。午留饭，炎热可炙，席地一枰，借此解温。

上海宝大号付书来（量百斤，脚一金）。器儿秋就潮安县立中学之聘，比日往办考，夕归。次女、三儿偕出汕头省亲。夜苦热，荷花盆畔，灯影不摇，蛾集蚊横，石阶炙手。

【注释】

①通人：学识渊博、贯通古今的人。

1936 年 8 月 20 日

晨热未解，午微有风南至，日昃仍热，九十一度，有雷不成雨，中夜稍退。

检比新书，精神一振，馈贫济俭，起予者多矣。

潮俗祭礼大率依“通礼”行之，士夫不敢变更，妇言不必是听也。“冠礼”荡然无存，独于七月七日，所谓公婆生者，十五成童，新衣红屐，以拜公婆，曰出花园，无稽孰甚焉。“丧制”犹半存。“古昏礼”则遂流改易，俗忌俗便，百出不穷，尤令人忍俊不禁者。奉宔归虞，固行于卒哭之后，而今则借名吉礼，鲜衣奏乐，娱宾悦目，甚且于百日衰绖[①]，斩焉之中，角骶巫哥，僧道人鬼，大开明堂，如受祝贺，其名曰借孝[②]。家有垂危之亲，急迎未熟之妇，其名曰冲喜。陈尸在堂，御妇在门，其名曰赶凶。断弦之音在梁，百两之鹊在巢，但见新人，冉闻故鬼，其名曰拜灵。凡可以便于私图者，无不可设为曲说以达之。亲死妻死之谓，何又因以为利。斯人之徒，信有不可与者矣。

【注释】

①衰绖：丧服。

②借孝：旧指在服丧期间因故暂时穿着吉服。

1936 年 8 月 21 日

晴，午八十九度，热稍杀，夜无风，新月在屋角。

贪话眠迟，爱晓起早，毕日记后，仍手检书。人来作书消闲。纫秋晡来畅叙。玉君[①]函来。

【注释】

①玉君：罗玉君。

1936年8月22日

晴，午八十九度，东北风，夜热稍退。

辨色而兴，促小子起起，汲水颁嗽。振衣东行，言迈郭门。东方始明，日出皓兮。树梢不动，牛喘可闻。经日骄炎，长夜未解。堤行六百武，先茔安隐，宿草郁葱。远山峥嵘，近水清远。展拜之下，可以栖迟，可以眺瞩。稚子捉蛙以当蟀，牧童横笛而度犊。青青庐侧之秧，离离园中之果，靡不涵餐清露，挥洒天然。终以濯足沧浪，息阴涯涘；亦足饮思先泽，高谢缁尘。闻人过者，共式黄公之垆；今我来思，甚惭郭儿之孝（《南史》郭原平子长恭，在《孝义传》）。

修毕，分致何衍璿、姚秋园、姜叔明广州。

晡出南郭，吊周鹤琴之虞，晤石如贤书囊，石如属为其兄作佳传，未遽应之也。晚半酌而醺，西阶花径，片席不温。东鲁男子，怀刺已敝，放怀高卧，微风拂面，陶然自足，曾不知更之已阑，屋梁之月，消失无存，觉后复黯然久之。

1936年8月23日

星期，处暑节，晴，午薄阴，八十七度。

《湘绮日记》（宣统己酉）："七夕典故，起自安公，盖秦时旧俗，至成武丁乃有牛女之说，后遂成故事也。"

起时晨星犹三五悬树杪，家人亦起，有事于公婆生祀典矣（邻有公婆宫，不见县志，公婆云主保护小儿者）。七儿踑坐外院石，摄朝露寒气，消痫积热疮。予以展卷未办，亦箕而坐于旁。室人挹水盈器，颒盥甫毕，小子喜游怯诵，又从更出郊，蹀躞片刻。村人未稼，村犬辩声，共识太平之间，民桑下是恋，敢太息于辍耕时哉。蔡竹轩走其犹子来还书。

今日客特多，故友侯乙符茂才室人黄嫫妽来谈。读记不精，吾甚惭于前哲。次女、三儿自汕归。

1936年8月24日

多东北风，午蒸热，达九十度，夜新弦照梁，稍热息诵。

是日先妣蔡太夫人忌辰，早起整比堂寝，施及庭落圃径，洁拂尊簋盘匜诸祭器，亦如临大祭矣。卯刻上香，己初荐酒汤饼时鲜园果曼头之属，各以次供，馈酒三献，午正彻馔。

专片招纫秋、思敬、镐臣共食馂余，族季陪焉。蔡黄二友北行有日，借此更进一杯也。午炎蒸畏行多饮。夫食肉已非古礼，况见客而酒呼，则亦心忌存之而已。客每以母事问，举去年今日日记视之，杯棬之泽，邈绝山河。阅《订伪杂录》未终卷。

1936年8月25日

晴，秋阳以曝之，午九十度，夜东北风，尚凉，弦月清赏。

日躔南度，黎明己卯一刻，石上补诵昨日未完之卷。

鹤皋来论文，亘十余刻，方寸无不言之隐，此涤生所云："比年积痒为君一搔也。"晚餐难具客食，曛乃别去，此年来友朋谈论之最乐者矣。

夜小饮，席卧东偏，当风浴月，萧然自得。时或睡去，群雏戏侧，不慁乃公。忽邻笛一声，土音杂奏，曼歌哇曲，聊当荼歌操缦。明月之间，憩阴棠下，里仁为美，郑风无讥。家人闻风，来集花下，清听移晷，不用一钱。

1936年8月26日

晴炎，午九十度，夜月尤净。

一卷在手，杂务纷如，望道未见，更不任其扰耳。

夜授李爱伯《北海郑司农生日集郑盦记》兼及《后书》郑君本传，经训菑畲[①]，资人菽麦，宣文羽翼，万古江河者也。明吕善《圣门志》云："东汉郑玄，贞观二十一年从祀，宋真宗追封高密伯，嘉靖九年以学未显著改祀。"

【注释】

①菑畲：耕稼为民生之本，故以喻事物的根本。

1936年8月27日

晴霭，秋阳正炎，午九十度，晡东南风。

门人陈娱初黄昏来为人求额书，以此道非承人风旨正告之。

夜食得鲜薄壳（蚌类），寻之贾廉物美，世指为贫士佳肴者，今夏尚未染指，助以麦酒，如奉康瓠矣。初更后席枕屋隅，南东其风，三五在天，月白风清，如此良夜何。

1936年8月28日

黎明小雨即霁，九十度，午过有大雨，夜月云翳之。次宋夜过谈。

早稍寻诵，偶有不入耳之言来相劝勉，几为废书，亦自笑其不广矣。

马隽卿书来，词翰佳绝。此老垂七十矣，字润语圆，四十许年如一日，操存有素，神明不衰，凡今之人，吾见亦罕。来书有云“昔黄山谷有日记，谓之‘家乘’，未尝辍书，吾弟用心之勤，不让古人，诚难能而可贵”云云。亦子厚[①]所谓“自同昔人，愈疏阔[②]矣”。

夜授读北江《伤知己赋》并《序》，各选本录《序》而落赋，虽不至买椟而还其珠，亦食肉不食马肝者乎。此篇当与炁伯《九哀赋》并读之。

二更初，转息于祠堂东偏花下，新雨乍过，朦月亦佳，跣踑踊跛，各适其适。隔邻土曲，穿阴而来，畲歌之遗，难云雅乐，而土音之乐，亦移我情，为之侧听久之。夜月在怀，晨星窥牖。

【注释】

①子厚：柳宗元。

②疏阔：疏远，不亲密。

1936年8月29日

晴，逾午时雨倾盆，历三刻许，夜月翳，子夜又雨。

小七起特早，挈之坐幽斋一片石，朝露犹冷，借消热疮。余子随行，野外涧干小坐，看人捞芡采苋。“不识不知，顺帝之则”，当前即是。转瞬已非绵上之山，无田小人之居近市，行且欲弹结冠屦，招集神魂，揖攘低昂于通都大市之间，后之人不笑我之作茧也乎。

纫秋来话别。镜潭自羊来。写匾额二方，运笔空脱，莹然自得。午枕上听雨，滂沱之声，洒及心脾，真甘霖也。检随行书物。

夜授读炁伯《九哀赋》，纵声韧气以诵之四遍，而过二更。积块幽忧，如遇今午沛霖，为之一洒，如闻啼鹃，如啖哀梨[①]，就枕时犹有袅音在耳，醰香在舌也。

【注释】

①哀梨：比喻流畅俊爽的文辞。

1936年8月30日

星期，晴，有凉意，午八十六度，夜无风，月多翳。

行箧纷陈矣，牵裾补衲，赖人针线之劳。衍璿快邮来速行。

致杨静吾汉口函。柬王姊夫月三东溪。高姓奉金三流（《汉书》：“朱提银重八两为一流，直一千五百八十。”）为先生（润笔）寿，是货之也。又为人代作家祭文，行以均语成，不加点侧不录副，是亦不可以已乎。

夜共坐篱边，将望东月，时来窥人，街唱俚歌，连夕聒耳，博此檀栾之乐，息我鞍马之思，奉檄之色，笑何为耦耕之。息壤具在，低徊蹊路，惆怅回车，但求外无所干，内知所耻，俯仰萧然，斯亦足矣。

1936年8月31日

晴，午八十五度，时阴，中夜雨，有溜水而止。

昧爽[①]，因树轩下，一坐已秋，断石颓垣，亦具古色苍然之意。归室，举昨夕所得金，尽散诸妇稚，举刘叉持韩愈谀墓金事[②]，资为笑乐。

今日例有节祭，用佛家说也，佛云“以是日托生”云。（谢承《后汉书》：“佛以癸丑七月十五寄生于净住国摩耶夫人腹中，至周庄王十年四月八日生。”）子侄辈诣大宗祠谒拜。又为人书碑碣等，至午方释管。

校谱而攻之，得失寸心知。

【注释】

①昧爽：拂晓，黎明。

②刘叉持韩愈谀墓金事：刘叉看不惯韩愈为人写墓志铭收费极高，竟理直气壮地拿走了韩愈的钱，还说这是吹捧死人得来的，大有“不义之财，取之何碍”的意思。

1936年9月1日

晴，热稍减，望月未净，子夜雨洒之，晓棂弥胜。

器儿凌晨发，各事其事，诸弟侄相将小北门之外送之上车，予亦借此领晓野之胜也。念彼所往为一州首邑，傥有秀异博通之民伏处其间者，而昔年辈交已难得谨愿之士，可令儿辈趋前请益，岂亦遂沦为安定山谷之闲邪？乃但举觅书郡城之法告之，即此买书小事，已隐然具读书门径矣。

束行囊为箧五，问舟讯汕头，洎晚舱位仍未定。

蔡竹轩来建因树轩塑立像之议，殊能曲合先志，可酌行者也。绍绪来丐立书，付之有一联曰：“看山新雨后；访竹晚风余。”余子不能博济之矣。夜花前室人率群从坐话至三更，蟾光窥牖，絮语未尽。

毅伯青岛快函来。

1936年9月2日

食时有海雨，阴晴相间，望后月皓极。奋可又言见沪报“黄季刚鄂墓被掘”，以殉葬太厚也。为之咢然。

立阶下，手折莲花一朵把玩，不置香远，以清苦莽瓯中，沁花瓣数片，清味尤绝。张生奋可甫自申[①]归，闻予已办严[②]，即于昨日远来相会，一宿告归，濒行人事未了，不便留宾，偶谈及旅沪乡人谋为刚甫梓行[③]遗集，而不知此集何在。予谓刚甫于乙丑之岁（时年六十）自写定《诗集》二卷，有梁、叶[④]二序，今存《叶氏丛书》中，集既经其手定，他人而增删之，非妄即愚。又全集纵在人间，亦不必遽行刊布，以予颇知刚甫，恐非其意也。

汕电报舱位已定，不及行矣。午小饮熟睡。日昳，帅群从展墓东郊，秧苗霁青，油如鬓发，峰巘斜照，倾盖宿茵，一阵晚风，无涯逝景，白云何处，落日已遥，盍归乎来，童子摸虾捉蟀之兴未艾也。夜为之倾饮，无多下酒，自成馨逸，家人环坐。二更罢饭，一轮东上，四顾无声，雏稚孵随，雅鬟鹄待，风光大好，坐对陶然，“杨柳依依，今我往矣”，成阴绿叶，又当若何。

【注释】

①申：上海。

②办严：置办行装。

③梓行：刻版印行。

④梁、叶：梁启超、叶恭绰。

1936年9月3日

晴，晡发鮀江，坐“新海门”。电理学院报行。

早毕一餐，即振衣而行。“送者未及返，君在天尽头。”团栾为乐，小别亦佳。

晤峻六，多及急流勇退之义，名扬利场，一样难于勒马也。奋可来晤，共饭后偕至江岸，长揖登舸，荡漪一叶，已成惯客，又负家山。

日落启行，舟中晤天津旧门人萧德宣，亦别去十几年矣。谈倦以手谈助之，四局方休，海风殊爽。

1936年9月4日

过香江，西风殊热，二更海雨来急，中夜止。

加巳刻始抵香江[①]，息踪有信分庄，陈、林、曾、杜诸世侄倍谈，亘日不出一步，亦有如归之乐。德宣来访，又消两局，昏时雨过，一肩上舟“佛山”号，酣睡而已。

【注释】

①香江：香港。

1936年9月6日

里友林鹤皋拔萃[①]一鸣言己亥张冶秋提学科试，题为“孟子曰‘教亦多术矣’一章”，“教”字皆作“教”字，主试者朱批严词训斥，然场屋[②]中能知“教”者之从支孝者几人哉。

予当日榜次亚于鹤皋二名，不自记所书何体，惟忆十一岁时背经一卷曰“若稽古帝尧”，“稽”旁作“禾”亦受批斥。此卷尚藏家中，以见有清末叶主持文柄[③]者，类能纠正俗书，不若予祖父行时功令[④]之宽也。

【注释】

①拔萃：清代用以代称拔贡。

②场屋：科举考试的场所。

③文柄：评定文章的权威。

④功令：古时国家对学者考核和录用的法规。

1936年9月9日

入刺通秋老远来相见，急起迎之坐，欹榻苦烟，一谈千古，赐撰先兄《苏五上舍（际昌）画像赞》：

“穆矣黄君，遗范犹存。一经世守，爰启后昆。川上逝波，往辙宁论。斯文将丧，八表同昏。独有仲氏，瀛壖崛起。挥斥九流，纵横群史。重晖前光，矫矫一士。君以为弟，抑无憾已。两世笃交，君谊最先。矮屋夜话，心隘时贤。回首前尘，倏余卌年。披图拜手，弁以是篇。”

吾兄之殁（庚子九月初八日，年三十有二），垂四十年，一像未题，四时永恨。秋老宿诺，亦经二棋。匠人筑屋，退无一椽。世人求我，又如索负。室人每以此事求人之难，为抵偿之具。今日得此，可报家人矣，并令丐周石如姻丈书之。

午留秋老饭，真薄饭也，粗蔬不备，市远为辞。蒙告一事，不记则失之，记之未可详也。粤近有“明德社”，实里人翁某为宛邱创之力，不足以号召乡曲[①]，远者则思借重闻人，于予尤致仰云。尝丐淑岱谋一见面，淑岱应之曰：“恐非秋老一言不为功。”嗣闻已定局相嬲矣，明日黄华奚足一道，不谓以如此之人，尚复知有刘豫州[②]也。然商鞅因景监，以见赵良寒心，长卿为狗监里人[③]，游猎以赋，非史公[④]所云：“自古而耻之者乎。”

秋老索最近日记一册去。

【注释】

①乡曲：乡里。

②刘豫州：刘备。

③长卿为狗监里人：长卿指司马相如。狗监是汉代内官名，主管皇帝的猎犬。司马相如因狗监荐引而名显，故后常用以为典。

④史公：司马迁。

1936年9月14日

因树轩处祖宅家庙之北隅，隐然扼镇，塑像之议，中心藏之。

《研经室二集》中有《雷塘阮公[1]楼石刻象记》云："楼中绘四世象，刻于石。焦君循书扁，质言[2]之曰：'阮公楼。'庶几先世灵神栖降于此，顾视子孙丙舍[3]，罔所恫也。"然则古之人有行之者矣。

【注释】

①阮公：阮元。

②质言：如实而言，直言。

③丙舍：正房旁边的耳房。

1936年9月18日

粤报云《彭泰来集》将刊行（张启锽等）。泰来高要人，字子大，号春洲，嘉庆拔贡，有《昨梦轩文集》（尝一见于秋园）。

1936年9月20日

陈彦和[1]复简来约一面，陈师曾介弟也，不见亦几三十年矣。（东山合群路三号）

【注释】

①陈彦和：陈隆恪。陈散原次子。

1936年9月21日

补发星期家信，付内子节费二十五金，陈姬十五金，仲学费五十金。

《因树山馆日记》第四册

（1936年9月27日—11月12日）

1936年9月27日

访陈彦和，执子之手，仿佛如昨，犹能道一万八百日前白下中正街故宅把晤事也。

傍午出饮蜀馆锦江春，秋老复柬达夫来共觥勺。适彦和亦入此小肆，臧钩洗盏，暂欢无极。

1936年9月29日

刺马一案，相传丰顺丁公子[①]实主之（王雨若述丁静斋言）。湘绮记云（同治十年正月十八日）“左壬叟言王孝凤劾丁巡抚[②]谋杀马总督，其言不经”云云，可见当日鼓钟之象。

【注释】

①丁公子：丁惠衡。丁日昌长子。

②丁巡抚：丁日昌。

1936年10月12日

午蔡秋农来作乡谈，依稀少年事。

秋老外孙张荃来谒，呈诗二首，七古长歌尤胜，美才也。并致其外祖挚友杨铁夫（名玉衔，香山）之意，殷勤假日记一观，以所著《抱香室词》一卷为贽。得友为难，破例与之。

1936年10月15日

嘉应温柳介太史仲和，辛丑前主讲金山书院。（《广东考古辑要》云：“金山一名金城山，有金姓者居之，故名。宋祥符间知军州事王汉始辟其胜。”）壬寅、癸卯，监督岭东同文学堂（束[①]千金），际遇始及其门，月应二课，旬呈札记。时方醉心所为时务者。虽有嘉肴，不知其旨也；虽有至道，不知其善也。课最期迫，则杂抄记问数则，以搪塞之。先生拱坐堂上，末如此顽徒何。今但忆入先生之室，图籍满架，丹铅[2]殆遍而已。后于章先生[3]《新方言·小序》乃知柳师通音训之学，亦陋矣哉。今日阅完《客人骈文选》三卷，则柳师《为学通义》十首，综核群言，折衷众是，卓尔之作，允矣大成。曰辩经，曰尊纬，曰守诂，曰观通，曰别礼，曰识器，曰释术，曰质今，曰校雠，曰金石。古教授[4]题辞有曰：“温仲和检讨近承东塾之传，远绍高密之绪。笃好斯文，征扬雄之吐凤；弥纶群典，酌刘勰之雕龙。”美哉辞也！录《守诂》一首并笺注数则。

《守诂》（《为学通义》三）：

“昔虞史赞典，首曰稽古。周公制雅，先列释诂。仲尼之论为政，必正名；诗人之颂仲山，古训是式。盖训诂者，所以通古今之异言，解方俗之殊语也。时有古今，犹地有南北。地远则言语不通，必借夫翻译。时远则文字难解，必明乎训诂。有翻译，则万里犹若比邻。有训诂，则千年直如旦莫。王符有言：‘圣人天之口，贤人圣之译。’群经之有训诂，所以译圣者远矣。夫圣人所以明道者经，经所以成文者辞，辞所以成句者字。是故积字而后成句，积句而后辞显。不识其字，曷离其词，不解其辞，曷明其道。然则欲通训诂，先宜识字矣。字以载声，声以达意，欲求识字，其又在声与意乎。原夫制字之始，万象初萌，神居胸臆，物沿耳目。接之则意生于心，达之则声离于口，故意以交物而构，声以象意而宣。然声之为物也，可闻于一时，而不可留于后世。可听于接膝，而不能传于远方。于是以其声音寄之文字。声寄于字，则字有一定之声。意达于声，则声有可通之意。声能达意，则同声者可以通借，而假借以生。字有定声，则每字各有本音，而本义斯在。故不通声音之本，不能识假借，不通假借之例，不能明训诂。约而论之，大端有三，一曰识字形，二曰识字义，三曰识字音。此三者，折衷古籍，有溯流而穷原，勿乡壁而虚造。保氏之教国子，先明六书之文。汉律之试学僮，定讽九千之字。孔子对哀公之语，乐其辨言；孟坚发古文之读，先应尔雅。是以毛公述传，独标故训；子春注礼，惟正声读。高密经神，有读如、读曰、读为、当为之例；邵公学海，著长言、短言、内言、外言之殊。咸借声音以定文字。至于汝南《解字》，子云《方言》，野王《玉篇》，稚让《广雅》，又无论已。良以古语与今语不同，亦犹齐言与楚言有异。地相近则语言易晓，时相接则声音未离。学齐语必师齐人，岂曰求之于楚；读古书必守古训，安可混之于今。《颜氏家训》曰：‘云为品物，未考书记，不敢辄名。’况可解经，不遵古典，若妄逞臆见，不知而作，将如‘八月剥枣’之‘剥’（《毛传》：剥，击也。许文本此。段注：豳风假剥为攴，八月剥枣，毛曰剥，击也。《音义》云：普卜反，故知剥同攴也），荆公则解为剥皮。‘吉士诱之’之‘诱’（《毛传》：诱，道也。《郑笺》：吉士使媒人道成之），永叔竟解为挑诱。岂徒呼‘人苋’作‘荇采’，指‘马苋’当‘荔挺’，为颜之推所笑已哉。”（[illegible]，为[illegible]之重文，《颜氏家训·书证》篇：“《诗》云：‘参差荇菜。’《尔雅》云：‘荇，莕余也。’字或为‘莕’。先儒解释皆云：‘水草，圆叶细茎，随水浅深。今是水悉有之，黄花似莼，江南俗或呼为猪莼，或呼为荇菜。’刘芳具有注释。而河北俗人多不识之，博士皆以参差者是苋菜，呼人苋为人荇，亦可笑之甚。”又云：“《月令》‘荔挺出’，郑注云：‘荔挺，马薤也。’”误矣）

丁征君[5]《手谈赋》逸致翩翩，首云：“陈王废徙雍丘，独居亡侣。悄然疢怀，端忧忘绪。乃倾芳尊，烧华烛，断木为棋，梡革为鞠。状中心之不平，取围棋而置局。”中云：“故其当机立断，运思亡滞。转若丸弹，激如箭逝。或欲取而故予，或补偏而捄弊。虽高下之在心，必推敲以作势。懿筹画之无遗，若烛炤而数计。借程才而效伎，固无嗤乎曲艺。其为物也多姿，其为体也轻便。其会意也尚巧，其用心也贵专。彼冥情于坐隐，自愁忿之悉蠲。”末云：“陈王怃然有间，遂揖而入。风诵以竟，悔如不及。嘉其直词，赏其妙笔。即而思之，展转反侧。敬佩玉音，守之勿失。乃遣使者赐帛千匹也。”（丁氏丰顺人，隶潮州，自雨生中丞发迹，世居揭阳原籍，操客音，故古氏入之客人也）

【注释】

①束：束脩，十条干肉，原指学生送给老师的礼物，后指给老师的报酬。

②丹铅：点勘书籍用的朱砂和铅粉，亦借指校订之事。

③章先生：章太炎。

④古教授：古直。

⑤丁征君：丁惠康。

1936年10月16日

得陈彦和小简，即专人通万里[1]诣谢之。万里旋踵来以为小就，复索书与彦和说项。

【注释】

①万里：姚万里，姚秋园的儿子。

1936年10月21日

粤儒彭泰来，本日报又载其事迹。泰来以拔贡任英德教谕，同治五年卒，年七十七。著有《诗义集》六卷，《昨梦斋文集》四卷，《天问阁外集》一卷，《高要金石略》四卷，《读史𩠆笔》若干卷，《辑端人集》十卷，《南雪草堂诗抄》三卷云。秋园遵吴玉老说，极力表章之，今余汉谋等为之刻遗集。

1936年10月22日

香山杨铁夫翁为阅《不其山馆日记》四册，并系小柬云“承假大著，庄诵一过，真觉北江复生，殊令莼客失色，使我五体投地矣。以弟愚见，请以原迹付影，公之同人，比之秘藏名山，功业万万。执事如有意者，校字之役，乞以相付。兹仅写出可疑者若干处，不知有益高深否耳”云云。仆于杨翁，未尝衔杯酒接，殷勤之余欢，幽居何宅，怀刺未投，乃以先施，惠迪后起，况以七十之年，方将鼓缶自乐，今人与居，古人与稽耳。猥为鲰生丛稿，三日不朝，检其蝇头小书，一字无漏。予小子何敢比洪阳湖，惟先生乃今之王胜之，习静山中，漠然人间世矣。片言之诒，奉之如玉，三军之士，皆如挟纩[①]，仅将所签批四十一条分存眉端[②]，或即削正之，其论“仗”“祥”二字，特记所知者如下。（原稿附存卷末，不胜羔雁之爱也）

杖朝之马惟存其仪。（二册四十七页十二行）签云：“杖”“仗”通否，谨按《说文》无“仗”字。《牧誓》：“王左杖黄钺。”《左传》：“杖莫如信。完守以老楚，杖信以待晋。”皆如此作杖。《说文》：“杖，持也。”

天后庙祥见《元史·祭祀志》。（二册四十五页十四行）签云：“祥”“详”通用否，诘夕又亲诣姚庐下书云祥。查《左成十六年传》：“德、刑、详、义、礼、信。”《正义》曰：“祥，详也，古字同。”谨按《易·履卦》：“视履考祥。”《释文》本亦作“详”。又“大壮不详”也。《释文》王肃本作“详”。《荀子·成相》：“慎墨季惠，百家之说诚不祥。”注：“详或为祥。”《汉书·食货志》：“上亦未可详。”注：“详者祥也。”朱骏声谓：“祥假借为详。”《书·吕刑》：“告尔祥刑。”

至于泛览简编原同屐货。（二册四十六页十五行）签云：“屐”字误否。谨按，“阮生好屐，祖生好货”出《世说新语》。

而所获纠谬正伪者多矣，取友一世，得此有几。自从韬晦，亦不敢以施于人，直谅多闻，古之益友，惟其有之，是以似之。

张荃（荪簃）将杨翁之意来（并为索书），义不可再辱长者远来也，立加冠偕投天官里（后街二十二号）精庐，荪簃介以见，长揖称谢，重以最近《因树山馆日记》三册请益，亦应翁之索也。翁方钩比古拓，几凳纷披，举文待诏，停云馆帖。明清二拓，属核纸墨，墨泽黝然，楮润如绢。清拓亦早在康熙二十四年，阁、绛、临江、宝晋、博古之精英在于是矣。翁复申所被书之意，谓“自来日记，越缦擅场，常熟[③]湘乡，难言作者，湘绮楼记，更无足言，后来积薪，允[④]在吾子，及今削牍[⑤]，公诸士林，孤本名山，殊为可虑，莼客晚作，托之樊山[⑥]，泯灭失传，殷鉴[⑦]不远”。噫！吾何修，而可以比于先贤观也。深惟“吾斯之未能信”之言勉为，加我数年之业漫云，可无大过，庶几可以小知乎。翁留饭，不敢承。受所著《梦窗词全集笺释》四卷而别，荪簃导往广大路，赁车返村舍。日尚未晡，但雅不欲候车路隅，与时贤争坐位耳。（车贾一元六角）

家书来，即复。儿辈来书，言东湖外孙孤女始来朝，年四岁矣而始来，言之尚有余痛也。

汕头宏信柬来（报接粤币九百，申七百二十三元，青岛一千，申一千二百二十五元），备与陈家赎新宅。先大夫所题联：“为子孙手创读书处；是生平舌耕卖文钱。”夜忽感停食，亥尽矣犹亨茶检书，移时稍解，斋灯骤灭，手尚执管，不可中废，膏烛助予。

【注释】

①挟纩：披着绵衣，以喻受人抚慰而感到温暖。

②眉端：书页的上方。

③常熟：翁同龢。

④允：信。

⑤削牍：古时削薄竹木成片，用以书写。有误则刮去重写，谓之“削牍”。后用以泛称书写、撰述。

⑥樊山：樊增祥。

⑦殷鉴：泛指可以作为后人鉴戒的往事。

1936年10月29日

日昳，杨铁夫翁入谷相见，张荃从斯，真长者车辙矣（非陈平世家所云之长者）。耄学[①]礼下之垦诚，懦夫闻风，百世之下，犹当兴奋，而况亲承謦欬者乎。面还《因树山馆日记》三册，附别纸条揭[②]七十八则，明如燃犀[③]，老如断狱。问马方举策，而数正名，必后海先河，校讹若九雠，视书如命。猥以拙记可闻于后，不令止句（许慎序：“苛之字止句也。”）存乎其间。一事两见，则纠其骈枝[④]；片言单辞，亦疏其本末。一字之弹，臣欲谢以千金；万里求师，威不违颜咫尺。误书扫落，即感邢邵之苦思；发墨针盲，弥拜郑君之良药。眉端分存，永矢弗谖，月落乌啼，犹未卒业，不知先生为我消磨了几许光阴也。（张荪簃言：府学东街某肆毛边纸《十三经注疏》，广雅书局本，索四十元，未与谐价）

器儿寄《连续群论》石印本来。曹生（吉豫）亦自北平寄来。“硕士第”[⑤]典贾八千元，除抵迁“輶轩第”四千元，家中备千百元，尚须付二千六百元，函宏信庄如数备赎。陈家乔迁，定九月二十日（新历11月3日）祭灶，园居时有读书处矣。创儿禀称《越缦日记》已买入，即南寄。奇书之遇，亦赖良朋，优哉游哉，聊以卒岁。

【注释】

①耄学：年老硕学之士。

②揭：标示，揭橥。

③燃犀：喻能明察事物。

④骈枝：即“骈拇枝指”，当大拇指与食指相连时，大拇指或无名指旁所长出来的一个多余的手指，比喻多余无用的东西。

⑤硕士第：黄际遇在澄海的寓邸。

1936年11月1日

贪看晓月，起特早，茅店鸡声，板桥人迹。凡今之人，有终其身未闻见者。忆癸丑之秋，刚甫躬耕杨漕，被予小柬云："松禅[①]一生喜看晓月，予在此兼有鸡声。连日侵晓，披衣饱览，此境恐松禅尚未梦见，披简之时方向二更，朔月正中，清思敻[②]绝。"二十五年前事，依稀昨夜月明中也。

【注释】

①松禅：翁同龢。

②敻：远。

1936年11月12日

得家书，报新宅已照验收，家门祥气洋溢，令人乡思浩然。张奋可申函来。

《因树山馆日记》第五册

（1936年11月13日—12月29日）

1936年11月13日

下楼贻书室人[①]曰《村中与妇书》：

凉秋九月，残暑犹骄。逖闻[②]废都，立冬已雪。卅年北雁，一旦南飞。节异地迁，履霜增怛[③]。白云山下，非无故人；红豆花枝，实生南国。于以优游文酒[④]，采撷芳菲。时泛访戴之舟，亦寻季隗之约。同声难得，人生几何。即以归林，奚悲秋草。属遭时变，胜会不常。期月之间，迹留人往。姜生返棹[⑤]，秋叟灌园[⑥]。文学清言，倏尔契绝。又疑侯门海阔，客路三千。蒹葭苍苍，榛苓悠悠。之子有行，肥泉永叹。独遗异客，苦恨江南。无酒则尽人不识，遍君辈姓名难记；有酒则无人不识，从夷门屠沽者游。大学之大，所居成聚。小之又小，其邻有村。王化未渐，野龙不吠。纵其屐齿，往据石头。鸭鹜可盟，桑麻与话。想卿闻此，亦为轩眉[⑦]。地迥林深，何来一老？秋园石交[⑧]，杨翁铁夫，七十之年，千里不远。谓予胶东[⑨]之馆，道接不其，瀼西之斋，人指因树。冥冥之行，昭昭之功。既闻所闻而来，不能无见所见而去。不图所南心史，未函井中；竟蒙汉阴上人，远来海岛。炳烛披蝇头小字，老眼无花；削简雠马足异文，秋风落叶。猥称克赓东塾之记，清于越缦之声。即以汗青，无俟头白，叨敬礼定文之赐。奚事他年，感豫州知我之言。证以此日，得友之乐，何如枯柳揩疥，为之加饭读书，顿忘况瘁。起视明月，霜天正高。陶陶心期，与卿共之。客梦安隐，苜蓿而甘。老屋雏儿，殷勤将视。聚粻三月，博经一篇，为卿护鸡，窃比高凤。

【注释】

①室人：妻子。

②逖闻：在远处听到，表示恭敬。

③怛：忧伤、忧苦。

④文酒：饮酒赋诗。

⑤姜生返棹：姜叔明回山东。

⑥秋叟灌园：姚秋园回揭阳。

⑦轩眉：扬眉，得意的样子。

⑧石交：交情坚固的朋友。

⑨胶东：青岛。

1936年11月17日

罗节若来告移庐（百子路菜园东卅二号二楼），未晤，提字在几。姚万里来告移均益路十二号之二二楼。萧锡三来求字，因约晡时退公，同载广州市领奉钱（交广信庄郑慕亮，省币六百兑宏信）。

1936年11月22日

是日先妣陈太夫人冥寿九十二岁，创儿申禀来，尚知稼穑，此子先大夫尤宠爱之。亦北江《戒子书》所谓“弱冠已过，涉笔便讹”也，然此为戒其中子符孙而言。符孙旋有清名，卒附父传（与弟齮孙并见《清史·儒林传》），《常州文录》存其骈文三十三，屠文（寄）《叙录》曰：“增基崛岉[①]，积之俞隆，一篑靡覆，曷究曩功，抑抑幼怀，思禅雕龙，体微材弱，扶此文栋。”录《齐云山人文第七》云：“可谓父作之，子述之。”流风余韵犹有存焉者矣。

【注释】

①岉：高峻。

1936年11月26日

适家书来，镐臣附柬，知有将帅之臣辱小人之宅。亲见残书满架，学僮在堂，舍而之它，拜赐不浅。辅轩因树，托庇宗祠，半世经营，幸归故主。未阴巢燕，言待归人，为此鸡肋，迟予马首耳。慷慨扬鞭，梗萍[①]结宅，已非复盛年志概矣。(镐臣书告绝枨，当挹注[②]之)

【注释】

①梗萍：萍梗，比喻行踪如浮萍断梗一样，漂泊不定。

②挹注：将彼器的液体倾注于此器，以喻取一方以补另一方。

1936年11月28日

张苏簃将杨铁翁之命来假《越缦堂日记》一函，请益数事，不失为可与言者，不省所阅何书，冉冉夕矣甚矣，神明之不得常健也。

1936年11月29日

陈彦和并眷属来，午去。柬复姚伯鹏并致意秋老。日加申林本桥来，同赴留东同学会，为金湘帆五十八致寿也，识之三十又三年矣，遂出卅里之疆，修其一斝[①]之敬。卯中而集，十有六人，觥筹而欢，车笠[②]无间，局终醺然矣。黄君以车护送，过林厉儒宅小坐，而驰东野之郊，辘轳不转，下车看月，易乘以归。

【注释】

①斝：古代先民用于温酒的酒器，也被用作礼器。

②车笠：车笠之交，指不以贵贱而异的朋友。

1936年12月2日

寄家书，附柬陈镐臣，坚馆约也。镐臣安贫守素，博薪不足为妻孥一饱，萧然自得，信夫，诗书之泽人也。

器儿航空禀来，别有营图，菜根之味，本难强人甘之耳。姚伯鹏来谢为道地[①]也，并丐赞其母像。

【注释】

①道地：代人事先疏通，以留余地。

1936年12月5日

早课，一文学生徒操潮音卒然问曰："姚秋园文怎么样?"叩之则揭阳人也，予瞪目须久，姑答之曰："好。"昔梁星海少年掉鞅[①]于词囿，李莼客垂艾[②]落解于春官。(《左宣十二年传》："御下两马，掉鞅而还。"注："饰马正鞅，以示间暇。")小友忘年，投辖不禁，而越缦记曰："昨夕星海忽字谓我辈，假使星海再读十年书，应不至此。"谨案，《玉藻》云："士于君所言，大夫没矣，则称谥若字，名士。(句)与大夫言，名士，字大夫。"恐当日之梁节庵，尚未闻君子之大道也。今之少年喜谤前辈，或能讥评孝章，孝章要为有天下大名，姚秋叟要为楚南恪守古文义法成一家言（姚梓芳初字楚南，中年改字君慤，晚自号秋园），五领[③]东南所共称。叹此里后生再历五十年，我决其必无成也。为此一呼，累我作记，相鼠有皮，不可终古耳。

【注释】

①掉鞅：喻从容显示才华。

②艾：老年，对老年人的敬称。

③领：古同"岭"。

1936 年 12 月 19 日

杨铁夫翁亲来订翼午之饮，云：“昨日已投简，恐不能至。”实尚未被书也，速于置邮今也，不然收发转递，例须旬日，牙门习例，本有耽迟不耽误之诀也。

铁翁面馈佳墨四笏，为嘉庆时贡品，苍然黝泽，铿尔弥香，弥增漆简之光，拜兹松烟之赐。寒窗有磨穿之研，铁鞋有踏破之时。坐致新胶，实惟国宝，欢喜无既，韫匮[①]善藏。

【注释】

①韫匮：收藏在柜子里。

1936 年 12 月 20 日

傍午趱车应铁夫翁嘉招（广大路结缘素食室），特备绍兴佳酿，殷拳劝杯，不酒亦欢，不肴而饱，况既饱以德，又醉以酒乎。

1936 年 12 月 29 日

夜阑，作新岁丁丑门联：

冠剑丁年犹往日；招摇丑指是新春。（《淮南·时训》：“季冬之月，招摇指丑。”高注：“招摇，斗建。”）

《因树山馆日记》第七册

（1937 年 3 月 31 日—5 月 8 日）

1937 年 3 月 31 日

张荪簃为抄文稿，专人来并致密柑一篓，剖而食之，不复亨茗。

校荪簃所抄《完白山民索鹤启》一过，将付手民聚字，付小子诵之也。篆隶分行狂草五体兼工，度惟山民足当斯语。

1937 年 4 月 1 日

族侄启先自乡来。蔡智告其家讼事益棼，无能为役也。晚作家书，寄百金付仲儿学费。

谢张荪簃馈柑启：

某启。登彼西山，采薇已尽。自同庾衮，拾橡而安[①]。（《晋书·庾衮传》：“与邑人入山拾橡。”）何处携斗酒双柑？（《云仙杂记》：“戴颙春携双柑斗酒，人问何之，曰：‘往听黄鹂声。此俗耳针砭，诗肠鼓吹，汝知之乎？’”）此间有望梅止渴。（见《世说》）不图青鸟，（《史记·司马相如传》：“幸有三足鸟为之使。”注：“三足鸟，青鸟也，主为西王母取食。”）远致黄包[②]。（潘安仁《笙赋》曰：“披黄包以授甘，倾缥瓮以酌醽。”）累累盈筐，煌煌佳实。（宗炳《甘颂》：“煌煌佳实，磊如景星。”）解其羊枣之嗜，比于木瓜之投。坠橘可怀，羡陆郎之有母；（《吴志·陆绩传》）海棠虽好，惜坡公之未诗。报之芜言，揖拜厚贶。此启。

【注释】

①自同庾衮，拾橡而安：庾衮字叔褒，晋明穆皇后伯父。饥荒之年，庾衮总是谢绝门人送来的饭食入山拾橡，奉守礼法，把容易捡拾的地方让给他人。

②黄包：黄苞，指成熟的橘子。

1937 年 4 月 2 日

张荪簃来索观甫脱稿日记，比年耆予文者尤在蜀罗[①]、粤张[②]二闺阁。文章本天地清淑之气，非尽人所能领略也。灯下校脱版各稿，烛为见跋。（以全稿付塾中小子，并贻鹤皋、镐臣、荪簃，奇文共欣赏也）。

【注释】

①蜀罗：罗玉君。

②粤张：张荃。

1937年4月13日

义宁陈彦和归省来告行。

张荪簃专足还所借《越缦文集》并《因树日记》新脱稿者，且告经旬不来，负薪有忧[①]也。所签注误字十余则，中其八九，真不栉之才也，惟于越缦《仲弟百日祭文》“榛松杏人，此邦之珍”签云：“‘人’‘仁’通否。”按朱骏声《说文通训定声》云：“果实之人在核中，如人在天地之中，故曰‘人’，俗以‘仁’为之。”语本《礼运》：“人者天地之心也。”段云：“果人之字，自宋元以前本草、方书、诗歌、纪载，无不作人字，自明成化重刊本草，乃尽改为仁字，于理不通。”张媛善问者也，语之而知书以释之。

【注释】

①负薪有忧：旧时称有病。

1937年4月18日

周英耀来省，约晤，无以应之。

张荪簃书来，执礼甚恭，以病中绝句五首为娄[①]，其第四唱云：“梦中犹记南村去，数尽风帘几酒家。归路却嫌新月小，独穿曲径蹋残华。”亦自可诵。

【注释】

①娄：得志的样子。

1937年4月24日

张荪簃远道过从，浃旬未来，小病新差[①]，问字辩音，有志于学，谭[②]至日仄[③]，弥为神王，同车入市。予独西行，访弈人阛中。

【注释】

①差：同“瘥”，病愈。

②谭：同“谈”。

③日仄：同“日昃”，太阳偏西。

1937 年 4 月 25 日

与苏簃期于姚伯鹏[①]东山寄寓，赓昨日之谈。

午有酒约，视晷尚早，苏簃导涉清荷浦。浦在东山之东，有水有山，岗峦漪漾。荷塘十顷，树影半竿。凭倚曲栏，偶极远眺。它日荷盛高，当更有可骋丽瞩者。流连半晌，盘跚遵行。密榕疏槐，泠然善也。

【注释】

①姚伯鹏：张荃的舅舅。

1937 年 4 月 26 日

温丹铭先生赍馈《广东通志列传》一部。丹老尽瘁志馆辑纂之业，于兹五年，每闻“头白可期，汗青无日”之叹。今及见《列传》之杀青，幸素心之大白，不徒殚太官之膳，虚索长安之米矣。凡四卷，周汉三国为一卷，六朝一卷，三唐迄南唐（楚）为二卷。未谢。

1937 年 5 月 2 日

猛忆铁老索联之诺久矣，苏簃比重以书将命[①]，爰集十六言为楹帖报之：

直谅多闻，益友行古；平畴远风，良苗自新。

慨然有怀，假张逊之车枉姚庐，草快函示器儿。苏簃导往置邮，传砺儒之命也。纵车迤东北行，荷浦梅村，历历在目，槐阴榕萱，翳翳垂青，信可乐矣。入村展笔研为铁老书楹帖，非苏簃助申纸研墨之劳，亦不能偿此愿也，然而热不任矣。检近月日记三册，就铁老正之。

【注释】

①将命：传命。

1937 年 5 月 8 日

是午，蔡纫秋远来一见，青岛之居，昕夕无间，郑重将讯，“君问归期未有期”。

《因树山馆日记》第八册

（1937 年 5 月 9 日—7 月 6 日）

1937 年 5 月 9 日

比又成《因树山馆日记》一卷、《畴盦坐隐外编》一卷，苏簃迹予陈庐，及于山下，举以付之，为装潢也。即席草致秋老、铁夫二小简。

1937 年 5 月 12 日

苏簃为新装日记一册、《畴盦坐隐》一册，冒暑送来，并袖秋老近函一通，谬以近挽蔡杨之联为善，中有“此事以足下经史罗胸，珠玑在手，每有所作，必精心结撰，特开生面，真当避三舍，不敢望旗鼓矣”之言，老辈谦德，可惭汗也，附函有挽郑晓屏联：

“文行赵天水，耆德黄理卿，东岭几人推后起；善士徐子青，密宗王弘愿，四方一例接先生。”

挽徐子青云：

“访城北故居，跋涉长途谁掖我；表陇东新墓，淋漓钜笔让何人。”

（自注云：徐子以表见托，未成。按徐子青，澄海城北东陇乡人，秋园过汕，主之者垂五十年）

徐子青得秋老“访城北故居，表陇东新墓”十言，可偿其一生之礼士矣。郑明经晓屏名国藩，潮安人，于潮州为耆硕。王弘愿者，王慕韩上舍，师愈竝，潮安人，戊戌岁试，与予同受知于张冶秋先生，颇好昌黎之文，晚入于禅，一度至羊，袈裟登坛，不堪世诟，要为海陬畸人[①]。期月之间，郑、王、杨、蔡并为异物，东南文士殆尽矣。

阅秋老谕苏簃手柬，传来张姚节母寿联，特推揭人[②]林清扬之作，联云：

“寿姊文传姚惜抱；教儿学媲张惠言。”

无以易也，清扬服膺刚甫有年，为不虚矣。

晡雅欲过市，视天将雨，举足趑趄（易其行次且），苏簃别归，抉徽朱[③]半挺励之。既不入市，弥爱景光，灭烛而眠，尚如伏案，于是乎感过劳矣，所谓结习也。

【注释】
①畸人：有独特志行、不同流俗的人。
②揭人：揭阳人。
③徽朱：安徽朱砂曹素功块老墨。

1937 年 5 月 15 日

日加未，惕于姚伯鹏寓庐，苏簃俟予同至江边祺园①。子春夫妇接待极周，剥果饮冰，顿忘暑盛，肆谈至晡，分袪②而西。

【注释】
①祺园：张云的住宅。
②袪：衣袖。

1937 年 5 月 20 日

苏簃柬云：因阅卷不果来。

1937 年 5 月 22 日

午苏簃使人来，取近半年日记四册去，云："杨铁老回省索阅也。"既柬复之。

1937 年 5 月 23 日

起仍早，以苏簃有约，同叩杨铁老也。侵晓面于陈庐，买车东山，铁老方手予日记，降阶揖①宾，话别来事甚悉，倾怀而话，无复春日初见时客气，所谓"相见亦无事，不来良思君"也。约过市素食，不及拜受矣。

出枉姚庐，食苏簃所制点心，论文解字，致可喜忻。游记铁夫已见之，苏簃琅琅倍之，凡响犹存，古调不再，吾衰未必再进，而冥追绝调，此志不容少懈耳。

铁老今晨之晤，谆谆以日记付梓为言。予言名心虽未能尽忘，而作记之时，问世之心无几希存者，否则斯记诚可无作也，就令"头白可期，汗青有日"，而忧谗畏讥，只取诟②也。并世已得知我者若而人，吾尚何求哉。

傍午别苏侄寻星期弈会，北山之北，舍车而徒，迂回攀折，抵宝汉茶寮。

【注释】
①揖：古同"揖"，拱手行礼。
②诟：耻辱。

1937年5月26日

下午荪簃来助雠校之役，未毕，日下舂[1]匆匆别去。

【注释】

①下舂：日落之时。

1937年5月29日

荪簃词简盈束，深得风雅之遗，南土清才，今见不栉，陇西徐淑，我劳如何，存其一二，文采可概见也。

《游西溪绝句》云："江雁一声秋欲尽，搴衣人去梦如烟。"

咏怀云断，鸿鸣何哀，千里觅其俦，吾亦失群者，身世等虚舟。

《漱珠岗探梅》云："劫后余枝半摧折，残葩犹酝半枝红。"

《新荷浦泛舟》云："废垒苍茫余夕照，大江日夜悟身浮。"

可为宝钗之作，不亚团扇也（钟嵘《诗品》语）。

其小令如寄《一剪梅》云："欲放新愁向酒边。愁自缠绵，恨自留连。清明寒食又今年。花正嫣研，蝶正蹁跹。　　我思归去柳丝牵。残照鞭鞭，征袖翩翩。春光如水此华年，揉了花笺，搁了商弦。"

寄《满江红》云："斗室书空，盼不到行云消息。喜相随，登山临水，平生双屐。乱草黄花迷曲径，西风残雁随飘叶。山如环，裂地喷清泉，惊神力。　　芳草地，歌五噫。读蒙卦，壶共击。但眼迷空翠，波摇落日。逸兴欲寻天外路，钓丝徒负秋江碧。想此意，惟有涧边风，应知得。"

斯张叔夏所云"情景交练，得言意外，不惟清虚，且又骚雅"者。未能为之倚声，但提正数字以视之。（"荪簃"二字并新附，古"荪"作"荃"，"簃"只作"移"）

1937年6月3日

荪諺[1]冒暑入山，提挈顷筐，云："携自香港。"若苹果、柠檬、香橼、芒果之属，无一非后起远来名果，古圣人所未及尝者。芒果俗呼曰"檨"，音如蒜，有香檨、木檨、肉檨三种，此为香檨，品之最上者，其树为乔木，实如鸡卵，皮青肉黄（市上每颗炫贾半金），味甘美，见于《闽杂记》者，如此字书未收"檨"字，食之而不知其名者众矣。清言至晡，文心澄然。

【注释】

①荪諺：日记中张荃除称"荪簃"外，或称"荪諺""荃諺"等，均为同一人，不再出注。

1937年6月5日

予复出山，午饭于姚宅，园蔬麦酒，乡话交情，良不胜其跱躇俯仰者，予语少主人交情，乃易世而弥见，聚散则一日不可知，苦叶沧桑备尝之矣。然举天下之美，无以易乎，沉浸浓郁，含英咀华，作为文章，被之管弦者也。弦外之音，礼义悦心，心所同然，语皆断金。昔人所以或命驾于千里，或尚友于千载。青莲达识，炳烛春夜，坡公可人，赤壁重游，诚有慨夫，晏婴爽邱之言，安吴棒师之语（包世臣《安吴四种》有“记棒师”语）。遂复泛舟荷浦，以荔枝名谱，汪笺黄记之属，壮君一介行李，画篌微动，远潮乍生，戢橹无声，停舟爱晚。西匿白日，天末凉风，江上之歌，海中之操，诚足令群鸟悲号，山林窅冥，海波汩没，濑浪澌崩，所为刺成，连于渤澥，师子春于劳成。青青数峰，悠悠南浦，流水高山，相望终古。

荪簃孰汪[①]文，尤爱琴台之作。昔慎伯推沈状冯碑（《冯按察使碑》）为妙绝于时，而指《广陵对》《琴台铭》为下乘，（《艺舟双楫》中《复李迈堂书》）斯亦高下在心，而非酸咸独异。典午而后，千六百年间，如此下乘之文，吾见亦罕矣。要之味容甫之文者，从生才之难，赏音之感，迎面悟人，语语皆通，音节雍容，尤其特至者矣。

【注释】

①汪：汪中。

1937年6月8日

荪簃寄所定《刘后村年谱》来，并问“牸”字，想是“牸”之涉形似者。（《说苑》：“臣故畜牸牛[①]，生子而大。”字作“牸”。坊本《学生字典》亦云“牸”之伪）

【注释】

①牸牛：母牛。

1937年6月10日

下午枉姚寓，托荪簃刻板印日记用纸，久不贯与市肆人谐贾矣。

1937年6月11日

补日记后小睡。荪侄留片，道日记纸事。相示为之莞尔。

1937年6月12日

柬马隽卿，约以冬十二月趋拜七十之寿。

1937年6月13日

苏簃入山，远来共过佳节，为挈新印《因树山馆》稿纸一束，铁夫老人所还日记四册，致可感也。萧寥门巷，尚友同心，杯水论文，清风入牖。午呼箪饭共食之，助以花生苋菜之属，只觉粒粒皆香，陶陶多趣。

比日方力抄曾、黄[①]传授弈谱，苏簃请分抄一二册，皆其从学之诚也。

午铁老来谈至下午，尤多见道之言，视其被苏簃书云："顷自港回，保存日记如六尺之孤，百里之命，今得亲带回，如释重负。"为之失笑。此物累人若此，亦非相知之深者，不如此之护惜也。一如前事条揭疑义至百余则，未遑细校，录其被书如下：

"承假日记，载舞载歌。索者门限为穿，投者夜光等重。百朋锡我，复鸣自牧之谦。一字悬门，无借片词之赞。已入山而载宝，甚涉水而猎禽。经小两学，金在冶而四飞；谱算二科，椟还珠而三叹。君非旧雨，我是春风。味翦烛之深谈，弄翻书之故技，（用记中语）无裨校勘，止事吹求，公本开诚。吾为此惧，抑有请者，国医在近，讳疾何心。朝士求知，敢忘行卷。窃呈近作，聊以解嘲。绮语非长者之言，沉沦已甘，地狱准绳，乃大匠所具，声价或长，龙门铁待点而冀为金，玉屡抛而仍报瓦，借供一粲，鉴此千祈，哲匠先生。"

又自抄近词一卷相诒，当倚读以报之。

【注释】

①曾、黄：曾展鸿与黄松轩。

1937年6月17日

日加申，苏簃为携新印《因树山馆日记》稿册来，并其叔季熙[①]贻书，以《张姚节母节孝堂记》端书上石事为言，记文则节母同怀弟，秋园老人所撰也。盛暑正书，谈之汗喘，顾念四十年风义，三世交情，谊不容辞，时无可待，则复攘臂为之，既无所容其反顾，亦遂一气呵成。凡六百余言，无讹字无侧笔，结体布白略遵小字本《麻姑仙坛记》、大字本《元次山碑》之意，神游目想于鲁公法，书时内志正外体直，正襟正笔荡漾以出之，所谓"书其书，思其人"也。苏侄躬执书童之役，侍书维勤，彼自为其王母求题，分固有所应尔，然而谨矣，日下春乃克完稿。

【注释】

①季熙：张季熙，广东揭阳人。中国近现代航空燃料的奠基人。

1937年6月19日

蔡智来言，已买二十六日国轮“海贞”（特等二十金）。雁晴[①]旋亦定计同行，拟往澄宅小住，再回瑞安。为之欣然。

【注释】

①雁晴：李笠，时任国立中山大学中文系教授。

1937年6月20日

达夕抄谱，竟得五册，荪簃又为抄一册。未读千赋，已校千谱，山馆所藏又添奇书[①]一集矣。

【注释】

①奇书：指《畴盦坐隐》。

1937年6月21日

综董写谱，使人于荪簃转付估人[①]整齐线束之。是日予生五十三岁，无幸所生，无负所学，抚膺自问，尚在将来。荪簃闻讯，乞假而至，意欲迓予小饮姚宅，而予已与衍璿定约矣。

【注释】

①估人：商人。

1937年6月23日

晡荪簃共谈楹联一道，古今作者大略备于侯官《梁氏丛话》，然可谓类书，而不能信所入选者皆上乘也。事之起也，不过近古格之备也，尚待将来，然而可与者寡矣。

晚饭于东山小肆，复纵论之。

1937年6月24日

晡访姚伯鹏，见壁上悬刚甫自书《田间诗三首（乙卯十一日）》云：

"早草还伤水，秋风正起予。孙休艰遇岁，郑缓误攻儒。
芜秽从删治，新诗拟建除。曰茅柔洁好，留与护鸡雏。"
"晓月看曾惯，秋潮意略平。呼僮洗桐树，通溜灌芜青。
点点金英小，飞飞粉翅轻。岁芳摇落尽，所得是凄清。"
"蔬菜饶红绿，爪壶极老成。庾郎贫已惯，退谷晚还耕。
云雨将秋暝，星河不世情。百年看鬓影，一雁接边声。"
蔼然之音，当年盐漕（天津粮城自辽得名），草亭共坐，依稀晤之。
苏簃来晤，援[1]以楹联抄稿一卷，六年苦作，不盈一掬也。

【注释】

①援：执，持。

1937年6月25日

今日始入假期，无事，起稍迟，苏侄以所抄弈谱来，约一行六榕寺，闻而善之。细雨轻烟，北数百武，一塔矗然，门首"六榕寺"匾额，字大不及尺，为眉公[1]所书，世所共知，惟不知何以板重若此，下款眉山苏轼数字，则无间然[2]矣。寺中俗书满坑，十二年前曾与达夫饮此，所见无异，有"乐善急公"一额，以颜公意境出之，特佳。（岑西林所悬）书在有意无意间，恐世人鲜能辨者。假坐一椽，呗音可数，素蔬二器，粗饭亦香。游子迹希，仙禽人昵，竹阴荫我，松风风人。文侣论文，我身非我，揖攘梁宋，倡和汪、洪。古人如何作也，吾煮其遂东乎。出门见一联云："一塔有碑留博士，六榕无树记东坡。"造语未化，然无暇为之改作。

【注释】

①眉公：苏轼。

②无间然：无可挑剔，没法再说什么。

1937年6月26日

晴。夜宿香港。

起早，书记稍稍，亦需晷刻，行色尚不匆匆，且不欲辱友朋往来迎送，尚得优游自事所事也。走简达夫、子春。日加巳，蔡贊御车在门，行李半肩。此来四月，劳劳荒研，踽踽征途，如是者半生矣。过车百子路，苏簃伫立路隅，登车远送，及河之岸，乘桴横渡，击楫高歌，此别庸非。茫茫离悰，不无耿耿，橹楼轩敞，舻舳人稀。镝钲迟鸣，征车未集，叩舷徙倚，萍梗感深。临川低徊，成连人远，江头别绪，南浦逝波。久事风尘之躬，看来亦略惯矣。

晚抵香港，蔡、林二子来迓入市，憩于有信港庄，谈至夜分，刺知乡事种种。

1937 年 6 月 28 日

晨晴，午雨急，晚尚凉。

朝望见莱芜诸山，入汕屿已矣。峻六使人来迎。雁晴欲往澄海一行，视所藏书，遂匆卒登车，甚雨及之，早稻已熟，积潦溢堤，所望汪洋，颇为夏收之患。

未午抵家，室庐无恙，雏儿雀跃，邻妪伛迎，无改乡音，式其桑梓，远客不速，未及杀鸡，臣家所有，仅此茆屋，一饭而别，诸儿皆从。最难风雨故人来，固始张幼山、温州陈达夫，十年之间远来过我，并雁晴仅得三友耳。

晡授读罢，室人夜话，悠悠我心，鸡既鸣矣。

1937 年 6 月 29 日

晴，时有欲雨意。

辨色而起，诸小子随行出东郊展墓。暮田多水，几迷町畦，厉揭为艰，徘徊而返，田子蚡集，无心谐贾。陈镐臣来共话久之。柬何衍璇。订谱。亲友数辈来。夜授文。

1937 年 6 月 30 日

晴，八十七度。

早出北城视水，何若则又长尺许矣。前日所见之堤，今尽陷水中，禾黄麦秀之秋，逢此潢潦[1]，稼穗没水，秧茎或止露颖，以菑[2]以获，粒粒辛苦，天果爱民甚矣乎哉。小桥偶立，农人告予卡已关，溪潮夜长，天时人事，有不胜其感喟者，劳慰无词，汪洋怅望而已。

小子沿溪拾蚌，急流之下，勇退为是，寄语水濑，诘朝检证也。逶迤入郭，东旭在林。抄谱。授读。

【注释】

①潢潦：地上流淌的雨水。

②菑：初耕的田地。

1937 年 7 月 1 日

晴热，午过八十八度，四更见月。

早圬人来商修屋之宜。因树古轩原曰“近市山房”，明季遗栋，恐邑内无几也。

树下布几抄谱，不知人间何世，蝉鸣雀噪，亦复不寂。日高天迥，行夏之时，簟上靡所事事，命小女诵佳谱一方。予不对枰，虚拟应之，则亦十射九中，室中人为之粲然。

中夜犹宿桑中，不为浮屠之思，晓月在梁，鸡声在埘，亦刚甫所云“晓月看曾惯，春潮意略平”时矣。

1937 年 7 月 2 日

八十八度，入夜尤热。

未曦出城，四儿以下从焉，水有稍退意，加以二日不雨，农人得天尚厚也。禾已刈者殆半，北乡过之。北之地势高于南乡，地之得天亦略早一节候，地之相去不二三十里，此非市中人所知矣。伫立田中，小顷归休。

抄谱。夜授文。

1937 年 7 月 3 日

晴热，八十八度。

夜来颇热，就新第横栏之下布席展榻，四更残月，树影扶疏，枕角生凉。五更而起，略涉户外，即理奇书。炎日迫人，移几隐避，因树根下，翳不窥天，偶漏日光，皆作团饼。人语来自永巷，鸟声骄乎树间，秃笔生花，落英在纸，此中一士，与世渐忘，过之者或并不知老树之下有此古屋矣。

午过，族人数辈来，泣诉喧聒扰攘，经时大费口舌，及飧饮以麦酒，渴尚未解，桑下一睡，忽忽天明。

1937 年 7 月 4 日

星期，晴阴，未晓急雨过境，东风殊紧，三日蒸溽，一转而风也，亘日有风，入夜渐缓，气候顿凉，不可露睡。

园居一来复矣，抄谱之外，不事一事，不见一客，晚始毕所欲抄者，前得六册，今得四册，为谱之数盈千矣。我以一年之功，手记者不及数十，今坐而得之，且几无一不佳，盖临者无一为三等以下手也。所得固多，所失亦复不少，日记具在，可覆按也，明日当略理人事，还读我书。

1937 年 7 月 5 日

晴，风未全息，中夜有急雨。

是日高祖王母陈忌祭，子姓咸集祠堂共午，洎午利成。晡与镐臣小谈。夜授文。枕上听雨。

1937 年 7 月 6 日

晴，午后有急雨，南风转北，砂石欲飞，旋息。入夜尚凉。

晨起，方得检杨铁老所为諟正[①]最近日记四册七十余则，分条眉存原处之上，可友可师，深拜风义。

族人润生来为侄孙某盗葬祖茔事道地，正言晓之。林鹤皋有约未来。大学致新课约至。仲儿（家睿）自沪归，亦买“海贞”国轮，途次大风播荡，迟程半日，既来亦佳。温诵《四六法海》一卷。

夜射谱数局，愈属名手者愈易中也。

【注释】

①諟正：订正。

《因树山馆日记》第九册

（1937 年 8 月 5 日—9 月 18 日）

1937 年 8 月 5 日

毕所讲课[①]。时局风声密云不雨，大兵蜂驰平汉、津浦二线[②]，外交部令东侨[③]悉数返国，其机岌岌，一触即发，津沽宰割未已，汕市安谧，惟已非平时气度。

林睿藩里生来，闻各讯甚悉，从臾[④]速归，然三宿而后出昼，亦非得已也。蔡智来商归计。乱离之感与时深之，嗟呼，独何兼生此乱世哉。

杨翁铁夫借阅《越缦日记》，补（戊集下六页）签云："'铁中铮铮，雄中佼佼。'以'庸'作'雄'，未知所据。"按此语出《后书·刘盆子传》："帝曰：'卿所谓铁中铮铮，佣中佼佼者也。'"字本"傭"，颜注曰："言佼佼者，凡佣之人稍为胜也。"是假"佣"为"凡庸"之"庸"，爱伯引作"雄"，想是笔误。

【注释】

①毕所讲课：完成国立中山大学暑期培训班的课程。

②大兵蜂驰平汉、津浦二线：此为七七事变的后续事件。

③东侨：旅居日本的侨民。

④从臾：亦作"从谀""怂恿"。从，通"怂"。

1937 年 8 月 7 日

傍午趋广九路大沙头车站，蔡智来平章[①]各事。予往来省会[②]四十年，尚未经此路也。

晡时主于有信庄，既饭，蔡际云导往文武庙街孔圣会，观港澳二阜赛棋。

【注释】

①平章：商酌。

②省会：广州。

1937 年 8 月 8 日

在香港。

买舟不成，亦行道之艰也。文雄侄孙侍侧，谭棋亘日，信能熟用橘、梅二谱[①]者，周、黄[②]之外，目无余子，虽涉矜夸，要非三等手所能抗敌者。

入夜仍偕际云观弈，与林、曾诸子倾谈。

【注释】

①橘、梅二谱：《橘中秘》与《梅花谱》。

②周、黄：周德裕与黄松轩。

1937年8月9日

夜“海兴”舟中。发家电报归舟。

1937年8月10日

日加巳，蔡甥邓鹏扶亦登陆，过有信一茶即归宅，道际遇吴梦秋，一语而分。沿途所见，潦不可以秧，十日之前苦旱，一旬以来霃阴未已。老于农者诉言长堤大岸，竞掘洼壕，水无日至，吾民鱼矣。戒以无妄言而退。

午抵家，绕膝候门，殊解羁抱，回忆抱病冒暑，了影遄征[①]，亦既归来，杯水可乐。快函寄荪簃古沟告归也。

【注释】

①遄征：急行，迅速赶路。

1937年8月11日

夜雨前家人燃几庭中，虔祀七夕。

枕上雨声清沥，早圬人来相屋漏。补四日来日记。陈镐臣来小谈，补食西瓜。

1937年8月12日

晓色如晦，出自北门，小子凫随，相挹野味。甫出郭，农人告以雨将及矣，颔之而未肯返旅也。言迈土堤，汪洋一望，前日过此，水仅浮田，今并路畔，载胥及溺[①]，日长不止一尺也。涓涓不已，霏霏奈何，瞻望弗及，甚雨及之，避于石匠之肆。小顷复至匠人之门。老匠张某，其年老于绛县人[②]矣，迎于道左，请吾子之须臾焉，茶几款招，暄晴同感。粗婢以雨具至，方获攘[③]抠而行。夏潦苦人，秋收之虑，谁实不德，天方荐瘥[④]，张老语予曰：“官令传谕，民间聚粮二月以备不虞。”吁嗟，吾侪小人，饔[⑤]不知飧，朝不谋夕也众矣，为谢当道，毋作骇[⑥]言，夫子曰

“猛虎之章”，《捕蛇者说》“小子识之”。

陈次宋来谈。柬林鹤皋。

夜宿斋头，微凉需衾，卧阅丛书至梆声三转。

【注释】

①载胥及溺：相继沉没。

②绛县人：高寿之人。

③攘：古同“褰”，把衣服撩起。

④荐瘥：一再发生疫病；深重的灾祸。荐，通“洊”。

⑤饔：早饭。

⑥骙：假借为“佁”，愚，无知。

1937年8月13日

放晴，淡阴间之，夜始见上弦未肥，卜是大建，枕凉。

侵晨呼二三小子出作郊行，北门之管无恙，城郭犹是，田园已非。负郭腴田，富藏于民，没而收之，夷为石田，辞曰“公园”，实丛怨府[1]。一事未举，千夫失业，一人所快，千夫所指，亦已成庶人不议之天下，何必修处士横议[2]之春秋。君不见沟渎之水天上来，奔流到海去复来（闸外水高于内地，闸板启而复闭）；君不见千均之悬仅一发，战功未成枯万骨。苍茫百感，游泳方舟，东眺莱芜，红霞蒸蔚，卜晴有兆，野人色喜。圣人之忧，不过如此，帝力于我何有哉。

是日先妣蔡太夫人忌辰（民国十六年弃世，冥寿九十有六），朝夕荐香，巳刻供祭品，酒醴时鲜之物略备。陈镐臣、林鹤皋、黄孝德来与祭，午利成，与族季食馂余。（《仪礼·少牢礼》祝告曰：“利成。”注：“毕也。”）

鹤皋谈文良久，举《孟子》“则苗勃然兴之矣”，《论语》“爱之，能勿劳乎？忠焉，能勿诲乎？”中“之”字、“焉”字诸词，谓：“有语例相同者否？”予思“兴之”之“之”字仍语助也，《诗·蓼莪》曰“鲜民之生，不如死之久矣”。王氏[3]《释词》言“不如死久矣”也，此言“则苗勃然兴矣”也。“爱之”之“之”犹“是也”，常语也，“忠焉”之“焉”亦犹“是也”。《诗·防有鹊巢》曰：“谁侜予美，心焉忉忉。”《巧言》曰：“往来行言，心焉数之。”隐六年《左传》曰：“我周之东迁，晋郑焉依。”襄三十年《传》曰：“安定国家，必大焉先。”王氏并释为“是”字，则此忠乎，是能勿诲也。

日未入，涉猎丛书，饮河亦饱，晚饭助以张家醇醪，津津有味，要为国酿第一矣。饮既彻之，酒肉抚犹存之杯棬。一几檀栾，当日之荻痕可数；四孙茁起，此后之桂树弥荣（五、六、七诸儿及冢孙皆蔡太夫人所未及见）。初更庭月皎兮可亲，展胡床而醺，然信鲁酒之不薄，游神物外，引风天末，乐我妇子，爱月眠迟。

【注释】

①怨府：大家怨恨所集中的对象。

②处士横议：没有做官的读书人纵论时政。

③王氏：王引之。

1937年8月14日

晴，午八十六度，夜上弦正肥。阅彭兆荪《南北朝文抄》。

家藏董诰楷书屏幅十二帧，钤[1]地官司徒董诰二章，而不署名，疑是备大内屏风之用，末殿以“节书名园记”五字，应曰《洛阳名园记》也，俗选本（如过商侯《古文评注》）有李格非《洛阳名园记后》一首，实即全记之后论，选者从而为题目耳。

月上树影微动，杂坐假园，各据一石，听书声穿林而来，姑与相忘。传云沪战[2]已开也。

【注释】

①钤：盖印章。

②沪战：淞沪会战。

1937年8月15日

星期，晴，午稍热，八十八度，夜月特明。

斋头起早，整衣出东郭展墓，田畴水溢，不辨町畦[1]，卜南桥水关犹闭，关以外溪潮未退，关内无可为尾闾也。墓前展拜之地，积水寸许，曲步雀行，掖而后达，蹲坐茔垄，眼逐白云，农夫荷锄至，相见语依依，卑下之地，未可以秧，皆在守潮退也。

省港汕各报来。申衅已开，出无名之师，为非义之战。汕市惟潮安、澄海二邑之民稍安，亦以无地可避也，余则骚然矣。人有途中甚雨及之者，舒步徐行不改初度，有诘之者，则曰：“前途之雨亦如此也。”然则所谓报者之言，信乎。太史公曰：“文史星历近乎卜祝之间，固主上所戏弄，倡优所畜，流俗之所轻也。”

荪簃函来：“欲来未果，天下汹汹，时或尼之也。”

夜月不堪明，竹床之上，清风徐来，诵莼客句云：“有风南至，即空谷之足音；一字相诒，胜屋梁之颜色。”令人悠然增友朋之重。

【注释】

①町畦：田界。

1937年8月16日

晴，午薄阴，夕微雨。

边氛日急，沪战稍振，岭峤守土，固垒深沟，储偫[1]缟劳，骇汗驿骚[2]，姑曰“责也”。又课及民间，聚粻三月，族中魖[3]傀，假以为名，致函于予，析废祠产，果一日之腹，坠百年之祭，人心之祸，深于洪流，谁秉国钧，至今为梗，当槛小坐，为之废书三叹。

日入读《草堂诗笺》。

【注释】

①偫：积储，储备。

②驿骚：扰动，骚乱。驿，通“绎”。

③魖：古书上指能使财物虚耗的鬼。

1937 年 8 月 17 日

夜雨洎晨，泷泷不已，五更倾盆大下，屋溜洗阶，如闻瀑布，裂帛之声，吾民之沾溉多矣，如水益深，亦运而已。

早起，冒雨支笠，吸屐登陴[1]，相水势，又深一尺，或不成灾，但立秋已深，急待播种，一濒白露，苗焉不苗，县官急索租，不知租税从何出者，实繁有徒耳。归见北城女墙堀土成堑，修广以丈，将以御寇，云佳城荡荡，寇来不得上，岂不善哉。

黄孝德来助理祠中薄记，午留饮，天气顿凉（八十一度），既饭坐弈数局。晡凉。

比日牙署[2]墙堵壁垒一新，皆作灰色，又令富室效之，曰防空式，意谓轧轧者在上，俯瞰之而无所见，效尺蠖城之赋保护色。忽忆童话时有一则曰：“有求学隐身术者，人授之以隐咒，念念有词，蹑足入它人室。时裸其身，以衣具覆于蛤壳下，遂以为其术已售，人莫予见也。室之主人执而笞之，则又曰：‘汝笞我，子究安能见我吁？’”何今之人类此者之多也。（《北轩笔记》云：“郭璞受郭公《青囊书》，尝因寓主人一婢美而爱之，以豆化赤衣人围其宅，主人求为解，竟得婢。”）

【注释】

①陴：城上的矮墙，亦称“女墙”，俗称“城垛子”。

②牙署：衙门，官署。

1937 年 8 月 18 日

早枕闻雨，朝阴，禺[1]中日见，八十一度，午天色如墨，小雨即止，卜四郊多雨也，晚月佳。

出郭访蔡竹轩城南，一刺通谒而已。折城西过蔡丈（梦阶）外舅旧居华屋，山邱曷胜西州之感。及归，晨炊尚未熟。吾家梨洲[2]先生《不寐》作云：“年少鸡鸣方就枕，老年枕上待鸡鸣。转头三十余年事，不道消磨只数声。”年老人起居轻轻道出，无意求工而诗愈工也。

禺中传言，汕市令妇孺出避，事在眉睫，市民纷徙，行道塞途。萧斋之中，先逡来报者数起，或言艅皇[③]在马江口，或言已袭海南琼岛，岌岌乎有不可终日之势。又“上海报捷，青岛报急”，跛足引领以待报来，既来矣，亦无甚事。汕岛本市报钳口，不言本市事，更为九州奇谈。不有所作，弥增无俚，还读我书，毋溷[④]乃公事。

夕饮及酩酊，好风凉月，一榻至四更，初凉，后感蒸郁，卜明朝放晴也。

【注释】

①禺：旧时称日近中午为禺。

②梨洲：黄宗羲。

③艅皇：或作“艅艎”，吴王大舰名。后泛指大船、大型战舰。

④溷：扰乱，打扰。

1937 年 8 月 19 日

晴，夜淡阴，月无光，东北风殊紧，水势必未弱，夜枕拥衾。

晨出小北门，入北门健履一周，聊补运甓[①]之劳，不作闻鸡之舞，榜人告余以水长，农夫叹苗之就萎，此亦今日江南之天时人事也。原田每每悉成泽国，颓篱矮舍，浮湛水际，旷土数武，鸭鹜争埘。不知可假我阶前盈尺之地，周旋其间否，天而既厌周德也，吾其能与许争乎。

浮言稍息，阅宋明人杂记数种，亦夫子所谓“赐也贤乎哉”。

报来，颁空军出力人员新爵，自黄光锐少将以下数十员至少尉，各有差综。八月十三日沪战交绥以后，击落敌机三十四，光锐击其三焉，揭阳人也，论功为最。外御其侮，国人爱之，是为记。

日昃，阅书不成，走面黄峻六刺知近事颇悉，要之两国皆战而不宣，潮汕或有立体战而不至有平面战，坐客英雄所见略同。

闻有客自五羊，言羊民徙者三四十万，客言而信人心之动如就下矣。昨日汕市汹汹，人定未定，略究其原，则以申报敌舰南下，保无来袭，卒令保甲户晓，先避妇孺，不终食间，十室五空。时方大雨，愈布成流离图也。

【注释】

①运甓：喻指因立志建功立业而勤勉自励。

1937 年 8 月 20 日

中元节，淡阴，晨八十度，夕月分月皓洁，二更云作，三更风又紧，田稼之忧也。

一夜东风殊紧，潮生几许，率其子趋而往视之，桑田泽国，薮沼陂池，问民食所自出，曰“无何有之乡”。哀我人斯，胡天此醉。归过市，熙攘犹昨，马医夏畦之鬼，亦知佛家说枵受盂兰之祭[①]也。吴粤土风，大率不远，北地辽夏杂处，四时分至，祀先之典，多从阙如，此日为节，有瞠目不知者矣。

午祀先，利成，小酌抛书。朱鹤鸣来求题碑，立挥应之。

夕阶下对月，未致中秋分外明，难得之良宵也。家人咸集，苦茗间谈，予稍被酒，不闻人作何语，忽传客至，整衣下阶，揖而坐之，花下故人陈莞父也，为道旬日之间，纵及四十许年来事，三更始散，比户尽掩矣。

斋头月色洗阶，相对成三，四更未罢。

【注释】

①盂兰之祭：每年农历七月十五日为“盂兰盆节”“盂兰盆会”，也称“中元节”。

1937 年 8 月 21 日

晴，多阴，八十二度，月圆生翳。

午清结祠款讫，衍叁佰余元，黄孝德相助为理之力也，饭后弈数局。

人屡来报汕市计积犯[①]二百余人城矣，幐[②]囊巾箱，彼以车来矣。三人成市虎[③]，孟母亦投机，未若谢安对客，方弈如故，敢云赵王猎耳，非为寇也。

披衣出阅市，妇孺骈足，靡不蹙额，边事寇深矣，可若何伥伥乎其何之。

答访陈莞父，博闻时事，归买小醉，望月无光，欹床多感。

【注释】

①积犯：多次犯罪、有前科的人。

②幐：袋子。

③三人成市虎：三个人都说街市上有老虎，别人便以为真有老虎。比喻谣言一再反复，就会使人信以为真。

1937 年 8 月 22 日

晴阴相间，日昃闻雷，有过雨殊急，历炊许。

农夫言南闸已启，潦水稍退，一日之间，不盈二寸，非得一旬不能尽也。已莳者就萎，待布者失时，明朝处暑，转眼白露，谚云：“稻怕白露死，人怕老来贫。”来日无几，再生为难也。

侵晨就杝落间呼镊人[①]镊剃发，爬梳剔抉，殊费寸阴，要已尽书半寸，是又得于三上[②]之外者。

蔡竹轩答拜，阻雨久谈。述康熙三年，邑人避海寇，奉谕内徙六十里，否则以通寇论罪，城邑为虚，五年始谕复里。所言颇悉。

北社为储食事，集众于社，日中而会，日晡不决，但推所谓名流者二十人董其事。一隅之社，隶名流者及此数，岂不盛哉。儿辈归述予亦厕名，未有功于栾社，已有名于互乡，思之汗下。昔东浙有刻《七子诗》，李炁伯闻之请削其稿。申上有刻《时贤文集》，章太炎移书乞去其籍。皆欲无令为成集者之累，是又自同昔人愈疏阔矣。（按"名流"二字始见于《世说》，孙绰、许询皆一时名流，语由名流天下而出。民国初年梁启超、熊希龄等事袁世凯柄政事，自榜为名流内阁，众未必皆悦之，而其为士者笑之，今犹滋口实也）

客去，就油灯下补日课，阅丛书二三种，爱此夜凉也，闻刁斗之声数转而寝，然入寐不熟矣。

【注释】

①镊人：理发师。

②三上：马上、枕上、厕上。

1937年8月23日

处暑节，未晓犹雨，日上重阴，午雨又作，午枕上闻声凄切。

起稍迟，不喜闻人事，而事常有所能，林下未易栖迟也。次宋来谈，小顷去。

东湖蔡宅二姻侄，以蔡智省函来，知五日前（八月十八日）汕市扰惊不为无因，其时恶机四架袭虎门，省中警备腾二十机迎战，自巳及午始告解严，市民穴处野窦，彻夜播迁，祸降自天，生逃无路，沿海枕戈，与汝偕亡职也。

报来，上海几有聚而迁之之势，平津皆君囊中之物。又省中命初级中学以下悉停学，学生避于乡，教师则从公任事，高级中学以上学生皆受训练，民气之振，我国家实利赖之。

苏篴书报倚装不发，终须一来也。

夜读港澳棋战各谱，二等弈手尚不多见。漏二下纳头便睡。（如蔡宅意，为作方静山、黄峻六函二通，黄芹生电一通，求了官事也）

1937年8月24日

早有晴兆，禺中云作，四垂皆墨，未午大雨滂沱，洎晚泷泷，仰天而叹。

秋潦久渟，秧苗不救者，户限为穿。

1937年8月25日

晓月特明，朝晴，午八十二度，人言昨日大雨不成潦，外河未涨，盖海雨也，中夜见月。

晨补翻昨日各报，沪战可望扫境，惟海军司令部未下，固垒不一方里，抵死负隅，然焦土满目矣，一弹轰先施公司层楼，死百余人，伤二百余人。大兵向平津道北进，南华比日不闻警。

荪簃览予汴梁[①]所临王铎《拟山园帖》，爱不释手，为割一卷贻之，坚其远访之好。"明日隔山岳，世事两茫茫"，草草言归，悢悢奚已。市林檎[②]一篓，便馈秋园老人。

荪簃为戡出《万年山中日记》（二十一册至二十七册）中误字疑义四十三则，虽云"日思误书，亦是一适"，然据来书知家园枕上为之消却不少光阴矣。既送其行，乃出所还日记逐条钩稽之，亦及日中，而后束阁。其中属之笔误者半，属之引书不慎涉笔遂讹亦十二三，无庸讳言，一一诋正之。其所未喻，以不讹为讹者十之一二，则笺释以归之，断金之利，其是之谓与。

日下舂，访陈莞父即归。南口战事甚烈。

【注释】

①汴梁：开封。

②林檎：番荔枝。

1937年8月26日

晴霭，晡东风紧。

几日不作郊行，髀肉复生[①]，乃杖屐以振之，皆盈之巜[②]，渐露町畦，以杖度之，去苔痕最高处一尺有半。卖秧买犊，相属于道，犁蛤簖蟹，恶居下流，从此放晴，桑榆或可冀也，天之爱民甚矣哉。野望方美，猛忆陈姬夜话，官献廷治肠热病殊得手，蔡甥患者二人遇之立愈，即入城邮快函姚秋老揭阳，以荪簃昨言姚十一弟适患此病，否则秋老或同来也。

阅《续后汉书》。午梦方长，客坐几满，表侄陈汉三挈其孙来，见问其年，曰可使与宾客言矣。坐定，言地方理爵之隐甚悉。豺狐当道，猫鼠同眠，我躬不阅，人言足畏，颔之而已，窥来意似有未尽者。

谢上舍（炎廷）过谈，启先族侄应召而至，言上海舟楫不通，音书断绝十日于兹矣。省报言，奉令初级中学以下停办半年，又论战事须半年或一年始可结束。看厦门、青岛二处，东侨悉数引退，兵连祸结，自在意中。比日报捷之音概出于一王统制之下，但愿如此，莫唤奈何。

晚膳家人以甲鱼进，助以海滨薄蛤，东风晚紧，贝类渐肥。“自惭居处崇，未睹斯民康”，古贤忧民之语。今日者，忧生之念亟矣。每对佳味，举匕不安，略以吾意告谕之，夜被酒早寝。

【注释】

①髀肉复生：因为长久不骑马，大腿上的肉又长起来了。形容长久过着安逸舒适的生活，无所作为。

②巜：古同“浍”，田间水沟。

1937年8月27日

晴，今制以是祀孔。午八十五度，日入东风。潮谚曰：“晚方东，早方北，针子鱼，鲜薄壳。”言得时令也。

未明而起，晓月正中，自汲清泉，因树趺坐，稚子并起，俟我早行，小步郊垧，归理积籍。

午小书便面二，授二子妇。

1937年8月28日

晴明，午八十六度，晡东风作。曾翌吾殁其母，尚在今日来馈鹅肉，欲求予题墓碣也。

早起忽来嗃嗃声，不如晏起也，不悔厉亦终吉。

思芦沟桥及上海事，其发端也，借口一兵失踪及机场失慎，不值一文钱之事，天下事作如是观可也。昨日报英使阁森车过无锡，被东机[①]射伤胃部脊骨，英使馆亦已正式公布云。（路透电云：伦敦报以大字标题并刊，许使离英时在车站照像，市人多购云）

纪纲之仆卢来诉其乡里之长，勒令储备粝米二包（贾三十余元），以为不得食者。地也供人仆役，而有余粟可以食，人亦大快事，仆急甚，丐予为其一言。夫一言九鼎也，米二石何足道哉，复为之解曰：“太史公言解家贫，特不中訾耳，乃卫将军为言：‘郭解家贫，不中徙。’上曰：‘布衣权至使将军为言，此其家不贫。’”

邻童述津估家书：“蛰伏土室，三日不得食，一糜之费半金，匍匐往将食之，时城陷有日，犹以为我军大胜也。”世乃有无国之人，天乎痛哉。

林鹤皋来谈，晡别去。柬谢炎廷，媵[②]以文录一束。

蔡智自羊市忽归，悉镜潭官事可了。市民迁徙半空，石牌东山，室如悬磬，何寒伧至此哉，守土之谓，何又先去，以为民望，而天下犹莫能责之纲纪之爵，不俟金兵之渡河矣，哀哉。

晚报来云，上海电“浏河一线尚在激战，连日血战均有死亡”。是或为不利之讯而讳言之。忆袁世凯满心称意于洪宪称帝之前，未尝不躬阅报章，博采舆诵，而剧秦美新[3]，上功德之颂者数十，万事由左右大夫逐日伪造，申时、大公、顺天时报等蔽兹一人，铸成大错。今日者凡百事业，概归统制音台公电，此吁彼俞，诚恐有欲以一手掩尽天下目者，胥天下之人皆深宫中之项城也，而又深冀吾言之不中也。

今日有人以䴕䴕之肉来，田舍老妪，其志将以求书也，予何为不受。又有人以海味斗酒来，近在期功，是“豚蹄篝车者”[4]类也，受飧反璧，且不可则揭，而谕之曰：“门一杜，其可开乎。”（《晋书·隐逸传》氾腾语）

【注释】

①东机：日本飞机。

②媵：送，相送。

③剧秦美新：王莽篡汉自立，国号新。扬雄仿司马相如《封禅文》，上封事给王莽，指斥秦朝，美化新朝。

④豚蹄篝车者：其所持者狭而所欲者奢，就是付出的东西很少而希望获得的利益或要求却很高，两者很不相称，所以被别人取笑。

1937年8月29日

星期，晴，午八十八度，今夏不热者一月矣，夕东风。

旦明率儿侄出南郭，相予所为人擘窠榜书，主其事者（澄海县商会）不谙布白[1]之理，减色不少。

过郭外天妃宫（乾隆三十四年建），见邑人郭大成（嘉庆）所书“海不扬波”四字，字径二尺，力能自举，刻石已委诸地矣。为马隽卿谱兄书“可园”新楼联：

听雨往寻东皋子；停云长忆北窗人。

玉局腹中无一可；兰成乱后赋小园。

落其成也，作小启寄和平里。

二日来报纸格格不吐，战息销沉，料上海沿江有失利处。又言有艅皇南下袭某处，曷为而某之为亲者讳耳。“赐不幸言而中，是使赐多言也。”

日夕矣，果有贩鱼贝者来自海陬云：“海舟禁，不得出港，已有望见敌樐者，或曰寇至，盍去父母之邦。”去将焉往，心所谓危不遑启处。

出访陈莞父，邀偕阛市。“子亦有异闻乎？”对曰：“未也。”晚食得鱼，助以麦酒，亦遂萧然自得，席地啸歌算眼前，此外皆余事，知我者日记耳。

【注释】

①布白：书法术语，指安排字的点画间架和布置字、行之间空白关系的方法。

1937 年 8 月 30 日

晴热，午八十九度，夜尚凉，可安席。

晨起启树滋轩老屋，视先人遗书，蟏蛸[①]在户，雀罗在门。小子援弓缴，灶婢奉箕帚。庭满落叶，几有剩墨。风木[②]之思何已，陔兰[③]之荫长存。怀倚树读书之儿时，惧抱膝长吟之无日。为之摩挲，依徊半日，不能去云。

小子辈比有好诵长短句，因检三李[④]词（谪仙、清真、重光）人所习知者（《花庵词客》《唐宋诸贤绝妙词选》）各如干阕，抄习诵之，及宋谦父自逊（《中兴以来绝妙词选》录《渔樵笛谱》）一阕。

孝德来，与之剧棋终日，人言今午殊热，橘中隐君子不之知也，客去乃有倦情。

里闬以今日普渡，飨有牲醴，低斟缓酌，非肉不饱。初更后篱边一榻，陶然清绝，三更迻枕后轩，月来窥人，曲射衾簟，如埃及古塔中投影也。

晚报来，有封锁海岸讯，上海汕头之间也。闻蔡纫秋绕粤汉路抵港，卜青岛不久安。

【注释】

①蟏蛸：一种蜘蛛，通称喜蛛或蟏子，民间认为是喜庆的预兆。

②风木：比喻父母亡故，不及奉养。

③陔兰：敬称他人的子孙，意谓能孝养长辈。

④三李：指李白、李清照、李煜。

1937 年 8 月 31 日

晴，渐热，午八十九度，晡后东风微盛，三更顿息，凉露亦希。

清晨方执卷，孙行嬉游树下，忽天上作响，遥指两机自南而来，转西北而去，高飞在一千公尺。午间揣度之言四起。

晚报言广州特电云：“敌机二架晨五时四十分飞省，空袭白云山，投弹数枚，死厨役一，伤二人，又在士敏土厂上盘旋，未得逞，六时许被击退。”又“韶关南门贯人村共掷三弹，无损失”。然则“谓秦无人”，深入腹地，谁食我毛，谁践我土，岂其使有肆于民上[①]，而纵其涂毒哉。夜保甲传谕“息灯”，蕞尔小邑，亦未免自视太高。

海岸封锁（东经一百二十一度四十分，北纬三十三度四分。东经一百十六度四十分，北纬二十三度十四分），路透电云“两国尚未正式宣战，英国政府不能承认此封锁”云。按从扬子江之江阴起，凡上海之吴淞，浙江之沿海岸、宁波之镇海、舟山群岛、温州口岸，福建泉州以至汕头、潮州为止，包括苏、浙、闽、粤四省海岸也。外电数起啧有烦言，若国轮则早已引避矣，但沿海捕鱼为生者良苦耳。

【注释】

①肆于民上：在百姓头上任意妄为。

1937年9月1日

晨薄阴无风，午有小雨，日昃东北风作，入夜虎虎有声，又虑害稼。

晓出北郭，学稼潦水尽退，百谷已莳，一亩之秧补插者约需三金，田家作苦。二日以来骤热，夜露又稀，新苗不堪其炙，平畴一望，萎黄可虑。陇间偶语，人言县治戒严，四门不通，惟小北门一面未入禁令。朝饔未治，子息随行，及早抽身，不如归去。

洎午始解严，路人言昨夜二更决囚三，囊捆箦[1]卷，不必与众，弃之也。

昨日之事莫衷一是，无真知者，然则知机其神乎，而空防之空，乡人共见，如此而可以国乎，如此而遂不国乎，胥非草野之所敢知矣。

【注释】

①箦：竹编床席。

1937年9月2日

晴，晨风息，午薄阴，夜东北微风，如月令。

午陈次宋云："北社储粮，人指寒家出二百石。有此书田，可似百城。"舌耕胡为哉？众口悠悠何足问，冷笑置之而已。

晡吴梦秋、陈莞父来畅谈。陈镐臣在坐。迟鹤皋未至，一室之内有五茂才，文星之会也，令敌机侦之，又一文化机关矣，可为抚掌。梦秋弃儒业医三十许年，不废吟咏，今日自言避乱，家居犹日检韵书，夜分藜照[1]，始悟蒙诵多误，老眼未明。予随举宋景文笔记一则云"儒者读书，多随俗呼，不从本音，或终身不悟者。凡读廷（音定）皆作廷（音亭），故廷中、廷争、柏者鬼之廷、游神之廷，皆作庭。假借之假（音嫁）皆作假，朝请（音才姓切）皆作請（屈请之请）。烂脱（音夺）皆作脱。大守（音狩）作守。周身之防（去声）为防。廷尉评（去声）为评。中（去声）兴为中兴。若此甚众"云，吾恶知其今不异于古所云耶。梦秋又言有乡试中副榜[2]者，或以联调之云："祁山六出卑诸葛；博浪一锥笑子房。"以见文人使典，无施不可。感嗽，夜罢酒，灯下攻二局。二更翻丛书，自适其适。

里巷传：昨夕开新加坡一轮曰"万福士"者，载客逾三千人，出码山舆港，为风击沉。因以思天下有溺者。

【注释】

①藜照：刘向"燃藜读经"的典故。

②副榜：即于正式录取的正榜外，再选若干人列为副榜。

1937年9月3日

《先声》昨晚报，有“吴淞失守”字样，而难乎其言之。呜乎，“国子之国也”（季刚语）。晴，午在东湖九十度，晡东北风，人定风息。

乡晨立门外待朝暾，入室治书至禺中，闻报阁笔，避往东乡，夜归早睡。

秋老复片来，云其子病就愈。予家人方数去书到学苑之日也。书云：“万年到家，万杰不复东行，万达勾留海上，[1]荪簃、元芝两女抵羊，百忧膺胸，不能踵候，一豁闷悰，亦可叹也。”奉书低徊不已。

【注释】

①万年到家，万杰不复东行，万达勾留海上：姚万年、姚万杰、姚万达均为姚秋园的儿子。

1937年9月4日

未明起而治书，移几院中。日出客已至，陈次宋来，闻昨日思明州[1]击下三架，播音台讯也。蔡劭星亲家来。

蔡纫秋来并久谈，所言青岛事尤悉，岛中人入山几尽，大学[2]电信屡见报招领，人员之空可知。市政府[3]退即墨，公安局退沧口，市上几不可得食，鹄俟乡民，辇蔬而过，肉肆善刀久矣，则死市也。纫秋仍由海道南下云。

嘱器儿留镐臣教馆。呼匠人相窟室，思古人穴居为避野兽也。

今日汕商报有机飞鹿儿岛、朝鲜投弹讯，有向我国宣战讯。

【注释】

①思明州：厦门。

②大学：国立山东大学。

③市政府：青岛市政府。

1937年9月5日

星期，是月小建，晴热，午八十九度，夜暑犹存。

未午，林鹤皋来，所言者小，亦国家桑梓所以存亡，咬文嚼字，岂不诚小丈夫哉。未为首邱[1]之计，且为土室之谋，攀柏踌躇，伐檀惕息[2]。迨天之未阴雨，彻彼危屋，葺我新巢，因树傍墙，二三支木，聚沙负土，居然三窟。睹鹳井而知警（鹳雀群绕旋飞，谓之鹳井，必有风雨，见《艺林伐山》卷七），崇蚁封以苟全（蚁封户，天将大雨也，见《易林》），相视一匍，来去三径，已焉哉，岂天实为之哉。

日未入，省港报坌至[3]，知五日前广州之警，有三弹落大学[4]之道，一在女生宿舍前，二坠空地，自是更无人门焉矣。未晡刁斗齐鸣，相传已入境内也。方夜犹暑，罢读而棋，星河横空，去天尺五。（辛氏《三秦记》："城南韦杜，去天尺五。"）

【注释】

①首邱：亦作"首丘"，比喻归葬故乡。或指怀念故乡，或指代故乡。

②惕息：心跳气喘，形容极其恐惧。

③坌至：纷至。

④大学：国立中山大学（广州石牌）。

1937年9月6日

晴，午薄阴，八十七度半，闻卯辰间汕市大雨。

起，日犹未上舂，鸡既鸣，咸盥嗽。闻有声自西南来者，跂而视之，翼然在上，高可五千尺，自西徂东，适沿海岸一线飞行，东入云表，计前后闻声者三次，不尽可得而见也。不以戎兴，废我记诵，秉笔在手，隐闻訇然一声，呼小子，小子曰："四无人声。"树间无恙，而默卜汕潮不安矣。无何有客，有客询及刍荛[1]，或曰："汕投二响，一在车场，一在机场。"又曰："一在正始学校。"又或曰："潮安仆其二机。"未及重阳，满城风雨，我岂若处畎亩之中哉。然吾又闻蕉岭馌妇[2]戴笠荷锄，上山薪采，十八人高高在上者，俯而瞰之，以为负戟之士也，一弹而歼之焉。若然亦不可无殇也，而又安所逃于天地之间哉。故人蔡茂才柏青来。

人言言殊，晚方定，黄峻六言："机场落数弹，水塔上盘瞰不下，汕无可敌，以雨遁去。"

【注释】

①询及刍荛：向普通老百姓了解情况。

②馌妇：往田野送饭的妇女。

1937年9月7日

晴，午八十八度（报上海九十九度九），气和苗青，夜见眉月，彻宵无风，袒而就席。

未卯而兴，自汲新泉颒沐[1]。北狩于野，西门方启，渔网未卷，涧边榜客，冰水挹汲，非渔非浴，载沉载浮者胡为哉。阿四跪[2]足回旋，睆而视之，瞿然呼曰："人之没者泳矣，舟之沉者浮矣。"竭泽而鱼，既讯复征，市廛日衰，佃渔道苦，舟楫之利，自沉于泥，夫谁使我至于此极哉。

早课未完，琐事尼之，出祭节孝祠丁祭[3]，蔡（林）王节母灵爽式凭[4]之所也。

台皂所栖，俎豆[5]失位，庙寝之际，铜驼生感。予与姚家实董祠事，而亦末如之何也已。

途过林鹤皋，立谈顷刻，皆谓昨日之事众目睽睽，尚以抵御有方，射伤机尾，觍然通电，欲以一手掩尽天下，真不知世间尚有一事在也。然则万方捷电，将亦作如是观乎。

归途访炎廷、峻六，均未晤。晚报来言“早八时汕市郊外二十里，翔哉翔哉三嗅而作”。不虞君之又涉我地也。

【注释】

①颒沐：洗面和洗发。

②踠：弯曲。

③丁祭：旧时于每年阴历二月、八月第一个丁日祭祀孔子，称丁祭。

④式凭：依靠，依附。

⑤俎豆：俎和豆，古代祭祀、宴飨时盛食物用的两种礼器，亦泛指各种礼器。后引申为祭祀和崇奉之意。

1937年9月8日

晨又听轧轧声，听而不闻，不辍所业也。是日白露节。

晨已听空中作响。“天生德于予，魅魑其如予何?”听而不闻，耰而不辍。日之方中，退食自公[1]。淅轧机声，殷然大作。停杯四顾，白日西流，云蔚霞蒸，群指东南有妖气也。翱翱上下，乍东乍西，巨若飞鸿，高出云表。雄者方逝，雌者逐之，敛翼而下，俯欲噬人。最后一机，蜻蜓双翼，櫜[2]鞬[3]百毒，负弩前驱，低拂树梢，近在眉睫。童嫔雀抃[4]，翘手欲攀，武夫屦及，束手无策。予亦暂入土室，聊托干城[5]，逮逖[6]听之无声，始拂衣而顿足，默测杀机之所伏，不出辇下之海滨，火热水深，运而已矣。纠纠戒途，茫茫消息，但闻轰轰，掷地轧轧，远思昔人一战功成之言，近拜今代科学昌明之赐。堑失其险，弦不控矢，兰膏已尽，狐首无邱，蹙额自伤，蒿目[7]奚裨哉。计自午正至申初，凡历三小时，徘徊不能去，窃疑其有登陆事，借此为掩护也。日之夕矣，人从汕市来，目击下弹均集郊外崎碌[8]，微伤数处而已。盛传仆其二机，姑妄听之。

为龙田曾翌吾书墓碑，使者将其母之命来，且亦卝角之交，立挥成之。晚膳罢酒，以《哀学篇》授读，创痕宛在，涕泪匪遥，忧能伤人，虽以自作之文，亦不能卒读也。

【注释】

①退食自公：减膳以示节俭。

②櫜：装箭的袋子。

③鞬：装弓的袋子。

④抃：鼓掌。
⑤干城：盾牌和城墙，比喻捍卫者。
⑥逖：用作“惕”，意思是警惕。
⑦蒿目：极目远望。
⑧崎碌：旧时汕头市政厅的所在地。

1937年9月9日

晴，多雾，夜不见月，时有雷声间之，中夜雨。

门外聆路人传言，了无佳讯。柬蔡际云香港。（续寄《华字报》，买《大红马棋局》二册，一以赠衍璿也）

校函促行，云：“九月十四日开课。”而函发于八月三十日，在三弹未惠之前，恐又变卦耳。荪篴传讯（九月二日与言女书），则言九月二十三日注籍[①]也。

未午，循例来临一鸢[②]，过旧宅高空后无所见，而耳闻殷殷之声，鞫鞫作响，自午至晡沉沉不绝。时有雷声间之，或隐或现，或弛或张，其余也如大鹏之掠空，飘风之过境，其疾也若巨石之坠岸，迅雷之裂空。寇自东来，声由南至，知登陆之机亟矣，季孙之忧近在萧墙之下矣。

垂晡，闻北归逃难者如潮，十九不得车，健妇襁负而至，沿海宅宇坍圮数处（瞭望台，广东银行），市民创毙以十计。历祀二百，与民息兵，创阜三世，非渔即贾，窳敝成习，早知来日大难，斥卤[③]之区，孰料葬身何地。新垣衍未睹秦称帝之害，王国维留“义无再辱”之言，于乃检点羽毛，杂厕藩溷，无可击钵，自倚孤松，国之不国，身将焉附哉。

夜膳几无可市之脯，尚有待贾之沽。宵台间鸣，薄酒难醉，酒后检《鲁仲连传》，纵声读之，不问兵已度河不也。

【注释】

①注籍：同“注册”，登录在册。
②鸢：老鹰，此处指日本飞机。
③斥卤：盐碱地。

1937年9月10日

晴，日加申有急雨，夜庭中新月在司诡星间，去地可六丈。

又过一夕，料今日无佳胜兆也。小子胥自学校归，传谣“川溃”。汕市归人何止成市，邻舍小集动数十人，天下事不可为矣乎。思此，自记残卷，亦非世人所喜，且无以是为滋予累也，投诸乱书之中，任其臧[①]显存没，不之计矣。

坐斋头湛然自守，莹然自照，漫无一事，墨然枯坐，深惭功浅，操舍无方。此时已报百贾腾涌，赊借勿言，持券银庄，拒绝出入，如此是激变也。予姑搦笔戏记一琐事，聊作新日记序，亦即此以定其心耳：“族蠹数辈，麕集家庙，耽耽祠产，呶呶叔贫，虽曰‘不要君’，吾不信也，试问大敌当前，万一有非国民所忍言者，亦安然无所用，甚畏惧，今三数辈来临之何如哉。”停午小文既就，乃饭，报汕市未有变，竟属意料不及。

港《华字报》报“大学仍依校历九月十一、十三两日选课，十四日上课”云。

又路透社五日电：“中国沿海封锁线，由上海向北展至秦皇岛止，向南伸至北海止，即自北纬四十度零分，东经一二一度五十四分，至北纬二十一度三十三分，东经一百八度三分之中国海岸，定今夕六时发生效力。”

《岭东日报》载“昨夕潮安饮弹数处，曰：金山、韩山、西湖、开元寺等”。

下午蔡纫秋来久谈。据所目击，汕市内尚未受巨弹，仅被机关枪扫伤数起，看此次或止属扰动牵制，在思明州尚未有事，汕潮或不至立有登陆之举，况乎主客之势悬殊，不借车炮之雄，只用卒伍之力，亦无胜算可操云云。但愿言之中耳。又为保存日记笔迹事，密商许久，纫秋能知我者也。

夜陈次宋来言，以晨下汕市，薄莫始归。耳之百闻，不如目之一见。因缕述市内外事颇悉，要之今日无事。省当道答言三日之内有机莅潮。呜乎，扫境内而属将军，往事之效可睹者，如是故于种种官样王言，不悉记之。陈芷云句云“读书不受古人诳”，况敢轻量今世之士，助以张目，以重诳后人哉。

【注释】

①臧：古同“藏”。

1937年9月11日

晴，晓枕觉秋意殊重，午八十六度，夜凉，人定雨声清的。

侵晨北出郭门视新苗，弥望平畴，苍然一色。涧边席坐，领略生意。远风拂麦，丛薮送青。蛰虫鸣秋，残荷饯夏。等候日出，托以海霞。非早起之人，一生亦不几见也。四五诸小子或胜衣或可揖客矣，并雀跃三百，诩为未见，农夫过者，相与笑之。

入室复发寝库，出所记补昨日种种，而道路传闻，乘除倚伏，安着此心，究自不易。闻邮局亦徙他处，从此讯息亦渺若山河矣。

早闻汕头港口（妈屿）停泊獠舰六艘已退，比日怪机皆发于此，而何以骤退也。晡时藉藉可信，来时空言去绝踪，窃所未喻。或言申战彼已失利，或言其在香港与英龃龉云。又传桂军抵汕者逾万人，心稍定。

晚膳陈河蟹、鹅肝、薄壳诸珍，家人过矣，弥惭居处之崇也。

次宋来述近闻。夜续授读《鲁邹传》，略有笺记，入下册日记。

1937年9月12日

星期，晴，夜月半弦，匀净如洗，满庭秋意，夜坐不终俟人定，四更须拥衾。

晨起朗诵《太史公自序》一遍。阅《广东通志·海防略》，卑弥呼①之族，世为东南边患。据《方舆纪要》云："洪武永乐间，倭夷入犯，广东屡被抄扰。嘉靖中，倭寇闽、浙滋蔓，亦及于广东，潮尤当其冲，柘林、南澳皆要区也。倘柘林、南澳失守，是无潮也。"（柘林，塞城原黄冈协标左营守备驻劄所）

傍午访陈莞甫，心乎时事也。莞甫旋走片告"东船徙，仅留一小艘，美舰西来，港线无事"。是又可苟安旦夕矣。林鹤皋来坐至晡。夜授读邹阳书《狱中上梁孝王书》。

【注释】

①卑弥呼：日本弥生时代邪马台国的女王。

1937年9月13日

早凉七十六度，晴霭，午八十七度，晚月明欲绝，不灯可校谱。

倚树读《通鉴·魏志》，未终卷，科头①徒跣，独语呻吟，鸟语秋心，默通消息，致可乐也。有若辈数人来，苦不能学焦孝然，瘖②而不应，令人气结。又闻港外艨艟③集者十数，"金陵王气黯然收"。三叹而已。晚报："寇去。"

午后，坐后院看《水心文集》，未得悟入处，芒芒乎，摇摇乎而已。昔恽子居述其庭训曰："当减嗜欲，畅情志，嗜欲减则不淆杂，情志畅然后能立，能立然后能久大，自是之后，敬不敢言文者十年。"（《大云山房集序》）斯真自述甘苦之言也，大隐金门，与时俯仰，岂易言哉。

谢炎廷来久谈，稍及文事，而烽氛之息转念即来，时局本如此也。次宋来详告外间所闻。里居多不见惯事，欲行又不得，短气结叹，几为噎食，勉自排解，夜读《左氏传》。

【注释】

①科头：不戴冠帽，裸露头髻。

②瘖：沉默不语。

③艨艟：战船。

1937年9月14日

午八十七度，夜月尤朗，乌鹊南飞时也，席上知诘朝①暑较盛。

五更未转，鼓角遥闻，推枕更衣，残星可数，二旬于兹，未展墓矣。呼犹孙②，携稚子，“无大无小，从公于迈”。未睹北堂之商老，路遇东郭之先生。露重风清，麦油黍弯，瞻依封垄，行念首邱。虽笑林下之无人，未闻买山而后隐。姑褰裳以涉渭，亦班荆而席茵。劫后沧桑，皆成话柄。田间苌楚[3]，怀之好音。与小子相榷灌园，摒挡学圃，问何处是干净之土，经几番风雨之余，小子愚鲁，不知所答。

大学以是日开学，恐曹部已一空矣。未尝不思，掉臂[4]小游，一豁胸中气宇，而畏天不高地不厚，首阳之内，薇蕨已尽，甲子而后，天地为愁。此陈子昂所为“念天地之悠悠，独怆然而涕下”者欤。

柬陈达夫、何衍璿、张子春广州，商行止也。比日海隅似稍定，汕市估客有渐聚者矣。

【注释】

①诘朝：同“诘旦”，平明、清晨。

②犹孙：侄孙或侄孙女。

③苌楚：羊桃。野生，开紫红花，实如小桃，可食。

④掉臂：同“掉臂不顾”，摆动着手臂，头也不回。形容毫无眷顾。

1937年9月15日

晴，未午歊暑，旗指西北，午后风转，未成大暑，八十八度，夜无风，月常翳。

早伏案未毕，又闻南方有轧轧声。陈洛如来谈，同出访莞甫，则竟传汕有警报，车辆停行。洎午盛言来者我机也，其数曰九，且在港外弹制敌舰。而未有见者。然南华之事愈张矣。

日下春，陈次宋过述南朔各路战讯，英法管钥地中海，苏俄大搜海参威，两事侥有项庄舞剑鸿门，奉先射戟沛郊之意，与国于我其意良厚，向戍弭兵之议，诸侯亦或许之。然而四海干戈，驱迫忙十年，髀肉消磨尽矣。兕出于柙，雉离于罗，我生之初，我生之后。

月下订谱至三更。

1937年9月16日

晴和，午八十六度，月明至三更。

昨夕齐头睡阖上，陈姬闻警促醒，云：“机来自东，盘旋空际，约已炊许，聆其声似较前数次皆更逼近，疑低接屋宇，机首射灯咄咄逼人，且不止一机也。”嘻，甚矣，地非柏人，乃迫人卧榻之侧矣。起视时，表指丑初一刻，更夫报漏，刁斗俱乱，但以逆钵齐鸣，邻妪多蹶起者。蹑窥天空，云鳞蔽之。残月照梁，无使蛟龙得微，闻戛然长鸣，掠予屋而西也。臧获[1]屏息，予亦就睡，私计弹丸小邑，方不五十里，百雉孤城，名不登上国，何劳大夫之须臾焉。“天而既厌周德矣，吾其能与之争乎？”从此楚之君臣不旰食[2]矣。展转反侧，草草了一夕之寝。

晨起自颈及臂若感重槌之疾，疑寒湿中之镊人，曰“肝风”耳，无以为计，自理残书。午又闻声，过境北驰，一刻钟后，訇訇大声如雷霆，驿人来告：“潮安首邑有被难者。”人为刀俎，尚可言哉。（有言：揭阳亦被弹二，毙百余人。为之色然）

夜授读曾涤生诗。与孺人共月光。港报来，先观其大略，复细订二局，中夜月尤洁，戒家人守夜，四更大雨，袭我者亦无能为矣，鼾睡无害。

【注释】

①臧获：古代对奴婢的贱称。

②旰食：晚食，指事务繁忙不能按时吃饭。

1937年9月17日

晨雨未止，亭复大雨，农人额手，日昃大霁，八十五度半，夜月莹澈。

郭外视新苗，平望十里尽青青矣。免夏畦桔槔[1]之苦，渡秋中檀栾之欢，岂不甚善。无如八公山上，草木皆兵，五岭潮头，鲸鹏[2]为害，一夕数惊，曰“伯有[3]将至”，七日不能，是终不肯徙也。疾痛惨怛，未尝不呼天也。聪明正直，神其享非类乎。迩日神话孔多，预言屡验，至谓沛然下雨，皆沐天威，“龙战于野”，国失其防，人心向背之由来，亦剧可哀已。

午梦尚有戒心，日课早毕，隐树下多校谱。自昨日起，取曾、黄所传授者，依甲乙辑之序，逐一雠勘之，日不过二三局而止，刺股淬掌，未必更进，定神玩物，聊以自娱。

夜授《左氏传》。

【注释】

①桔槔：俗称“吊杆”“称杆”，是一种原始的汲水工具。

②鲸鹏：比喻强大而凶恶的敌人。

③伯有：春秋时郑大夫良霄的字。他主持国政时，和贵族驷带发生争执，被杀于羊肆。传说他死后变为厉鬼作祟，郑人互相惊扰，以为“伯有至矣”。

1937年9月18日

晴，午稍热，八十六度，夜月尚佳，人定风作，诘晨始见阶湿。今日以“九一八”，禁屠燃也，而令出于阉宦明社屋[1]矣。

晨发柬问秋老，以市人盛言“揭阳罹难者至以百数也”。柬陈世咏石牌。树下理发，得一快。

适陈氏女兄告归。衍璿柬来，报“前月由沪返乡，昨日由乡到校，青平路集贤居之友镇静异常，谢玄、谢石之流风[②]未暇也”云云。信乎，好整以暇哉。

校函又言：“部[③]令急切，促月内返校。”托蔡智问船期，非不欲行，哥哥行不易也。

日昳，下帷拂几。为族事所扰，出西郭访蔡纫秋曲巷之中，倾谈以浇之，或可结伴一游。归途叩养和书屋，此亦“过西州之门”[④]也。

【注释】

①社屋：犹社庙。

②谢玄、谢石之流风：下棋。

③部：教育部。

④过西州之门：表示感旧兴悲、悼亡故人之情。

《因树山馆日记》第十册

（1937 年 9 月 20 日—11 月 29 日）

1937 年 9 月 20 日

晨大雨洎午（八十度），旋作旋止，晡密阴未解，二更月明，中夜感暖，卜旦朝晴。

彻夜如闻瀑布奔涛之声，大惧秋潦为患也。日已上舂，丰隆[1]滂沱，视天梦梦，长此漫漫矣乎。午雨稍缓，洎晡犹时作。

数日以来战报黯淡，臂痛之剧不及前差。既念远行之多艰，又苦小步之局促。崦嵫未莫，出自北门。一日之间，一雨之威，而町畽[2]溢洋，水增尺许。一农告余曰："正新苗茁壮待长之时，逢此祁霖[3]，二日不退，无噍类矣。"今秋百物涌贾，典质俱穷，舟楫之利，皆掠于吏，租船运涸不可得，秋收之事，束手叨天之赐而已。呜乎，夫复孰知稼穑之艰难至此哉，小子识之"粒粒皆辛苦"也。郊次，闻桔槔款乃，反引田园中之水，纳诸沟渎之中，是又倒行而逆施也。沿堤而西三百武，一桥水之隔，片木通之，三折而后渡焉。蹑屐侧踵，仅而后达，稚子蛇行以次，不无戒心，然柳暗花明又一村（吴家村），村民多奉夷教[4]者，例无似曾相识之人，暮炊四起矣。

夜授读《左氏传》。

二更，月在斗牛之间，分外皎洁，白云四伏，不为罣碍[5]。灭烛就月下习李庆全[6]遗谱一，谓其技之神乎，其实所行之步，犹乎人所行也，不过先后次序恰到好处，不为人所先而先发以制人，使人无从得先。其技至此，真可尽让天下人一先也。

午阅《暴书亭集》，未有所得。

【注释】

①丰隆：古代汉族神话中的雷神，后多用作雷的代称。

②町畽：田舍旁空地。

③祁霖：大雨不停。

④夷教：外来宗教。

⑤罣碍：阻碍。

⑥李庆全：象棋名手，被广州棋界称为"三宝佛"。

1937 年 9 月 21 日

晴朗，午八十三度，初更后月圆如镜，彻夜通明。

朝起授读《左氏传》，阅《尧峰文钞》。

臂痛弥甚，不克久于秉笔，以诵经代日课。

午传“机三十西袭五羊”，又阻我西行之志，旋又传“不为我害”，凄然靖康之耻，不可以共戴天，为之废书三叹。

午举箸，而周章起立者再，筋脉不舒，食亦不知其味。呼陈医诊之，谓为脾湿阴亏，立方服之，且力劝戒饮，此其沉溺重膇[①]之疾也乎。

里居无可与游者，劳其手而佚[②]其足，尤养生之大戒也。日在虞渊，郭外看夕阳，暮霭远风，映眸卷袖，亦足抗怀往哲，高谢人环。问：“积水退乎?”曰：“又长盈寸矣。”南关已闭，东泄不通，低洼之田，宛在水中央，亦运而已矣。

飧罢饮，课子看月。二更，陈莞甫蹋月曳杖过谈，只许风月清言，忽又慷概系之。

【注释】

①膇：脚肿。

②佚：同“逸”。

1937 年 9 月 22 日

晴，午八十五度，夜月朗正日华，露重时也。

朝课经，服陈生诊方。蔡纫秋、陈次宋连襟入坐。朝野时事所闻良多，昨午羊城之役双门底，市里饱经烽镝之祸。汕港外又有艨艟眈眈，屡及寝门之外矣，何止长途荆棘哉。

夜徘徊月下，兀坐为艰，令子妇执谱，予卧而雠对之，后始完一局（卢辉先胜黄松轩，甲集，卢用单提马），亦如大敌当前，尽心力而为之，盲战到底，不差累黍，局终入梦，遂不能熟。

1937 年 9 月 23 日

晴朗，八十四度，二更月，千里同明，三更风息。

校函连催，迫于星火，门人张子春来函云：“供职如往日，而学生畏威，无列席者。”虽然不可一往也，独往已惯，芳草天涯，觅句囊诗，未闻日求之衽席之间，惟顽躯腕疾，药裹需人，道之不行，兴亦易败耳。尽此二日之余，力事偃息，欹卧斜几，少安无躁，亦过一日，乃有佳象。

林鹤皋过谈，笑言宴宴，不知晷之移也，其间猎谱搜兵，亦有经济在焉，此老胸中十万，君试度之。

1937年9月24日

晴，午八十七度，枕上望月，缺然弥耀。外砂乡农言“连二三日来，夜必闻空中轰轰之声，决有飞鹏过境”。

毕日记之外，一事不为，夷犹偃蹇[①]，若将终身焉。夫子不言不笑不取乎，此希贤之盛业，亦密宗[②]之上乘养气，功疏深用，愧叹仍不免。

以报章弈谱自遣。午复招陈医来诊，云“血停之象稍瘥矣”。易方服之。

托行脚问舟。秋老片简来，道安而已，词无枝叶。夜饮药觅睡。

【注释】

①偃蹇：安卧。

②密宗：中国佛教宗派之一，由印度舶来。

1937年9月25日

晴热，午八十七度，终夜树杪不动。

晓月在牖，寝不安席，起呼小子步郭东，送晓月看日出，负郭田特腴，实颖实穗，丰茂迥出寻常。已近墓庐，几迷町畔。以杖开稼，仅可侧行。百武之间，舄[①]襟尽湿。冷冷秋露，瑟瑟墓蒿。负米之责未完，誓墓之言已冷。顾瞻周道，中心摇摇。

汕报来：“广州浩劫于毒机之下者，前天（二十二日）几占全日，惨状在丁卯十一月之上。”然则外砂乡农连夕所闻枭[②]声，信也。报纸忌口，噤若寒蝉，今日且云：“东山贫民房屋，有全街破碎，死伤数目，一时尚难确知。”或云：“数十百人则为祸之列。”大约可知矣。

予方卧游《烂柯》[③]，闻警蹶起，步诣陈莞甫、黄峻六处刺探消息。或云此十日间来袭者十余次，东山高卧之日，乃丁南风不竞之时哉。晡使人往北乡龙田蔡妹夫处商榷一枝，以备三窟，小乱居城，大乱居乡，人之恒言。蔡宅亦执来相邀也。

柬蔡际云香港。

【注释】

①舄：履也，即鞋子。

②枭：一种与鸱鸮相似的鸟，此处指日本飞机。

③《烂柯》：《烂柯神机》，一部古代中国象棋棋谱。

1937 年 9 月 26 日

晴热，午旗指西北，午后八十八度，晡东风，夜静如醉。支宏信庄国币五十金。

早步北郭，残月犹明，积潦渐消，新苗濒于槁矣。萧蒿稂莠，缭绕嘉禾，土有肥硗[①]，地有高下，不尽属人事之不齐也。

陈次宋来述省港归人所言颇悉，闻“大学亦被弹四处，海珠桥火毁，只堪通人，惠爱东街、永汉北路火亘日，十八甫亦不免，东山特惨，阖城死伤者及千”。真弥天之劫也。问：“我机安往?”或曰：“坠八之七矣。”然则吾粤民之犹有存焉者，幸耳。道阻，其详不可得闻，益念我友生不置，发柬张子春、陈达夫、张荪簃问状。本拟以旦日西征，进退维谷，峻六冢子妇欲附以行，未能立应也。

晡走面莞父，不晤，遇诸途，折入峻六家，立谈而返。今日又苦热，左腕寒重，枯坐为艰，亦孑行之顾忌。

夜攻名谱，深悟远道兑子之非，无它，失先耳。

【注释】

①硗：地坚硬不肥沃。

1937 年 9 月 28 日

午祭利成。大畏秋阳皓皓，入居内室，扇不停挥，下舂得急雨，溽暑顿消，金人瑞[①]赌说快事，此其一事也。枕簟凉生，蒹葭露湿，木叶微脱，洞庭始波，亦“得失寸心知”之。

晡纫秋来久谈，闻“羊城及于难者盈五千”。但望为謷言[②]耳。报载连二日来空祸未已，耗矣，哀哉。纫秋晚使人馈药（红药水），疗臂酸也。

【注释】

①金人瑞：金圣叹。

②謷言：不实之言。

1937 年 9 月 29 日

晴，午八十五度，晚凉不任露坐，四更残月空冷。

晨作书数千，今日始勉能久坐。适龙田蔡氏女弟来宁。报仍载“广州机厄未纾，殃及负郭乡村”。死者无非平民，讳疾忌医耳。

英使许阁森事[①]，英国以不了了之，且认不著边际之答复为满意云。英之外交，负坚韧猾深之盛誉者有素矣。

【注释】

①英使许阁森事：1937 年英日就英国驻华大使被炸事件进行的内外交博弈。

1937 年 9 月 30 日

晴，午八十五度有奇，彻夜无风，自攻名谱，神与今人会矣。

多坐凝思，辄生壅游，呼啸北行，童子六七人，荡荡如也，浩然有灌园[1]之志。未审郭外有荒园可买，容予一膝之地否？衔培娄[2]，临沟渎，何愿如之。傍溪而行，绕隍小坐，农家三五，罟[3]簖[4]兼营，物土之宜，因地之利，若置理乱于不闻者。折入西门，朝炊已起。

有报“清远县民受二弹，死者二百余”。比于天灾，何地蔑有矣。

【注释】

①灌园：从事田园劳动。后谓退隐家居。

②培娄：本作“部娄”。小土丘。

③罟：渔网。

④簖：拦河插在水里捕鱼蟹用的竹栅栏。

1937 年 10 月 1 日

晨淡阴，午晴，华氏表八十五度，夜星灿烂。

宣圣[1]诞日，家塾有致祭者。早行绕北郭登北城之楼，楼上祀玄天上帝（俗曰北帝），澄俗依信维虔，按《潮州府志》云“潮阳元帝祠旧祀真武之神，明宏治、正德间创建，最称灵应”。澄海真武庙在北门，城楼祀元帝，不知本邑《县志·祀典》门下何以阙录，虽未受敕封，于例当记也。复按《邑志》，记如《府志》。

大学陈世咏（潮安）来函云“校地被炸数弹（九月廿一、廿二日），虽幸未中，而学生星散，校亦布停课至三十日止，但恐难上课矣”云，前日欲行不行，不然空此一行矣。彻夕攻谱。

【注释】

①宣圣：孔子。

1937 年 10 月 2 日

晴，午八十七度，夜可坐庭院。

课小子检书之法，几桉狼藉，求略识字而已，鲜可记述。复呼陈医易方，立驱湿润脾之剂。

1937年10月3日

星期，晨阴，洎晚蒸郁，民多疾，南乡有疫厉，昏时小雨，夜凉，闻海啸。

例休沐，率稚子犹孙辈落荒而行。白日东匿，秋阳敛迹，不冠不笠，双屐蛩然。原田每每，率野而歌，亦遇数人，言必时事。苟非卧阘之侧，当头之棒，此中人不敢与闻矣。

入埔尾乡，荫茂树之下，隔水见乡妇行汲，村童逐鸭，群凫而涉之，令人想清河画舫①，汴京盛时。当道文告又禁畜鹅鸭，以充民食。幸此辈不识字，生来亦无读告示惯习，不知忧患何物也。打坐至午，越垣负郭而归。

【注释】

①清河画舫：指《清明上河图》。

1937年10月4日

霿雨风作，逾午弥剧（八十度），黄昏俞狂，海雨乘之，夜尽掩窗户。

省港各报来，满目疮痍而已，虎门自行锁港，航运不通。

荪簃自肇庆（城中路礼拜堂培道）来柬云：“廿四日随难民西迁，粤宅附近受弹至多，死创数百人，特书报平安。”又云：“大学亦拜数十枚，皆不中耳。”比日除口述及函述外，报纸皆成废纸，满篇废话，令人思近人鲁迅《阿Q本传》所言人生哲学也。风夜订谱。

1937年10月5日

晨风雨如晦，声凄以切，大雨倾盆，午止，霡霿不解，入夜沛然，若决江河。

云无心出岫，门虽设而常开。读其书思其人，行有余力，从弈谱中与名手角逐，舍是无可语者。

斋中习静，仞字全神。（《淮南子·人间训》：“非其事者，勿仞也……仞人之事者败。”）海潮蒸腾，风荡雷震。“至若山雨滂湃，洪津泛洒，挂溜腾虚”，直泻院宇间。（参用《水经注》语）

当户迎曦，天阴愁惨，飞霖怒激，润及枯研，移几避威，掩关惧潦，吁民生之不易，私讶毕宿雨师（《周礼注》以毕宿为雨师），何故赫然震怒若此。午幸有霁象，傍昏与其子趍而往视之，则苗傫然①，积雨之中，溪长及尺矣。极目秋望，披襟当之，起于青蘋之末，弥伤劲草之难，行行多时，晚食当肉。

夜陈莞父过谈，感前敌将士浴血饮刃，御侮之志不可敓②也。谈次雨复大作，二更客甫散，更顷河倒海而来矣。彻宵号吼，达枕凄然。

【注释】

①傫然：形容重迭堆积。

②敚：古同“夺”，强取。

1937年10月6日

阴晴相间，午八十三度，日下舂，尚煦如夏令，夜深雨又间作。

早阴欲坠，郭沟皆盈，彼稷之苗，灭踵濡首矣，宵来斗长尺许。山水奔下，南关紧闭，汪洋泽国，失其尾闾，洼田秋收遂绝望也。野中厉者、揭者，掬土为障，抉穴通渠，助以桔槔，欲障百川而东之乎。一手一足之列，裨益几何。“县官急索租，租税从何出。”

比日市里染疫者不绝，秋深矣，犹行夏令，则“天时雨汁，瓜瓠不成，国有大兵”，“民多疥疠”，《月令》之言。弥信天时人事日相催，可为凄怆伤心者矣。

夜令次女读名谱，如悬的而攻之，愈属名手，愈易中的，所出入分存各集中。

1937年10月7日

晨小雨未已，午有霁象，八十三度，晡无风，院中犹羸[1]。港有信寄国币二百，以四之三办祭事付家用。

各路报水长，阛阓之下，可以濯足，不胜口腹之忧耳。

门人张子春柬来云：“大学续停课二来复（至十五日），且有文、法移滇，医、农移湘，理、工移桂之议。”今世师生，皆成目论[2]，去其图籍，即失凭依，幼者不学而行，壮者欲行而学，岂易言哉。子春结庐东郊，祸降自天，邻居为屋，瞻乌[3]爰止，迁地为良（河南凤凰岗新民八街廿三号二楼），马上治天下之时，吾曹放流桃林之野耳。复子春书。片柬秋老揭阳、马隽卿和平报行止。

夹衣以上，悉寄羊学[4]，旦莫秋风起矣，家园之居，乃成孑然一身，今日得钱，乃抱衾与裯乎，故人工织素，以粟易之。

【注释】

①羸：赤身露体。

②目论：比喻肤浅狭隘的见解。

③瞻乌：泛指富人屋上的乌，后以比喻乱世无所归依之民。

④羊学：国立中山大学。

1937年10月8日

晴，大霁，秋阳以暴之，逾午达八十六度，夜露嫌薄，生物不滋。

桥外望潦，又长尺许，下田不见禾矣，负耒辍耕，太息无已。

晡后热未解，露坐至人定。

报纸拥至，广州属被弹无虚日，虎门当关殊急。大约华东约垒急切难拔，华北各路略可周旋，乃转求肆志于粤东也。粤汉铁路去夏通轨，饷需军实所资于与国者，此焉是赖。且自壬申一二八之役[①]，百粤健儿转战雄风，虎虎在耳，今日黄埔江岸尤见英姿虓发，无滋他族，实逼处此，交欲得而甘心者久矣。闻琵琶江桥（英德县属）毁。或又言大学之道饮弹十数次，南汉屈强与终古多难，兴邦此其时乎。特所指为文化者，恐不在广夏杰阁，石牌石室之间，而别有为之，守死勿坠者耳。

荫树下翻《大徐本》一遍。夜攻谱。

【注释】

①壬申一二八之役：“一·二八”事变。

1937 年 10 月 9 日

是日寒露节，晴歊，午八十四度奇，晡东风微细。

凌晨不可假寐，轻装减从，仅以三稚子自随，走东郊，傍女墙而趍，断砾颓垣，颇不利于屐齿，泥沱坠坡，坳垤[①]洼突，趑趄不前者数焉。及东北隅，攘裳不渡，涉小阜攀危石，周麾而呼，亦尽登矣。大虑齿折，舍屐而徒，招摇过市，资路人口实也。

【注释】

①坳垤：（地势）高低不平。

1937 年 10 月 10 日

星期，晴，午八十六度，昏东北风，解愠庭中。月在西南隅。陈莞父过谈，夜分别去。

字课甫毕，器儿、言女侍侧，助检许文，尽三日来清晨，勉蒇[①]微志，成昨日所记[②]，以见庭前字学之疏也。

傍午例应人求书，立挥数帧，钞胥之所为耳。

比日复热，佳日苦少，午后纳阴内院，夜坐月下，稍翻韵书。

【注释】

①蒇：完成，解决。

②成昨日所记：完成于 1937 年 10 月 9 日之《简体字合于古者》。

1937年10月11日

晴，秋暑日盛，午后八十七度，邻有疾病者。晚月无风。报来："省会受弹无虚日。"

是日先兄荪五先生忌辰，兄讳际昌，殁于光绪庚子年，年三十二岁。兄以名诸生困踬名场，侘傺[①]而死，死之日一门尽墨，尚蹙然如惧侨之将压也。至今几四十年，折翼之痛犹新，食野之萍久废。况自辛丑以后，辙环[②]至今，未尝一日躬亲忌日之祭。司马孚虽曰"似兄"，论羊徽犹在兄后。(《宋书·羊欣传》："羊徽一时美器，世论犹在兄后。")而小二亦骎骎[③]老矣。临终弟我一声，幽默而逝。每一念及，泪犹夺眶。迄无一文，彰兹潜德。然今晨执笔，犹心摇摇而不能已也。当午祭品，具供馔八豆，时果二（柚、芭蕉），羹一，莲芡丝瓜之汤各一，饼饵曼头，具香烛冥镪，茗饮点心之属，称之："鄂不韡韡，河水弥弥。每有良朋，莫如兄弟。四十年间，望风忍涕。今来荐食，不闻兄声。同盘共几，恸绝平生。纸钱数陌，云毕我情。呜乎哀哉。"

【注释】

①侘傺：失意。

②辙环：喻周游各地。

③骎骎：迅疾的样子。

1937年10月12日

重九，晴，午东风盛，气温如昨日，八十七度，交昏风弥紧，上弦未肥，三更朦胧。

树有杂花，累累在砌，孺人速家人以夜来，对之而不得主名[①]，或曰"月夜待友"云。邱嫂谓："名已不正，花品可知，不欲来也。"念其无隔宿之约，悯其一现之艰。中夜负风启扉，揖月亦有共赏，不负孤芳，际兹丛菊未开，残荷将尽，碧云天末，落魄[②]屋梁，而欲托臭味之同心，结婆娑之清影，寒霜已惊，九月金轮，难待三千，暂作半晦[③]，跱躇一枝俯仰耳。花比雪白，味逐梅香，旎旃[④]下垂，莲茄倒覆。"世称三千年开花一度，值佛出世始开。"（《法华经》）"如优昙钵[⑤]华，时一现耳。"（《南史》）乌乎，夕阳虽之好，尚期来宵，天上断桥，不闻死别。（昔人诗云："只有生离无死别，毕竟天上胜人间。"《七夕》）蘼芜[⑥]可采，莫折薄命，优昙云空，永结长生之殿。

【注释】

①主名：确定名称。

②魄：古同"霸"，月始生或将灭时的微光。

③晦：古同“亩”。

④斿：古同“旒”，古代旌旗下边或边缘上悬垂的装饰品。

⑤优昙钵：梵语的音译，即无花果树。

⑥蘼芜：一种香草。古人相信蘼芜可使妇人多子，在古诗词中“蘼芜”一词多与夫妻分离或闺怨有关。

1937年10月13日

晴霁间之，可易单衣，未能彻葛[1]，午八十三度，夜月偶见。

比日政出多门：有议禁饲鹅鸭者，有禁白衣过市者，至议禁一切祭祀者。曰：“凡以为吾民也，吾岂若于吾身亲见之哉？”闻之王司徒[2]曰：“昔武帝不杀司马迁，使作谤书流于后世，今不可复使吾辈蒙其讪议。”允亦可人矣哉。

夜授读《檀弓》。

【注释】

①葛：表面有花纹的纺织品，用丝做经，棉线或麻线等做纬。

②王司徒：王允。

1937年10月14日

霁，风多自北，夜月生翳。

早凉，可衣单衣，身轻似羽矣。出访鹤皋谈吐久之。归饮豆汁，亦廉泉也。登高之日，失于歊热，若汗半载，忽感轻凉，大可消几分游屐，而啸侣不逢，唫[1]聪久绝，近厌阛阓，远怯龙蛇，今世之深山密林，早不容吾辈与争此土矣，深居简出时使之，然我生不辰，负兹佳日。

【注释】

①唫：假借为“噤”，闭口不说话。

1937年10月15日

晴丽，爱伯所云：“愆阳[1]僭阴，遂成疾疠也。”夜远击钵声，瓦釜齐鸣，西邻驱魅云。

晨起较迟，以有为长者折枝[2]者（用赵岐说），遂不觉黄粱再熟耳。

蔡纫秋来久谈，似时局有转好气象，“得道者多助”，而“寡助之至”者，天下畔[3]之也。午方别去，朋来盍簪[4]，久无此乐矣。督小子笺注悉伯文。

《曾祖王父世亮公画像赞》出邑人杨儒学教授廷科手，有云：“湛深左[5]藻[6]，敦笃田荆。”谨按曾祖王父居仲与季，从曾祖王父受产分爨之后，复共厨同宅，世居三妃宫，故比以“田氏荆树”“左藻”，见《晋书・左思传》：“思貌寝，口讷，而辞藻壮丽。不好交游，惟以闲居为事。”（先大夫尝指诘及此，愧趍庭时无以应也）

【注释】

①愆阳：本谓冬天温和，有悖节令，后亦指天旱或酷热。

②折枝：为长者效劳之典。

③畔：古同“叛”。

④盍簪：士人聚会。

⑤左：左思。

⑥藻：华丽的文彩、文辞。

1937年10月16日

晨北风，遂有秋意，洎夜弥紧，触耳萧槭[1]，满庭寒月，孤负良多。

晨起镊剃发。陈次宋来。阅字书。晡访莞父一谈。夜校谱，单衣瑟缩，箪枷[2]无余衣矣。

比日战讯：平绥路第八军以奇兵野战迭奏殊功；平汉津浦二路日蹙，东失德州西迫石家庄；鲁豫之间铁烟弥漫；沪江抗战最为颉颃，二月之余不更阵地，一等强国之技几等于黔驴；十日前南侵巨舰号称数十，围胁虎粤，无尺寸之功，比又大半北徙云。觇国者谓彼亦不能持逾冬，所谓“虞不腊矣”[3]。

【注释】

①萧槭：形容风吹树木的声音。

②枷：通“架”，古时衣架也称枷。

③虞不腊矣：意指虞国不能举行年终的腊祭了。

1937年10月17日

朝凉，降至六十九度，午大霁，七十七度。

夜枕簟生寒，败絮奇温，一日之内，顿更凉燠。“十年髀肉消磨尽”，“将士军前半死生”。宵榛候蛩，增人宛结，起舞急步，以代抑搔。痛学剑之不成，愧破毡之徒在。寒蝉无语，秋鳜独肥。

予生平足迹，惟华西甘肃、陕西、四川、云南、贵州、广西六省西行不到，综月来铁机蹂躏，亦舍此六省外无地无之，何其相似也。今日莞父赍《珠江报》来，则桂州、梧州亦不免矣。荪簃迁肇庆半为避难，报言寇亦能往，是穷之于其所往乎，白云秋风流落之感，又当如何。

戒酒一月，午斟药酒一杯取暖，飧亦如之，东阶对月，寒冷欲绝，不知何处吹芦管，何待高处，乃不胜寒，夜宿内室。

1937年10月18日

晨六十八度，秋高天霁，月到九秋分外明。

夜来霜重，不出户庭而知之。凌晓冠而东走，绍启、绍求二犹孙从。已禾弯而麦油，亦多黍而多稌[①]。负郭之东，厥田上上，封陇之下，彼黍离离。粒食所资，灵爽[②]无斁[③]也乎。墓田沮洳[④]，不可方思，攀柏无从，含碑何已。归途傍东南内城而行，曲巷颓垣，似未到此，弹丸封内，多不经意，敢言天下事哉。过谢炎廷，小坐。

午陈莞甫过谈，传言大学十四日（十月）复课。报来则言“毁广九路轨，陆运亦断”。默察劳师，不日曳甲，再衰三竭，彼竭我盈，弦诵之兴，当不在远，我亦浩然有远志矣。

初更月在斗牛之虚，玉宇无尘，空明分外，一生几见，万事不如。饭后茶初，枱边阶下，幸免尘甑之遇，不闻铄釜之声。桂子兰荪，时送远馥，支床败几，亦助清欢，更于何事忘机，即此是衡门之下。

【注释】

①稌：稻子。

②灵爽：中心，内心。

③无斁：不厌恶，不厌倦。

④沮洳：低湿之地。

1937年10月19日

晨七十八度，风日俱和，下春风自东来，月明霜重。

移几东窗，一室寤言，惟去世益远矣。日报言“昨前二日省会无机来犯”。难之也，广九路仍未通。无客，学记毕，然后课读《郑当时传》，“然其馈遗人，不过算器食”。

夜，风前对月，不任久坐，室人助攻窦国柱弈谱四局，瑜不掩瑕者，亦多记其得失入《名谱戊集》。屋漏月光如银之白，重门已闭，卧游了之。

1937年10月20日

晴，晨七十二度，午煦未能彻浴，二更后月明如水。

朝诵《项羽本纪》一遍。报言“省港路已通，省会居户渐密，正招集流入时也”。陈世咏来函则言：“大学九日校令：‘各学院自行择地迁徙。’”彼能往，寇亦能往，吾将安归哉？竟日读《通鉴》[①]。

【注释】

①《通鉴》:《资治通鉴》。

1937年10月21日

晨七十二度，晴霭，二更步月，何月不清。是日霜降。

午率诸小子与仓沮[①]庙祭，笙簧酒醴，居然鼓吹休明（闻停止一切祭祀之令已下），“尔爱其羊，我爱其礼”。司其事者曰：“仓圣三月廿八日生，沮圣九月十八日生，例以此二日致祭。”亦相传如是耳，社友子弟敬慎守之，勿替可矣。庙旧附黉宫文昌阁，今寄火神庙，在邑北门外，或即旧社稷坛也，仅有一椽之地，以存二圣之共，赁庑为生，吾道自古然矣。尺蠖之屈，以求伸也，纵步北邙，悠然南山，日丽天高，未审莼菰鲈脍，循例上市否，“人生贵适志耳”，正不易言。

读《通鉴》。马隽卿复书来，真简札之工者也。夜来敢贪灯光思弈理，略有所悟及，不必寻对手，但即此知是迎拒之理耳。

枕上梦成，展亭林先生像诗，得腰联二韵，比寤，仅记十四言曰：“敢以遗孤轻一死，难将绝学换时名。”醒而思之，似生平于顾君立志，尚有领悟未尽处，究愧名心未尽。

【注释】

①仓沮：仓颉与沮诵。

1937年10月22日

晴温如昨日，午过，东风得时令，正风筝怒放时也，而官厅禁之，虑资寇目，然民力销沉，不食肉糜，即此一事，已非童时盛况矣。举目有山河之异，谁云风景不殊哉。

日报来，“克复保定”，字大如斗，然人多不知保定已失也。坊头诚为失利，何至乃至尊君所言，孙盛复作春秋，当置之于何地邪。

吴梦秋隔垣之居，禁足经月，艰以东坡之召，解其跪池之围，非无良朋，况也永叹。晨走小子速之至，则行矣。林鹤皋来，镐臣在坐，谈至午不及饭而散。

日昃读《通鉴纲目》，炳烛继之，不然尚有月光可随也。中夜自衡《德裕开局》。

1937年10月23日

霁煦如月令。

早坐斋头树根补史课，洎午未竟，凝尘满席矣，杂记二三则而饭焉。

1937 年 10 月 24 日

星期，天空如洗，无一片云。人言腹疫遍及乡村，叠夜铙钵喧填（《孟子》：“填然鼓之。”字如此作），借傩逐厉[1]。比来戒口，且禁及足履，孤行独往天地之间者，仅以施诸里闬，窥园饲鸭，彳亍数武便了，一日想百年，亦不过如此。

日方半竿，温毕《晋书·隐逸传》，尚有旧识者在，念久坐非计，出访陈莞父谈晷刻，假《香港报》以归。不料环宇皆宫门，抄也不如校谱，以昨夕所得诸心者记入十集中，异日庶乎有知，定者是乃信史耳。

逾午吴梦秋来报聘，以《袁中郎集》为馈，昨日适谈公安人物，今日贸贸然来矣，日旰[2]未能及也。

蔡亲家（镜潭）归自省会，甫抵国境，下车视予，云未过其门，是尤可感，已倾悃良久，云“羊城罹难者仅以千数，传闻数千者，妄也。大学受弹及百，只毁文学院屋角，东山高门俱无恙，西关止落一弹，月来敌机不至者惟风雨几日，此外则以为常课，然十余日来已难闯至，市郊以内路轨遭毁，亦未伤人，大学议决不日开学”云云。一席之话，胜断烂朝报[3]车许，谅夫。

旋得张子春函（粤秀路中大附小天文台）云：“校令本月廿五日各学院自寻较安之地，分散上课，决不远迁。”予行意遂决，柬峻六买舟。

夜多与家人话茗。壮游乎倦游乎，秋风鞍马，疏林斜晖，大可收拾奚囊诗料耳。快函复子春。

【注释】

①厉：疠，瘟疫，传染病。

②日旰：天色晚，日暮。

③断烂朝报：陈旧、残缺，没有参考价值的历史记载。

1937 年 10 月 25 日

晴和，晁[1]北旰东，秋收可望。

早起率绍裘东湖答镜潭之拜，复得快谈，赍膻裘一袭，人参二两以归。

镐臣入内斋久谈，此别恐岁莫未必得假言归，时复惘然。料检行箧，萧然不及一肩，夜深犹丁丁韵远。

【注释】

①晁：通“朝”，早晨。

1937年10月26日

晴。

晨草小柬致莞甫、纫秋。以书簦[①]付行人，常课遂罢，待舟负喧[②]而已。

思塾中藏书画中发数帧悬之东书房，有番禺黄子高学长篆书《豳风》四挂屏，谢庶吉士兰生学长（见《清文苑传》、《不其山馆日记》二五〇一三〇日）画竹中堂，武进屠进士寄年丈赐书七言联云“才名远过王昙首；文体清于叶水心”，集张神渊碑字，宛平王孝廉宗炎年丈赐书集鼎彝文字十言大篆联“祈眉寿，丐康爵，门庭颂吉；赐辔旂，作尊鼎，子孙宝之”。

据《石索》[③]“周颂敦铭释文”，不见者“吉尊鼎之”四字。谨以黄、谢两先生学行，今日南粤缙绅之士犹能道之，清史俱入《文苑传》，而《广东省志》不为谢君列传，仅见《选举志》，实为漏失。屠年丈《蒙古志》已有成书，不烦张述。王年丈字雷夏，理学传宗。子海涛，于际遇同馆十余年，孙雒文隶太学，前年尚将其祖命来见，再赐书一联曰：“南国衡裁欧永叔；东都经训郑司农。”

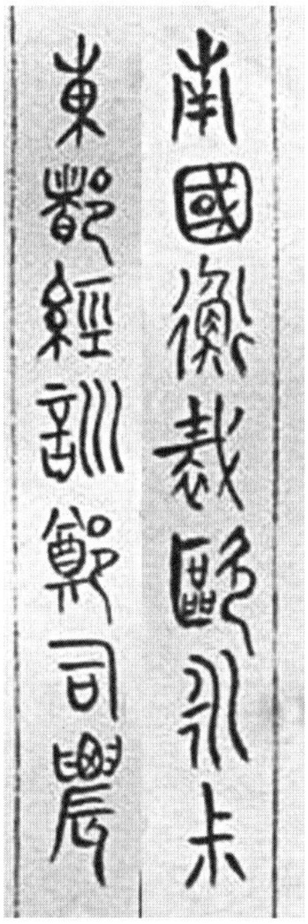

客春殁于白下，东南师儒侵侵[4]尽矣。《朱九江集》有《题里浦先生所藏剑》，又《题里浦山长画卷》二诗。

习书未终卷，出叩莞父门，告以将行。谈未及炊许，主人匕箸已陈，约今夕答访。归来呼酒，薄饭略饱，张灯待客，檏再更矣。门庭阒如，自理残棋，山妻亨莽，为之睡晚。

【注释】

①簦：古代长柄笠，犹今雨伞。

②负喧：冬天受日光曝晒取暖。

③《石索》：《金石索》，清代金石学著作。

④侵侵：渐渐。

1937 年 10 月 27 日

晴。

早起为毕昨日学篆之篇，仍不能毕业。蔡纫秋来送行，汕庄亦电报：“有船，但未得定坐。”秋风起矣，身轻似羽，极欲出游，振长夏蔺[1]懒之习。遂别家人，掉臂而行，器儿随侧至汕。沿途见田禾就熟，良莠不齐，原田高者多黍多稌，卑下者寥寥数茎。渡溪而南，每况愈下。秋潦披猖，草亦不长，园蔬地瓜，窳败尤甚，终岁疾苦，仰屋而嗟已耳。

午定“丰祥”夷轮，荡桨二三里，乃攀而上，夷犹波际，口占一联示器儿，义法俾归家书之，以吊邻人吴梦兰上舍之藻。上舍业医三十年，尝谓予曰予之体质非至强健者。时予方在壮时，而极戒以不可纵情感，而念之不敢弥忘，其后亦数年一面而止，然屡言之如初，是亦爱人以德也。比以世乱，挈家避地，三徙而之香港，卒伤于肴馔，胃肠病骤发而殁，已归榇矣，颇负医名，晚岁亦不轻以医见，故联云尔：

杜老伤乱离，一饱耒阳终客死；伯休避世弋，百钱秦市识先生。

舟客多于蝟虫，索券无方，鱼贯应名，大类点囚也。国轮敛迹，托人宇下，但望一枝之托，敢俟蒲轮之载哉。伏处窟室中，夜见熊熊之光四面探射，真漫天荆棘矣。舟中晤潮阳周兰生，青岛旧识也，乡话多时，良破岑寂。

【注释】

①薾：疲困的样子。

1937 年 10 月 28 日

在香港，午八十二度，复感南中温热。

辰初抵香港，泊湾中，蔡际云驶小舟远迓，问别后乡闾遭乱如何。羁旅西东，千金二字，客中逆旅，小住为佳。闻衍璿有函述诸友播迁之状良悉，惟棋声不辍也。终日不下楼，小暇作书，其余供清话耳。晤李寿熙，预言“明春世界大战”，潮汕愈不安。

1937 年 10 月 29 日

晨发家书，买得“西安”坐舱，舟中翻谱多睡。

1937 年 11 月 4 日

午苏簃柬来：“客途病阖，远致拳拳，各自西东，空盼鸿雁寄书，长不达况，乃未休兵，游子羸身，何堪一病。”书意欲归羊就医，返简促之，广州本无事也。

1937 年 11 月 10 日

苏篠函来，送小令数阕，调寄《虞美人》，大有《暴书亭》中《茶烟阁》[1]韵味也：

“疾风着意鏖残暑，客忱离魂度。梦中犹记泪痕斑，为是黏天波浪欲归难。从今身世同飞絮，南北皆岐路。欲抛心事重成眠，无奈半轮残月又当前。”

“黄榆飘坠秋光老，绕砌无人扫。秋来满目尽萧条，幸有残星三二伴深宵。雁声嘹呖伤怀抱，客梦惊回早。枕边作计理离秋，争奈恼人络纬絮无休。”（此首可删）

“西风几阵侵单袷，又近清秋节。晚寒天气深闭门，底事栏干憔悴立黄昏。逃禅心事依然在，无计割情爱。莫因盟语苦萦怀，只恐殷勤容易又成灰。”

“千山飒飒霜风落，满目添离索。层峦高处豁清眸，只有寒潮依旧绕城流。断鸿天际还飞度，呜咽铜驼语。昔年陈迹已成尘，只剩天涯瘦影认前身。”

“平芜尽处长河绕，树杪留残照。城楼日落一徘徊，无数远山绕郭送青来。一行雁字烟波里，难把家书寄。旅怀荏冉又深秋，愁对孤烟落日说从头。”

【注释】

①《茶烟阁》：即《茶烟阁体物集》，作者为朱彝尊。

1937 年 11 月 19 日

家书来言，华窖祖茔东偏有营新穴者，受风之向，丰其部娄，不考形书，于理无害，手谕儿孙辈，勿与争执。昔人有诗云：“千里驰书为一墙，让它数尺又何妨；长城万里今犹在，不见当年秦始皇。”信乎，达者之言，我生之后，逢此百忧，苟活自全，已叨天幸，敢袭前言，自诩雅量哉。

1937 年 11 月 29 日

蔡际云复书来，知前书竟不到，家人俟之于枯鱼之肆矣。吴霭林来，杨铁夫（香港东涌凤凰山华严阁）。

苏篠柬复约晤，并以长短句调寄《翠楼吟》，且云：“肇城[1]佳丽，大足令人留连，借此一游，计亦良得。”然一晤亦何易言也，其词云：

“碧草凋霜，丹枫坠叶，长空万里如拭。岩顶谁共眺，群山外浪飞翻白。横潢历历。似玉雪摇空，倚天裂帛。迎风立，数声柔橹，一江寒碧。　　习习，日莫衣单，望故乡何处，万山遥隔。聚离如梦里，旧愁尽新愁重织。凭高倦客。几孤负江山，钓丝秋色。青衫湿，断鸿何许，尺书难得。”

【注释】

①肇城：广东肇庆。

《因树山馆日记》第十一册

（1937年12月5日—1938年2月21日）

1937年12月5日

夜省肇舟[①]中，北风送之。

质明[②]，重劳荃誃东道之主，导历名区，此区亦非乐土，意已决行，入山入林，昔人之清福耳。归舟已系缆岸干，帆樯高揭，心羡端溪[③]上游，佳丽渔父，舣舟待渡，不敢承也。只沿溪行，行数里一望，黄茅白苇，未谙谭（惟寅）、黄（执矩，并高要人）文章，理学遗风何在。幸有荀径顶湖，诸山对峙东西，长钟淑气，溪渚班坐，众峰拱之，权拥南面之概，谁识逋臣[④]之心。郭外荒园悬一联云："侧身天地更怀古；回首风尘甘息机。"本集杜[⑤]句成之，然少陵丁天宝之乱，亦艰于衽席之安，怀古息机，惟于方寸之间涵养之耳。鸣钲可听，骊驹在路，"主人歌《客毋庸归》"（《汉书·儒林传·王式传》语）。非畏简书，畏行多露，送君南浦不及待，春水始波矣。如天之福，阳历新年，海珠桥头，尾生梁下，逢今之世，已非易言，好保顽躯，食粟而已。维时好风满江，渔舟张网，闲鸥上下，游子东西，秋桐无留叶之柯，急湍乏停桡之舸。分知暂时，相与亦遂，理乱邑忘，抟土聚沙，在此川上。

归舟满载端研、竹笠、辟纻、筐筥[⑥]之属，便如贫儿骤富。比年携破砚一方，无以易之，取其微凹，聚墨多也。重蒙嘉惠，猎得四方，看鹅临池[⑦]，增人雅兴，岂在少哉。竹头木屑，托令归遗，细君羽毛齿革，则君有之，雨帽一双，以御风雨，蹒跚登舟，其为士者笑之。舟次（姚八姑来送）待发，款款叩学执笔之方，复纵言之先秦晚明，滔滔不绝，议论未定，兵已渡河（传常、苏[⑧]不守），诚不料天壤间有痴憨至此者，发行箧割留手批《段注说文》一函，据云端州[⑨]不可得书，且不可得笔墨楮缣等具，然则产（写至此又窜入窟室）如许佳砚，不共人覆瓿，则以为盘飧之用矣乎。又检《六书音均表》，略条梗概。解维展楫，信不我假须臾矣。

春归何处，梅放为期，回首衡阳，惊回雁峰。"送者未及返，君在天尽头。"渡羚羊之峡[⑩]（峡，陕[⑪]只许通小舟），问五羊何日归来，揖烂柯之山，度伐柯之则不远。舟中人有同好者，大谈弈乘，故自佳尔。

【注释】

①省肇舟：广州至肇庆的客船。

②质明：天刚亮的时候。

③端溪：溪名，产砚石。制成者称端溪砚或端砚，为砚中上品。
④逋臣：逃亡之臣。
⑤杜：杜甫。
⑥筐：竹篾编织的圆形筐。
⑦看鹅临池：王羲之与鹅的故事。
⑧常、苏：常州、苏州。
⑨端州：肇庆。
⑩羚羊之峡：羚羊峡，在广东肇庆鼎湖西南部。
⑪陕：狭窄。

1937年12月6日

镜潭代存港有信八百金，外借去五十金。

晨泊西濠口，入明兴店，已在戒警之中，委心任运[1]而已。肆中存信札一束，家书平安，入冬已先后扫墓。高祖、曾祖安宅在邑治北乡（窖尾），二十里之遥，军兴以来，萑苻[2]遍野，子姓不亲展墓者十几年矣，今冬乃敢一往，无外患者必有内忧，盍释楚以为外患乎，呜乎痛哉。

吴上舍梦兰遗孤其敏浼[3]器儿丐遗稿题签，郡书寄之。姚万年约饭已愆期[4]矣。

【注释】

①委心任运：随心自然，听凭命运安排。
②萑苻：盗贼，草寇。
③浼：央求，请求。
④愆期：意为失约，误期。

1937年12月9日

日下新闻："坚壁清野。"东南半壁，概可知矣。早课不成，夜行已戒三日，在此为日记也。客中语荪誃云："此生亦何可恋，或亦为多写数页日记也。"半饷无言。嗟乎，"梦里不知身是客"，如此江山。

午方澡身，闻警泰然，无溷乃公事，究竟鼾睡不成，收拾奚囊[1]，出门何之。（检小珍册寄付二女）箧中有新词一卷，荃簃主倚声[2]也，未暇按律，卷而怀之。

日加申，疏钟解警，我徂东山，晤姚万杰，约以夕来会万年。车中又闻警，今日辱临三度矣。

晡寄食明兴，里人共弈至深更，则又宠辱皆忘。镜潭来会，促往践姚宅之约，至则永巷闭门，依稀红杏深处而已。万年久待，谈言微中，"以英属接壤，或不从海道直扑羊城，而由泉漳窥潮，胁粤紫金，朝下则夕至耳"。言尽于此，借笺草草西发，下榻多感，不知明日马首又安仰也。

【注释】

①奚囊：典故名，称诗囊为“奚囊”。贮诗之袋。

②倚声：按谱填词。

1937 年 12 月 10 日

出香港夜宿有信港庄。

戒早行，一饷恋梦，主人促起，马不及鞍，舍徒而车，趁明兴携行囊，镜潭扈跸，登东安安轮，无隙地矣，仅得片席，如登瀛舟，今日可不闻恶声之至也。

未晡抵步，既飧，蔡际云、曾广扬导往庆云茶楼，斯楼香港弈人之所聚也。夜归有信，谈至四更，似闻秦淮河上巷战中矣。

1937 年 12 月 11 日

早记数字并作家书，柬黄峻六，柬荃誃。蔡秋农闻讯来晤，未面。

夕主人留膳，夜归。

1937 年 12 月 14 日

晨枕察卖报声，金陵告失，昨夕九时事也。

诸子各自还乡，镜潭亦电话告行，畏行多岐，不欲登舟送客也。夜观弈。

1937 年 12 月 15 日

晨草寄内子一书，道旅况之佳。柬何衍璿广州。今日港报有言“军五万南侵”者。“借问乡关何处是，烟波不见使人愁。”四时行焉，天何言哉。

1937 年 12 月 16 日

传谣如昨日，思家塾中何所有，日记四十册耳。与林、蔡二子密商久之，而莫定归宿处。

夜出箧中苏簃新词数阕，评乙数字，端行以来，卒卒无须臾之间，未经我目也，存其善者为断句图。

《踏莎行》下阕云：“几点渔灯，残星三二，人间难觅埋愁地。断鸿为我传忧思，明年依旧无归计。”

《夜飞鹊·芙蓉》云：“纤云敛红碧，霜斗红霏，篱角一树依依。荒亭人迹少到处，西风飘坠琼玑。婀娜迎风立，似凝情无语，空念洛妃。多愁海客，纵相逢，难得忘机。　　西园芳草迷地，攀折落寒玉，香屑盈衣。长忆高楼红树，银筝粉袖，隔窗相窥。前游宛在，望斜阳，独自欷歔。但徘徊花下，诗心塔影，相对无违。”

《满江红·题铁夫老世伯桐阴校书图》云：“院落青红，问谁把湘缣描取。间对卷，老桐阴下，珠玑细数。断雁声中残照去，枯蒲风里寒蛩聚。穷天涯，有客赋秋声，秋何许。　　甬江水，长东注，杨子宅，今如旧。付东山，泉石后人怀古。避世惟谈尘外事，雅怀犹爱花间语。问何时，载酒过玄亭，长延伫。”

《喜迁莺·玄武湖》云：“归去画船人独，飞尽芳洲鸥渺。莫回首，但孤城岑寂，湖亭残照。”

《凤皇台上忆吹箫》云：“凭栏处，梦痕如旧，一片山青。”其庶几《疏影》《暗香》之遗音也。

《适得端州寄毕念切饴节之归》：“白日登高，昏黄饮马，满江刁斗，何处琵琶。”

削简传书，屋梁落月。

1937 年 12 月 21 日

归庄贪与诸谊侄夜话，小住十日，遂觉依依。君问归期，试思海珠潮高，尚容襜帷之暂驻乎？四更方下榻，悠悠我思。（柬寄室人告以行止）

1937 年 12 月 22 日

是日冬至节，念家庙祭仪，趋跄无日，一生久客，惯以节日仆仆于行。质明在海之滨，趱西安夷船，甫得隅坐，林年侄特来追送，啜粥街头，卖报声喧，消息可想。

日加申泊西濠口。

1937 年 12 月 23 日

车过东山，晤姚万年，则速我即行。得苏誃昨日书，悉近柬皆不达，肇城亦非乐土，东归西转，忐忑心心，即借笺复之。买舟不得，皇惑可知，里人共坐，至漏垂尽。

1937年12月24日

五更即走江头，冀或攀登渡船，李仆守夜担簦以送，里人蔡且呼健儿扈从逆，知非三军之士，争舟不易也。

日加申抵有信，讶客来之速也，此别三日，舟中已去其二，所余一日，大半在报警中度生，不堪问眠食安否，海外小住为佳耳。人言家乡石米直二石蔗糖，昔时石糖直二石米，米贵糖贱，民生可知。家书来述纫秋之言，谓以后负誉士大夫里居愈不容易。不辨子意云何。

夜仍观弈庆云楼（别记），晤曾子展鸿。归又与林侄深谈，三更纳头便睡。

1937年12月26日

亭午风和日曛，浼际云阅市，肩摩毂击，谈者何止五千。生不惯与稠人[①]乘，比年此焉舣舟，从未三宿，以无浮屠桑下之恋也。帆樯林立，茂于黄州之竹也。瓦墁[②]栉比，密于夏蜂之巢也。生之者众，聚之弥昌，人以为繁，我以为简。简之重译，谓之单调，习而处之，味同嚼蜡。凡今新市，无不皆然，考槃[③]在涧，翘山之颠，曰太平山，千五百尺，登不劳步，天亦可阶。傍山之麓，有车缒焉，曰 Peak Tramways Co. & Limited，鱼贯而入，猱攀以升，机轴既鸣，辘轳齐动，车下系链，百炼金钢，韧胜千钧，柔如绕指。仰悬嵚石，讶夕虹之丽天，俯亘峻坡，若长蛇之当道。天梯石栈，逦迤钩连，杰阁崇楼，夭夭危倒。远睨之疑，蝌蚪之蠕动，躬伏之似，犹豫之善登。附骥尾而走千里，登山呼而震幽谷。非行益疾也，声益宏也，其所托如此，其势使之然也。既入幽谷，迁于乔木。袷襟风动，肘下云生。百年兴废，无端怀来。万顷波涛，尽生眼底。渐喜不为人识，已难言父母之邦。何故而至于此，回首亦枌榆[④]之社。行行五六里华，不注一周矣。薄莫归饭。

【注释】

①稠人：众人。

②瓦墁：屋瓦和墙壁。

③考槃：亦作“考盘”“考磐”，盘桓之意。

④枌榆：泛指故乡。

1937年12月27日

客次，稍稍温《开府集》。晡后偕林年侄坐孔教会（武庙街）久之，登其堂摩挲礼器，入其室俯仰琴书，“礼失而求诸野”，愈不胜俎豆羹墙之思矣。壁悬今衍圣公孔德成照像，署宣圣诞生后二千四百八十一年。然则七年之前未满十龄，故孔氏家人称其四子未卒业欤。几见覆巢乃有完卵，（孔融二子闻父难，亦如故曰："覆巢之下，安有完卵。"）未闻孔雀而是家禽。（《世说》："杨氏子九岁，甚聪慧，孔君平诣其父，父不在，乃呼儿出，为设果，果有杨梅，孔指以示儿曰：'此是君家果？'儿应声答曰：'未闻孔雀是夫子家禽。'"子山句："猛兽不惊，家禽能对。"）君家子弟，少而了了者多矣。此行有爽约者，姑居小肆，以观陈棋，卑卑皆无足道。

二更而归，剧谈书法，有倾听者，展枕戒旦。

1937 年 12 月 28 日

夜在"新海门"舟中渡南海。

1937 年 12 月 29 日

晴。

朝抵鮀江，历海程一百六十余英里，甫入宏信庄口，陈莞甫已闻讯来晤。午涉里门，室庐无恙，鸡犬依人。此别三月，人间世不止小变五年也。摘蔬煮酒，陈留之韭亦香，弹冠振衣，京雒缁尘犹在。偶抽架上《坡公尺牍》诵之，慨然想见海外八年之生活，何妨长作岭南人，其词若有喜焉，其实不无深憾之也，所云："临皋亭下不数十步，便是大江，其半是蛾眉雪水，吾饮食沐浴皆取焉，何必归乡哉！"（《徐州与范子丰》）"我视此邦，如洙如沂。邦人劝我，老我安归。"（《惠州答范纯夫》）处江湖之远，仍不任其踯躅徘徊者耳。

既沐，出东门展墓，二稚子从，宿草犹青，松楸同本，绿茵茔侧，隅坐多时，构思二联，已成其一，将以写贻荃誃：

几逢绝倒何平叔；（《晋书・卫玠传》："王敦谓谢鲲曰：'不意永嘉之末，复闻正始之音，何平叔若在，当复倒。'"）犹见读穿王胜之。

薄莫返关，访峻六市肆，晤鹤皋小谈，复偕蹀躞街廛。既讥复征，二犹不足，如之何其彻也。夕家人团食鱼生，稍昵杯勺，为之醺然。

夜蔡纫秋导远客周尧廷（潮阳）过谈，青岛酒徒，故乡相见，喜可知也，二更客去，对谱亨莽，席暖更长，不知寒风之四起。

1937 年 12 月 30 日

晨东北风紧，六十三度，须棉衣。陈次宋来谈。

辰就西门外存拙斋（纫秋寓庐）答尧廷之访。归途谒蔡外舅梦阶文遗像，明眸美须，恍惚如昨，此亦"过西州之门"也。（侄孙绍求以三日前往香港投其母舅，

避征调也，然予适以是日归，不及会矣）

补日记，间有客至。下午陈莞父过谈。晚纫秋假斋头款客，予与尧廷酣饮。筵开炬张，风生四坐，里闾苓落，久无此欢矣。被酒早睡，四更不寐，枕上成联二首。

挽陈丈澥珊，丈讳鳌，辛卯岁贡生。先大夫交游大率享高年，丈亦八十二龄，有自刻书数种。丈殁，邑中遂无尊行辈矣，故联云：

白公[1]遂终九老会；慎伯犹传四种书。

寿马隽卿谱兄[2]，隽卿与先兄同年月日，入明年岁七十矣，尝从侯官许贞干学骈文：

茂陵家学，侯官文心，屡动庄舄吟，落叶半床诗一斗；（《马融本传》："扶风茂陵人也。"）韦赵齐年，李张小友，尝下陈蕃榻，春风满坐人千秋。（《唐书·韦述传》："时赵冬曦兄弟亦各有名，张说尝曰：'韦赵兄弟人之杞梓。'"）

【注释】

①白公：白居易。

②谱兄：通过兰谱（俗云换帖，即结拜）为兄弟者，称庚兄或庚弟，又称谱兄或谱弟。自称如弟或如小兄，又称庚弟或庚小兄。

1937年12月31日

雾甚无光。

是日荆妻蔡孺人忌辰。洎其亡也，二十有三寒暑矣。孺人少于际遇三岁。幼而孱弱，蔡梦阶丈（抡元）明经爱之甚，视际遇七岁能倍[1]四子五经，尤爱之如己出，因指婚焉。比及婚期，予方居东，严命促归，信宿[2]复往。越五载，庚戌就馆津沽，乃钗布相随。不一岁，军兴，间关[3]归里。后以多病，不复远游。殁于甲寅三年十一月二十九日午时，年甫二十六。生女子子三，皆殇，亦孺人致疾不起之由也。生性婉顺寡言。芙御嫁时衣物，非冱[4]寒，不制一裘，所以体余研田之难者至矣。相从八载，聚首不及一年。允嗣[5]既艰，身多忧善病，家贫不能备参药，无以解其戚戚无欢也。然孺人不特不出于言，而且不见于色，与与[6]如也，如不容。盖终其生，无片言有怼于予者。呜呼，此其所以享年之不永欤。病革之日，予几失馆燕赵，窘不克赍千里之粮，冒寒南归，阻身海上者旬日。自分不及诀矣。后闻蔡丈有言，任初未归，吾女必不死也，朝归，则夕绝矣。予归，而丈言奇验。清醒数言，绵惙[7]一日。执子之手，视子永归。呜乎痛哉！方易箦时，南中适苦寒（三十九度），先集维霰，至于冰结，天地为愁，行道贯涕。予伤心之甚，不忍视其盖棺，忍饿北行。尔后舌耕稍有所入，念不得恣孺人一饱。永怀陈迹，弥用神伤。廿余年间，无从亲酹。遭时丧乱，乃值忌辰，时果庶羞，魂兮来享。

日加午家人展几设器，予回念当年此日，不禁黯然。出访鹤皋未晤，答拜莞父，亦如瞯[8]亡。归及阼阶，见子妇荐香为黍，弥助追亡之感。

午吴其敏奉其梦兰上舍父遗稿来见，欲以求予文也。稿中有挽先大夫联云：

“公称父执辈，我列子侄行，师范自来怀叔度；作东方诙谐，为当世谲谏，滑稽未足传先生。”

有题《从黄任初酒罢过林苹秋宅登其楼》云：

“却从山谷罢衔杯，还绕逋仙舍北来。花径可曾为我扫，柴门最好及春开。

草铺原野山横郭，鹤自精神树拥梅。更上一层舒醉眼，五云遥接凤凰台。”

《病中示儿》云：

“病中世事方知假，梦里交情竟颇真。我种一松儿种竹，留此余地种梅人。”

上舍暮齿，多参禅语，此首当为晚作，似尘缘尚有未尽处也。

镜谭亲家来久谈。

飧锡稚子饺余，既饱，虑停食，出步邻右，重过莞父小斋，闻县吏传言：“东艟南来以数十艘计。”有听而不闻者。二更归，剔灯校谱，妻帑弟侄，庸或讥之，而无虑其过者。吾生天地间，才与行不逮古人远矣，余何求哉。

【注释】

①倍：古同“背”，背诵。

②信宿：表示连住两夜，也表示两夜。

③间关：形容旅途的艰辛，崎岖、辗转。

④冱：闭塞的。

⑤允嗣：子嗣。

⑥与与：威仪合度的样子。

⑦绵惙：病情沉重，气息仅存。

⑧瞯：窥视，偷看。

1938 年 1 月 1 日

晨北风重露，六十三度。

早起北风其凉，絜衣而出，乘兴履及邻杖于乡，愈于骑游都邑也。年老者多能识予，殷勤问科征事，自此其稍纾乎。予颔之而已，是谓大同，不必亲其亲子，其子二五不必为一十，何必什而取一哉，率情便去。诸小子四、五、六、七已雀跃三百，率彼旷野，拾砾振臂。群雀乱飞，北风初劲，趋以取暖，江南之草未长，中野之雁哀鸣，夐不见人，归啜早粥。

陈次宋来。柬香港有信诸谊侄。

苏誃函来有云：“一叶孤身，寄泊饿㝹，生还惟天所命。”虽曰抚时感事，不无危苦之言，而忧能伤人，何但以悲哀为主也。

李仆（煊）函来，云：“闻迁校暂缓。（附存件清单十件）”作书致曾展鸿九龙，马隽卿和平，述改日过访，使迎于潮阳城外。

黄孝德来弈四局，其一局，予开局，误失一子，极意谋和，彼攻著亦至锐，乃有可观，以容得思路也，稿存别集。二更，莞父来谈，为之罢局。历落数四十年前先兄荪五先生及其门者某某，今几皆不及门矣。莞父未从先兄受读者，信相知之深，非凡今之人者。

1938年1月2日

星期，晴。

午浴后一梦及晡。灯下与客坐隐，遂了一日，吾生岂不既济矣乎。

1938年1月3日

晴，日昃北风作，未晡已昏，不可端书。镜潭专人来还五十金。

早北风，怯作郊行，就鹤皋萧斋，卜亦早起人也，至则乘舆已驾，陈箧在门，言“将归田间，复为乡中人矣”。林氏世为北乡陇尾人，去邑治二十里，丙丁之际小乱，居城十年间，过从弥密，可话可酒，更无朋侪，今者其以大乱居乡乎。安土重迁之隐贤者，犹是人情。诵周犊山（镐）《我将去》之八比文，指树望尘，忽忽若有所亡者，有间焉。

报传“杭州复得，然又火三日矣”。（此事至三日后，其辞犹枝[①]）

【注释】

①枝：古同“歧”。

1938年1月4日

薄雾，夜宿潮阳可园。

黎明戒行[①]，笻[②]屦而已，不吝三舍之遥，躬赴十日之饮。四年之别，百里结言，盖有事之如兄，视予如弟者在焉。辰过汕头，已泊潮阳，某水某山，曾经我目，我生来此三度矣。县治与吾邑秦时并属南海郡之揭阳，晋咸和六年始析置潮阳县（属东官郡），义熙九年改属义安郡，隋省置潮州，然昌黎诗“夕贬潮阳路八千”，犹以潮阳指潮州也。道中所见（官路村外等处），宋代丰碣历历，信古县也。下舟之顷，一老仆前而近，依然故我，尚有识者，幸而得车，环北郭，过龙井（口五万人），午及和平里（口八万人），车越长桥练江百曲桥，长一箭而遥，无徒涉之劳，有博济之利，《府志》云：“桥在县西南三十里，宋宣和二年僧大峰建，长三十丈，广九尺，计一十六洞，大峰下世邑人蔡震（宝祐四年进士）成之。”今制加广，可二十尺，桥东文信国[③]所题“和平里”巍碑屹然立焉。入里里许，可园在望，主人期予以夕至，不虞君之遂莅吾邑也。一握情深，再来人旧，六飞孝廉，文熙如侄，马氏群从，见山新楼，一一逢迎，亭亭入眼，何止宾至如归之感，洵欲错认并州是故乡矣。袖出所书珊瑚笺联，并致长嫂，命携彘肩[4]臱脯[5]之属，上如兄寿，同登小楼，介此春酒，楼名见山，双髻伊迩，酒曰长春，土酿之佳，壁间有予前年留题者“琴声雁影，流落人间”，主人系诗，所未见也，诗云：“绿藤如幔柳奴丝，满地清阴暑不知。喜与素心留影在，涤烦亭外夕阳时。”“涤烦亭”者，园中小亭，亭额许止净所题也：“浔洄桂屿诸山，远近排闼，未损游屐，已涤缁襟，潦水未涸，寒潭犹清，野炊方生，莫山为紫，敢云襜帷暂驻，却尔胜友如云，倾北海之尊，于东山之下。”（潮阳县东三里连亘六十里有东山书院，予乙巳尝一宿焉）酒酣，诸少年前曰：“夙闻高手为日，旧矣，予等不武，敢以技请。”予曰：“以告者过也。”辞不获命，强而后可，亦既觏止，则与君周旋耳，虽无博进之具，亦资蹴鞠之游，赵王田猎耳，非为寇也，鲁人猎较，孔子亦猎较，今弈手金牙坤（赵坤绰号）曰：“著棋者世间之第一废人，我敢曰斯亦士君子不得志于时者之所为哉，然而有以自解矣。”适见斋头悬王梦楼楹帖云：“事有可传多具癖；人非有品不能贫。”乐此不疲，不知视长夜之饮，何答而癖之不已甚乎。局终，与隽卿兄谈至四更。

【注释】

①戒行：登程，出发上路。

②笷：古书上说的一种竹子，可以做手杖。

③文信国：文天祥。

④彘肩：肘子。

⑤臱脯：山珍海味中上八珍的一种。

1938年1月5日

露寒，华氏表五十五度，翌日报载广州四十五度，韶关见雪花。

起，独步篱下，阅《潮阳县志》，重修于光绪甲申，失修者未一甲子，未若我邑志之失修，终于嘉庆乙亥之如此其久也。其《物产志》多引经传《说文》，而疏于考俗，似不若吾邑志之善。夫邑志者，所志虽局于一邑，而所涉及于百学，实史学之嫡支，非野乘之漫笔。三才不具，涉笔便伪，其原序言“依阮氏省志[1]为体裁”，而不知广东省志仿自谢启昆《广西省志》，阮氏奏修一折（嘉庆二十三年），躬自言之“兹事固非通人不办也”。

盥漱方毕，下楼见客，已有手下败将复以一人者来，未通谁何，卒请一击。吾不意子以访友来者，以树敌去也，敬谢不敏。偕马氏之二老，诣范氏之芳邻，击柝相闻，绿杨郭外，一水衣带之隔，十亩桑田之间，有士一人，分襟[2]二十载，曰：“蹶公者，少以家驹名举进士。长安得意，杏苑认马蹄之轻，颍川善书，池边悟鹅凫之势。当年白河花下，绝世翩翩，今日黄发眉间，萧怀落落。（清民之际，津门燕市迭为宾主，往来最密）一车载鬼，曾传海外之东坡，（去年芝生上海碾于车下毕一足，报上误传并详其履历）两度泛舟，空伫兴尽之王子。”先是乙亥春，姚秋老自汕约芝生来澄，甫下楼，以有省客至不偕行。丙子冬马荦飞再约之来，及登舆以有沪客至，又不果行。“每有良朋，阔也永叹。”既见君子桑梓之间，矧于丧乱未平之会乎。芝生秃笔博食，岁可致千金，谛其晚作，腕力弥健，行间字里，隽味淡远，所录句以方外译语为多。匪惟三折其肱，亦一忻念佛，直养功纯也。早岁与予俱学书都下，今视吾书不加进，愧对良友矣。荦飞撰联命芝生书，以相勖曰：“培才媲美天游院；（康长素[③]设天游书院上海）绝业追踪人境庐。”予笑曰：“可加一额曰‘天人之际’。”然何修而敢拟于乡先达哉。芝生以朱丝栏为六朝人书，既拜嘉惠，揖而受之，曰：“君子之泽。”复占对语曰：“秀才人情。”则相与抚掌也。里富室马豹南约以明日饮，登门拜而谢之。市肆范焕然导观所藏书画，窦穿过焉，磬折登其楼，率情便去。人家有美酒，鸣琴者靡不过，有图书，歌舞者靡不观。区区二事，已叹未能弥企，古人不可几及。夜仍豪弈，深更复陪隽兄久，且告以诘朝归也。

【注释】

①阮氏省志：清代阮元主修的《广东通志》。

②分襟：犹离别，分袂。

③康长素：康有为。

1938年1月6日

晴。

晨翻邑志，未及粥，六飞使妇蓝冻鱼头，助食辣椒健味，犹是衡阳食谱中物，度如是闺人随官，洞庭湖边所学制也。

欲语归期，则已将一日光阴区分略尽矣，曰：“蹶公以午来也。”曰：“群少年约从会战也。”曰：“园中四皓留影也。”曰：“主人午已呼素席，兼以款芝老也。”曰：“豹南夕饮，杯盘已具，且力起一老者马某，相见车尘马迹间也。”念此来亦非易易，哓哓去留大事，大非人情，怏然诺之。而昨日叩关偏师，复请以好身手一较矣。问之乃故人海阳程翊云秀才名振雄者，欣然应其二局。逾午蹶公睡足，檕散而来，良难于行，永以为好也。及及阶见予，戟其二指曰：“子来几日矣，期子期年，既来之，舍我书而举以事棋，子亦忍人哉。”予曰：“先生在上莫题诗，此里有君在，‘鲁班门前弄大斧’（梅之渔题《李白墓诗》）。以仆之愚，尚不至此，但待君至，得侍浮屠一饱耳。”言笑晏晏，乐也，何如十步之内居此三贤，即此林泉，奚悲牢落[①]。既食，立后门外，俟夕阳落，骈立存影。文熙司其机，而六飞序记之，重系以诗，存录其诗，可想见其人也，诗曰：“癸酉岁莫送君行，一刹那间四年了。

其间身世几沧桑，可悲者多可乐少。鸡黍有约不愆期，垂老相见尤足宝。方愧此意不能图，又惊何来一芝老。岁寒三友已仅有，天教此会合四皓。退士自左领鹓班，丰裁整洁道其貌。蹩公鹤峙耸吟肩，壮发堆霜飞蓬葆。豁叟衣履比东郭，昔日璧人今丑槁。黄璞仪表何雄奇（唐闽人，理学名家），裼裘负手恣啸傲。形殊气类却相孚，各备一格并佳妙。图成里巷传观时，应有抚掌为绝倒。”

方夕，里中子弟导游村落。山童民朴，水曲人慧，景纯之术，往往奇验。予性好野游，遇异乡景物，尤徘徊不能即去，何也？以见日无多也。况以今夕席上，重邀劲敌，伏枥老骥，力杖出山。有述其身世者曰：“此马以弈起其家，托弈为生，寓博于弈，里有倾人产博负者，今矍铄度老，不轻与人弈矣。”比抵坐，已有一老在焉，皓齿修髯，见即以是请，主人马豹南见其二子之下，亦相劝助欢。半世薄名，当筵小技，是亦军中无以为乐，请以剑舞者类也。人有宿誉，击之不祥，然迫人亦已甚矣，举手应之，以示“王亦能军”也，开局如下（老先）：

马二进三，兵三进一，马八进九，马二进三，炮二平一，马八进七，车一平二，车九平八；

炮八平六，马三进二，车二进四，象三进五，象三进五，士四进五，兵九进一，车一平四；

士六进五，炮八平九，车二平四，车八进七，炮一退一，炮九进四，车四平一，炮九进一；

马三退二，炮九平五，象七进五，车八进二，炮一进四，马七进九（不如车八退三）；

车一进二，炮二进一，车一退二，车八退五，车二平五，车八平五。

（按此老自云字半农）

负隅相抗，释甲言和，聊慰群情，点辍吾记已耳。夜肴馔特丰，酒亦醇美。坐无善饮，感东道情重，饮兴独高，尔乃眉轩，席次袂耸，筵上举杯邀月，启颊生风。笑美人于平原，骋驴背于华阴，为留去后谈柄之资，亦有生来求声之乐。二更穿水巷息可园，环而攻之矣，然而不为所胜者，酒力似尚有余也。最后一局，以贪致疏爰丧其炮，不甘以一负局结束此行，刻意求和，乃大费吾力矣，后半局尚可追记也（别存）。夜阑客多不散，高谈未已，鬼话转清，脉脉归车，漫漫来日。

【注释】

①牢落：犹寥落，稀疏零落貌。

1938年1月7日

晴。

思归，起弥早，居停人未醒，阅完《东坡尺牍》下册，了此来舟车中豫定之课。辰三刻饱装馇鬻，别隽卿兄、文熙侄，六老计刻而至，云：“群里人俟子郭外攀辕[1]切也，期必得片席也。”诸子依依，令人惘惘，道过公门，便谢厚意，程振雄具，食力却之，乃躬久立，益感不安。车至矣，以陛盾郎[2]之力，不可得立锥地。计无复之，舍车而舟，亦久之而后争以得之。行路之难，岂惟蜀道然也。从先生者数十人一一握，拱立舷侧。舟回路转，极目天末，碧草绿波，三十里抵龙井，又十余里以人力推车（俗曰轻便车，人用以运泥土者），乘桥乘橇，此行尽尝之矣。午三刻登气船，土歌盈耳，闭口闭目，状如参禅，忏日来多言多食之失也。三十里抵汕头，又三十里且徒且车，傍晚抵家。一日一粥，腹枵可想，亦行旅至美之况味，非牖下人所克遍尝者。与诸女兄相见。入夜理董三日来对局，得其一二，亦夜半矣。

香港转到苏誃除夕书。蔡际云函来。马宅专使尾行，馈酒脯四色。

【注释】

①攀辕："攀辕卧辙"，拉住车辕，躺在车道上，不让车走。

②陛盾郎：秦朝护卫武官名称。

1938年1月8日

一夜东北风殊紧，加衾而后得暖，晨降至五十二度，晴，始拥狐裘。

处置家务，写客单，告亲友以明日扫东郭墓。就西书房作四日来日记，已有数客闻归而至，并辞之。黄峻六来小谈，午后莲阳秀才陈伯良、王凌汉来访，陪坐一刻。穷一日之力粗成前记，天下本无事，作此记者，其作蚕自缚乎，亦既以是自课如额，遂如释重负，然初更后集诸小子于侧，诵校一遍，殊觉文辞表意愈于语言。二更呼酒小醉，孺人共坐，今冬第一消寒会也。陈甥见予当风作小书，送竹帘来。

1938年1月9日

星期。晨东北风未减，俗谚："一斗东风三斗雨。"则以斗量风，其语殊隽。晨五十六度，午日可爱，夜见上弦。

是日祭扫东陵，我父我母之攸居也。卜兆于此，倏逾十年，母也合祔[1]，亦越六载。予小子播越[2]在外，暂墓言肥，即此岁时展扫之，仪复不克年年，无忘厥职[3]，心焉在疚，如何可言。以今冬之归，扫卜吉之展期，事出偶然，非由豫定。狐狸冢上，儿女灯前，白云自飞，春晖杳矣。遭国多难，逃乱无山，戢影[4]里闾，如亲僾忾。

日在东隅，率子侄、臧获辈，肩祭品，躬箕扫，迎寒旭，当斜风，望郁郁兮北邙，指苍苍之东陇。牧童群戏竹马，迓使君之重来；野父息耕植芸，劳大夫之见放。相与汲泉，助扫穴土而炊，借草支床，伐材翁仲，包茅既入，缩酒[5]是共，敢曰肥腯[6]牲牷[7]，则亦粢[8]盛丰备，虔奉酒醴，以告来享。采及栗果，媚兹百神，惟兹山川之灵，实式凭之，子子孙孙，勿替引之。戚党[9]来与祭者：林技萃、鹤皋、陈茂才镐臣、黄茂才峻六，耆老黄润生（年七十九）、朱鹤鸣（年七十）、陈云槎（年六十七），陈次宋、黄德茂、黄孝德、黄清、蔡绍绪、陈钟诸门生故吏亲族等三十余人，午利成，告归。

午同席八人，及予而九，共五百五十四岁，邑中老成凋谢，此亦今之九老会矣。入郭小愒，储墨盈升，大书特书，完潮阳一行之逋负也。忽忽不及数行，日之夕矣，张灯继之，兴之所之，即心之所安。户外有客与否，山人不之知，但闻春蚕食叶之声，一心成茧而已。二更乃毕，诩曰“身轻如羽”，其实鹤立终晁，大苦两脚之重矣。充饭二器，尚能为顶牛之戏。

【注释】

①祔：合葬。

②播越：逃亡，流离失所。

③无忘厥职：不忘尽到职责，做好工作。

④戢影：隐匿踪迹。

⑤缩酒：古代楚人的祭祀仪式。

⑥肥腯：古时祭祀用的猪。

⑦牲栓：古代祭祀用的纯色全牲，泛指祭品。

⑧粢：泛指谷物。

⑨戚党：亲族。

1938年1月10日

晨五十七度，晴，北风未歇。

北窗下草书报隽卿、六飞。（附寄屏对一卷）又为人作书。蔡竹轩来谈至午正。

到家满三日，始完胸中宿构[1]，笑痴笑拙，付之家人可也，民亦劳止，汔[2]可小休，稚子冢孙，胁肩绕膝，焚香赌棻，抱衾与裯。

荪誃四日函来，犹缅想清游不置，且言行亦东归矣。

【注释】

①宿构：预先构思、草拟，多指诗文。

②汔：接近，庶几。

1938年1月11日

晨风息，六十度，晴霭，阶人负暄，看人布扫洒堂除及奥[1]。

陈次宋来观近写件。陈镐臣来读日记，订讹文。林生毓琨自大学[2]归，“省垣[3]苟安，迁校事尚游移其说，然已一哄而散矣”。

撰新岁戊寅大门联，未惬我意：

戊之为言茂；寅建行夏时。

阅书未及札记，冬日苦短，景在桑榆矣。隽老随以函至，犹怅朅[④]来之匆匆也。吴梦秋下书，附所挽介弟（梦兰）一联，亦用苏氏兄弟赠语，然以刚甫吊其兄一联为熨贴。（已存乙亥正月初二日日记中）

连日北风，天云净洗，月哉生魄，霸[⑤]然树梢，叶脱庭空，天河倒挂，安得壮士，挽洗甲兵。港报以时至，吾不欲观之矣。启东北角门，独步街月，深巷相杵，如催残年，履霜坚冰，谁忆征戍，我生燕赵齐鲁之郊，吴越江汉之境，吟怀胜侣，所至结缘，俯仰百日之间，沦为窟宅，至今为梗，谁秉国钧[⑥]，真令人食惭匕箸，行愧衾影也。

月下叩莞父门，大费推敲，废然而返。一灯如豆，臣心如水，亦有名谱，助以酽茶，泉洌而甘，井汲不食，孺人云："一勺之水，来自山间，日者家童负土西山，山泉滃滃，归而盛诸瓶中。"益思来者之不易。纵非四方玉食，已惭居处之崇。小人之居，嚣尘近市，先生之馔，口腹累人。强托胜流，无乃有伤清福乎，使令莫对，垂头而睡。

【注释】

①奥：室内的西南角，泛指房屋及其他深处隐蔽的地方。

②大学：国立中山大学。

③省垣：省行政机关所在地。

④朅：离去。

⑤霸：各种形状的残月，但不能指"新月"和"满月"。

⑥国钧：犹国柄。

1938 年 1 月 12 日

晨无风，温度六十一度，晴丽如秋。

破晓而起，呼妇鬻鬻。以二小子、一女、一侄孙随，楚幕有乌，板桥犹迹，乃知宵师已遁，月色皆霜。平旦之际，信乾坤之清气，有独存于町畦间，未尽梏亡[①]者。借车代步，及南桥可二三里，舍车而徒，穿五里亭，抵上窖乡头，未十里也。先祖之茔庐在焉，长堤弓其前，清流环其背，平原凸土，凤山为屏，盖辇下居人所指，为灵气间钟者。堤外数武，有营浅葬，新鬼犹小，啾啾何害，只以乡保传讯，故应一行，攀柏抚松，铅去其乡，则亦焄蒿[②]凄怆，若或见之。傍午归饭。

大学通告："迁地未定（六日函），暂勿前赴梧州。"万年复函来云："教育部令不远徙。"

有见报上言："陈丈伯严先生绝食五日死焉。"[③]

午浴后，醒初户外当风，似为所袭，重裘不暖，积食不消，日课勉如额。杖策里巷，约峻六翌朝谒祖，至则行矣。飧罢饮，服一凉剂，不辨何药也，危坐欠申，不习劳如此。

【注释】

①梏亡：因受束缚而致丧失。

②焄蒿：祭祀时祭品所发出的气味，后亦用指祭祀。

③陈丈伯严先生绝食五日死焉：1937年发生“卢沟桥事变”后，北平、天津相继沦陷，日军欲招致陈三立，陈三立为表明立场绝食5日，不幸忧愤而死，享年85岁。

1938年1月13日

晨五十八度，夜阴无月。蔡纫秋偕杜伯渊来观光，未晤。

李雁晴自桂平寄小柬，云：“苦雨不克游山，音书隔绝，校讯国闻两杳茫。”但据万年所函，则云：“有徙罗定之说。”臣之置君如弈棋然矣。罗定直隶州，去省治西南劣六百五十里，西度肇庆百八十里耳，而谓于事有济哉。夜早息。

1938年1月14日

是日先妣陈太夫人忌辰（冥寿九十三岁），忽忽七年。为儿无状，一旬休暇，千里来归，布奠称觞，天涯哭望，焉得萱草，以为杯棬。披挂遗图，鼻以上画有光，鼻以下画大姊，追惟一二，恍惚如昨。义宁陈丈伯严赞诗，芒光在壁，今传亦以不复开口饮食，积五（十七）日死，死年八十有余矣。嗟乎，是亦自烧自销者徒也。庐山[①]挺秀，彭泽[②]澄波，文山[③]叠山[④]，共有千古。（陶公鄱阳，文公吉水，谢公弋阳）丈育于江右，奋乎百世，天地有丏气而匡庐所得者为厚矣。“见险征而举翮兮，幸犹免于逋播[⑤]之民。”太炎先生以是语铭亡友黄季刚之幽者不及一年，自亦飘然引去。陈丈所遭，视之尤酷，既悲逝者，行自念也。家人手制供品，子妇以次侑食[⑥]，簠簋铏敦[⑦]亦称丰备，只益怆然菽水[⑧]之言，午利成。陈镐臣、黄孝德及族子弟共馂，铺仍上香收像。

路透社南菲洲电，天文家活特氏报告（一九三七）十月杪一行星向北球直射，速率甚高，地球几为所中，至十月三十日离地球四十万里，从旁射去，遂渡危险。据天文家言，四十万里之距离在天体学理上比较算系最短小者，在天文学史上实属初见云。杞人忧天，今不异古。其所谓危险者以公算 Probability 推之，则以地球之体积（地球半径约四千英里）$\frac{4}{3}\pi\times4000^3$ 为分子，以四十万里之半径球 $\frac{4}{3}\pi\times400000^3$ 为分母，所得分数为一百万分之一，其危险有若是者。

负荆请罪。一见于《史记》之廉、蔺，一见于《石头记》之贾、林，一见于武昌城之黄、石[⑨]。何以言之？石瑛（蘅青）尝一度长武昌师范大学，议席上以“足下”呼黄季刚。季刚忿然作色，指其“足下”之也，意谓此等人之口不应出“足下”云云之雅词也，乃竟出，此是我辈之大辱也，破口而出，两不相下。有言于石曰：“子校长，理宜于师有礼，盖不登门一道歉乎？”石不可卷，事闻于黄，适予在坐，曰：“汝们博古通今的人，才晓得负荆请罪，我们不读书不识字，不晓得甚么叫做负荆请罪。”季刚为之距跃三百[⑩]，曰：“任初‘红学’真到了家也。”

高谈未已，子声转清。及晡，凡对六局，而蔡纫秋至，所言青岛时状殊悉，要非烂报之所公言，且告不日北上服贾矣。大隐金门，小隐洋市，其揆一也。出楮成卷，为人乞书，客去张灯，一气呵成。维时月朗星希，不知鸟鹊安飞，四顾无声，我亦学牧猪奴戏也。

【注释】

①庐山：陈三立。

②彭泽：陶渊明。

③文山：文天祥。

④叠山：谢枋得。

⑤逋播：指逃亡。

⑥侑食：早期的意思是劝食。后多用于祭祀，给神祖供食。

⑦簠簋铏敦：均为古代盛食物的器具。

⑧菽水：“菽水承欢”，指身虽贫寒而尽心孝养父母。

⑨黄、石：黄季刚与石蘅青。

⑩距跃三百：欢欣之极。

1938年1月15日

晨五十八度，晴，夜深居简出，不知月色何若。

循例起而行，坐而言，言之可文者，记之道不虚，行者亦记之。今晨怯风，足不越垣，群雏粥粥，跮踱[①]（《玉篇》：“跮踱，乍前乍却。”按与踷同）里间陋巷，间亦有识者，颔之而已，入而块[②]剧。

午始见人，镊人镊其发，因得静观柳集中《山水记》，彼方霍霍磨刀，我亦恂恂[③]执简，不敢掉以轻心，出以昏气矜气，神游未竟，而摩顶童童矣。夜戒久坐，惧目力不任也。

【注释】

①跮踱：走路时忽进忽退。

②块：郁结的心思。

③恂恂：恭谨温顺的样子。

1938年1月16日

晴丽，夜月高，不胜寒。

晨阅《柳州集》，几为催租人败兴。午陈次宋袖挽联一卷，潮人吊吴上舍（梦兰）之作咸在焉，欣浏一过，录其二三可存者。

午后杂书楹帖除岁。晡食于孚信，肆头沽酒，不能不食，无量则惧。夜嗽点唇而止。闻便生医院为邑中棋人所萃，偕陈伯良往观，二医士黄、赵弈一局，尚免大谬。自死友硕友之亡，不过此者四年矣。二更蹋月而归，中夜未睡。

1938年1月17日

晴，过午雾，入晚白云蔽天，当头不见。

枕上咳淡，不如早起，呼四子蹒珊西郊，方觅句，提挈失职，七儿少鲜乳，足力未健，趋而蹶[①]者再矣。及守存拙斋，小坐亦佳，但扰主人清梦耳。晨羞宜素，家膳有鱼，则大儿生日也（壬子元年，馆天津，大雪）。

成联吊黄台石秀才（国文）。秀才中岁以前，逢[②]家温饱，好客乐善，尤兄事予，以贾折阅，一穷至食不备，悯其至此，欲赒[③]佽[④]之，而莫为致者，末路奇贫，疑非人境，笔不忍述，以联见之（附致赙四金），大率用袁闳、焦先二传语也：

想北海金尊常满时，祖生屐，阮君货，贺老琵琶，杜说居夷泛槎，名山卓锡，回首信如一场空，只赢得袁闳苦身，拜母诵经，十年土室；（杨载诗："道人卓锡向名山。"）问西州华屋依然否，江令宅，段侯家，翟公门雀，为道武阳恩报，白波贼张，伤心更有何话说，便从此焦先瘖口，科头徒跣，终老详狂。

又秀才介弟（德荣），于予亚[⑤]也。（《尔雅·释亲》："两婿相谓曰亚。"）孺人谓此联必有见而堕涕者，予以感念平生不无危苦，书之素帛，托其悲哀，而一日之长尽矣，毋嗟日短，乃才短也。

夜忆谢弈工之言，出《竹香斋谱》三集，与居与稽，连得间矣，吾斯之未能信。三更剧嗽，涕洟交挥，鸡鸣乃差，吾甚矣惫。

【注释】

①蹶：跌倒。

②逢：通"丰"，壮大，茂盛。

③赒：接济，救济。

④佽：帮助，资助。

⑤亚：通"娅"，姊妹丈夫的互称。

1938 年 1 月 18 日

温和，重雾达夜，不见日月。陈达夫自梧州函来，衍璿夫妇告从迹也。

迩日罢酒饱眠，至于身尚知所以养之者。天雾欲雨，郁积不舒，当午如晦，未暝已暝，敢云“亦无必读书”。（刚甫诗：“亦无必读书。”）但念有隔宿之诺，萧然出郭，以六儿随，答拜蔡镜潭亲家，皆云：“来何晚也。”欢坐及晡，欲呼饭相待，古不夜行，夜行以烛，今也越野相见，虽以烛而不夜行者有年矣，辨色别归。言过东垄，苍然莫景，悠悠行云，水声潨然（小水入大水也）。夕曛欲坠，叩关绕郭，灯火万家矣。计有迟予归者，遥闻閜闸有声（閜，大开也。闸，开闭门也。又闬，《广均》：“门扉声。”《阓篇》：“海门声。”不见《说文》），孺人适立柴门外也。

1938 年 1 月 19 日

密阴，晨六十六度。洎晚人言方念祖已以抗战不力治罪。

夜幸止嗽，一卧破晓，饮豆腐汁，乡味之美者也。群雏簇拥，呼跸以行。一物不备，君固不出。日日负郭，朝朝一村。澄比于滕，壤地褊少。亦恣雀跃，以卜羊车。自东徂西，舍南舍北，或谋于邑，或谋于野。已少北堂之尊老，徒遇东郭之遗孤。编户齐民，粒粒辛苦。安居一怒，脊脊[1]驿骚。快孤注于契丹，谁单骑于回纥，方惄[2]焉其如祷，忽忽不知其所往。重劳漂母，指点归途。（过蔡化臣小谈）

复达夫函：“离骚别雨，中心臧之，发而为书，但恐纸尽耳。”（别存）夜招宗人以弈，凡六局，局各一法，盖先手俱用中炮，分以旧式新式屏风马、列手炮、顺手炮、单提马及起象局应之。（录谱别存）方绍钦[3]尝为予言：“无论何局皆可用以御敌。”今夕乃事斯言，其不能胜者则下局仍用之，至于胜而后已。夜睡为之多梦。

张逊之复函亦言“决迁罗定，惟须守秘”。而予知之经日矣，鼓钟于宫，自掩其耳可耳。

【注释】

①脊脊：混乱，互相践踏。

②惄：忧郁，伤痛。

③方绍钦：20 世纪 30 年代的象棋名手。

1938 年 1 月 20 日

雾，晨六十七度，暖如春，午七十四度。函蔡际云香港，付侄孙绍裘面致。明朝大寒节也，镐臣书告匮，即答以二十金。

今晨又柬镐臣、梦秋来与斯会，梦秋行医汕市未归，镐臣辞以齿疾。次宋适来，遂与纫秋分东论诗读碑，低斟小饱，呼鱼生助食。“多谢残灯不嫌客，孤城一夕许相依。”纫秋行将北走胶州，聊以祖君之道耳。（托印新日记册）坐间偶言“离乱以来绝少读书”，纫秋曰：“尚有未读之书邪?”闻之悚然起立。中夜不寐，胸无一物也。

1938年1月21日

是日丑时初刻八分交大寒节。晨六十三度，重露间作，夜有小雨，晚雨如丝，可校谱，夜寒。

《阁韵娱阁联》（吴梦兰遗稿），挽侯乙符四首，并可诵，其代客作云：

“当年琴鹤飘零，历秦树高云，百二崤亟曾听鼓；一卷牡丹唱和，把鸾花犵鸟，苍茫湖海赋招魂。”（细按之，当删出联嫌三句一意，对语强用招魂字样，未见浑成）

挽吴耀堂云：

“子野竟远游，问颍滨当时，倾心何止二三辈；唐卿今老去，说黄冈故事，一言而活千万人。”

挽辛卓人云：

“白杨红树萧萧问，此后稼轩销魂，谁咏西江月；流水落花寂寂听，一声杜宇怀人，莫上北邙山。”

俱有诗教之遗。其挽吴修亭联中，“皓皓乎不可以尚”，对以“謦謦乎如闻其声”，謦謦二字则不词矣。

1938年1月22日

晨五十六度，微雨湿阶，助人凄冷，居者瑟缩，行者踯躅。夜柝晨舂，远远可听，催人除岁，莫恋残年。“人行犹可复，岁行冉可追。问岁何所之，远在天一涯。”（东坡《别岁诗》句）伫立荒亭，人天俱杳。午小书扇面一方。

检录旧作一首于此。(《武昌高等师范学校数理杂志》)

《天文学讲义》弁言[①]（丙辰）：

大矣哉！宇宙之文章也。广大悉备，有天文焉，有地文焉，有人文焉。日月星辰，运行不息，是为大块之文章。风云雨露，变化无穷，是为大地之文章。子臣弟友，礼义廉耻，所以相维相系于人道者，乃至与天地参，宇宙间奇文壮观，莫或过是矣。知也无涯，生也有涯。吾侪不敏，不敢以有涯逐无涯。吾侪畴人子弟，职兼天官，聊以耳目心思所可及者，侈事谈天。天不可知乎？顾征诸古今魁儒硕彦之所研几，则天之可知者荦荦具在。天果可知乎？则以一蝶一菌之微，今日犹未可知其究竟。东海有虫，巢于蚊睫，命曰焦冥。焦冥之睫，又有巢者。在昔人或且以为庄周之寓言，在今日乃骎骎乎浸成科学之实事。夫以蠡测有涯之海，世已相传为笑谈。矧以管窥无涯之天，其可大笑而冠缨索绝者当又奚若。抑尝闻之，昔泰西某天文家，夜行郊外，失足沟中。一老妪遇之曰：“先生何乃若是?”曰：“吾仰观天文也。”老妪笑曰：“先生近不能见跬步之内，远乃能见千里以外乎？先生欺予哉。”不揣谫陋，辄箸兹篇。宁受老妪之揶揄，而不甘居于寓言之列。览者自得之。

日至鸟次[2]，(《淮南·天文训》：“至于鸟次，是谓小还。”）尚可读书，有客（潮安卢绣山）登堂，缕述沪江近事，冉冉下春矣，犹幸闻诸故人（奋可、思敬、述旦、史铗辈）。锋镝之下，均告无恙，悬车难挽，剔灯补读《南华真经》，定昏乃息，入此室处，汝曰鸡鸣。

【注释】

①弁言：前言，引言。因冠于篇卷的前面，故称弁言。

②鸟次：传说中的山名。

1938 年 1 月 23 日

星期，晴，晨五十八度，午天如洗，东北风作。

今日公祭黄台石秀才。莲阳乡在县北十里，一水之隔，军兴以还，相戒畏途，胜贯朝歌，回车不入者，十年于兹矣。友丧不吊，人其谓我何。晨明独出北门，不劳仆从，私虑席门穷巷，怯问户牖乡人。甫耀公车，已有识者，呼名自介缵汤，言其伯父黄云楼也，犹能记九年前予所吊其伯父之联，云：

突梯怒笑，皆成文章，臣叔是谲谏者流，独奈何冠盖京华，斯人憔悴；满地萑苻，安问狐鼠，先生自罢官而后，犹剩有开轩场圃，把酒桑麻。

以为尚能写其人也。云楼（名其英）乡贡生，纵酒不羁，老不可日日得肉。春初早韭，秋末晚菘，(《邑志》云：“白莱即菘。”）臣叔之妻，我有斗酒，亦洒然自得，不复叹老嗟贫。累叶书香，今日晤其犹子，尚克抽诵《文心雕龙》，为可思耳。下车穿巷，询于刍荛凡数起，乃达黄家巷，丧次阒如，万事转烛，门外既绝长者车辙，阃[1]内且无应门之童。飘旐[2]青幡，亦笑世情之恶歇，素车白马，弥愧巨卿之来迟。“永从此辞”，“死生路隔”，“况也永叹”，“每有良朋”，不禁凄然，于继述之，难表宗之，替者久之。

禺中废然孤返，涉江南棹，有杖剑度河者，虽非亡将，疑挟逃妻，萧艾异途，招摇过市，车子目笑，指为娄猪[3]，艾豭[4]何知，屠狗皆是。予亦莞尔，同乘辗然[5]，驰经北城，几忘停辙，为之忍俊，拾入归装。(有客数辈来，未晤）夜饮。

【注释】

①阃：门槛，门限。

②旐：引魂幡。

③娄猪：母猪，比喻淫乱的女子。

④艾豭：老公猪，借指面首或渔色之徒。

⑤辴然：笑貌。

1938年1月24日

晴霭，晨五十六度，午明丽无风，不负长春国也。

早信步北邻，过朱氏古屋（艺槐轩），亦百年旧家，累世通好，古槐乔木之余蔆[1]，犹有存者。午挈诸儿往谒仓圣祠，道遇朱、陈二老，此亦乡饮酒礼中之耆宾矣（“清初，每岁由各州县遴访绅士之年高德劭者，一人为宾，次为介，又其次为众宾，详报督抚，举行乡饮酒礼。”吴氏《吾学录·风教门》，据《通礼》）。寒暄数语，入庙中，笙簧未备。率彼旷野，踠足北里，不闻靡靡之乐，时见行行之风。南阮富而北阮贫，渭水清而泾水浊，橘化为枳，鼠化为鴽。洙泗之间，难言亘乡之童子；弦歌之侧，未通学礼之孺悲。吾道非邪，征夫遑止。

纫秋赍其外舅侯乙符大令节《随天庐诗》一卷（手录稿）属阅，不盈百首。原有三四百首，经侯官陈石遗（衍，年八十余，闻以今岁殁于苏州）点定者，则多属需次[2]西秦不得真除，萧然归里后之作矣。可存可诵，本不在多。“池塘春草”，只得五字耳。蚤食时为点定半卷，寻章正字而已，不能有所匡裨[3]于亡友也。

晡时纫秋走介弟来馈鲁酒二尊（烟台张裕白兰地酒），潭鱼四尾，俗曰“乌鱼”，表其色也，又曰“肫鱼”，读如述作之述，表其特征也。鱼肠之末有物如算子，其功用与鸡鸭之肫同（北人写肫字如此），亦柔韧可食。考诸《府志》《县志》，均未著录，而北地多有之，特莫如邑北诸潭所产之美。食而不知其名，深为口腹愧之，无可报玖，重烦家厨。

邑之北溪绕郭四五里间，冬令所产银鱼，独饶鱼美，《邑志》云：“银鱼即王余。”《博物志》（旧本题晋张华撰）“又名鲙残，鱼身员如筋，长仅二三寸，洁白如银，若已鲙之，鱼目有黑小两点”云云，状物致工。《府志》引《博物志》则云：“吴王食鲙，弃余中流，化为鱼，亦名王余。”然《韵府》引《尔雅》注云：“比目鱼，江东呼为王余。”按《吴都赋》：“双则比目，片则王余。”注亦引《博物志》云云。则银鱼与王余似未可混为一例。

大学来函言：“理工两学院决迁大湾（郁南县属），以李家祠为临时办事处，法、农、医三院往罗定，文院往罗镜。”（二月十八日前报到，二十一日上课）

【注释】

①蔆：草木茂盛。

②需次：旧时指官吏授职后，按照资历依次补缺。

③匡裨：匡正补益。

1938 年 1 月 25 日

晴丽午煦。

晨偶涉韵书，因与小子辈言之。午峻六、鹤皋同过北窗下久谈，复招诣莞父，坐至日落，掠市而北，及典肆共饭。

抽阅日报，韩复榘（河北霸县人，年四十七岁）以失地处死刑，昨二十四日事也。鹤皋入予坐即为言之，殊不意言之而叹，有动于色者，果有其人否，此岂杯酒失意，白刃相雠者类耶，而世人且指"宗元[①]早岁与负罪者亲善"矣。

雁晴游梧经月，浩然思归，寄书香港问温州船。衍璿亦欲至港相会，研究冯、谢对局诸谱，并以予尚滞留香海[②]也。分别作书复之，并柬荪簃。

【注释】

①宗元：柳宗元。

②香海：香港。

1938 年 1 月 26 日

晴，晨六十二度，东北风作，林动屋鸣，如万马之声。因树轩下树多于屋，动也虎虎，静也凄凄，不堪劳人，守此残岁，出坐家庙，檐前看人家暴菜（芥菜），邻子卖蔬。

启视研中墨如池，"寡人饮此，与君代兴"。袒臂而挥，视轮如虱，兴之所至，敢无古人，投笔四顾，深恐书学小道，所明遂湮，卒无知我者矣。语云："最难为不识姓名者书。"牢落之余，并此旦旦所区区者时，今自破其例，无俚[①]之状，可为永叹。

晡，招族舅坐弈至二更，不言不笑，"思入风云变化中"，其殆庶几乎。

【注释】

①无俚：百无聊赖，没有寄托。

1938 年 1 月 27 日

晨五十七度，风息风起，止一昼夜为率也，雾，日落瑟缩。

早起坐家读经，授《周南》《召南》，粗令上口而已，大似佛徒诵经，喃喃播音也，但能如彼等朝夕虔诵，便觉圣人之道未熄耳。

作小柬数通（张逊之、蔡际云、姚秋园）。莞父率其仲子（有年）来坐谈，指其国文荒废，既入大学之门，可时从予抽读，竦然答之曰："予之国文亦荒废矣。"国文者不知何国之文，然今世之人无不作是语矣。程仰熙来谈。

夜自校谱至漏尽。

1938 年 1 月 28 日

晨五十七度，晴明可爱。

天气佳丽，凌晨出作郊行，及城之垣矣，念一旬未往谒墓，不如归粥，别作东行。

陈织云归自上海，半载以来变乱本末，言之历历，要视梓乡安于海上[①]，然则锋火尚有情也。

吴梦秋归自汕头，剧谈炊许，所述诚兄子书，有云："汝父少有才，而读书不多，遗诗卷中，遗辞使事，或有未当，匆卒付梓，无人论定，欲以显亲，恐反为类，吾潮人刻诗集而不受讥弹者刚甫一人而已，吾侄慎之云。"允入知言之选，顾有能令者，未必有能受命者，今者《韵娱阁集》已胫而走矣。任孤衣葛[②]，既令交故寒心，公子裼裘，又为亲厚冷齿。以古为师，庶乎其寡过耳。

午读经罢，栉沐盥浴，依然故我，咸与维新。蔡纫秋来谈，且告别也。（次子家锐欲随偕估）清言亹亹[③]，上灯始去。夜校谱。

方晚酌，可园寄肖影一方，以杯前递到，不必"举杯邀明月"，对影又得三人。六飞撚须，芝老负手，隽兄穆然，不惟精神可接也。酩酊一睡，隐闻爆竹之声。

【注释】

①海上：上海。

②任孤衣葛：典出《葛衣记》，指任方死后，其子任西华遭其友凌辱事。

③亹亹：不绝貌。

1938 年 1 月 29 日

晨有小雨，霡霂知春，呼屐而行，尚免戴笠，残年余漏，未到晓钟，鼓腹含饴，犹存原壤。小楼有听春之客，深巷少卖花之人。人方卖牛买刀，我方盗耳迷蒙。草际夷犹，田间人笑我闲，我安我拙，腼颜一饱，以待来年。经课未完，人事待理。梦秋过谈。

坐庙中看子姓治年事，即此祀先祓[①]岁已干[②]禁条，爱伯有句云："读书常失笑。"今日可令失笑之事，不在古人，而在耳目之间也。

门人传来校讯，云："迁西事又格[③]，部令仍就旧贡院[④]上课。"此自埋自搰[⑤]之故智，且何以为接浙西行诸老师地也。

晡时可园使者以馈岁之礼来，香茄苦荈，则其粲然者矣。（雪茄二合代吴朝源致者）当裁柬谢之。

灯下读经，大似儿时，小子侍读，真成咿呦之学。

【注释】

①祓：古代用斋戒沐浴等方法除灾求福，亦泛指扫除，祓濯（洗濯）。

②干：触犯，冒犯，冲犯。

③格：阻止，搁置。

④旧贡院：广东贡院旧址。中山大学旧址仅是贡院的一部分。

⑤扣：发掘。

1938年1月30日

星期。晨重雾，不见远树，处理年债，发压岁钱，会计当而已矣，时还读我书。

晡祀先，张列祖遗像，自太高祖以降，凡二十一帧，至今八世，卜年二百，左昭右穆，如见如闻，祠宇如新，画像完好。鄂老孝廉《黄福上先大夫八十寿颂》有云："推孝亲以敬祖，影堂之绘像恒珍。留先泽以诒孙，纱橱之传经未蠹。"允为信今之言矣。外舅蔡梦阶文（抡元明经）所惠寿联云：

"玩世托东方，羡酒星只傍岁星，八秩称觞扶醉出；缔姻同乐广，笑旧雨还如今雨，一年长我得春多。"

并录于此。梦秋孝德来谈。隽卿函来，谢柬已行，百里同声，愿言则嚏。马兄简札，老而弥工，园如玉之润，韬光守雌，世遂无知之者。飧食馂余，大饱，小子三四，随行廛肆，看估人催租度岁，萧寥百业，杼轴[①]其空，折阅而不废市，亦难乎其为良贾矣。永巷风动，宵行烛灭，视天如漆，无烛不行，乞火里邻，采风牖下。"君子观于乡，而知王道之易易也。"

【注释】

①杼轴：借指工商之事。

1938年1月31日

晴，爽如高秋，云净天开，物熙人寿。是月大建。

卯初刻，未昧旦起而盥漱，戒[①]家人族季咸早起，或有事于宗庙，或助祭于荇洲，宗庙之中，有事为荣，阃以内中馈[②]实主之。

先大夫在日，无一日不见晨星，督际遇倍群经毕，方见东方之白。元旦早朝，朝服而立于阼阶[③]，族中有晏[④]朝子姓者，几至呼杖。追维笞训，敢云茫然。世衰道微，盖未有见。虎贲中郎者引诫诸季曰："先人虽一乡之士，而所言者圣人之教，所守者一王之法，视不率教不守法者，如力农之于恶草也，如獬廌[⑤]之于不直也，所谓一命之士与有责焉者也，汝曹念之哉。"予不肖然，永矢弗谖[⑥]，未敢言终身之慕，顾敢以三年之后，有改父之道哉。

凌晨宏开祠宇，虔荐馨香，雍睦斋皇[⑦]，肃冠鸣珮，此中人语云：“居人未改秦衣服。”父老有叹曰：“今日犹睹汉威仪。”是尤不足为外人道者也。又例以岁朝致祭文昌武庙，祀典所在，清吏例以朔望行香，家大夫当日致祭独早，避衙吏也。十年以来循行旧例，天下事付儿曹为之。

天方未明，未知苍生何若，亦入武庙，视人祀关平，揖古人亦所未敢，李炁伯（《答沈晓湖书》）云：“又吾乡有王刘之会，祀阳明、蕺山……以代流俗文昌、关帝之祭。”然则修乡先生之敬于桑梓之邦，其在白沙、东塾乎。然由今之道，行且变今之俗。“流俗之祭”云云，亦沦为若敖之鬼[⑧]，虽与之天下，其能一朝居乎。

是日先王父厥中君忌辰，年祭既毕，家祭继之，肹之宗十一族，唯羊舌氏在焉。吾祖之勿生，吾曾祖王父已迫桑榆，吾祖之殁，先大夫又在襁抱，信云嗣续之重，不绝如缕。先子每逢忌日，启匮奉宔，常深孑立，捧奠之虞，令伯陈情，柳州叩头，每切终身之忧，岂惟一日之慕哉。子孙肹蚃，菹醢丰洁，在天之灵，实式凭之。戚属来与祭者陈镐臣、吴梦秋、黄孝德、陈莞父、郑姊夫、陈毓珪等二十余人。

夜为人作书。

【注释】

①戒：通“诫”，告诫。

②中馈：妻室。

③阼阶：东阶。

④晏：迟、晚。

⑤獬廌：又称獬豸、解豸，古代神话传说中的神兽。它是勇猛、公正的象征，是司法“正大光明”“清平公正”的象征。

⑥永矢弗谖：决心永远牢记着。

⑦斋皇：辉煌，光辉。

⑧若敖之鬼：比喻没有后代，无人祭祀。

1938 年 2 月 1 日

晨雾，有风午息，大霁。

早朝如昨日，上香移晷，方及黎明。率小子诣宗祠谒列祖列宗，归途便谒陈氏敏祖、黄氏谨祖等三四处，敬宗睦邻之古意也。少时例以是日出贺岁，走三四十处，今此礼已替矣。我爱其礼，尔爱其洋，何洋乎尔，夷风煽方处也，然予前后居夷十年，则此风具在耳。

是日先大夫忌日，忆当百日之丧前三日，四儿（家枢）生，今十四岁矣。宾客来者瞻望遗像，追说平生，皆云如昨日事，而乌知墓木之已拱也。来与祭者陈镐臣、吴梦秋、蔡竹轩、芮弼卿、蔡纫秋、陈明贞、黄峻六、黄孝德、刘石铭、蔡岐山、朱鹤鸣、黄润生、陈云槎暨甥婿族季等凡四十余人。

昨今两日，自卯抵酉，趋跄揖挦，不遑启处，固一时一邑之盛也。“忌日不乐”，甚惭古人，友朋满坐，欢声溢户。梦秋月旦，尤重汝南，凡所云云，多本经义，为七儿命云“家豹”（前命名“家学”，族中有同者），高辛氏有才子八人，其七曰叔豹也。其评《韵娱阁》诸联曰：“唯我与尔及鹤皋作尚称，余皆不佳。”予曰：“我则不敢出此言，昔温子升作《韩陵山寺碑》，南人问信曰：‘北方文士何如?’信曰：‘惟有韩陵山一片石，堪共语，自余驴鸣狗吠，聒耳而已。’”

1938年2月2日

霁，午方小睡，五机西飞过境，视若无有矣，亦不自解何故。晡见眉月。

夜得快睡，劳顿顿消，补昨二日日记。梦秋将别，来赓快谈，示我佳书（浙本《苏诗编注集成》《石遗室诗集》），弥资印证。令儿子（家锐）摹存松雪苏文忠公遗像。

1938年2月3日

晨督小子读经，旭日渐升，群动向荣，裹足一旬，慨然有揽辔之志。庭下妇子，方买大菜渍盐，共终岁助膳之需。

梦秋来谈，极口劝予学佛，盖十许年如一日矣，贻我译典，责以晚学，自谓已了然于生死之故，深惜予漠然于浮屠家[①]言，婆心爱人，金针渡我，予应之曰：“是君身有仙骨，而愧我之欲换凡骨，无金丹也。遭世之衰，心防告溃，既无从道之德，又不克齐之以刑，并此俗流，因果轮回，最下乘之传说，所赖以补救于编氓[②]之间，亦发覆[③]之，惟恐尽于是乎。生民之祸，伊于胡底。王泽之竭，佛说代兴。于传有之，固难幸免。然平生不欲轻诋佛教者，亦甚望其有以济人心之穷也。”

日中大霁，家人谒墓。自长嫂以下十数人，扶挈出郊。展负郭之牛眠，饫宜春于羊日。（见《荆楚岁时记》）佳诚北望，紫气东来。双髻左环莲花，右拱当前，生一泓春水，犄角是五乡人家，樵牧不斤，今存死士之垄，竹林酣饮，过黄公之垆，遗爱在人，德音未远，而视此虽近，邈若山河，为不能已已耳。子妇辈谒拜既毕，刺棹夷犹，闲鸥无惊，群雏皆喜，浴风水上，领略田间，亦知稼穑之艰，不用一钱之买，含饴扶杖，居然如见羲皇上人[④]。时有飞机回翔头上，夷然视之，如无有也。

夜传警，适秋老书至，有云：“畴园藏书及著作原稿，如何保存，代思苦无善法，秋楼所有，亦同此感。”呜乎，贮千卷于善和，常系心腑，数五厄于牛子，空忆开皇，况乎欧心血于一囊之中，煎薰膏于巨君之世，亦楚中老父所谓“非吾徒也”。惟秋老庶几其许我耳。

夜大铺群饮，以禳之家人，中夜迎神，迓天庥[5]也。

【注释】

①浮屠家：佛家。

②编氓：编入户籍的平民。

③发覆：揭除蔽障。

④羲皇上人：伏羲氏以前的人，即太古的人。比喻无忧无虑，生活闲适的人。

⑤天庥：上天的庇护。

1938年2月4日

是日戌时初刻二分立春。晴丽。

早行，为伏案计也，甫揽笔而传警，可不之论也，至于再至于三，能不投杼而起乎，计终身在刁斗之中。晚饮一杯，犹有翱翱过境者，阖郡偷安，度不可望，计起飞皆自东南，居无何有，声殷殷然，在北山之阳，传轰葵潭（省道桥）、枫溪（潮汕路桥）、梅岗（揭阳）、彩塘等处，伤人乎，未有知者。广州亦亘日传在警中，匕鬯无惊，鸡犬亦惯矣。

今日立春，天朗气清，最好踏青，书缺记余，何妨曳白。空中警不空，坐上客常满。吴梦秋、刘石铭来索书。蔡镜潭来约避地东湖。黄孝德来对局。李韵涛、陈织云来谈沪战。族季数辈络绎。旁午市虎之言已无变色者，然辍课不克事事矣。

何衍璿自省来函（一月廿九日越秀北路横道八号），云："亲至港，过予不晤，在曾展鸿处，穷一日夜之力饱读谢、冯[1]在港对局，发见谢行马三进四之过急，而冯则于先手列手炮有兵七进一之奇著，此着虽未载于弈典，然亦不失乎先也。"（遍阅未得此局）仲儿已抄毕副本，寄松轩、衍璿订正评点。

【注释】

①谢、冯：谢侠逊、冯敬如。

1938年2月5日

多露，多警，多客。

梦秋、纫秋、峻六先后见过，快谈至午，客去为人写墓碑、斋额。峻六私约急，则共走北乡，然料南华事或不至此也。午后莞父来，坐定复共燃灯。补三日以来日记。二更始饭，到不萧然。

1938年2月6日

星期，晨小雨，未起朝露，东北风加紧，堂皇小坐，须重裘，五十九度，未晡已昏，平安一日。

起即点诗治事，以逐日积案未清也。梦秋来，偕访莞父，傍午归。修书致秋老，并柬复荃誃端州报书，言端州拜弹六颗，何为久居此危城之中而不去也。

午弈夜博，博进可观，尚曰犹贤乎已乎。

校毕《随天庐诗抄》，校字而已。诗为同邑友人侯乙符大令节所箸。闻原稿无虑四五百首，经侯官陈衍点定，劣存八十余首，其子婿蔡纫秋录出之，甫盈一卷，此事本来不在多也。予交乙符颇久，知之致深，其后乙符失志苦吟，予浪迹不复事诗，遂不足为良友知己。今日披读剩稿，区区諟正字画之外，无可言者，良负知己。

1938 年 2 月 7 日

晨雨湿阶，终朝如晦。

汕报来，有三舰廿机猛攻虎门讯，港梧停帆，行大不易。渔人报海后即南澳属居民纷纷迁避。

午后浴罢，童子报峻六至，密约俱在，虑有事也，蹑履出迎，尚有李子栋尘在坐，乃能释然。清谈片晷，速梦秋来助谈。草庐之中，几劳三顾。偕访莞父，借刺时闻，复结伴出南城，入蔡家祠，主人蔡华林方与蔡亲家劭星弈。亦既见猎[①]，岂不弯弓？满坐宾朋有心坐隐[②]，既借此以缄口，亦运掌而骋怀，凡三易将，“王亦能军”（蔡焕奎最佳）。主人早已呼庖人备嘉肴，倾久藏之罍，供长夜之饮矣。一食万钱，自惭居处，一村三杰，尤怯劲敌，盖华林、劭星、竹轩并豪于饮，四年以前曾作三日鏖兵也。梦秋得许伟予满口诗云，亦得其所。华堂灯烛，喜筵既开，谈笑生风，流连旧雨，炉边风味，久矣邈若山河，在井闾更成永旷。今夕何夕，共此灯光，能饮一杯，不复计量矣。酩酊之余，三战皆北，主人复治六博之具，召五声乐籍以助欢，然乐不可极也。二更久转，鼓角遥鸣，道泞且长，一炬如豆，行有戒心，幸免醉卧，已逾阈矣。衕牌当径，分无行前之壮士，自怪头角之崭，然入世无缘，与物为忤，眉间额际，嚱嵯负伤，吾今日被酒甚矣夫。

【注释】

①见猎：同“见猎心喜”，比喻看见别人在做的事正是自己所喜好的，不由得心动，也想试一试。

②坐隐：围棋或下围棋的别称之一。此处指弈中国象棋。

1938 年 2 月 8 日

霿雨感寒，重裘乃出，五十四度，夜北风解雨。

起抚眉梢隆然，乞生乳润之。孝德来。梦秋来告匮，即丐四十金以周其急。蔡竹轩使人速午饭，昨宵席上微闻令矣。“杨柳依依”，“雨雪霏霏”，今我往矣，何远之有？午偕峻六、梦秋，张盖走应之，昨夕宿局也。

肴馔丰腆，为诸席冠，一客助以白兰地酒，益成高会，开怀大噱，不减当年，席终蔡亲家乃申即晚之约。便便之腹，何地可容，愧推祭酒[1]，惟有食肉，而友兴未阑。日中，合从[2]之约已具矣，幸有棋局，长日可消，当七八人，以至日暮。酒侣复集，飞觞以从，健酒者多用高粱烧，北人但曰“烧酒”，或举香山[3]诗“烧酒初开琥珀香”句（出句“荔枝新熟鸡冠色”。又雍陶诗：“自到成都烧酒熟，不思身更入长安。”）。

【注释】

①祭酒：古代飨宴时酹酒祭神的长者。后亦以泛称年长或位尊者。

②合从：亦作“合纵”，泛指联合。

③香山：白居易。

1938 年 2 月 9 日

雾寒，五十二度，夜雨。

早起无可为之事，自检类书，亦成一适。陶《饮酒》诗云：“少年罕人事，游好在六经。行行向不惑，淹留自无成。”倚栏怅惘。又陶公所谓“奈何五十年，忽已亲此事”也。

吴梦秋学名之英，自憾名字马牛其风，予曰：“屈子‘餐秋菊之落英’，非欤?”彼旋自举“秋菊有佳色，晨露掇其英”以实之，其实陶诗亦本屈赋也。

镐臣来作小谈。校讯报：“暂不远徙。”雁晴梧州寄函，云：“复相见石牌。”然则“乱庶遄已”乎？风雨满城，鸱鸮敛翼耳。

峻六订午饮，酒食朋游，点缀年事，但不堪听鼓鼙之声耳。晤周植三（之槐），话戊戌张冶秋（百熙）先生岁试，所得同邑士（俗称同案[1]），存者犹逾三之一，曰：吴竹平（洪镇）、李照侬（鉴渊）、王岱铭（锡瑚）、许若农（乃秋）、林鹤皋（一鸣）、谢梅村（廷芳）、黄奋秦（高飞）、陈泗贞（辉强）、林叶蕃（秀岩）、陈桂荣（瑞生），四十年来鲁诸生也。故者蔡锡三、蔡榆、黄堂、朱遇昌、朱乃相、吴冠英、李檠、吴麟、蔡旅平、王定元。比日有戒饮之心，未能免此，及晡散归，付之睡觉，不作别用，百怀缭绕，霝[2]雨彻宵。

【注释】

①同案：明清两代称同一年进学的秀才为同案。

②霝：古同“零”，（雨等）降落。

1938年2月10日

晨雨弥急，南中苦寒候也，五十一度。

零雨其蒙，爱惜敝裘，堂皇开轩，辨析细字。亭午寒气上脚，退北书房，垂帘薰炭，达夕氤氲，入晚又雨。

是日嫂氏蔡七十四岁初度[①]，家人治鲜介寿[②]，晁膳虽不备椎牛维酒，及肴亦旨且有。予以连日荒酒，未敢纵杯，早午惟受一饭，飧市鱼生，方进一勺，熙熙共食，如乐尧天[③]。

俗例以正月十一日至十五日张灯买闹，士女如云。物力日艰，流风难继，边氛烽警，深入腹心。庙堂无御侮之方，新亭挥对泣之涕[④]。苦风凄雨，同为黯然。商旅戒途，门庭如水，独与一客，弹指思量，居然自以为得一佳局也（附存卷末）。夜博塞以游。（《庄子》："问谷何事，则博塞以游。"）

【注释】

①初度：出生年时，后称人的生日。

②介寿：祝寿之词。

③尧天：称颂帝王盛德和太平盛世。

④新亭挥对泣之涕：表示痛心国难而无可奈何的心情。

1938年2月11日

晨，春露成雨，笔研皆润，五十一度，临池殊适，宵雨霡霂。

两日裹足，亦无客来。未审沙场，又蹙[①]几里。虎门要塞，坚壁清野。香港号百万口，薪水是虞。（港：一元易柴五十余斤。澄：一元易盐十二斤）交游数十人家，饔飧以粥。视天梦梦，芳春黯黯，雕虫自赏，牵犬何之，亲故赍楮缣盈架，时出二三，以行草应求，今日深拜笔研择润之乐。

午后孝德来共坐，易十余局，至二更方罢兵，满庭烛光，大资点缀，霡霂檐滴，已为空谷之足音。

【注释】

①蹙：收缩。

1938年2月12日

雨断午，知不即晴。（俗谚："雨歇午，落到苦。"）逾午已晦，入夜凄凄。

轻露阁雨，曲巷饧箫[①]，指花朝几家寒食，杜牧之句云："南朝四百八十寺，多少楼台烟雨中。"欧阳六一[②]句云："九门寒食多游骑，三月春阴正养花。"养花头白有期，踏青何日，一旬之雨，万劫稍纾。

梦秋张伞过门，不外“平上去入”，焦琴未爨，张舌犹存，问予“屐齿焉移”？前尘春梦，为子帘钩轻弛，如翦春风，共叹家食之艰，怎奈鲁难未已，而饥来驱我，道不弘人，月满潮生，各自吹箫托钵耳。

陈葵初来。荃誃逃港转澳门柬来，知寄书常不达也。（九龙何文田广华街三至十三号培道中学）多阅饾饤[3]之书，为之犹贤乎已。日昳已暝，贪看石印小字本，移几阶上，借摄余光，雨苦风凄，鸟飞不下，虽以佳节，绝无行人。夜循例点灯，堂空如洗，不堪久读，攻谱自娱，亦若与名手周旋，其间雅有妙悟，分眉谱上，三杯软饱，一枕春眠。

【注释】

①饧箫：卖饴糖人所吹的箫。

②欧阳六一：欧阳修。

③饾饤：比喻文辞的罗列、堆砌。

1938 年 2 月 13 日

雨甚无客，呼剃头匠，偶之大佳，有北友云：“作事屡生后悔，只剃头与洗澡二事从不后悔。”又丁惠州陈炯明霸粤时，亡友陈硕友尝曰：“呼剃头与扛轿屡不至，不知何故。”比乃知其多作县知事也，貂不足，狗尾续，公等少见多怪耳。吾犹及见身为女闾[1]名列牧令[2]者矣，安得曹溪一勺水，荡涤九回肠也。（“梁天监元年，有僧智药，泛舶至韶州曹溪水口，闻其香，尝其味曰：‘此水上流有胜地。’”见《传灯录》）

亭午雨，已逾午大霁，夜月奇明。

积雨十日，重黔不解，五夜灯火，已过其三，天意大可知矣。午忽放晴，金轮如槃，重见天日，照临下土，皆欣欣然有喜色。相与开轩面圃，暴麦护鸡，我也得剧棋，且拜嘉籍。（梦秋以涵芬楼本《资治通鉴》《汉魏丛书》二部来，报馈金也）已而皎皎月上，朗朗灯悬，粗饭三器，草草了事，一心所念者月也、灯也、棋也、书也、客也。逐昌黎之五鬼，奉太史之五星，啸敖其间，皞熙宇下，不知是物是我，孰主孰宾，更不替古人担忧，不想琼楼玉宇，高处胜寒否也。室人独不信，谓予枕上犹未能忘情于昨弈之失步也。

【注释】

①女闾：春秋时齐桓公设于宫中的淫乐场所，后世以指称妓院。

②牧令：原指州牧和县令，清用为对知州、知县的习称。

1938年2月14日

霁。是日曾祖王母林太宜人忌日。午云又合，间有小雨，夜月隐约，三更有声。

度门不出，髀肉复生，不下帷不窥园，亦古人之所难也。清晨上香叩像毕，诸雏簇我出自北门。天地玄黄，徘徊瞻眺，宿雾犹渍，重烟浸生。负郭安在，虚无缥杳之间，率野而歌，雁鹳鸭鹅之阵。登首山兮，以呼庚癸，相彼乌兮，求其友声。多少楼台，几番风雨，弹算节序，如此江山。

流言孔炽[1]，东向而悲，然不以辍吾稽古之业也。午与群弟子食馂余。

梦秋挟书而至，盖视君家所募寡有者。其书伊何，曰《初学记》三十卷，唐徐坚等奉敕撰，自"天部"以下分二十三部，三百一十三子目。(江左书林仿内府刊本)

晡大饥，非肉不饱，廉颇一食斗米，樊哙生啖彘肩，如此宽怀非雅量，况在斗米三千，一饭倾产之今日哉。既叨一饱，挈幼子立户外观人观灯，竹爆炬光，冲宵彻户，鳃鳃[2]然惧于金吾夜禁也，言人人殊，张弛不定，如荼佳节，如持寸心，民物丰昌，士女喜乐，姑过一日，以待来年。

陈莞父来坐谈，邀往陈氏华祖祠谒姑丈陈登科茂才及姑丈兄陈登云上舍肖像。上舍为邑名诸生，先子幼孤，从之学，寒门书香，薪火一脉之传也。至则门庭阒如，瞻仰移时，亦无识予等谁何者，式微之什，所为咏也。莞父自述其先世迁澄，远自北宋，今三十世矣，所谓旧家宗祐海堧土著者欤。

明堂洞开，恣人履阈，峻六偕芮姚二李至，艳说少年灯火盛事，而天宝宫人之头白矣。重门击㰈，余兴未阑，挽予周历巷街，仅余二三祠堂，残灯明灭，庙宇比户，黝然无光，水月云山，亦在时有时无之会，问君行期未有期，同此夜色苍茫中也，虚堂对书，情怀俱渺。

【注释】

①孔炽：很猖獗，很嚣张。

②鳃鳃：恐惧貌。

1938年2月15日

雨阴，陈颂五使人馈脤[1]，洎夜不散，枕上间闻的历清脆之声。

春雨绵绵，恶枭不来，佳客亦无至者。庙事已毕，逡入后庭，有书无琴，胜于有酒无肴矣。

【注释】

①脤：古代王侯祭社稷所用的肉。

1938年2月16日

晨，雾重为烟，不辨竹林何处是，空阶皆湿，无插足处，禺中见日，以烜之蒸而益润，霙气上腾，尽去絮衣，当饭犹汗，南风之下，饧饴胥解，晡东风作，夜有听雨者。

午蔡纫秋来告别，为之茫然。既饭，峻六招往北乡莲阳，践宿诺也。旭日经天，蠖居非计，策杖以往，竢车城隅，舣舟以东，诣竹林李氏兰芳古斋，藏书半存，遗墨犹在（见邑先达李孝廉勋，书箑一方）。有“半豹堂”三字一小匾，无署名，云海阳秀才所书，当日颇以善《书谱》得名，此额出以行书，是华亭来耳也，拣尘刻意学鲁公，临池尽墨。留宾夜谈，时不我与，过适园小坐，见予十年前所书楹帖，刻工致佳，而惭吾书不加进也。晤李煦依、陈莞父、余晓钟，一角池边，四十年履迹，夕阳虽好，只近黄昏。抵莫叩关，北门之管无恙。

港报（二月十五日）：“虎门要口今日解封。”

1938年2月17日

雾，午后风作，五十八度，祁寒，夜天如漆。

晨补日记毕，与家人团坐，杂话至日昃，不胜惜别之意。阅《资治通鉴》。

衍璿快函来，云：“二月二十五日期考，三月七日上课。”干戈玉帛，礼云乐云，然势在必行矣。

出访纫秋、衡浦，俱不晤。夜过城北圣堂庙，相传庙额出东坡之笔，《邑志》云：“前祀雷神后设佛像，不若羊城六榕寺额之见诸各志书，且其波磔[①]已曼漶，而此庙额整齐完好。”秉烛仰企，殊未敢信，况“圣堂”二字于义何取？据《东坡尺牍》言之不肯为其友写“白云居”三字，而肯书此非类之额乎？叩便生医院，访陈伯良茂才小谈，一路漫漫，不见磷火，大似死城也。

【注释】

①波磔：泛指书法的笔画。

1938年2月18日

晨五十六度，晴，午云又合，北风其凉。

早拟大学各科试题寄羊并复衍璿。

纫秋来报聘不及细谈。蔡竹轩来索匾书。林鹤皋来自田间，谈论半日，“不在能言之流”，“理致清远，岂非以德掩其言乎”（王戎语），留午饭去。

欲行不行，游移不定，所以迟迟未行者，匪惟有怀家园之乐，实欲求安诵读之常，心焉所安，虽逆旅花间，腹稿可就，挂书牛角，草檄马上，兴之所至，敢惭古人，只以畏此简书，不忘在御，五官虽止，其神已行。左对孺人，右拥佳籍，一身未了，百感交并。

招孝德以弈，消磨半日，飧思食鱼生，以无鱼对，然则果已竭泽矣乎。珠薪桂粟，不食肉糜，路有陈死之骨，朱门亦无馁臭之肉矣。夜眠不隐，昧旦决行。

1938 年 2 月 19 日

晨雾有小雨，午晴。

人问何日启行，答曰看天时如何，天雨斯可以行也。“畏首畏尾，身其余几。”以此言，哀哀可知矣。

辰初蹶然而起，悉索行縢，萧然半肩，不外残冬所欲，随以西行长物，破毡秃笔，累汝相从，抚念去来，黯然自失，不令家人知予心苦也。

午抵汕头，买舟“海坛”（十八元二角）。访莞父小谈，梦秋来一面，榜人促行，不及数语，洎登舟则云以旦朝发。既来之则安之，叶舟泛海，往来非计，忽遇馆人刘钧衡（大埔），问以棋否，曰：“固所愿也。”“得来全不费工夫”，他又何求哉。两马一车，周流尽夜之半。

1938 年 2 月 20 日

枕上倾侧，不安于席，卜乘舟以黎明行，方渡澳峡也。早起无侣，高睡难成，始信睡觉亦非易事，此事大有经济在焉。

刘生已起，“吾德不孤”，据坐久谈，遂忘旦莫。舟行殊捷，下春已泊香港，结伴上岸，道有泥泞，又始知今日雨也。登有信庄楼，蔡、林二侄相见欢甚，侄孙（绍求）来会。

夜与刘生攀庆云楼观弈，中夜步归，思不可不渡海面荪簃，只以同行者急于返羊，明朝西舟遂尔定计。屡爽结邻之约，又失交臂之期，日寻干戈，路如秦越，更从此投荒穷谷，落霞孤鹜，低徊远波已耳。夜深犹健谈，亦知身是客。

1938 年 2 月 21 日

晴。

薄明发香港。

申初乃背肩寄食明兴磁行[①]。

归下榻明兴，草寄家书，几上见荪簃投札卷卷，于予之能不安居，奚啻[②]五里之徘徊，弥怵三春之迟莫，莫觌[③]面于海曲，待吾子之须臾，还书将意[④]而已。

【注释】

①明兴磁行：潮商在广州下九路的商铺。

②奚啻：何止，岂但。

③觌：相见。

④将意：表达心意。

《因树山馆日记》第十二册

（1938 年 3 月 3 日—5 月 7 日）

1938 年 3 月 3 日

晴。

平旦不寐，悄然下楼，渡海望九龙。居民繁殖，大非昔比，皆托人宇下，以缴旦夕之安者也。抵晨面荃誃，并不胜风尘蕉萃[①]之感，一楼共坐，博饔而归。

日记课如额，复往觅步山阿。人海之中，谁与为欢，居然留得韩陵一片石[②]，可与共语。展记浏读，袖诗沉吟。三月以来，离悰乱绪，尽在是矣。

日西方莫，落照残红，浪漫乱山，无人管理，弥令羁臣逐客，忉怛远怀，斯人无长驻之春，此地无可怀之古。几时羚羊峡上，柑酒重来，它年化鹤劫余，虫沙无恙，俾无訧[③]兮，伊可怀也。买醉无从，晚食当肉，接舆涉市，跂踵望尘，各自蓬飞，归定诗稿。

所题《端溪游记》云："满眼荒江夕照，流碧空帆，影杂飞鸥，先生铁笔，胜并翦翦，取端溪一片秋，四野朝阳，出郭初晓，烟淡淡，柳疏疏，相随流水孤云里，更读人间欲焚书。斯为收天地秋心，入奚囊绣口者也。"

《端溪绝句》云："山含枫影成秋色，水带边声打远滩。劫后残阳能有几，一林霜叶当花看。""五噫歌罢意如何，晓角哀笳变征歌。满目斜阳南渡恨，江城人少乱雅多。"

《答任三见忆》云："泉明爱饮酒，步兵善啸歌。吾道率旷野，将若兕虎何。戈甲满天地，流窜托岩阿。怪石皆造化，七星锁大河。夕曛挂古塔，回风卷流沙。即此荒榛莽，铁鸢时一过。何处无缯缴，举足悉网罗。世运竟如此，怀友情则那。诗成雁阵远，连峰阻巍峨。"

《白沙独步》云："江岸多沙砾，弥望无秋草。临流拥黄苇，未经行人道。独行首南山，葱翠郁相抱。逝者有如斯，东去长浩浩。吾身非金石，咄嗟亦焉保。愿言侣白鸥，相守以终老。"抑何思之深也，然而雅矣。

其《寄某（子暄）南洋》云："事从刻论心原厚，言多逆耳交始深。此意与君共惜取，漫天风雨一沉吟。"则骎骎乎见道[④]之言。

诸什不乏得机之句，而未多见苦吟之迹。忆刚甫一诗脱稿，常不存原稿十数字，余杭章先生之成文亦然。此不佞所亲见者，以见"文章本天然，妙手偶得之"。事属偶然，断非恒例，惟"陈言之务去"，"戛戛乎其独造"，论其意匠，何止千锤。所谓国门可悬，邑人争写，不知改一个字，断几茎须，往往句成。深夜觅侣，企博温语，以纾菀结。孩提之童，踒足忍痛，长者拊之，其啼益急。夫劳者自歌，痛则呼天，声应气求，遂不觉倾泻而出，何也？邪许者所以息劳，号啕者所以减痛也。海空一色，今古不殊，踢破草鞋，几见传灯者哉。

夜观局庆云楼，晤曾展鸿。李雁晴过访二次未晤。

【注释】

①蕉萃：同“憔悴”，形貌枯槁。

②韩陵一片石：比喻文章写得好。此处指张荃之文章。

③訧：古同“尤”，抱怨、责怪。

④见道：洞彻真理，明白道理。

1938 年 3 月 4 日

晴淡，雾，晡雨旋止。

晨答访雁晴，客店只堪容膝，而无班荆余地，侧席小坐。据云前夕待饮不至，自诣西濠口速驶，不料子之已行也，维时迫入市区，闻机关枪声举头即是，路上行人奔走骇汗。子之速行，引为至幸，然其如来日大难何哉。别归。

循例作记。逾午泽畔行吟，杂贩夫，渡海隅，坐青年会，视“子衿青青”，“佻兮闼兮”，蹴鞠角抵，众小无猜，亦所谓佛曰：“善哉，成此世界，俗士何知，大惊小怪耳。”荪誃投荒蛮岛，觅句穷林，雅有同情，欣为先道，乃孤竹之薇未采，而墨翟[①]之车已回。杨柳依依，霖雾霏霏，一帧嫩绿之图，无限飘红之地。“别有鸥屿残照，渔家晚烟。潮痕渡口，芦笋沙边。”（王桀《江南春赋》句）非复当年桃叶之船，亦成今日旦娘之地。未能泛舟赤壁，揖鹤唳之长鸣，居然送客东林，过虎溪而大笑。（《芦山记》：“惠远居芦山东林寺，送客不过溪，一日与陶渊明、道士陆静修共话，不觉逾之，虎辄骤鸣，三人大笑而别，后建‘三笑亭’。”）借问酒家何处，斗酒十千，浩歌长铗归来，麦盂一器。曲江之曲，远客屐痕，南山之南，舟人夜语。

【注释】

①墨翟：墨子，名翟。

1938 年 3 月 5 日

雾。

报言：“二日来无恶声。晋汾失利。”雁晴来约下午介缪子才过谈。荪誃及予寓楼，评诗阅记，邃密商量，留粥谈久之。

雁晴午至，缪子才（篆，泰县）偕来，自述姜叔明挚友，亦不知叔明焉往。馈所著《马氏文通答问》及《显道》二种，后者有太炎先生题字及诗（丙寅），诗云：“北溟有巨鱼，身长数千里。仰喷三山雪，横吞百川水。冯陵随海运，烜赫因风起。吾观摩天飞，九霞方未已。”其言简而衍，是通于名家故训之术者，不及细读也。自云：“神交已久，特来索签目二种，一曰邻德，一曰礼人十一书。”即于客中书而归之（香港加路连山道一号二楼）。翻及近记，“事从刻论心原厚，言多逆耳交始深”二语，引为至言，极致倾服。不知作者非予，别有一人在坐，礼义之悦于心，本属刍豢之常，妙手偶然拈得之耳。品茗良久，共出街头一面。观弈剧谈，又至漏垂尽，大苦居停者矣。绍裘来告：“上学付费三十五金。”寄家书，柬衍璿。

1938年3月6日

星期，露。

本欲以今晨西上[1]，念此来亦非易，一回相见一回难。休沐之期，衡泌[2]栖迟尤可乐。饥方食，杨铁老来自远山头陀庵，所居一茆蓬[3]，往往闲日不得肉，亦就一童馆，博薪水之需，是亦不可已乎。有子二人，并皆学成，有室有家，乃令七十老翁不安于室，而父子之道苦矣。铁老耄学不倦，壮游弥切，空山述造，不废吟咏，语次豁然，望道而未之见。俞曲园《隐居以求其志》一节，八比有云“自夷齐抗首阳之节，而顽廉儒立长为百世之师，纵世运日即凌夷，而乾坤之清气犹存，即世俗之缁尘，难浼先生之风，山高而水长乎，予欣然慕之”云云。可为朗朗一诵也。观所谱长短句，更能食梦窗而化之，存录二首。

《望江南》云（题陈柱尊萝村读书图）：“天地窄，无处著吟身。鼙鼓声中人顿老，棋枰换后劫逾新。海上又扬尘。　　回首望，萝月澹村唇。寂寞空山今亦古，短长蹇檠夜犹春。招隐有南云。”

《长相思》云（山中只见桃花）：“忆桃花，见桃枝，人面春风尽耐思。天寒翠袖时。　　怕人知，没人知，迨我知时花欲稀。武陵寻梦迟。”

可为东皋王子南国翁，山草长莺啼，抚膺感叹者也。

又裹近著《二徐〈说文〉音义勘补》二卷，属为正例，全书当在三十卷，方脱稿三之一。陈记[4]、徐笺[5]（灏）之后，是为后劲者乎？长剑度江，怀无多金，未敢遽言得失，“安得普天息欃枪，归去闭户注《凡将》”[6]，不图于吾友中亲见之。荪誃伴来，手惠端州研石一方，滑润欲绝，嘘气成泽，濡我枯肠，弥惭俭腹矣。杨翁午别去。乃共登乱山，饮自然之胜。层城楼橹，远浦孤帆，千里可穷，在山九仞（车站标明千二百五十尺）。蛮獠互市，远来四方之民，裙屐杂投，近迫卧阖之侧。我来亦罕，君为始游，点点创痕（道光二十一年割香港），悠悠痛史。鲁酒无忘忧之用，楚歌非行乐之方。历数昔交，回头旧馆，转徙无所，蓬蒿没人。念杜老弟兄，流离道路，读欧生之集序，动哭友生。茂齿之伤，深于待朽，毁卵之祸，何须覆巢。异境当前，网无所睹，南风不竞，又多死声。忽焉大宙晦冥，群山黮惨，云生肘掖，雾迷蚕丛，已置身于千仞之间，不能自拔于八纮以外。莫见青山之面，但闻流水有声，并在此山之中，不知云深几许。徐行五六里，下山饭于有信庄，次呼便了酤酒，聊祓酸辛，而旦日之行定矣，去来无端，梗萍一例，潮头分襟，市虎长鸣，回睇江天，但余烟雾。

【注释】

①西上：回广州。

②衡泌：隐居之地。

③蓬：蓬草编成的门户，形容穷人的住家。

④陈记：清陈澧《东塾读书记》。书中以论音韵之学较为精审。

⑤徐笺：清徐灏对《说文解字》的笺注。

⑥安得普天息欃枪，归去闭户注《凡将》：见曾国藩《题唐本〈说文·本部〉应莫郘亭孝廉》。《汉书》记载，武帝时，司马相如作《凡将》，无复字。

1938年3月7日

雾。

破晓以小篋行，林有光送至舟上，比夕贪话，入睡苦短，舟行乃得酣寝，比寤午矣。榜人卖饼，何止居奇，一食一千钱，无奏刀处，亦不堪一割也。

与舟者弈三局，已抵西濠口，关吏之猛，几不择肥而噬，举足荆棘，将何所逃。入明兴肆晤杨达，三牛羹犒客，善待来者。检积函有吴其敏致书（附器儿禀件中），云造因树山馆，得观藏籍之富，以未著录弟子及览观日记为憾。因树轩故为其先人埋头[①]处，因有“待迹先人歌哭地[②]，新成山谷读书堂”之句，是为吾党之小子也。书中屡述清人日记，《越缦堂》《湘绮楼》之外，犹知举松禅、挚父、仲修、窸斋、恒轩（恒轩避兵海上未刊，稿存其孙吴湖帆处，尝一见《青鹤杂志》）诸家，可谓好学也已，其意将以求墓志铭也。言女来禀：“举王平子（梦兰赠诗中）属李炁伯之友。”是误。

【注释】

①埋头：专心致志，不分散精力。

②歌哭地：颐养天年的地方。

1938年3月15日

移书荪誃，慨乎言之，略云：归来十日，稍戢[①]恶声，今日放晴，又扬威赫赫矣，溷迹嚣隘之间，亦遂混混忘之，村居寥旷，上无遁形，候人[②]传烽，皆成瓮鳖。日无五斗，知其不可而为之，月攘一鸡，以待来年而后已乎。读书不成，而去学棋，则又飞鸿在心，举棋不定，藐是棘地，何惜余生，俯仰无端，行自笑也。

【注释】

①戢：收敛。

②候人：军中侦伺敌情者。

1938 年 3 月 23 日

重阴。

荃諺柬有云："病后窗前，异葩盛放，凉飙入牖，幽鸟离巢，如此闹廛，竟不知春已在人间也。"

1938 年 3 月 26 日

苏諺书来云"杨铁老罹病（小肠热），卧医院榻上，尚殷殷以著述为念，属函问尊见，其所著书（《二徐〈说文〉同异校补》）续作与否，将俟一言而定，老人精力，殊令后生愧死"云云。弥不胜东南硕果之爱也。

1938 年 4 月 1 日

质明登"西安"港轮，比日少定旅客，车马不若前此之辐辏。舟次与里人（陈焕其）弈十局，绕单马彼不能胜，则并饶先（俗曰马先），亦如之一马合三先有奇（何衍璿方研究一马直三先半强或三先半弱），度量相越无可假借也。日昳抵有信港庄（苏諺电话来，未晤谈）。

1938 年 4 月 2 日

晴。

晨杨达三来谈。作书致李雁晴（托觅《常州骈文》市中）。

苏簃度海来谈，颇有志治经，已知"经者，众学之根原"，更进之曰"经者，立国之基本"。"不学诗，无以言"，"不学礼，无以立"，不治经，无以知，所以国于天地者将何所赖？吾国之所以为国，至死不知。青岛、香港儿童不知域内之中国，吾辈不治经不知自来之中国，有以异乎？无以异也。晡既饭，往阅市，得鲁公法帖三种，俾资模楷，行行登舟，自崖而返。

1938年4月3日

星期，晴和，人意亦好，三月三日天气新，时也。林有光伴往答杨达三之访，彷徨道左，不得其门，人同蛾多，穴如巢密，然无可问津者。

晨饔既饱，践约九龙，假人图籍，检比来记诵不熟十余事，荪侄已为一一抄出。“小叩小鸣，大叩大鸣”，可与共学，庶几可与适道者矣。洋场十里，辇毂[①]阗[②]阛，尚留荒山，不经轨迹，樵竖[③]三二，沧浪可听，亦有浣溪女伴，同行无猜，侧耳海上，成连听经，点首相与。拾童蒙之香草，荫扶疏之空林。双楫艺舟，同心兰臭[④]，兴之所至，可无古人，书虽意造，那是自己，岂无翦毫为篆[⑤]，炫人玉筋之传，（孙、洪[⑥]诸人）悬腕以绳，不为金针之度。（张得天事，见安吴包世臣《艺舟双楫》[⑦]：“其甥潜伏窥得之。”）复有吮颖浓墨，润以清波。（陈师曾述张廉卿事。今观张书墨迹，率多漫漶，而铭刻者笔墨丰劲，益信其然）画被书空，不假笔冢，斯皆独至之行，而不尽为大道之行。窃于书学，三折其肱，未强途人，一发呓语，今夕何夕，倾到出之，“夫谁可与言诗者，则启予者商也”。

山下过一小肆，乳酪饼饵，绕有夷风。摇椅交床，亦自幽雅。可以解渴，可以疗饥。抵掌赓谈，为之移晷。对门衡宇一片，管弦咿哑之声。云有童优，来自鮀岛，固非异乡之乐，亦祍令人增忉怛耳。然属近令节，何妨相亲，厕身稠人，婆娑其舞，不无嘎亚格磔，难以为听，要亦乐操土风，民不忘本之意也。潮州土戏，发源东闽，丝竹悠扬，殊动人耳，难免靡靡之诮，未有洋洋之风。荪誃云“单调”，洵属确论。顾不至如吴声之淫漫，又不至若粤乐之厉噍，杂糁西土哇声，自乱本来面目，君子闻乐以知德也。

【注释】

①辇毂：车舆。

②阗：充满。

③樵竖：打柴的孩子。

④兰臭：指情投意合。

⑤翦毫为篆：清中期开始流行篆书，代表书家有王澍、段玉裁、钱坫、洪亮吉等，都是烧毫作字，烧毫成了当时篆书书写的定法，意在书写出线条均匀的铁线篆（或称“玉筋篆”）。

⑥孙、洪：孙星衍与洪亮吉。

⑦《艺舟双楫》：书法理论著作。

1938年4月4日

晴。晨稍治事。作家书。“有客有客”，“唯之与阿”。移时荪侄过从，亦廉卿所谓“纵谈古今人”，私心甚快也。即席挥毫示以碑方帖圆，篆用绞、隶用翻[①]诸笔法，一阳一阴，毗刚毗柔，视乎禀性与夫致力之如何耳。

归与有光夜谈，“众妙之门”，惜别明朝，又为睡晚。

【注释】

①篆用绞、隶用翻：“圆笔用绞，方笔用翻”，笔法中的运笔理论。

1938年4月5日

晴。是日戌时初刻九分清明节。马医夏畦之子，子厚所云“无不上祖宗邱墓时也”。今年省令，哭墓有禁，恐虑有俯眄，不可高攀，致伤厥考之心，馁及若敖之鬼，所以爱民者甚矣。予以年年作客，岁岁依人，貌是敻敻，况逢丧乱，一枝之借，又告解维，三宿可恋，复蹈危地，行同托钵，迹等卖身，所为对征马而踟蹰，伤仆夫之况瘁耳。有光伴往登“佛山”轮，拍舷而歌，望洋兴叹，舟人夜话，独客潮生，败楮铅毫，凭君传语。

《报荪誃书》云：

此行又得三日，盘桓泽畔海堧，印兹屐爪，澂怀慧语，润其俭枯，借以不孤九十之韶光，解三秋之劳结。因风而舞，为欢几何。昨者有信庄头，健谈未竟，意欲寻山中杜鹃之坠菲，访海上成连之遗音，而弈秋是听，鸿鹄将至，剧棋虽云好，雅集不可常，能无兴悯悯之春波，咽新新之渭曲也邪。言念瓜期，云可计日，冀祖春道，未到晓钟，会迟子于贾珠之桥，振辔于佗王之野耳。君车既远，我马未瘏。族孙文雄，南州高手，久闻尽羿之道，未敢弯蒙之弓，山妻辄戟指以檄予，诸侯争堵观于壁上，周道尽在鲁矣，为咏岂曰无衣，两雄岂相戹哉，则亦当仁不让，于此来为下车之冯妇，与此子为初写之黄庭。坛坫之间，不废楛楯，玉帛之礼，先以兵戎，一弛一张（马兵局、中炮局各一），和一胜一，十载之令名在耳，一晁之布子从心，坎坎凯声，森森兵法，写投国手（曾子展鸿），并报妆前，度亦辴然，为抚掌也。长夜未阑，往叩秦关之百二，一鸣可贾，未羞齐客之三千。群目钟珍，横矛纵马，咄嗟，彼何人斯，粤中之凤，要南宿将，百战来归，江东健儿，三周不注（近方与七省棋王江都周德裕力战，博钱助军，卒无胜负）。回纥望汾阳而膜拜，辽东止婴儿之夜啼。未御尹公之轮，乃拜班门之斧，迫于荷戈，难辞不舞，王曰蠋前，蠋亦曰王前，君子无所争，必也射乎，军中知将军，不知天子，晋楚亦惟天所授，遂慷慨而莅城濮之师，军旅庸敢有戏言，亦固深而严细柳之垒。张我三军，以武临之，敌也悬炮中劲，驱车黄河之边，我也振旅二崤，饮马风陵之窟，爰弃我马，冀陷潮中之秦车，竟急引车，任度阴山之胡马（是局用明人弃马陷车法以相饵探，中途钟变局，舍马而诱马绊马）。衔枚而走不疾，只许步步为营，下鞍兵自随，弥仰堂堂之阵，看来似冲和平淡，真际悉潜气内旋，百合用兵，一朝释甲，善固吾圉，勒石燕然，信宿之间，转战三士，庶几洗处士，纯盗虚声之耻，杜胡人窥边牧马之心矣乎。舟中露布，发子千里一粲也，所怀万端直纸尽耳。

榜人舟客无攀谈者，挥毫数千字，油然自得。检荪誃所惠《丁叔疋[1]遗毕》，系出于古沟张宅匚笥中者，简短不堪，覆瓿幸而存焉者也。上款君慤大弟，下款小兄惠康，字小于蝇头，寸缣盈千，名士清芬，致可宝也。简中有云：“广雅所聘之吴教习，时论皆不为然，不知陶方帅何以笃信若是。”又云“朝事仍无甚好消息，张尚书虽稍负众望，然其所□策者皆不能惬人意，其弊由于平日不甚讲求人材，一旦得位，始事搜罗，又□人之尝试者太多，遂不能不专信其素识之门生，遂不能不辗转引用其私人，亦势所必至者”云云。有心哉，击磬之音也。以其时考之，当在叔疋三十上下时，颇负匡时干才，而令斯人流落不偶，谁之罪欤，什袭藏之。

日昳抵江岸，郑仆来迎，偕陈五往添男晤诸何季海。夜返明兴磁肆，杂坐觅睡，蚊蜰皆成畏友，寝不安席，东方初白，呼车而东。

【注释】

①丁叔疋：丁惠康。

1938年4月6日

晴。

言偃之庐，弦歌未歇，曾参之居，薪木依然。讲贯既完，遂及我私，薄浣我衣，薄理我发。危坐终日，补记万言，惟恶声之来，不能不自引，深藏岩穴耳。

夜贻书内子，盛陈战绩，学则少而易能，思则老而逾妙。过庭《书谱》，实获我心，以见“王亦能军”，予何畏彼哉。

1938年4月8日

李雁晴来言，冷摊上有铁老署名送予之词稿，然则流落人间者不知尚有何书，黠哉奚也。姚伯鹏、万年昆弟来访，伯鹏留久谈。丙夜杨达三设馔，辅以麦酒甘之，又苦蜰。

1938年4月25日

荃誃被书将杨铁老之命索序《二徐音义补勘》，此事自当力任之。回环书意，茫然身世之感，谓“每思临别相勉，闭户潜修之言，辄为怅怅，乡园坐食[1]，实无辞以对家人”。嗟乎，天下未尝无有志之人，大都为师友所汩没。包慎伯《答陈硕士书》语又云：“足下以高第弟子，所望必竟盛业，较复齐通解，尤足裨辅名教也。”慎伯之书慨乎言之，今者国人于此事已矣，所冀二三承学可造之士，食贫守志，维持将护于其存其亡之交，而社会杀人，人亦自杀，虽骍且角，山川亦舍之。

此柳州所以孑立奉奠顾盼无后继者，怆然恐此事之遂已也，即复荃諺。

【注释】

①坐食：指不劳而食。

1938年5月4日

荃諺被书，刺询机宜，东鸿欲西，南溟未靖，烽火三月，一书万金，恨别感时，倒不如今。

1938年5月7日

李雁晴为购得《常州骈体文》（录附结一宧文），光绪十六年广州初印本，八册直三金有半。思之三年矣，诸生并见之，则语之曰："此有清一代常州一州四十七家丽文也，而洪氏父子居其三焉。惠氏父子、苏氏父子并洪家而三矣。"雁晴又于冷摊中拾得《抱香词室》一卷，杨铁老所签贻者，不知何故流落人间。太守不德，致令合浦之珠播迁交阯[1]也欤。

【注释】

①合浦之珠播迁交阯：见《后汉书·孟尝传》。

《因树山馆日记》第十三册

（1938 年 5 月 12 日—8 月 9 日）

1938 年 5 月 12 日

发家书。未二更而警作，穴居以临之思，思明州与岭东接壤，不无可虑，谕儿辈权宜处理之。

1938 年 5 月 14 日

趱早朝公车，偷眼徂东山，晤姚万年刺问近事，以决行止。荪誃以昨日入省，闻晋之乱，临河而返，自念城市之安远逊村落。

1938 年 5 月 23 日

器儿禀来言："日来常有风鹤之声，乡间食粮缺乏，家中食粥而已。日记盈箧，命仲赍往香港。"仲儿到港亦以禀来。毕生托命，乃只在此记乎？坐友朋责言，敝帚千金，毋为猿鹤[①]耳。

【注释】

①猿鹤：借指隐逸之士。

1938 年 5 月 24 日

家书来报家妇再索得男（五月十九日，四月二十日亥时）。锡名曰"绍衣"（长孙绍闻，"闻衣德言"也）。

1938 年 5 月 26 日

夜宿香港有信庄。

方晓，杨达三叩门约行，比登"泰山"轮，日未加。

晡抵有信庄头，有自故乡来者，寒梅已花，井闾无恙，然来者孔多襁负而至，虑祸至之无日也乎。殆后乘桴渡海，寄《因树山馆日记》第十二册存荃簃，不知此身飘泊何所也。夕多谈乡事。

1938 年 5 月 27 日

晨起补日记，发家书。午越海得杨铁老近笔二卷。《梁氏楹联丛话择录》一卷，似未及其《二话》《三话》《四话》。《名联汇录》一卷，则多凭脚力、眼界所及萅[①]辑而成。大半亦不佞足迹，曾经耳学[②]，所肄[③]烟云过眼，汗漫为游，掇拾之勤，行脚之健，即论兹事，弥惭此老矣。逆旅停骖，夷风煽方处，酪浆膻肉，玉液而金波之也。商量旧学，邃密可知，起伏新潮，枨触何似。乡关莫日，不见烟波，板荡孤臣，犹余涕泪。鹧鸪啼："行不得也哥哥。"杜鹃啼："不如归去。"

【注释】

①萅：繁盛的样子。

②耳学：仅凭听闻所得为耳学。

③肄：学习，练习。

1938 年 5 月 31 日

晴，午八十七度。

晨起补四日来日记，发家书，柬峻六，柬衍璿。午与诸世侄讲近人楹帖之佳者移时。荃誃远来劳问，倾谈至晡。入夕倦卧，时校存一二谱，冉冉夜分。

晚报言："省会被弹未减，市民提挈，旰食不遑。"亦运而已矣。

1938 年 6 月 1 日

晴，午八十八度，夜西风。发曾展鸿、张葆恒二柬。

比日舟车，杂进食饮，泄泌失常，惧其成利[①]也。招侄孙文雄立方调散之（黄莲、莱菔子、葛根、银花、只壳、麦芽、槐花、黄柏）。

铁夫老人手汇佳联一卷，最名贵者为范伯子所作，据录云："见伯子集中未经我目也。"伯子通州人，其古文辞宋诗卓然一代之宗，而世寡知之者，亡友义宁陈师曾（衡恪），先生之婿也，为予述之至悉，且馈予《伯子诗集》，忽忽三十年前事矣。今录其联，倍增驰想。

民亦劳止，汔可小休，二日未下楼。晡衣葛出行，涉海迎风，坐于安乐夂[②]肆，饮苦苦茶，少语胜多语，乃得闲适之趣。

假得仿殿本《毛诗注疏》《丁氏汉魏六朝名家》二部，以资旅伴。负书车侧，问字亭前，人海之间，不留畸迹。披襟舷侧，满山灯影，倒悬荡漾，与高天星云，罗布对峙，天堑之巧，缀以人功，人天交会，成兹丽瞩。我生帆海半天下，气象无如此奇特也。

【注释】

①利：通“痢”。

②仌：古同“冰”。

1938年6月2日

端午，晴，发张逊之柬。

报言昨日羊市空祸稍替，而徙宅避灾者，无改惊弓之鸟，盖有闻空弦而坠羽者矣。《魏策》云：“雁从东方来，更羸以虚发下之。魏王曰：‘射可至此乎？’更羸曰：‘此孽，也故创未息，闻弦者音烈而高飞，故创陨也。’”

飧少饮，点缀节事，东坡在惠州言羊贾甚廉，然命庖人仅市羊骨，今居然受肉矣。弈三局，中夜当户纳凉，忽忽睡去，不知身在何所也。

1938年6月5日

晴，午八十九度。

凌晨乘桴过荪簃，易车九龙城答曾展鸿之访，且请益也。（九龙城南道三十八号二楼）

1938年6月6日

晴，午八十九度有奇。石牌转月朔家书来。

晨报言昨日羊市又死难二三百人。旧校门前落一弹逾五百磅，穴深三十尺，广四十五尺，校内地窖落一弹，死五人伤数十。（据校长邹鲁通电）族侄燕方自省会来，述灾情尤悉，北城居民转徙略尽矣。

1938年6月7日

晴，午八十九度。夜闻有月，非市中楼居人所及见也。

早起走邻衖[①]道数百武，髀肉复生，形容亦悴。满街卖报，莫非劫声，天何为若是酷也。方饔，已有得长途电话者曰：“又在轰轰声中矣。”停杯罢咽，四顾茫然。（贻书刘钧衡，言“无西意”）

校谱未下楼，偶读《毛诗》，亦非有匪风下泉之思。晡传汕头有蒙弹处。荪簃电话“有宅可卜居”。

【注释】

①衖：古同“巷”。

1938 年 6 月 9 日

晴，热如昨日，午几九十一度。

闻昨夜羊市被袭至子初，号称百二十万之名都，客秋之役徙者几半，今又加厉，所余者不满三十万，（张逊之函来报安）亦周余黎民矣。

荃誃挈来《毛诗注疏》全部，清酒一尊，煖[1]予来朝五四初度也。偷生之余，辱君记注，寥[2]牢庚子之拜，怊怅龙蛇之年，生无益于时，只取辱耳。“等是有家归未得”，“暂时相赏莫相违”。则亦倾尊永谈，消此长日耳。午共粥，假《万年山馆日记》别去。

与曾广扬对三局（让马先），中一局兵七上一应以兵三上一，至四十著无一著落二等手，卒言和。（入别录）

【注释】

①煖：煖寿，旧俗以生日前一天预致贺仪为“煖寿”。

②寥：假借为“赖”，凭依。

1938 年 6 月 10 日

晴间黔，欲雨不果，昏时数滴，入夜有急雨，似无多时。翌日早报言：“羊城不废夜袭。”

是日予五十四岁初度。仲儿以午买“德生”英轮返里，部署家中人口暂时疏遣，港居固不易，然一张一弛，正难预料之。

荪侄假得立锥，或有来归，权托宇下。晚荪极欲为予谋一醉饱，劳此余生，膻肉酪浆，本来如此，共忆去年今日城北竹杝棋酒屐裙之盛，如天宝时也。日莫安归，天涯一角，予所祷者，灌园暴书而已，是区区者而不予畀已焉哉。“天实为之，谓之何哉!”

1938 年 6 月 11 日

晴，时有欲雨意，午九十度。终日楼居，时参一局，曾子午至，推敲移时。

陈侄有年晨自羊逃出，言省会栋折柱崩、骨飞肉醢之象，为之酸鼻。大学玄关被弹时，彼适隐宫侧树下，去弹落处不可二十武。石破掠空，木摧激矢，或百步或五十步，创夷满目，不意自全，信间不容发也。

比日我闻烽烟满耳而已，潮汕接壤东闽，五百驿骚，一夕数惊，“黄河悠悠，吾其济乎”。闻姚氏学苑典籍已辇庋田间，斯亦守阙汉宫、抱残柱下者之责也夫。

1938 年 6 月 12 日

星期，时有密雨三二点，比视之霁矣，溽蒸愈甚，人言香港五月梅天，照例如是。

晨无客，与有光年侄发挥群理，不废浅近事物之谈，而时有参透处。

皇后酒店梯际值姚万年，云“此来过石龙，伏在草莽之间，巨弹落地十步之内，所不血溅枫林者仅矣”。九死之生，十儒之列，此其时矣，又何恶乎兽之相食也哉。

1938 年 6 月 14 日

晴，午八十九度，入夜有风，入坐户外，充衢不必，天步艰难，亘日未出。打防霍乱疫针。

报纸隐约其词，皖城之军宵遁矣。汴梁北河决，城门闭，明季淹城之成法也。汴人为予言，此役之后，环城宫屋仅存者，铁塔、繁台、龙亭、鼓楼四处而已。苟利于国，恣君所之耳。

羊市二日来不被弹，要已十室九空，招集流亡，尚非其时。家书来（仲到家），室人安土重迁，似无入于海之意也。

买小册一本。自辰达戌，逐录曾展鸿新谱，人有指有颓废派者，“天之所废”，谁能举之。

1938 年 6 月 15 日

晴，夜及见月。

客里不知身是梦，一向贪荒。家国蜩螗①，人天泛滥。当锏历下②，寄食天涯。业日就荒，术不加进，此意惟东风知得耳。

【注释】

①蜩螗：亦作“蜩螳”，比喻喧闹、纷扰不宁。

②当锏历下：隋唐时秦琼“当锏卖马”的故事。

1938年6月16日

晴。

稍阅文篇，晡酌一杯，复寻诸弈徒，至则罗云舫力挽，偕其家人买醉市肆，亦尽一夕之娱。

1938年6月17日

晴，午九十度，有东风，可资伏案。夜闻急雨声。

比日多于庄头隐几而睡，是则滋不悦者大有客在。昨假得元祐二年河东薛氏模刻本《书谱》，对临一过，日入而毕，此为第七遍，然已十年不事此矣。适铁夫老人枉过，见之曰："近人能此者谁何，以予所见，尚未有写《书谱》数行以上而不露别字者。"馆阁诸公同此碌碌，包安吴所为，聊复为之，此其一也。过庭自言："撰为六篇，分成两卷。"而此为卷上，则所未传者多矣。其中从民诸字概从氏，如泯之为汦，昬之为昏，避唐讳也。"犹埏埴之罔穷，与工炉而并运"句，埏字不从土而从手从挻，记阁本不如是，作埏，水和土也。埴，《说文》"黏土也"，不以规矩亦成方圆，别有匠心，独成彀率。此意乃经孙氏发之，会心者不在远也。

夜与客（张）对二局。

1938年6月18日

星期六，晴，热不任危坐，时时下楼就电风扇，里话哄然，筝琶间作，亦使人顿忘其侘傺。生不贯与襬襶子共话，不如与未谙节仪、不习名氏者从横上下也。前人句云："酒逢名士饮，礼爱野人真。"亢阳炎炎之候，而为病于夏畦之举，真不堪被此名也，以往耳。

铁翁枉过，老来加健，新知旧学，闻斯行之，七十之年，方将鼓缶自乐，望道而未之见，殊为吾侪饱食愧之。

荪篯来学书，《书谱》略成诵矣，亦志学之年留心翰墨者也，留饭，晡去。

1938年6月19日

星期，午九十度（报广州九十二度），入夜衢巷有余热，中夜窥见下弦。

既盥，栉铁翁袖近著《二徐〈说文〉音义勘补》二十卷下，问属以点定方毕，"革部"不盈三之一也，谈久共饭别去。

1938 年 6 月 20 日

晴，时雾，昏时雨饶紧。

昨日铁老问尚作几何日留，答曰："非予之所知也，西既不行，东未可归，吾行也乎哉。"展维为展鸿翁作横披[①]，因得佳笔，遂有得志处，过庭云："得时不如得器，得器不如得志。"今日得"感惠徇知"之"一合"[②]也。阅《二徐〈说文〉音义勘补》。

【注释】

①横披：又叫横幅，国画装裱中横幅的一种体式。

②"感惠徇知"之"一合"："感惠徇知"，艺术家的情感对其作品水平的影响。"一合"，要达到"神融笔畅"。

1938 年 6 月 21 日

午八十九度，晡有微雨，汕头传警二次，车站有罹难者。

铁翁示以美人 Edgar Snow[①]所箸 *Red Star Over China*，1938，复社译曰《西行漫记》。穷半夜之力浏览略遍，"生之者众，食之者寡"，积重之下，势有必然。前夕偶阅市书肆，殆成赭庐，"天下者，天下之天下"，"何所见之不广"哉。

【注释】

①Edgar Snow：埃德加·斯诺，美国著名记者。

1938 年 6 月 22 日

晴。晨已传汕头有警。热，午九十度，无风。

一日之内，里人得汕头报警三次，奔走骇汗，问讯频频，闻毁火车站、电灯局，有伤人，毁及市里之内，在汕头为第一次，加以南澳告失，藩篱云亡，远料里中汹汹群情，皆有朝不保夕之虑。晡聚而飧，相顾茫然，倾酒盈卮，消愁更愁。

家书来，莫非皇乱之词。马隽卿诸兄函来，存问有加，家书附转一函曰："林逊斋自琼州被书索书，且索造像，是欲皮而相之矣。"林君未知何许人。

1938 年 6 月 23 日

晴，午九十度有奇，夜尤八十九度。（翌日报最高九十一，最低八十一，或有误字）汗未尝干。

辨色兴，卷《毛诗注疏》半部还培道学校，盛夏旅逋，读未半卷也。浼荃誃历阛市，攀楼入室，为逋逃薮[①]之计，责薪数米，与牧猪奴为伍久矣，视为畏途，贯于独行矣。迫于时势，复为此劳劳，相屋不知几回，买邻愧无百万，街头踯躅，愁对无言，收拾离情，入我稗乘，凭君佳笔，织成回文，归庄头犹及早餐。与林年侄有光诸子谋，咸以为时机已迫，不待再计，竟以"屋定尽来"四字发电家人。午有归舟，附书释之，谁守社稷，谁捍牧园，居者行者，进退维谷耳。

【注释】

①薮：古同"搜"，搜求。

1938年6月24日

晴，午九十二度，终夕袒而寝，今夜第一天也。

传邑治之南柘林海滨濒有被登陆讯，不止萧墙之下矣，相顾愕眙[①]。曾展翁来，心绪百回，不克多谈，迨夜凭几，出汗而已。

【注释】

①愕眙：亦作"愕怡"，惊视。

1938年6月25日

热如昨日，卯初独望江头，走九龙城，仰屋兴嗟，踏破草鞋无觅处，皇皇如也。荪誃百计营谋，既得复失，迄亦劳止，就小肆饮冰，坐久之，不知从何说起。"瞻乌爰止，伊谁之屋?"伤哉。

洎晚汕头无电来，乡心如碎，入夜听邻号安电（汕头澄海平安)，稍为释然。

李雁晴、林本侨晚来访。江干相失，一别三旬。此来本约萧作宾四人同行，"万缘前定不由人"，二子先后转折澳门，而萧子竟遭逻者之疑，禁锢经日。自全之难，古人犹有未至者。沙虫猿鹤，皆相讥耳。

1938年6月26日

有报，有家书，无解症结，故有乡村投止之意，炎天如炙，行不得也。报载气象台消息，是日温度九十三度，为今夏最高纪录。

哺方抟饭，荪誃电招度屋，立偕林有光怀赁直以行。满路皆望门之夫，稍纵即逝也。舟车所至，人力所通，人同蛾多，无计插足。下车而徒，踯躅青山道间，负塽傍山，田塍纷错，缁尘衣袪，若有惭色，而所闻有庑可赁，按号索之，大约在町畦邱垄之间，则以告者过也。日已乡曛，栖皇道左，犄角寻讯，无知津者。孰为夫子哀哉？吾道正不知陈蔡厄后[①]，归与何期，计无复之，乃叩纱肆借电话，冀有所得。炉火之傍，辘轳上下，炙手可热，充耳无闻。幸得端倪，询于嫠妇[②]，一椽[③]可托，四顾茫然。（青山道三百〇七号三楼）月直三十五金，以兹为菟裘耳，非敢盘桓，有所希冀也。特以边氛日逼，汕市水火俱遭毁。邑治柘林南港之边，炮轰之余，浸成牧马。历祀二百，民不知兵，烽火临门，逋逃无所。明知长安之居大不容易，秦楚之际，举足重轻。今者辇金涉帑，寄人篱下，谁能料不有一日假虞灭虢，寒齿亡唇。孰谓大地之宽，实等釜中之鳖，盱衡近势，不联俄则纳日，邻之厚，君之薄也。纳日既情有不可，联俄又势在难行，前者举棋不定，重东邻之责言，后者孤注一掷，成与国之观望。时势至此，齐楚皆非。其所由来，固非一朝。而谁秉国钧，至今为梗，自哀之不暇，又奚暇计，后之人之能见今日之信史[④]不也。谐贾既定，饮冰餐馆，送荪誃返校，过门未下车。后闻甫及校门，乃逢胠箧，虽楚弓楚得[⑤]，而举足之艰重可慨已。

【注释】

①吾道正不知陈蔡厄后：孔子在陈国和蔡国之间的地方受困的典故。

②嫠妇：孤居的妇女。

③椽：古代房屋间数的代称。

④信史：无所讳饰的史籍。

⑤楚弓楚得：楚国人丢失弓，拾到的仍是楚国人。比喻自己的东西虽然丢了，拾到它的人并不是外人。

1938年6月27日

热未解，虑有飓风迅变。方过夏至，夏苗正熟，未及刈获，不胜摧残。处江湖之远，未减其农事之忧，终岁胼胝，祭养攸赖，催科百出，二犹不足，望岁之殷，与民共之。

雁晴晚来谈。是夕记完近谱第四册。二月来可得佳局百许。家书来。

1938年6月28日

午九十一度。

午言女、四儿家枢自家间关而至，蛰伏海舶二日矣。家人悉避地龙田乡赁小屋而居（月八金）。家中惟众母邱嫂在焉。城中人存者什不二三，市上几不得买食，一震之威，乃至于此。城郭犹是，人民已非。五里回翔，低徊去家之鹤，百年生寄，怊怅入洛之篇。百忧交乘，世运何极。“负且乘，致寇至”[①]，我岂愿蓍占[②]之谂[③]哉。荃簃屡致电问，即以儿女之来告之，移时枉会，决偕言女西而同居，留枢儿侍侧，适众宾旁。

午絜絜未遑，李雁晴招往东山酒店，晤桐城方孝岳。孝岳要为桐城嫡胤，规模湘乡而有至者，不必九牧之，人所共钦敬也。愿与偕隐，未卜草堂，与论时事，时复了了，指麾若定，大类当年隆中一对也。甫归，展鸿招以电话会于大东。“子何为是栖栖者与?”卜居之难，舍馆未定故耳。晡往视之，皇皇然归。(订谱得六局)

【注释】

①负且乘，致寇至：“负乘致寇”，卑贱者背着人家的财物，又坐上大马车显耀，就会招致强盗来抢。后以“负乘致寇”谓居非其位，才不称职，就会招致祸患。

②蓍占：用蓍草占卜是周易预测的主要方法之一。

③諗：问。

1938年6月29日

晴，九十三度，洎夜犹九十度，虑气流有激变，以连日不解也，席上尤热。

下楼为沈成志书便面（故人沈友士潮安仲子）。几窗多明，逡日记于此补之。午又偶林有光相宅（大马路，湾仔），所谓“有贱丈夫焉”耳。

午李雁晴来告别，云：“以今日归温州，留寄残书，它年记取。”

与曾广扬对三局。

家书言：“取钱不便。”即托王丹青赍二百金。内侄（楚卿、俊卿）来谈甚久，所谈离乱事尤悉，邑治去城五里或不十里，边南告警，共指为逋逃之薮，一席之栖，十金不办。“信斯言也，是周无遗民也。”林本侨来，未晤。

1938年6月30日

晴，歊热，午达九十四度，入夜犹喘息。

晨苏来谈弥久，获观《广东文征》“跋类”稿本，秋老跋记其消息所存也，记云“广东文征全稿，番禺吴澹庵先生编。稿本繁重，钞录未竟，丙子春，秋园请于防城陈氏兄弟任印刷全责。既得可，乃请吴先生将全部发下，缺者补之，未钞者录之，而以姚万达、张介明、张荃、陈培玉、姚志荣诸人任襄校缮录之事，设校印所于广州东郊。三月吴先生逝，五月粤局变，陈氏[1]去国，秋园返故乡，将离省，以稿本付番禺中学校长陈善伯藏于禺山图书馆。丁丑卢案发[2]，至戊寅夏，战事将扩大至华南，善伯复将稿本移乡，而此‘跋类’十册，余归故乡时尚存箧中，储于秋楼。是时揭城空警数至，复由秋楼携至故乡伟光里，五月得絜庵自香港来书，述张太史汉三函托欲取此‘跋类’稿本寄港，汇存于善伯手。世乱未知所届，余恐乡里将来不可知，一旦散失，负疚更多，乃检嘱仲儿带港面交絜庵，转交太史，合成全璧，珍重保存。后有将此全稿印出，公之天下者，幸毋忘此经过也。戊寅夏五月秋园记于揭阳伟光里北院”云云。

兹事予于吴玉臣先生之殁前后记之其详，秋老此焉串穿始末，而寄其功沮垂成之慨隐，企后之人或有一日焉竟斯未成之业，乡先达在天之灵，实式凭之。此卷聚“跋类”文篇三百余首，大半未经剞劂[3]之作，或访诸其家，或几经传录，或且仅记篇目以待咨搜，“念天地之悠悠”，独有“怆然而涕下”者。承风未能，望尘宛在，奉诵略尽，如见羹墙。“我生之后，逢此百罹”，皆存惴[4]焉。不知春秋，不知旦夕之惧，假者不敢久留，假之者亦艰任其责，于謦欬之偶接，企风流之永存耳。

李伻书来问摒挡舍中筐箧事，有以揣知予辞馆[5]之志矣。鼓钟虚设，难应百叩之鸣，坛席包羞，久存五日之念。但祈汹涛告息，即誓荷臿[6]以终。芦沟桥塌而还，崄阻艰难备尝之矣，民之情伪尽知之矣。归马[7]何日，硕鼠方横，安往卖东陵之瓜，几时种先生之柳？古木穷巷，寒山虚牖。“弃捐勿足道，努力加秋酒”，往事庸复足论哉？谕器儿共知之，云：“身将隐，焉用文也。”（电家人缓来）

日落悠然而逝，荒徼浅濑，察汐消息，惟予有心，它人忖度之，则携其手曰：“处士，此正得祖意，如祖腹中所欲言。”所谓其冲怀远识，岂可望之今世士大夫哉？同是委质，为谁负米，既已自宋，何妨之滕，则亦有何陋之，之有思矣。顾人生须在三十上下立定脚地，混混与世相浊，甚无谓也。独其心追古人，而从之合，于古者必悖乎，今足下之道，所以其使吾悲也乎。遇合聚散之事，又末而无足数，而究有不胜，其黯然者，金石为摧，况在血气，其人安在，名山寂然，假席路隅，居然茀舍，竹篱有风，风人冰水，一卮沁入心骨。“废池乔木，犹厌言兵。”断梗飘萍，有如此水。

【注释】

①陈氏：陈济棠。

②丁丑卢案发：1937 年卢沟桥事变。

③剞劂：雕辞琢句。

④惴：又忧愁，又恐惧。

⑤辞馆：旧谓塾师辞职。

⑥荷臿：荷，承载。臿，同“锸”，铁锹，掘土的工具。

⑦归马：指“归马放牛”，把作战用的牛马放牧。比喻战争结束，不再用兵。

1938 年 7 月 1 日

晴，午仍九十四度，闷蒸尤甚，胸背疿发，殆无完肤，际云躬为敷布痒散。比夕静坐，令少流汗，袒而纳凉，不堪束带。

阅《广东文征》写稿。李寿熙来纵谈时局，关切梓桑，间作预言，然已多微中，过此以往，未之或知也。

苏簃并言女来索《文征》稿去，招往乘风，畏行多汗，匪不欲往也。

乙夜传汕电云“毁永平路尾金山街外马路一带，大损失”云。“屡及于寝门”

之上矣，忧心如拷，不知所云。（今日得一佳局，让曾广扬二先。《玉篇》“痱”“疕”两收）

1938 年 7 月 2 日

晨热稍弱，报羊城昨日有雨，午有雨三五点（八十九度），逾午九十度二，痱稍退。

晨报“汕市昨日下午塌屋五百余，死伤四百余”。里人疾首蹙额，皇皇相告，钓游之侣，竹马之乡，心之痛矣，如何可言。未午又传“今晨再来惨炸市区，毙人无数”。洎晚各号不复来电，早料昨日一役之后，皆成翟公之门①，谁非惊弓之鸟。乡怀焦迫，满坐无言。荪数以电询，同此脉脉也。（家书来）

杨铁老袖王觉斯手书《书谱》残本相视，殆全谱三之一，其佳处直逼过庭，岂惟置诸《拟山园》卷中而无逊色也。署名王铎二字，私疑不类。不待审谛再三，别字二三十见，如余字之作朱，曋字之作[illegible]，所见误书，未有谬悠②至此者。不学而能书如是，亦非近百余年人所能操觚③也。

【注释】

①翟公之门：门庭盛衰之典。

②谬悠：荒诞无稽。

③操觚：原指执简写字，后指写文章。

1938 年 7 月 3 日

晨黔，疏雨无声，午八十八度，昏时甚雨。为际云、有光作书。

报载“昨晨炮及南港数十发，其夜探灯四射”。柘林妈屿海门等处皆在邑治，南滨刁斗相闻之地，邑之父老难以高枕矣。“汕市昨晨五时凄厉警声又作，市区受弹六十枚，合计昨役及于难者盈千矣。”夫“许不吊灾，君子恶之”，禽及二毛，襄公耻之。不信如斯举动，同情于人，人之所弃，天意可知，岂有一意孤行而善保厥后者，君子是以知其不能终也。

晡出门有小雨，比抵海曲弥密，无可假坐处，待雨小肆，“天何言哉”。顾小车冒雨而归，凉枕得一夜安寝。

1938 年 7 月 4 日

晴黔相间，午八十七度，自汕逃者不绝，市中九空矣。百念在胸，一枰相与。林本侨来告别，送之及门。枢儿患暑，招文雄来诊，便对二局。

本港天文台报告本年六月平均每日温度八十三度八（六月一日最低七十七度，

六月三十日最高九十三度），查一九一一年六月分温度八十二度九云，又昨七月二日温度达九十五度云。

1938 年 7 月 5 日

雨间作，晡八十三度。

此喜雨也，气候忽凉，人畜少疾病，用水不禁，海波不兴，不为灾，有五利存焉。昨日得雨水一寸八分八厘，今日得二寸三分八厘。（本年已共得二十八寸八分四厘，历年平均已得四十寸六分）凉爽之余，所思有入肯綮处，别存小稿，自作解嘲。

1938 年 7 月 6 日

晴，午八十九度，入夜尚凉。蔡卿昆仲来。

家书（农历六月三日）云："初二日晨，炮弹及城垣，一落东门外婴哥阜，一落西门猪肉田，一掠屋顶而过，声芒并茂，落北乡埔美外。"所谓"剑及于户庭，屦及于寝门之外"者非与。军兴以还，疮痍遍野，澄海邑属，未被一弹。惟汕头离邑治，自成一市，近旬之役死伤各逾百计（汕报死百十二人，伤者百十五人）。"而今而后，吾知免夫。"（荃电询归舟行期）

记蔡心农：

清之末，吾邑有蔡心农者，邑东渡亭乡人，小名"如意"，以字行。晚自号"渡亭耕夫"，而阖俗以"如意仙"交口传之。"仙"之云者，"先生"二字呼之简词也。少时供人钞胥，中岁走香港，为市肆徒，粥粥若无能者。然颇喜书耆画，法尤专学，画竹必心仪郑燮[①]之为也。入晚岁，薄有市名。一竹一薪，稍糈[②]自给。则更以是为人役，而终其身焉。年七十余，殁于乡，维时清社屋矣[③]。予思吾邑人士，不闻于上国者旧矣。顾卒无有博异秀通之民，伏处于涧阿之间者乎！试与出东门，道大堤，万竹绵延，漪漪郁拱。其北，东莲花、凤岭诸山，隐与环抱。渡亭之为乡，适蚁封其下，临流托庇，户才盈百，大率皆钓徒也。乃如之人，践是之土，食是之毛，即以本地风光，濡为千竿尺绢，间媵题咏，亦间日一食人间烟火而止。又不类板桥之买山过市者。然而未必终有闻于后。予幼识之，似亦未计及此者。

荃久坐，既飧，为讲治心诸法。凡居敬养气，慎独存诚，参禅静坐，念佛数数，诵经礼拜之属，皆属之，皆所以致之之法也，其要在做得致。人人所做不致之事，固不易做得致；人人所做得致之事，亦不易做得致。挟泰山与折枝是也。曾涤生之远期李少荃[④]也，朝食必与俱，屡促而后起，时涤生已把一日之中自己应做之事做过，毕矣，少荃至，徐晓之曰："凡做得致之事，而不把之做致者，非夫也。"是夕倾言心学，不审漏滴几许。别去，自理诸谱，旋以电话重申诘朝观海青山之下，“老子兴复不浅”。

【注释】

①郑燮：郑板桥。

②糈：粮。

③清社屋矣：清社，清朝社稷。屋，意谓国家覆亡。

④李少荃：李鸿章。

1938年7月7日

晴，午八十七度，晡时甚雨。

拂晓挈柩儿行，比晤荃、言，日一竿矣。已治具，则结伴而行，“驱之，驱之”，吾庐在望（青山道赁屋）。未费马力，已近农家。说是荔枝角之客家村也。以田以渔，或刈或获，多黍多稌，不识不知。村妇格磔钩辀，乡音未远，濮上文身卷发，古语犹存。我自“履巉岩，披蒙茸”，或为折枝，或与班荆，席地幕天，揖云啸浪，孤松及肩，召伯所止，林鸟窥人，时来相亲。当前海角一湾，转眴天涯万里。借此一坐，与尔千秋。日在禺中，在山之阴，阴影漏痕，多成轮廓。清言未已，琼浆转清，收拾野怀，归而图之。

1938年7月8日

晴雾相间。阅文告今之人言不必咨于故实也。“后之视今”，果“亦如今之视昔”，则亦何所不可哉。人来，又时时闻过激之论，则又正之曰：“子未睹秦称帝之害，故也。”

1938年7月9日

多雨，入夜风弥紧，不为灾。

荃以加午偕言女来，亦言“此亦客也，不可以久”。然则先生将可之哉。

午并寻喜路道访丁静斋，萧然一楼，此焉二十载。（五十七号三楼）各自南北，艰于一晤。忆与静斋订交自辛亥之冬始，壬子予馆天津闽粤会馆，静斋北来，主予者弥月，此后则每间十年勤得一面。前岁访之广州，关卡稽征，难谈风月，况人已惕阴，已非茂齿[①]，十年一相见，人生能几回，所为往来昨，今同深迟莫耳。不知其席之前，几欲投车之辖，当不意杯渡山下，而令如是两人者有说话处也。杯渡山者，唐释杯渡卓锡青山[②]，故名，香港云云，非其本名，静斋之言如此。向之索抄叔疋遗文，则云：“见所有者，大半南学以前少作，或非子所欲观也。”予曰：“虽然何以报不穀。”曰：“有中丞稿本在，迟日发箧致子之前，可乎。”因与论清史诸稿，致多未惬，当日主其稿者，不乏号称“清流”[3]之人。何云乎？尔时有自命不踏租界、不见李鸿章为“清流”者也。湘乡既棘手于天津教案，而海内又多有微词。合肥[4]、丰顺[5]弼丞其间，持清议者援缴及之。既入大臣之传，岂无饰终之典。今古异势，安能强同，高下在心，窃所未喻。今亡矣夫，君子是以叹惇史之难得也。坐久，主人相送及阶，云：“不下楼者五月于兹矣。”然则庭前一株柳树，犹记三十年前尝为一到否也。

晡返庄头，补进午粥，荃阻雨坐厅，海涛有声。李寿熙共谈洎晚。

【注释】

①茂齿：壮年。

②唐释杯渡卓锡青山：香港屯门山又称杯渡山。唐时一高僧来到屯门山，人们常见其乘坐大木杯渡海，或者踏着水上的浮木渡河，便称他为杯渡禅师。

③清流：喻指德行高洁负有名望的士大夫。

④合肥：李鸿章。

⑤丰顺：丁日昌。

1938 年 7 月 10 日

星期。多阴有东风，连日均在八十五六度间，清凉可坐。

因便函附林本侨温州，云：“当日袁慰廷[1]忤旨放归原籍，前门车站送行者只严范孙一人。后范孙始终不出，人问其何不出山，答曰‘予本不在山中，此亦问和尚何不出家一例’。”因风发子千里一笑。

亘日无客，只电筒[2]中有相询者而已，又并无棋者。古语云“无事此静坐，有福且读书”，无事静坐，已匪尽人可几之境。曾刚甫躬耕军粮城也，予以暇日屡致干糇陇亩之间，尝调之曰：“此地亦有亭、有沼、有骡、有犊、有草屋、有几、有书，曾不若潮阳郑茂才义卿（浩），经冬课隙，只身入山，就和尚庵吃粗饭之余，概于石头一坐，看看冬日了之，可不阅书而能过日，于士大夫之列，不得谓非难能者也。”刚甫自言“半生于书多于车中读之”，自审亦无必读之书，而积习之难忘如此。“吾过矣！吾过矣！”“吾离群而索居亦已久矣。”

夜里人杂话，亦涉五行之术。左氏浮夸，史公奇诞，纬书方伎，不废史文，相法葬经，且多征信，流俗盛行。八字流年之说，尤羌无学理。以六十甲子，十二周月，三十日，十二时合乘之，其数不逾二十七万。中国之人称四万万，是每一条八字应有一千五百人，此而可信，则凡富贫寿夭，皆可以一千五百分类之，有不哑然失笑者乎。此事前人记已有道及之者，并记于此，虽然欧公又可以言：“术者谓我岁行在戌当死，使其言然，吾不及见儿之成立也。”

【注释】

①袁慰廷：袁世凯。

②电筒：电话。

1938年7月11日

晴，午八十七度，夜耳闻月色极佳。三儿家教自里避来，述离乱乡事尤悉。

凌晨栉沐，假睡待客。丁太守静斋挈僮抱书而至，则雨生先生《百兰山馆政书》稿本（十四卷）也，拜而受之，其则不远。坐上静斋为阅最近日记盈卷，谈言微中，岂惟足以解纷而已。又口述中丞遗联二则。

题汤坑太平寺联云：

“古佛又重参，三千里外初归客；旧题何处觅，四十年前此读书。”

丁园自题云：

“此间风景依然，记取吴中旧诗句；世上园亭多少，谁能枕畔看江山。”

“吴中旧诗句”云者，曾湘乡有“他日故园营一壑，风光可似此间无”之赠句也。休休有容①，举重若轻，缓带轻裘，若无有然，似此胸怀气宇，是读书养气十年功深之后，自然流露于襟裾谈吐之余，非可句摹而字拟之者也。良朋在坐，不言而远，政书日记，对影成三。稿本中有揭阳周丈子元易、姚先生楚南梓芳跋文二首。周跋有云“公深谋远虑，诇察②外情，复以器窳，兵嬉和战，胥不可恃，目营八表，锐意筹边，以卧薪尝胆之思，为亡羊补牢之计，所著诗古文辞，才气坌溢，于苏眉山、陈龙川为近。”姚跋有云“昔郭筠仙侍郎与宝相论洋务，谓李少荃能见其大，丁雨生能致其精，沈幼丹能尽其实”云云，均能道出公之真际者。《政书》弁首有郭嵩焘侍郎题诗，云：“今我何为思海阳，遗经不作古人亡。”翁同龢相国题句云：“儒林循吏今有几，丁公崛起南海涯。世人欲杀李太白，何事不了张乖崖。”

披诵之余，穆然想见，前辈流风，犹有存者。

傍午姚万年来，抵掌而谈，无裨于永嘉、建炎之颓势也。（托以粤中所存书籍）

月来与曾侄广扬对局，让二先者凡四十二局，胜二十八和十四，凡以炮二平六，马二上三开局者多和，亦以见予应之有未尽也。今夕三局，分用炮八平五平三平四应之，似以炮八平四为最合法。

【注释】

①休休有容：形容君子宽容而有气量。

②诇察：侦察。

1938年7月12日

晴，午八十九度，静坐无暑。教儿就九龙城官献廷宅，儿云：“母嘱汝勿急归家也。”发家书。

逾午亲旧在坐，招言女来会，荃侄偕焉。

1938年7月13日

晴，午八十八度。三更登溷，窗棂漏月，居然皓镜，穿牖窥人。发家书。

1938年7月14日

晴，午八十八度（报言上海酷热，九十八度），连日东南风，入夜生凉。

九江水急，有撼衡岳胁江汉之势，长江天堑与人共之矣。有得汕头电，言“晨拜弹四枚，南澳克复”。晚报言“羊市今日蒙劫，不下前剧”。人自乡来，言“汕头死伤各三百有奇”。报言“各百余”者，谦词也。

杨铁老来，只谈小学。

1938年7月15日

晴如昨日。

起稍阅书，有客（杨）坐久而后言，似欲假子之名，为招徕地者，辞曰“掌教”，是货之也，争利于朝，争名于市，被此名也，以往天下，其谓子何，婉言谢之。呼镊人理我发。

晡挈三儿、四儿往见静斋主人。斋楼面海朝阳，日在虞渊，斜阳满室，障袖作幕，扬袂当扇，清言娓娓，雅度汪汪，摸之有棱，摇之不浊，竟如坐清风霁月之下，不知夏在人间也。夜归。

1938年7月16日

午八十九度，夜分就栏前，朝月下弦朏，不知何处吹芦管也。

晨报姚秋老书云：

上元灯下，尝复寸函，锋镝声中，皇皇于道，漫天兵甲，充腹《离骚》。独行乏宾从之，惧举目有山河之异。慨慷牢郁，概寄记中，梗塞于途，未能就正，畴园所存日记四十二册，经于上月逡托香肆，其他藏籍，则委天任运而已。遇自端午避地此间，入秋亦已辞馆，从此还我真吾，但冀旦夕苟安，芒鞋闾野，倍书学文，如青灯下儿童时事，即此已是国运攸关，不仅属一人一地之故。海隅寄食，望洋兴叹。万年、荃侄屡相过从，丁老静斋时复下山夜谈，自余则从市上弈者游而已。所为日记，勉无作辍，健饭三器，它无可言者。因转函八妹之便，附书随风，东首叩头，祈颂园居康胜，如李格非记洛阳名园时之思也。某白。（本非欲留稿以有索观

之者耳）

比日书记钱肆之间，语杂人庞，可无与先生事，振笔为之，尚非立马，临危造次，颠沛之时，篇局既成，虽不废酬对可也，只以关于先达出处大节，或闾里间立名行义之事，诚如包慎伯所云："然世臣亦未敢自弃诚恐一字，苟下重诬，后世名山通邑，并聒之造物而已。"

1938年7月17日

日在禺中，薄黔有微雨，午晴，八十七度，逾午东风解愠。

吃饭睡觉坐石头，纵不算希圣希贤功夫，要是吾辈生涯所应致力之三事。镇日不冠不履，蹀躞无十武之遥，道之不行也与。积块在胸，交睫弥滞，黄粱难熟，乌魇交乘，自知眠食之功比来更浅也。瞿然而兴，促教儿随，破关过市，贾其脚力，行吟泽畔，自有舣舟待渡者。邀言、荃，度乱山，是部娄也，亦生松柏，松柏之下，芳草亦殖。(《左传》："松柏之下，其草不殖。")石头无几，才资点缀，荫疏既怯日，云合又虑雨，借问慧心人，何以补此缺。块然趺坐，四无人声，渐觉胸无一物，不审日上几竿，衣履微湿，始知雨过，无怀[①]、葛天[②]之民，当不如此，人世间得失毁誉之谓何。下有沙砾，上有鸣蝉，谓我盗跖，何不谓子盗丘？伯夷所树，抑亦盗跖所树，物论既不可齐，养生要自有主，虽不必以素衣缁西来扬尘，亦不暇察渊鱼于深潭之底。文之孅恶[③]，吾目得之，操之存亡，心之谓与，并有余师，归而求之。

比午勺水浆未入于口，扪腹中积鬲，亦略尽矣。一坐半日，自熹此事稍有长进，晚食夜觉，不足为忧也。回首茅蹊，来轸[④]未泯，几声清啸，宿雁于飞，或未点顽石之头，不至洒清流之耳。审音弦外，敢负师旷之聪，忘言竹林，几深巨源之遇。(《晋书·山涛传》)读《长门别赋》，翻恨与马卿同时，箸《太玄》《法言》，不求知君山后世。以此言天地之大也，"夫子之谓也"。

夜自对谱。

【注释】

①无怀：传说中的上古帝王。

②葛天：传说中上古时代的"圣皇"之一。

③孅恶：善恶，好坏。

④来轸：后继之车，喻相续而来的人或事。

1938年7月18日

急雨撼枕，海风生凉，午八十七度，亘日多黔，校书一适。

铁老为校阅最近日记二册，经雠正者三十余起，未敢徇[①]同者亦什之一，谨分批眉端，以存争友[②]高义。荃誃复为正字如干则，下笔之际其难其慎哉。

适见《抱香词》近稿，录存二阕。

《祝英台近》云（戊寅生日后二日作）：“涧霞红，岩雨翠，消息又春莫。多病文园，饯春已无句。剧怜短鬓萧疏，今朝寒食，独搔首，云山深处。　为谁诉。安仁正赋闲居，犹恐燕莺妒。绮语妨禅，哀时究何补。遥遥华胄玄亭，携壶问字，容有高阳俦侣。”（原注：近著《二徐声义勘补》未成）

《摸鱼儿》云（戊寅五月五日哭惠文女）：“黯江城，落梅哀笛，吹残甥琼树。臂丝续命欺人耳，乍面忽成千古。鸡报午，莫便认，视阴（读平）灵照机先赴。昙花两度。凭一坠银瓶，永辞珠掌，先后委尘土。　人间世，生男生女何补。滃云光采门户。母兮抚汝终如始，藐汝诸孤谁抚。天欲莫，偏教我，临流踯躅横舟渡。蒲觞忍举。对渺渺蛮波，年时角黍，怕聒大招赋。”

是亦“它人之酒杯”也。至今残破胆，应有未招魂，秋水江湖，凉风天末，弥不自胜耳。

【注释】

①徇：顺从，曲从。

②争友：争，通“诤”。能直言规劝的朋友。

1938年7月19日

晴黪，午八十九度，夕东风作，更深有急雨声。

拂晓枕上，电铃丁丁，有人起更早也。楚言女过海送客，相将以行，舷侧小坐，晤万年甥舅[①]，托以摒挡羊中襟丌，并祝此行多雨，早日归来。

就庄头为言女解说近作，聆所为陈词多素，知之人亦有言“母也天只”。校字洎午。

家书来，意不欲予速归，谓末俗林下之难。名之为累也，非一闭门便可了事。嗟乎，“匹夫无罪”，怀名为罪乎？比年韬匿，自沦废弃，我固未能尽忘世，而世人何不能相忘至此，只道罢官归去好，古人亦作欺人之语哉。

夜得陈生对二局，殊有佳趣。

【注释】

①万年甥舅：姚万年与张荃。

1938年7月20日

晨朗，午八十八度，夜风息，又但而就席。（寿熙预言潮澄终安，苟吾君与吾父免矣）

昨夕铁老远来借阅日记，取《万年山中日记》七册去，本以昨日欲躬致之，

"云深不知处"，吾甚惭于孟子也。与有光夜坐，检乙亥深冬日记，人云："文艺复兴之时，孤陋寡闻，荒陬中弥少启而发之者。"

今日于弈，存得八局，自知玩物甚矣，然又何以云哉。

1938 年 7 月 21 日

晴，午八十八度。吴其祥来对一局。

楼居简出，恐于是乎有沉溺重腿之疾也。黎明人犹定，颇思骋游以振之，以豚犬自随，居然出则呼警，入则呼跸[①]，来自田间，不辨仙源[②]，落荒而逃，迎日而吠，摩肩击毂，视若无有。循崖而上，仙居兔窟，凿坏穴巢，比比皆是，人瞰其室，鬼载一车。行到水穷处，因风立斯须[③]。又见路隅王孙辞家，帝子运土，行之甏负，史云之甑，非自宋而之滕，乃走胡而走越，越在草莽，藐是流离，吾与汝皆中土之人兮，便归来，万事如尘，那堪回首。余姚[④]瘗旅[⑤]，官不过乎驿丞，宏褕投荒，已沦于典史（陈宏褕事见《邑志》）。自古贤人秉志，遵分弃置，草泽沙虫同朽，何可百数，蚩蚩者氓，亦已焉哉。

夜群语及八比中有传题旨极肖，题中虚出，呼之欲出者，小子识之，如邑人蔡明经竹铭《尽富贵也，而未尝有显者来》。开讲中六句云："且天下不多富贵之人，而良人口中之富贵何其多也。且天下亦不少富贵之人，而入吾目中之富贵又何其少也。"居然齐人妇语气，不啻若自其口出，妙处直到秋毫颠，无怪当日激赏于汪提学，今殆未能举之者矣，存之以觇风会也。

【注释】

①跸：泛指出行的车驾。

②仙源：借指风景胜地或安谧的僻境。

③立斯须：站片刻。

④余姚：王守仁。

⑤瘗旅：《瘗旅文》。

1938 年 7 月 22 日

午八十九度，晴间翳。苏满边事告张。（东京外讯：张高峰附近，日来苏联军队人数激增，日满军事当局尝于十八日派日人两名，携带致诺伏基斯克边防军司令抗议书，要求恢复张高峰状态。惟迄今日尚未接任何报告，如彼等发生危险，则应采取必要之步骤云。）

夜如何其，东方既明，电筒传声，云已东归。落月在梁，晨风拂桨，横舟待渡，击楫沂流。披襟当之，湫隘嚣尘，为之一洒，萧楼小坐，悠然见山，有书一车，劣可充栋，主人方从怒涛江侧，断井垣边，守缺拾遗，剑负而至。即不备三坟五典，亦粗具七略九流。果得十亩之间桑，而闲闲行与子，还没齿可也。人生遭遇，或为必然，或为偶然，必然者裁之以恩，偶然者断之以义，独我心之所同然者则将与，无始无终相终始。六经注我，礼义悦心，安宅义路，并非奢语，会心不远，奚翅古人，如诏我也，武陵之津依然，山木之灵宛在。乐山乐水，时有清音，思昔哲人，各有著书，言自成文，思入无间，虑非老死牖下，记袭陈言要誉，于乡党朋友也。观物既深，风云变化，倚树看日，思之思之，鬼神将告之，故夫“究天人之际，成一家之言”，废伤弃置，求仁得仁，自爱此中多佳趣，更于何事学忘机。此意何如，不知虎溪已过，其人甚迩，当有化鹤归来。（得武林佳箑，自有秃颖，书之殊合）

夜晤萧汉卿，为饮一杯，北窗高卧，客已去矣。二更，对陈先二先二局，颇费思量。以腊肠分授言女共之。李伻函来。

1938年7月23日

大暑节，晴，午八十九度，屡预报有乍雨，妄也。

起早正书便面一方，看《魏武帝集》。许纯青电话来。

日莫力暑出行，为迎风洒耳计也。招蔡楚卿同谒丁静斋，坐久之，斯亦北堂商老、东郭遗孤者矣。谈及翁常塾[①]《题百兰山馆诗》有“何事不了张乖崖”句，按宋张咏，太宗时进士，字复之，官至吏部尚书，出知陈州，为治尚严猛，自号乖崖，以为乖则违众，崖不利物也。静斋言其守成都时微行[②]抉谳事甚多，（如闻女子母子二人哭甚哀，式而听之，则曰妇夫以下僚亏公帑，事大不了，其猊仆因以为利，欲胁其女而妾之也。张引而致诸山中，手刃之。时人为之语曰：“张乖崖何事不了。”）故有“张乖崖何事不了”之语也。二更同访杨铁夫孝廉（玉衔），阍者[③]言不知所之。折访陈颉龙（乙骙），又云在水一方。车徒二十里，一无所得。道中互诵《人境庐诗》，高山在望，静斋云：“公度先生[④]句，无一不从读破万卷得来。”闻之悚息。

【注释】

①翁常塾：翁同龢。

②微行：高官便服私访。

③阍者：守门人。

④公度先生：黄遵宪。

1938年7月24日

午八十八度，间黔。

作书自娱，耻为人役也。作家书。

荃諺约言女见于庄头，自省垣[①]携佳楮名颖[②]，来助临池之兴，因裁纸书成《〈百兰山馆政书〉读后记》一帧以馈静老，“永以为好”，亦以报也。群从侍观，为之讲肄洎晚。

夜对一局（吴承铿）殊佳。

【注释】

①省垣：此处指广州。

②颖：指笔。

1938年7月25日

晴，午八十八度，欲雨不成。（隆澳又告急，张高峰事已弛，彭蠡之口重兵临之及九师团云）

家书来（前三日），言次子妇一索得女（六月二十二日午时）。“载衣之扬，载弄之瓦”，庭兰阶蕙，不言自芳。

晡，黄芹生招饮街头，群饮皆邑人，十九前识，亦有不见三十许年者。肴醪丰醇，互倾其量，二更归，施施然矣，早睡。

1938年7月26日

午八十七度。

清晨记述未毕，“有客有客”，言登其楼，丁老静斋来自山中，山中得日，本为天下先也。坐定茗婪熟矣，著语无多，自成馨逸，不涉理路，不落言荃。庄子云：“荃者所以在鱼（‘荃’‘筌’同），得鱼而忘荃。言者所以在意，得意而忘言。”故虽“乘兴而来，兴尽而返”可也。“吉人之辞寡”，吾滋愧矣。为阅近记，又假阅《不其山馆日记》二册，午别去。

尽日事弈，对王永铭一局，对萧汉卿分先二局（胜一和一），对侄孙文雄二局，胜于让先，负于得先，得先之局一路领先至四十八著，已胜一炮一兵得局得先矣，一念之差，误博一车，左翼遂虚，将军折戟，坐失此局，能无虽没犹视哉。临阵之道，智力兼施，意稍不属，覆辙随之，记之以彰吾过也。中局之交薄，眼明手快，得未尝有，晚节不修，燕雀交而处衡，适得其平，亦云宜矣。

1938年7月27日

宵枕雨来殊急，洎午多黔，入夜殊凉，降至八十四度。（九江告失）

午再对萧汉卿二局，若不自胜者，谬称予能制谱，“吾斯之未能信”。

1938年7月28日

五更大雨滂沱，风伯助威，吹栏入室，屡起阖户，殊扰清梦。午八十五度。

昏时与侯汝霖（扬阳）对三局。今日胸气失调，寡言早睡。

1938年7月29日

晨黔小雨（隆澳又失），终朝如晦。

昼行苦炎，远行惧雨，拂晓未有车马之声，以微服行，以劳其足也，登关庙不拜，守者呵之，其知者，知为楮帛[①]也。潇潇天时，戚戚人事。“胡为乎泥中?”“胡为乎中露?”

荃侄电话小疾，走二子视之，媵以一纸云：“齐王好瑟，竽者徒工，楚俗纤腰，人多瘦死。”将枉寻直尺[②]以阿其所好乎，抑铺糟啜醨[③]，中风狂走[④]也。古之善琴者尝于孟尝君鼓琴而歌，孟尝涕泣增哀下而就，曰：“先生鼓瑟，令文若破国亡家之人。”何徇知之深哉。

客有论鸦片战役而后，国人怵然于功利之说，舍其静而动，是图曩时，出世文事，迈伦绝伎，所存于田间逸老禅关野僧者，遭世鄙夷，澌泯以尽。即少时及见，方外能诗，道士善弈，今亦广陵一散，曹部皆空。寒窗之下，支床之前，无复抱膝，冥心潜搜，孤往者矣。此虽小道，可以观变也。（常日论清人书法，终追不及明人，不知何故。今日闻寿熙言，可引以发明，故特记之）

晡时招黄琼楼对四局，一小时而毕，自加记劾，亦过二更。

【注释】

①楮帛：旧俗祭祀时焚化的纸钱。

②枉寻直尺：比喻微小的让步换来较大的利益。

③铺糟啜醨：吃酒糟，喝薄酒，指追求一醉。

④中风狂走：像中了邪一样到处奔跑，形容举止放纵，行为失常。

1938年7月31日

黎明雨声未歇，当午猷晦，八十六度。

何以自娱，颇复有所述造不，草创未就，亦具至乐，膏之上肓之下，复吾自主之，非二竖之所能及也。

私记午脱稿，荃、言来校字，弥感商量加邃密，“但觉高歌有鬼神”。已而对倍名篇，累累乎如贯珠，展临法帖，亦如有一线行乎行间。道通天地有无之外，思入风云变化之中。文也字也，皆托纸上，看似平面，而立体之理存焉。文寄于声，声之动也，成振动波球，其截面乃为曲线。出口入耳，声入心通，但聆其音，已感其快，何也？凡空气耳膜脉搏之振动数，皆可通约之时，是曰调和。调则和，和则乐也。字卧于纸，字之成也。竖毫立管，悬腕空奉，内志正，外体直，然后荡漾空中以临之，如搏如跃，如奋如激，“先求平正，复追劲疾，既能劲疾，复归平正”（《书谱》有此十六字）。读者摸碑，异代追迹，当年穆然犹想，见意先笔后，笔正心正之秉笔时也，而岂惟立体之理存焉已哉？体之中复有体，玄之中复有玄，众妙之门，一心所宅，其无外无内之象，若往若复之情，夫惟好学深思者，心知其意，固难为浅见寡闻者道也。

入晚与黄琼楼对四局，颇悟刚柔相济之理，谱并可存（别录）。人散后订稿至三更，浸汗之余，热痱复见，更何堪为牛马走哉。枕上多思，睡久不熟。

1938年8月1日

晴，午八十八度，浮云过雨，不碍天青。家书来。

早起危坐，听户外卖报，卖声似哈桑湖畔、张高峰前胡马渡山，东风无力，“天下之生久矣，一治一乱”，而未有乱于此日者也。

傍午荃来晤谈，涉物理质犹文也。

1938年8月2日

晴，时黔，午八十八度。

铁老来报访，并还日记七册，为諟正四十余处，敢云嘉言之拜，闻过之喜哉，一一签存，晡乃卒业。

1938年8月3日

黔，有小雨，西南风，晡有急雨。

晨起怀人，入山觅侣。“相见亦无事，不来良思君。”嚏焉愿言[①]，静斋一老，秀眉明目，犹见道心，幅巾布衣，不数官阀，清风奉手，碧云抚尘，漪漾一庭，盍[②]匌[③]四座。人海之地，竟容如此两人，元规之尘[④]，未许污我一士。昔王澄名齐，乃兄夷甫，天下知与不知，莫不倾注。澄后事迹不逮，朝野失望，及旧游识见者，犹曰：“当今名士也。”（见《世说新语》注）

【注释】

①嚏焉愿言：见《诗经·邶风·终风》。后因以为有人思念的典故。

②盍：合，聚合。

③匌：山川、河流、烟气环绕。

④元规之尘：晋庾亮，字元规，为当朝国舅，一连三朝为官，握有兵权，门下趋炎附势的人甚多。王导厌恶庾亮权势逼人，见大风扬尘，便以扇拂尘说："元规尘污人。"表示对庾亮的鄙视。后以"元规尘"喻高官权贵气势凌人。

1938年8月4日

晴黔，不见天日。

积黔如晦，一向贪眠，觉来炊烟齐熟矣。南海之民，以巳申之初两饭为常。既饭，铁老以佳楮一束，来索最近日记一册去。坐定犹思昨日之游乐乎，记毕午矣，就沈姓庄头（远源行）小坐，爱其习习也。

1938年8月5日

晴，午八十七度，居楼东北乡，比日不得风。蔡浩卿来索书。致林砺儒、陈达夫梧州。

夜方未央，数声鼓角得得然，凄以厉也。忽焉发自中声，击之其鼛[1]（今《邶风》诗文作"击鼓其镗"），咽咽鼘鼘[2]，泱泱乎大风哉，何訇然而雄也。既而曶隆忽杀，一疾三徐，乍勒而奔，若抗若坠，一木桉节，一木激声，二木齐动，檐马皆鸣，如飘风之骤至，万壑之争腾。雷以动之，风以宣之。当有为之式凭者，感诗人之咏物，曰鼛鼓之不胜，五声具于一声，畴又谓鼓无当于五声。少焉戛然而止，非木之折而革之裂。维响已传，维情已宣，百神如临，余音在梁。寒江潮满，古寺峰青，谁与鼓者，谁与聒者，竟遂忘身在人间。人间何世，又遑问墙有耳否，世有知音否也。客自量非审音者，故口可述者仅止乎此。昔者宣南芦沟桥下，雨满沟塍之时，时时见一衲衣木屐，擎敝盖[3]，囊卮酒，蹲踞陇畔，低斟赏雨者，京师人以是迹之不爽，或谓即以击鼓名之和尚云。曾刚甫为予道之如此。黄钟毁弃，瓦釜雷鸣，《夜深沉》绝调，伊昔鼓吏，幸不辱命。嗟乎，祢生信可以不恨矣。

【注释】

①鼛：鼓声。

②鼘鼘：鼓声。

③敝盖：旧破伞。

1938年8月6日

晴，午八十八度，家书来。

日见所居高楼，去天为近，降身下楼，就沈氏庄头纳电风，厕牏[1]犹湿，即席成昨文，初食龙眼。又客自仰光（缅甸首府，产米）来，馈主人（成志）异果，俗曰“番石榴”，译音“蛮橘”，大如苹果，肉白味清，南方果木谱之不尽也。东方怀果，翳谁之遗，畏暑寡言，一楸[2]是恋。晚来天欲雨，“能饮一杯无?”段成式《观棋》句云：“闲对弈楸倾一壶。”不图此境乃于离乱之间遇之。

夜订谱竟，与有光夜谈。

【注释】

①厕牏：汉代称近身的衫为厕牏。

②楸：棋盘。

1938 年 8 月 7 日

朝大雨，港市可免禁水，如天之福，晡时又雨，夜凉。

起时庖人供饭矣，早醒爱听雨声，代以卧游，遂亦如在山颠水涯间，飘飘若仙，潺潺盈耳，旧梦重温，不知黄粱已酢[1]也（许文关东谓酢曰酸）。好雨生凉，可以执卷，徒事涉猎，终伤浅尝，是予之短也。闻道故林所弆[2]多，昨日之非今如何。“曰归曰归”，“如此江山无恙否”。“有客有客”，“最难风雨故人来”。静斋老人率仲子（奭）来还日记，并订世交。荃誃居士亦偕言女鼓枻[3]海东，抄读近记。阴云乍合，连天作黑，时雨凌厉，满楼欲秋。乃有折一角之巾，寻隔宿之约者，桥梓双丁[4]，亦犹行古之道也，棣华[5]异姓，莫如凡今之人兮。一楼之间，翩翩群丌，五步之内，哑哑笑言。后至王戎，不败公等之兴。（陈叔岩颇善谐）当年君实[6]可让天下一先（司马温公少时尝观弈于市，三日不转睛，一弈者曰：“如此，官人必高手也，愿承教可乎?”温公曰：“待我三日而来。”归则卧思三日，恍然悟曰：“无他，争先耳。”应期而往，弈终，弈者敛手曰：“我走遍江湖，可以让人一先，今日官人可以饶予一先，并世无敌矣。”不记谁氏笔记，姑存于此），由后溯之，今日亦南皮[7]之游也。雨未歇，丁子告归。灯下黄琼楼来坐三局，危坐观局，兴复不浅。“曲终人不见，江上数峰青。”

【注释】

①酢：酸味。

②弆：收藏，保藏。

③鼓枻：划桨。

④双丁：丁静斋及其子丁奭。

⑤棣华：见《诗经·小雅·常棣》，后以“棣华”喻兄弟。

⑥君实：司马光。

⑦南皮：张之洞。

1938年8月9日

晴。

早起生凉，髀肉之感，何似壮怀略消尽矣。畏食多积，食古不化耶。教、枢二子从，头头是道，依依何之，攘攘熙熙，弥非佳象，为问公等何故而至于此，行行里许，车马渐稀，时闻呕哑嘲哳之声，一思村笛山歌邈焉，此乐如在天上，非无芳林丰草，文王之囿[1]与今王之囿，与是未可知也。路旁阶甃[2]，召伯所憩，指点前程，回头是岸。是日啖饭、读书、事棋，用自见实功夫，起而行而后坐而言，某之行久矣。

入夜杂话，话及镊匠肆上悬联，如："到来尽是弹冠客，此去应无搔首人。"著想颇活。寄书内子。柬展鸿，附近局十则。柬纯青命李伻束装。

【注释】

①文王之囿：文王，指周文王。囿，养禽兽种花木的园子，古时称苑囿。

②甃：砖。

《因树山馆日记》第十四册

（1938年8月10日—11月5日）

1938年8月10日

晴，午八十七度。

托纫秋仍就胶岛旧识纸庄制日记本二十册，辗转半载矣，今日乃得受用。“天祚中国”，“我疆我理”，“有肉如陵，有酒如渑，寡人记此，与君代兴”。夫晋未可侮也。

夕供馔有加，此节为招亡设也。此一年中，平添新鬼几许，壶酒篕麦，焉得人人而济之。我来伴食，尚非嗟来，嗟也可去，谢也可食。西湖禁酿，特弛东坡之门；（宋时禁私酿，东坡在惠州，吏不之及。见《东坡尺牍》）田父好怀，致浆陶公之宅。（陶诗：“田父有好怀，壶浆远见候。”）昔闻其语矣，今之为关也，重足侧目，杯勺不入于口者旧矣。“主人解余意，觞至辄倾杯。”（陶句）“未知从今去，当复如此不。”（陶句）“岂其食鱼”，“谁谓宋远”。伤靡靡兮行迈，忽摇摇兮中心。觅醉不成，饥来何之，遂尔悠悠，曲肱而乐。

1938年8月11日

晴，稍热，午八十八度。西报言：“苏日和约成，今午停战。”港吏令：“三日后夜间禁水。”

少谈多坐，满坐高论，充耳无闻，人有曰（沈二）：“先生岂终恝然[①]于车尘马足间哉。”噫嘻，人既有以窥其隐，是示予之浅也。尝书楹帖与人云：“颇欲以真还吾拙；未堪将浅遇人深。”今何为独不然。方伏案，客来索战，左单提马应之，纡回巷战，曲合柔韧之道。

午荃为送日记来，杨、丁二老索阅也，旋别去。夜有弈伴，会心不在远矣。

【注释】

①恝然：漠不关心貌，冷淡貌。

1938年8月12日

晴，午八十九度，屋梁见月。陈莞父来。

《书谱》云：“岂惟驻想流波，将贻啴嗳之奏；驰神睢涣，方思藻绘之文。”

1938年8月13日

晴，午八十七度，欲雨，数点而止，饱尝龙眼。

补昨日日记未竟，铁老在门，急雨湿街，还日记一册（《因树馆集》第十二册），谑正者六事，私幸三豕渡河[①]之事。日不加多，尤感十年以长之人，老而弥笃，见所为人写小词短诗，并皆佳妙。“羲之俗书趁姿媚，即今何计博白鹅。”会须一饮，传之好事耳。不知底事[②]忙，匆匆又别去。呼镊人来，引领倾耳者久之。

【注释】

①三豕渡河：比喻文字传写或刊印讹误。

②底事：何事。

1938年8月14日

晴，午八十七度。

起来立街头徘徊瞻眺，人以为甫自田间阅市[①]来也，实则先生视而不见，特未许聒而不闻耳。市虎旁午，于我亦习之稔矣。归而求食，殆素餐兮，彼之君子，不以泰[②]呼。既饱，让沈大（观洪）二先三局和一胜二。虽玩愒时日，而欣赏不置[③]。夜微醺，不复有鞍马之志矣。

弈友黄夕至，信手应之，吴生复以为请，云及乙夜，七易其局，终日不获一禽，视醉吟先生之自传何如。噫嘻，“吾知免矣”。

【注释】

①阅市：游观市肆。

②泰：佳，美好。

③不置：不止。

1938年8月15日

晴。

“生不诣人贪客至，惯迟作答喜书来。”梅村[①]之自道也。未遁荒山，已类槁木，偶出酬酢，彼且为无町畦[②]，亦与之为无町畦，何待来年，斯速已矣。

“鸿雁几时到”，究竟几时，“江湖秋水多”，知添多少。陈子达夫小简适来自梧州，老来新知，不渝终始，谪仙夜郎，故人天末。把酒忆石门之路，远山留夕照之情。“何时杯重把，昨夜月同行。”踽踽凉凉以生斯世，也有日矣。

晨，沐而冠束，啸敖沙滩。日出皓兮，残月犹居昴、毕之间。“嘒彼小星”，盍胜“实命不犹”[③]之叹。有车从东来，百钱二客，既徒车亦佳。“彼其之子”，“在彼中阿”。“室无姬姜，门多长者。”静斋一老，降阶相迎。人恒曰：“起何早也。”老年人不鳏亦醒，胡床寒枕，觅睡不得耳。指予所记，无一字无来历，则胡敢承，然虽不敏，请事斯语矣。又举所跋《百兰山馆政书》后，其深藏若虚，不令子姓见之，仅畀诸其先君，乃入觐承恩诸折稿，它不在此例。至于涉及湘乡之语，毋宁涂乙[④]，滋人口实也。则敬而识之。

归肆，颇有谈友，资人慧思，而“满城风雨近重阳”，何来催租人，大沮人诗兴。下楼洗耳，与弈友坐隐，遂消永日，时抽妙著，亦有知者。

【注释】

①梅村：吴伟业。

②无町畦：没有田界，比喻人的言行没有约束。

③实命不犹：早晚奔忙为官家，只因命运不相同。

④涂乙：对文字进行删除改动。

1938年8月16日

晴，歊热，午九十度，今日如昨日。

“初为《霓裳》后《六幺》”，《乐府杂录》云：“康昆仑善琵琶，登街东彩楼，弹一曲《新翻羽调六幺》，自谓街西无敌。”《琵琶录》云：“绿腰即绿要，本自乐工进曲，上令录出要者，乃以为名，后讹为《绿腰》《六幺》也。”按，伶工创调，自便指名，必求其为某字以实之，则凿矣。又今有二六之调，数字即音阶也。

1938年8月17日

晴，午露，八十七度。

读香山杨铁夫《二徐〈说文〉音义勘补》。

儿辈群有东归之志。“问君西游何时还”，“锦城虽云乐，不如早还家”。昨姚万年来言，秋老必不来，或曰“有寇至，盍去诸”，则曰“我尚日能行四十里，勿以我为念”。矍铄哉，是翁也，视伏波据鞍顾盼[①]之年，又十年以长矣。

夜寂坐待寝。

【注释】

①据鞍顾盼：形容年老而壮志不衰。

1938年8月18日

晨雨多雾，午八十五度。家书来，琐琐不已，长为王人[①]，谈何容易。

午未毕业，文雄来招以弈，首让先一局，和得不易，得一正局，后二局忽若有所牵，失步叠见。（存卷末）荪将秋老寄书来观，东望故园漫漫，何处凭君传语，为说平安，身后无可恋之空名，归日有可翻之行稿，河梁赠答，日莫何之。

儿女归志浩然，家书言："边警不绝，举烽色变，家人避乡，尚未返旧宅。"然则何所见而去也。

【注释】

①王人：为人之君。

1938年8月19日

晨雨多雾，午八十五度。

昨夜多思少寐，衡门对宇，雀噪鸡鸣，姑亦为之起舞。入晨破晓，客枕犹危，雨滴风声，卧阖之侧，困十旬之伏暑，惊一卧之沧江，霡霂助凄，霏雯增感。

1938年8月20日

晴，稍热，午八十六度。

终日事棋，不获一禽，而心之所之，亦苟志于仁矣，隐而不书，非纪实也。

1938年8月21日

晨凉，八十一度。

宵雨的历，声凄以厉，不知市井水荒，禆益几许。汕市电灯局毁，燃烛为苦，民之于水火也甚矣。

醒来天黔欲坠，行云悠悠，儿辈归计如何，有心度海，以谋于野，视天梦梦，徘徊未决。荃誃偕言女来，重费商量，语次多及南帖北碑，增人临池之兴，为李寿熙篆额曰"竫观自得之室"，转使婉而通，投笔顾眄，左右之间，大有人在。林有光问章草，思近人惟沈曾植（寐叟）独擅胜场，以章草作榜书，凝重流眄，得未曾有。自史游解散隶体，作《急就章》，传者何人，史传何其寂寥，秉史意偶一为之，此或亦后将无述者类也。思运今日可用之腕，为荃题额。"富于万言，艰于一字。"（彦和句）当食不语，腹稿迟迟乃定，卒以"岭东南阁"四言酬之，其有满志而有踌躇者乎。几有剩墨，坐无杂宾，浓抹淡妆，皆成意境，竟有袖去者，亦风尘中之知己已。

下楼与里人沈陈辈群饮，敢辞鲁酒之薄，姑随楚人之咻[1]，洗盏藏钩，此调不弹久矣。

【注释】

①咻：吵，乱说话。

1938年8月22日

晴，午八十四度，晚有秋风，夜潮及岸。

晨校记略遍。李寿熙来订归舟，约明朝言女、四儿偕行，上月避乱西来，亦共舟而至者。秋风甫起，归市者众矣，天涯作客何时了，正难言也。

午萧汉卿约晤卢浩川不果，自有弈侣，不劳蹋破草鞋。傍晚挈叔子[1]、季子过市而行，将以劳其筋骨。行人途说，不觉潮生，则亦渡江，复为名士。"岭东南阁"点缀蛮陬[2]山川，亦为吐气。《揭阳县志》八卷，秋园校本新出于研，讵非今日之汉官威仪哉。共忆前日姚万年言"卜宅九龙城郊"。僻陋在夷，不可以辱吾子，然而大有诗意在焉，"吾子其有意乎？"于焉买车西迈，驱抵尽头，仄径侧行，不可方步。村民欝檗，耦俱[3]无猜，涧夹流泉，幽咽可听。晚突[4]已冷，犹多鼓腹。儿童相见，未改乡音，何乡人之多也。随处捕武陵之鱼，即此是伊颍之上。有田一廛，有宅一区，瓦屋竹篱，别饶野趣。依稀仞沛中之鸡犬，听孺子之沧浪。攀附末光，多谢野叟，姚宅主妇，壶浆犒迎，携稚子兮盈门，说乃翁之加健。杯盘荔栗，来自田间，场圃轩窗，近傍山下。主人宵征[5]，尚留供酤酒之便了，八姑朝嫁（姚八姑今日远嫁钦州陆家，未及馈送），远酬题诗于博陵。重上君子之堂焉，知二十载，亦为避秦之乱，乃有此行。孰无去乡之情，漫惊俗客之至。茫茫山岳，漠漠水田，来舟犹维，蒲轮与共。吾生不辨盐醯[6]，世复无真知酸咸者，客舍棋声，权当松风吹子落也。

【注释】

①叔子：长子、次子、幼子以外的其他儿子。古人用"伯仲叔季"或"孟仲叔季"表示排行次序。

②蛮陬：泛指南方边远地区人民聚居处。

③耦俱：相处融洽。

④突：烟囱。

⑤宵征：夜行。

⑥醯：醋。

1938年8月23日

晴。

儿女以今日东归（“海坛”号），料检资粎，随寿熙以行。荪簃偕女来久，辱东道之主，又送南浦之行。共坐庄头，相与校字，偏旁部首，借义通声，校之如敌雠，扫之如落叶，亦不自解此中有何乐趣。复就客坐悬腕篆书，以朱丝栏戆纸写《南阁说文后序》，凡二百四十字。自叹婉通之旨，赏会之致，心之所存，不克使臂运指，曲达于纸墨之间。去道之日远，为功之日疏也。儿辈告行，荪复侍书至墨尽，是日并运方笔作大楷，方圆之道尽在矣。

1938年8月24日

是日处暑节，晴，午八十七度，早晚生凉。

晨竫斋过谈，续借日记二册，许以《博雅》①，所不敢承赉，以无信笔讥弹，资为笑谑，则当拜而受之者也。君言此等琐事，无关宏旨，有类述造，尚非友朋相爱之私。予之不闻诤友之言也久矣，攻错之言，岂惟空谷足音而已。并世难逢开口笑，今日为君笑几回。“吉人之辞寡”，静斋有之，不觉亦倾河倒海，痛笑哄堂也。

“唐有李吉甫《元和郡县志》，是为邑志之始。”（《揭阳县志》王崧序言）“举天下郡县而为之志，实滥觞于前明。”（同上，庄允懿序语）“揭阳县治设于宋宣和三年辛丑，至明嘉靖二十四年乙巳，邑令王凤始创编县志，洎乾隆四十四己亥，志凡六修。”（《揭阳县续志·凡例》语）“至光绪年间（十四年戊子）之事辑为续编。”（同上）民国二十六年重印，姚秋园等董其事，令长马有序，平反郑成功事，原书既为清志，安得不云尔乎。此序应出秋老手笔，于其体势知之。“宋徽宗宣和三年始割海之永宁、延德、崇义三乡置揭阳县，明世宗嘉靖四十二年析揭阳之龙溪一都归海阳，又析揭阳之鮀江、鳄埔、蓬洲三都凑置澄海。”（《沿革志》语。原注“此四都俱属延德乡”云）题签式如上，非法也，何不曰《澄海县志》与《揭阳县续志》乎。“丙子”云云，应冠以二十五年字样，此非。但书甲子，例也。《正志覆校表》“抱鼓”应作“枹鼓”，字从木，校之而仍其误。《续志覆校表》“博责”应作“博债”，按《人物志》志卓宗元事云“有负博责者”，字作“责”是也，“债”新附字，指“责”应作“债”，非也。但仿印本字例一照原刻而列表，校勘其误，不妄改古本，此例甚善，君子不以一失掩大德也。

【注释】

①《博雅》：指《广雅》。

1938年8月25日

日出作记，阅志书。晡与二客坐隐，夕校记之，日入未毕。

1938年8月26日

晴，午八十九度，闻乡园多雨袮凉，民多疾疫。

家书来，仲女、季子已到家，书意多欲予不即归。匹夫无罪，怀璧亦非其罪，未知楚国将何以为宝也。

比夕好致思弈理，逢人饶先让子，而后方浚发性灵，一著之失，退又旁搜远绍，以究其原，穷其竟，未知吾术进退何似，然所以自娱者亦太自策矣。束缚之而驰骤之，不既竭马力矣乎，梦魂不安非道也。今日记诵之余，去而学书，心正笔正，殊有人书俱老之妙，据鞍顾眄，旁实无人，殊自笑也。

1938年8月27日

晴。以是日为宣圣先师诞。

午多黔，展佳楮细书《端州游记》一首，颇竭目力。晋人作书最精布白，不必朱乌丝栏，而分行间架，纯合自然，如有一线系于行间，仪态万方，顾眄首尾，十三行其尤著者，后人蘄齐之以入诸九宫格中，“犹以杞柳为杯棬”，此岂文字结体之性也哉，斯相玉筋，假名同文，作圣有知，应不胜凫胫鹤膝之忧悲耳。扶老挈幼，祖孙随行，眷注周旋，自非乌合之比。洎馆阁之是区区者，遂无复梦见之者矣，纵有所会，缄秘已深，偶一为之，无裨好事，不免宋人之洴澼[①]，自媲赵括之谈兵焉尔。

录谱至夜分，枕上又就残局推敲之，遂屡起不成寐，涤生自言：“中岁成一文之后往往失眠，入老境反无此态。”吾文之进邪，将致思所入之不深也。予乃役役以事乎此，而伎实不加进，谓之何哉。

【注释】

①洴澼：漂洗（棉絮）。

1938年8月28日

早雨，午小热，八十六度。

家书来，匕鬯犹惊，而去家者多归矣。搜苗[①]狝狩，无失其时，禴祠烝尝[②]，乃歆其飨。但久兵之下，游食[3]日众，庸调[4]所及，蒸业尤先，遂令义田[5]之储，宾兴[6]之举，皆举而委诸沟壑，狐狸蝇蚋，分无一食之饱，“若敖氏之鬼，不其馁而?”家书言：“族季眈眈，一脔[7]不足，蔡外祖遗田已剖而尽之。”今之从政者日设淫词[8]而助之攻，奈之何民不穷且盗也。

叔子家教午附舟（湖北号）返里上学，又值休沐，楼竫[9]如空院，秋风秋雨，时来惹人，信“困人天气”也。（季刚尝集《牡丹亭》曲句为联曰：“中酒心期，困人天气；如花美眷，似水流年。”）自吮宿墨，篆书盈百，复写昨记，塍昨日小书卷轴，孤芳自赏，亦可丑也，下自成蹊。

【注释】

①搜苗：春猎为搜，夏猎为苗。泛指狩猎。

②禴祠烝尝：亦作“禴祀蒸尝”“礿祀蒸尝”，出自《诗经》。

③游食：不务农而食。

④庸调：唐朝前期实行的赋税制度。

⑤义田：泛称为赡养族人或贫困者而置的田产。

⑥宾兴：民三事教成，乡大夫举其贤者能者，以饮酒之礼宾客之。

⑦脔：指小块肉。

⑧淫词：浮夸不实的言词。

⑨竫：安静。

1938 年 8 月 29 日

霁雨相间，晨八十二度，入夜生凉。

晨起对雨，翻检百回未孰[1]，愧张睢阳多矣，写许冲《上书表》，未及半而纸尽，研池亦告涸。

匪皦匪蔦，适从何来，隐几不成，剖橘无侣。苏抱书来，申楮融沈文执（《邓书》无“蓺、藝”字，亦无“勢”字。《诗》曰：“我執黍稷。”《礼运》“在勢者去”是也），复兴良醰，醰而有味。铁夫老人来取新记，令勿辍笔，将以观运笔作篆之法也云尔。督写至终篇，怀而去之。居然有见爱者，覆甓之供，有任之者矣。静斋一人亦以取日记来，素心之友，不期而会，比年拙记赖以剔瑕纠谬者，惭无献子五人之友，怯诵爱伯《九哀》之赋。攻玉为错，仰止他山，胜流高踪，遽集于此。刚甫句云：“来与杨漕添掌故。”可为三君咏也，所称引者，往不泥古，来不毁今，要以充乎理、合乎情者为归，斯之谓“人心之所同然也”欤。或饭或茶，亦语亦默，各有真赏，不涉言诠（朱诗：“不涉言诠不落空”）。初更分手。

【注释】

①孰：古同“熟”，程度深。

1938年8月30日

晨小雨，午霁。

本港水塘储水，见存只四十四寸，低于旧贯二十三寸，入秋遂无望甘霖，居民又增十万，从明月起，日仅给水十小时（是为禁水第二级）。我生航海半天下，迄未沐此德政也。孳生如蜚，麇集若猬[①]，遂令水火菌埃之威，肆操杀人骨肉之柄。都道罢官归去好，林下何曾见一人，先生又何以自解也。

日来欧洲相错之局交齿不舍，日耳曼族[②]剑拔弩张，天下汹汹，一触即发。邻之不利，亦非君之厚也，旦夕事起，香港一孤岛耳，人不之攻，自成坐困，百万户口仰食何所，忧时者怵然及此，信我躬之不阅哉。

午学篆至日仄，夜事棋，同时对沈军二局俱胜。同时逐两兔，昔人所深讥，流落此中，亦复嚣嚣自得。

【注释】

①猬：猬毛，形容众多。

②日耳曼族：代指德国。

1938年8月31日

早雨间兴，午霁，晡空静如洒。曾广扬病足，经月未来，前日李寿熙预言曾以今明日来，果中，是何术也。

里闬未安，归人络绎，宁饮建业之水，难为长安之居也。今日不得墨沈[①]，投笔四顾，从二客于车尘马足之间，可观之谱，可赏之著，乃时时见焉。夕理董二日来得谱十余，录入外集亦盈五千言。予岂苦县之人，不图为乐之至于斯也。

夜啖龙眼、杨桃，尚可口，然非其至者。

【注释】

①墨沈：墨汁。

1938年9月1日

昨文脱稿，午作篆书。沈大招以弈，荪来校旧记讹笔十余处，为点定近稿一首，规模已具，未敢学刘贡父讥欧九[①]也。续写《许序》二百余字，“只是近黄昏”。阅所携唐郑广文虔草书《大人赋》（霍邱裴氏藏，无锡珂罗板）。

夜坐隐至三更。

【注释】

①刘贡父讥欧九：见王士祯《池北偶谈》。刘贡父，北宋史学家。欧阳修排行

第九，故称欧九。

1938年9月2日

晴，午八十七度，入夜犹热。

凌晨忽有蒙尘之思，不窥园者月所矣。初日东升，疍娘待渡，朝潮有信，尾生谁期。欲诣曾子展鸿，虑人晨炊未熟，闻有宋王台[1]者，招顾之间，途次多及土著故事。香港（北纬二十二度三分至二十七分，东经一百十三度五十二分至十四度三十分）又名香岛、香海，红炉峰、红香峰、裙带路，相传女海盗阿香居之，故名。原宝安县地，对岸九龙九山起伏。（一八六〇年《北京和约》割让至尖沙嘴。一八九八年租借新界至深圳，期九十九年）德祐后十九年，帝昺南渡登临及此，相指即今官富山宋王台，由此南航至海门失玺，宋祚斩焉。陈元孝崖门怀古所云"海水有门分上下，江山无地恨华夷"者也。询诸漂母，只在此山。拾级望墟，已难为水，榕树三五，亦自森森，卷石岧峣[2]，对此墨墨。兴甲于民，不知兵之后，凭吊于世，无失德之朝。"君非亡国之君"，臣亦非亡国之臣。亮节孤忠，所彪炳于天壤间者，特有文山、叠山，表兹正气，斯以何幸，亦南来一片之韩陵洛民，虽顽存左衽[3]百年之周鼎，(《香港指南》云：近年香港绅商为保存古迹计，辟为园林，环以墙垣）我来立马，有客振衣，摩挲没字之碑，追认盐城之迹（陆丞相[4]盐城人），神在天下，如水之在地中。予独何心相感，旷及百世，有心碑下三日之卧，无计山中信宿之粮，浴日餐风，只今握羁臣之节，登高能赋，何处事大夫之贤。瘦石题诗，因风而舞，寒泉无语，落叶知秋。

午叩曾[5]庐，户外屦二，犹贤室主方与一少年（黎子俭）争一角之棋。洞里橘中，别有天地，款予隅坐，重与推敲。一阕既终，请君拨管，重有远行，未将命也。主人言目疾未疗，度门盈月，颇复有所述造不，则出近著《让子新局》一卷。

【注释】

①宋王台：1278年，宋朝皇帝赵昰和赵昺被元朝军队相逼南逃避难，途经香港时曾到山上一块巨岩上休息。最后赵昰病死在香港，而赵昺则在崖山海战兵败后自杀。后来附近的民众在那块巨岩上刻上"宋王台"三字。

②岧峣：山高峻貌。

③左衽：古代部分少数民族或汉族死者所着的服装，前襟向左掩，不同于中原一带的右衽。

④陆丞相：陆秀夫。

⑤曾：曾展鸿。

1938年9月3日

晴热，终日挥汗，午九十度，邻有风灾，君子不讥许之不吊也。

负暄作书，非悬腕不胜纸湿。午家书来，又完征调百六金，澄俗本有“瞒官不富，输官[1]不贫”之谚，然亦难乎其为良民矣。附马隽卿来书，前书之来，三月未答，江湖浪迹，良负故人。书又告其长妇周（五月）之丧，老境萧条，又失荐羞[2]之息，虽非新免于丧，不可不唁也。中夜成，晨附书寄之（并告家中赙金）：

通德里中有素风，只此织影春声，犹是威姑旧家法；涤烦亭外看斜日，说到荇枯蘋冷，空余冢妇税褕衣。（可园有涤烦亭，隽老有“涤烦亭外夕阳时”之句）

午铁老来借《万年山中日记》六册，并为正最近日记误字十余则，近成其乡（香山）申明亭乡校联，云：

“申明孝弟忠信礼义廉耻；古训亭毒枌榆桑梓菁莪。”

《棫朴》[3]人材，属为篆书。按，语出《老子》“亭之毒之，盖之覆之”。刘峻《辨命论》云：“生之无亭毒之心，死之岂有虔刘之志。”毕沅说：“‘亭毒’‘成熟’声义相近。”

夜弈连捷，且皆佳谱，更深，不得新册子，无从录稿。

【注释】

①输官：向官府缴纳。

②荐羞：进献美味的食品。

③《棫朴》：《诗经·大雅》中的一篇。该篇诗序称是咏“文王能官人也”，故多以喻贤材众多。

1938年9月4日

炎热如盛夏，午九十度有奇，报言广州连日九十二度余，二更未解，三更有电，喧雨不成。

夜因一二杀字[1]未安，缓酌低斟，力求其是，枕上犹展转不寐，街坊百声一一入耳，它日地狱若无异乎，今夕人间真令人视为畏途。晨以告人，则靡夕不如此，我昨夜乃大醒也。循例书记，暑炎炙人，掩卷学谱，无计消夏。方绍钦过谈，指摘殊多，尤可存者。

暑方祁盛，荪侄远来助书，兼致饮啖之需，视客中所寡有者，池边杯间，意兴萧瑟久矣。偶然欲书亦五合，“会须一饮三百杯”。今日垂杨，昔时飞箭，双翼正坠，鹦母前头（《诸葛恪传》注：恪呼武如母，至今吴人犹多此音）。

【注释】

①杀字：书法中草书的收笔。

1938年9月5日

晴热如昨日，秋阳暴之不可尚已。

晨完额课，畏汗不敢作书，录《曾子传谱》一卷（目已见前日记），竟其中嬔恶，吾自得之，强人而聒之，皆如文侯之听古乐也。恶逸好劳，此岂人之情也哉。

午自校前记误书，铁老所手校者十余事。下楼就远源庄头纳电风，看人环而攻之，别呵镊人理发，有客请弈，则随手应之，不求存稿，意良自得。晡忆有酒盈尊，寻俦不得，为之罢饮。夜与黄琼楼、吴承铿各对三局俱佳，录谱至夜分方算完此一日也。“长日惟消一局棋”，闻道长安何如哉。忆明人（沈鲸《双珠记》）传奇（限四折，每折限一宫调曰杂剧，不限曰传奇）寄《蝶恋花》云：

“钟送黄昏鸡报晓。昏晓相催，世事何时了。万古千愁人自老。春来依旧生芳草。　　忙处人多闲处少。闲处光阴，几个人知道。独上小楼云杳杳。天涯一点青山小。”

未尝不一唱三叹。“蝉曳残声过别枝”，子曰：“弗如也，吾与汝弗如也。”

1938年9月6日

热不杀，入夜犹郁。

早方勘校《说文》，念铁老写件有便面有楹帖，研墨习篆，静中见“心使臂，臂使指”之妙，陈淑言求书，心许之矣，以行草应之。起视积楮，犹盈屋也，申纸需人，非但耻为人役而已。投笔午睡，时有好风，斯亦栗里[1]杝边，北窗下之高卧也。

醒来有客对弈，耻为曹沫，作殊死战，下子时如肉搏，观者咋舌，名谱本难得也。

晡就沈氏庄头饮，主人勺冰沁麦酒，饮过三爵，穆如春风，冷比寒泉，离乱经年，此乐得未尝有。沈五（朝立）自言尝见予文，则见于十余年前章士钊（行严）所主笔之《甲寅杂志》。时北京报上有谐联诋章，殊太过，下署季刚名。此联今已不记忆，即忆及之亦不可记，驱至亵俗语，杂至雅古诂，要非读数卷书者不办。季刚言满天下，不无口过，然临文出于笔端，乃极慎重，其人名侃，“侃侃如也”，尤绝无以讦[2]为直之行。吾意此联必大言之辈（依文吴大言也）为之也。予已别季刚武昌，不获面质，但以此指辨非黄出，移书章氏，存朋交之直道而已，不虞章之遽揭吾文也。问此年书稿，已荡焉无存，乙丑飞鲸沉舟，仅以身免。今夜闻君述旧之语，无限低徊宿草之伤。人言行严浪落申江，至为渠魁（杜某）掌记室，并世学柳州文，稍有桀黠者，所知只此一个。尝管学部，雅有揽辔澄清[3]之志，处放恣横议之世，柄政亦浅，蹭蹬去官，去而卖律，转而鬻文，为宫室妻妾之奉为之乎。一饭之艰，何遽至是。以叹珥笔庸书，倡优同蓄，执鞭[④]之士，乃亦为之，诚不知何以为读书稽古者劝也。

夜方侑食，闻高楼有客，记程晓诗云："今世褦襶子，触热到人家。"乃引就沈氏群从，若将浼焉，以有衔杯酒，接殷勤之欢，满坐清言，消人腹热不少。（有问瑜亮之父何名者。曰："周既，诸葛何也。"何见得？曰："既生瑜，何生亮。"众大笑）

夜沈成志走伻[⑤]馈饼食，来自故里，乡味油然。为沈观洪书便面，五十日来弈侣也。

【注释】

①栗里：相传为陶渊明的出生地。

②讦：揭发别人的隐私或攻击别人的短处。

③揽辔澄清：刷新政治，澄清天下的抱负。

④执鞭：持鞭驾车，多借以表示卑贱的差役。

⑤伻：使者。

1938年9月7日

晴热无改，午九十度。

坐庄头谈宴为乐。我有斗酒，市夬冰之，凿之冲冲，乐也融融。麦酒一卮，罟鱼盈尺，自有陈留之韮，岂必吴中之菰。盱目斯民，弥惭居处，举头山岳，各自茫然。酒酣耳热，苍凉四壁之秦声，月朗乌啼，抽乙孤臣之楚些[①]。何处闻天宝之遗事，即此是燕山之夜谈。老泪犹零，话到昆明之劫，青山无恙，安寻杨仆之艭。居然浮李沉瓜，剖柚剥果，九州贡物，南国之香，一叶报秋，江枫初热，以永今夕，悲我佳人，未知明年，复在何处。

【注释】

①楚些：《楚辞·招魂》是沿用楚国民间流行的招魂词的形式而写成，句尾皆有"些"字。后因以"楚些"指招魂歌，亦泛指楚地的乐调或《楚辞》。

1938年9月8日

是日白露节，未晓闻雨，午热稍减，晡急雨立晴，夜楼角见月。

新局订罢，辄自沉吟，几上新词，如助风雨之夕，秋风晓行，分写二首，并寄《满江红·晓行》云：

野径塞林，犹留得，东陵片席。有长啸，可泣鬼神，可张邱壑。今日莫提灰劫事，此间只许谈风月。向丰碑，拂拭认啼痕，评今昔。　　竭来事，成陈迹。前烦恼，埋荆棘。付中年哀乐，啼鹃收拾。坐数秋风吹落叶，笑他精卫空衔石。对林峦，挹翠浣衣襟，尘怀涤。

二十四桥仍在否，行吟泽畔，晓月无声。故国三千，秦关百二，江枫渔火，树杪秋蝉，天意亦可知矣。

澄俗例以闰月再行节祭，如闰端午、中秋之类，但不记有闰中元否。孟宗献《闰九日》诗："俚谚难逢两寒食，闰余今值小重阳。"可数之典也。

1938年9月9日

晴，午八十五度，中夜听涛声，阅《常州骈体文》，治谱至丙夜。

驱车黄河之边，真销磨半生，倍于光武在军中之岁。作客无家，出亡非张俭之罪，倦游欲返，犊裈[①]亦相如所安。错认并州是故乡，眷恋宣城之城郭，前游如梦，旧记成灰（乙丑飞鲸沉舟，日记殉焉），而辙迹所经，常系心目。阳湖蒋学沂（《菰米山房文》）《西行记游诗叙》，以南人写北地风景，有如腹中所欲出者，如云"计程咸阳，涉历邠土，民俗淳朴，疑仍古皇。田原背分，倏忽高下，积土若衖，累逾城垣。居人复陶，旅处其上，巉涯俯临，间值平旷。或又旁裂，跨越丈寻，车行其颠，欹侧甫过。屹视仄径，语声时闻，群峰共天，景态诡幻"，是亦一幅"天梯石栈图"也。

【注释】

①裈：古代称裤子。

1938年9月10日

晴，小雨，湿阶不足，午尚热，八十七度。

尽日作篆书，不完五百文，稍不自检，涉笔便讹，学之不修，亦已矣哉。偶见蒙诵选本（《过商侯古文评注》）柳州《贺王参元失火书》，以足下读古人书，为文章，善小学。注云："小学谓杂技也。"较之当年鲁学所见，以《朱子小学》入《说文》书类，尤令人失笑。许[①]叙云："小学不修，莫达其说久矣。""粤在永元，困顿之年。"已前变乱常行，已有如此，终今也何诛。

沈大来告行，无与坐隐者，夜独坐至三更。

【注释】

①许：许慎。

1938年9月11日

晴霁。

凉风生天末，衙道欲何之。振衣微行，皇皇岐路，精庐不远，泌之洋洋。孤松丸丸[①]，飘风激响，流光鼎鼎（陆游诗“新春鼎鼎来”），秋水始波。空谷跫声，寺钟乱之，素衣屐影，横江东来。未敲月下之门，咸讯秦时之客。左思弱女，闻剥啄而呼名；李善苍头，具帐馆[②]而备食。苍然太守（丁静斋明府），顷者何以自娱，鲁国诸生（陈宏褕进士谪澄海典史时诗“诗书犹见鲁诸生”），亲旧知其如此。颇示己志，有十年未竟之书；重拜嘉言，瑾一字苟下之笔。脱然有怀，归而求之。

镇日惟事高卧，未采艳濒堆头，风色何若瞿塘，江际汐涨几时。苔绿门前，一一送行之迹；炬灰劫后，息息抽茧之痕。有招以车，阅市夷场，膻肉腥风，只令人恶（如字），迟曾侄归（广扬），拟并三易其局，百年世事，作如是观。宵凉例得美睡，衖里恶声，夜深弥剧。或谓居此市三日必聋，或曰市民奈何，殊不知凡今之人寻声而至，三日不闻，反疑听根已断，身将入灭其忧，或更甚于聋也。

【注释】

①丸丸：高大挺直貌。

②帐馆：干的糖类制品。

1938年9月12日

朝凉，八十三度，午黔，东风紧，晚有海雨，始掩户而寝。

晚有自省会来，则纪纲之仆（李）为扈送行严来也。书囊汗牛，尚充姚氏之栋，所襁负者敝帷败絮，然秋风游子，正在弹铗无衣时也。此仆患难相从，不渝终始，主人壮游券[①]矣，饮食之而厚遗之。

晡与沈氏群从游，让马坛下已无抗手，退让马先（一马一先，尚有一马二先、一马三先，而后让双马）与沈军会战，沈五握麾，以炮八平四开局，予曰：“君等败可翘足[②]矣。”而应战愈力，六十合（第三八四局），卒定帝业，颇为踌躇满志也。夜与曾侄共坐五局，亦试以马先而和，奇正间出，各争寸分之利，至于不得不和而后和，其于弈理也，可谓忠焉已矣（第三九一局），然爱之能勿忠乎。

方宵食，好风入室，旧雨不来，邻笛市箫，响亦凄酢，金奠犹满，焦琴无弦，何处访成连之余音，即此是大乘之三昧。

【注释】

①券：古同“倦”。

②翘足：形容时间短暂。

1938年9月13日

重黔间雨，秋意渐深（晨八十一度），纨扇已捐，东风有力。

马豁叟（六飞）自和平下书，盖及见近所复隽兄函，故有云“函中历述险阻，遭逢如潮头之愈卷愈高，逐句逐字为之骇汗几所[①]”云云。实未留稿也。又云：

“可园花事正盛，时及远人，座无车公[②]，今我不乐，今冬可园主人七十初度，期以十日之饮。”不止一字之贻，吾友之意良厚。“悠悠黄河，吾其济乎。”为书复之。（夕与曾奋共坐至夜分）

豁叟足下：比逃海外，益思坡老[③]，渐喜不为人所识之言。然坡老逃朝入市，酿酒买花，虽曰“词赋从今须少作”，独于海棠虽好，未尝题诗，不乏明远馈粮，惠之以字。天涯何处无芳草？时随柳絮因风舞。律以招摇过市，公又奚辞？我来自东，慆慆不归。敢标坐隐之名，聊为忘世之助。世亦莫能举此人矣。辱一纸远贻，语长心重。隔年有约，为黍与鸡。何令人神往一至于此。自从兴戎，至于今日，束书敦煌之室，寄命东陵之上。绵蕞礼绝（《叔孙通传》），刍牧时荒。拳拳私记，晦冥共之。往往一字未成，投笔寝门，终食之间，吐哺倒屣。顾年来险阻艰难，情伪危状，大约在是矣。乱中成篇，劣完六卷。幸有联袂之日，携为载贽之修。南山之北，北山之南，复见此四皓者，蹶吟豁拳，盲棋隽赏。（《六研斋笔记》：“俗饮，以手指屈伸相博，谓之‘豁拳’。盖以目遥觇人为已伸缩之数，隐机关捷。颇厌其嚣。”唐皇甫松“手势酒令”，大指名“蹲鸱”，中指“玉柱”，食指“钩棘”，无名指“潜虬”，小指“奇兵”，掌名“虎膺”，指节名“私根通”，五指名“五峰”，则当时已有此戏。今曰“拇战”）岂惟山水有灵，亦许知已？抑亦鸡犬不惊，不知有汉之雅集哉。虽不能至，先报此书。其不尽者，悉之以梦。东风日紧，加卫不宣。

【注释】

①几所：犹几许，多少，若干。

②车公：本指东晋时善于聚集宾客玩赏的车胤，后泛指善于集会游赏之人。

③坡老：苏东坡。

1938年9月14日

重黔未改，天地晦冥。

市情枭价，一刻数变，走相告语，咸曰：“欧战在旦夕也。”德法积不相能[①]，英俄尤未释撼，于德犬牙相错，患不寡，尤患不均，日者德屡向小国捷克构衅，其相希特勒一言一怒，天下骚然，捷德之衅随时可开。英法苏（俄）亦容易卷入彀中[②]，盖捷克之民，氏族不同，政祭权异，平日互相轧轹，其地又适当北至波罗的海，南至巴尔干之要冲，东控苏联，此德、奥、法、苏所必争也。然晋楚亦何厌之有，况幸灾乐祸者又大有人在。比年达官腹估，托庇匪人，竭泽辇金，营巢此港，咸惴惴焉。恐旦莫事起，钜万之富，仅存数字，信所谓以其所有，易其所无者矣。以粟易之，瓶之罄矣。天灾流行，何国蔑有。蚕丛究非终南之径，武陵岂有桃源之乡，奢吝知愚，毋更相笑，斯又生聚之因，功利之果，同拜造物之赐，无所逃于天壤之间者也。

《立报》载“燕京文教会”名单，有汤尔和、王、曹、傅增湘、缪斌、宋介、徐佛苏、余晋龢、周作人、夏莲居、文访苏、王谟、庞敦敏、文元模、鲍鉴清、张恺、王养怡、李泰棻、陶尚铭、阮尚介、许修直、梁亚平、张心沛、朱华、方宝鳌、柯政和、周龙光、黄复生、何庭流、林文龙、瞿宣颖、王石之、刘宏钰、冯祖荀、焦莹、罗昌、刘家埙、苏民生、方擎、侯希民等。何谯周之多也。

晡与沈家军会弈聚饮，嚼夊咬菜，消磨半日，无桔槔之巧者，无所用心焉。

【注释】

①积不相能：表示双方长期以来互不亲善，不和睦。

②彀中：比喻圈套、陷阱。

1938 年 9 月 15 日

晴霭。

呼待诏理发，“洞洞[①]乎，属属[②]乎，如弗胜，如将失之”，而衣履烂然，类今之从政者，取直昂而奏刀日拙，为人役而耻役于人，洒扫汲拂，袖手无睹。始弥叹文身断发，非复翦勿伐之遗。晞发[③]阳阿，想见饮酣脱帽之概。引颈既毕，阅舒白香《游山日记》，竟亦供人消闲而已，尚未足为《霞客游记》舆台也。

晨静斋来久谈，更日记数卷，纠误者数事，于《哀学篇》之作，见面必称诸口，恨不十年读书，负佳题也甚矣。语次资人多闻，未及诠次[④]识之也。

晡大会弈。丙夜自订谱，可数鸡声。

【注释】

①洞洞：恭敬虔诚貌。

②属属：专心谨慎貌。

③晞发：晒发使干。常指高洁脱俗的行为。

④诠次：次第，层次。

1938 年 9 月 16 日

晴，午八十度，始去葛衣。

何衍璿梧州书来，传予已泛舟歇浦，故久不被书也。“三十功名，两间尘土，五湖烟水，一舸苍茫。”昔年以寿蔡竹铭者，今予尚不称此语也。

夜杨铁老来还日记六册，点定之后，庶少误书，欲寡过而未能，闻善言而下拜，敢谢不敏，自外前贤哉。适有客共坐，铁老亦乐观之，久方别去。秋风起兮，草木黄落。关山我负汝，“世事两茫茫”。“微雨从东来”，“浩然有归志”矣。

1938 年 9 月 17 日

晨雨沉埋，如居幽谷，记诵未毕，沈五（朝立）迹之，比无日不下楼与之弈，一日未见，遂恨晚也，寄宿百日矣，群料其不久郁郁于此。

索书麇至，怀及远人（客示以安南[1]来简）。作书何难，磨池之难耳，研墨盈盆，东坡之侈也。予则涓滴皆胼胝之力，常以墨尽，裁简未完，则亦索然意与俱尽耳。然视书蕉[2]画被，又感盈指之墨，奢比连城，终以妩媚缭绕，博人之观，为非丈夫之事，则时时伸纸而废然焉。流言满城，从约几破，一朝按剑，六国叩关，蕞尔岛夷，一卷及溺，蚊睫[3]之上，又有巢者，衮衮吾辈，碌碌公等皆是也。聚散之不可常如此，当为里友一倾，悭墨三宿，以出画也。

燕方族侄来告归省母。“曰归曰归，胡不归?”亦曰“微君之故，胡为乎中露”哉。

【注释】

①安南：越南的古名。

②书蕉：“怀素书蕉”，见陆羽《怀素传》。

③蚊睫：蚊虫的眼睫毛，比喻极小的处所。

1938 年 9 月 18 日

晴。

七年前在胶州闻变之一日也。三年之病，七年之艾，又将如何，蹙国[1]何止百里，求艾亦已七年。岂有百万义师，一朝卷甲。沈田家镇，千寻之铁锁，曾九鼎之可移，出石头城，一片之降幡，何五百之扰攘。天命未改，周德虽衰，盈市义卖之声（比日小贩卖菜输公），半竿国旗之痛（今日各户下半旗），普天臣民有如此日。

刚甫句云：“聊试将心与汝安。”昔人有以“拂几研墨”为定心法者，迩来闲日，以学篆自课，学书无过熟，予于此事熟云乎哉。

午荃誃来侍书，抽架录雠，照人古道，谭次多感，乱降自天，竟终为东西南北之人，殊为松菊琴书之愧。谱龟山一操，吾道南行，退杜陵之居，故园东望。（岑参退居杜陵山中，属中原多故，客死于蜀）北雁南飞，客子思深矣，东驴西磨，（《水经注》传云：“子胥造驴磨二城以攻麦邑。”）园居亦复非易。子意良厚，我劳如何。分无子敬青毡之遗，何以为实，然有温公金人之惧，涉及其帑。无名道高，有身我累，灭名从众，人生实难。

【注释】

①蹙国：丧失国土。

1938年9月19日

晴丽，入夜犹热，八十六度。

构思造语，比来一乐，意无所属，语将焉附，意既定矣，觅句不难也。造意于野则获，于邑则否，若缀语成文，则不择地，往往广坐喧豗[①]之下，振笔倾写，渐与相忘，人或怪之，实如留声机片，随机而出。苟立意未定，随机可得，亦即随机可乱，使此心如在腔子里，亦示人不广之词。昨记未尽，败于催租，节近重阳，城多风雨，天时人事，坎廪[②]何言。中夜有共坐者，飞蛾扑灯，又行夏令，飘风发发，可预卜也。

里人言乡园农事有好象，拜天之赐多矣。今日写毕《说文·前叙》凡一千三百言。

【注释】

①喧豗：喧闹之声。

②坎廪：困顿，不得志。

1938年9月20日

霏雨亘日，不盈一勺，积潦报荒，冬涸可虑，入夜犹热，八十六度。

晨炊既熟，鼓腹吸茄。坐沈氏远源庄头，有墨如池，有楮如陵，欣然执笔，报三月凉风之扇也。磬折过半日，凡成二十余件，在少壮时力能倍之，入十年来颇以信笔为戒律。信笔，犹言口也，犹信手也。信口出言，驷不及舌[①]，信手举棋，不胜其耦[②]。骋意俄顷，旋必悔之。悔而贰[③]焉，是谓无勇。悔而文焉，是谓自欺。至于不知自悔，习非成是，斯谓下矣。抗志鲁公，希从斯相，敢负冥悟，自同时贤所为，申纸迟回[④]，握拳审顾，相度面势，目视全牛，洎乎兴逸翩翩，神飞发发，如坡老有酒，气从五指间出，非可日月至焉。造意造境，半属于人，斯亦髡心最欢，臣心如水[⑤]时也。解人难索，意又不属，何如缒幽凿洞[⑥]，煮鹤埋香，聊且快意。夜倦早睡。

【注释】

①驷不及舌：意喻说话应慎重，否则难以收回。

②不胜其耦：比喻做事情的时候有很多顾忌，犹豫不决。

③贰：变节，背叛。

④迟回：迟疑，犹豫。

⑤臣心如水：心地洁净如水。

⑥缒幽凿洞：同“凿险缒幽”，比喻追求峻险幽奇的艺术境界。

1938 年 9 月 21 日

黔雨。

时虚堂习静，何衍璿梧州书来：“无恙。”警及西陲，彼州亦不可久，有来港视予之意。作家书并柬室人。

港吏昼举烽，夜燔燧，遂戒市民而申儆之，亦惧祸至之无日也夫。传捷克小国已屈服，可缓须臾之变。王谢堂前之燕，何处栖鹊之巢。大地团团，中含喷火，一灶迸裂，万姓埃尘，蜂目豺声，我与若犹彼也。

夜对雨，沁麦酒饮之，清凉透骨。

报上见经亨颐殁于上海。亨颐字子渊，本姓金，入清，其祖某因惧祸，易今姓。家于上虞，为著族。长于予八岁，自癸卯至庚戌同学七年，其后四年且同赁宅而居，署曰“平阳”。性倔强，落落难合，独与予善，因以友陈师曾，三人者碑帖金石图章诗酒之好，各有能有不能，然相与莫逆也。子渊特善刻印，有其乡赵撝叔之风，下刀直来直受，浩莽之气时或过之。师曾归国后，亨刀笔大名，吾曹同居时，师曾始从子渊学操刀也。

别来忽忽三十年，于津于鄂于宁方得四面，无一面不大醉而后已，若非是无以报。故人者善书，学《爨宝子碑》，晚善画竹，似不屑学板桥。间年馈岁[①]，得十许事，比以通显，无贵贱交称之，予亦不任山野之称，然车笠之寒，责当在我，故亦不克详其老来服官[②]致力之状，但存交谊已耳。

【注释】

①馈岁：北宋时，年底人们互赠礼物，称为“馈岁”。

②服官：为官，做官。

1938 年 9 月 22 日

晴，晚有好风。

晨丁静老过谈，换日记六册，傍午别去。燕方侄报书云午抵家，其母朝瘁矣。为联唁之：

亦忍死以待游子之归，琀敛仅亲，半世爱劳征夏楚；毕此生遂余终身之慕，杯棬宛在，一庭风木尽秋声。

荃侄电话告：“患齿痛。”晡往视之，前瘥后剧，过于休文[①]，知味易牙，谁为凿齿，殊为旅中添苦吟也，小坐即返。

【注释】

①休文：沈约，字休文。

1938 年 9 月 23 日

晴。寄家书，午馈药荃侄，假里人医庐清谈顷刻，归就食。

习静既久，舟车亦劳，覃思不任，坐弈亦无好著。有光市得《联语》小册，横阖咏歌，油然一乐，所纪名胜古迹诸作，大半平生车尘辙迹之所经。过眼云山，卧游烟水，旧题何处，逝者如斯。

1938 年 9 月 24 日

是日秋分节，晨凉，八十一度，夜始掩户。家书来。

世事日非，群酋按剑，以今代利器，遇名城声物，数百年缔造之而不足，顷刻间败坏之而有余。终身之忧，起于一朝之忿，亦曰“一日纵敌，百世之患”。一人一国，事虽殊势则同也。《天演日报》评今日之欧局，曰：“捷克看似软弱，实狠坚韧。德国虽以强硬，实则心虚。英国欲和固有所不能。苏俄欲战亦有所不可。法国则牵于情而迫于势，战固非所愿，和亦非得已。但是德捷已剑拔弩张，法苏亦整装待发，张（伯伦）、希（特勒）谈判显趋破裂，英国阁潮又在酝酿之中，今日情势如此，和战确难判断，按此局终有不能不暴裂之时。目前虽迫，犹共狃①于蒲骚之役，弯弓盘马，未必即发也。”然“徐方绎骚”，“驰走以相恐动”（毛笺语），置邮传命，衽席戈矛，物贾泉流，变起造次，不待折钱（《汉书・食货志》），而折阅安暇，朝四而莫三，士不知兵，天未厌乱，横流沧海，倒持泰阿②，乐浪掀波（《汉书・地理志》“乐浪海中有倭人”），至今为梗。数著残棋江月晓，一声长啸海天秋。旅食海陬，清怀缭乱，未审何似。

【注释】

①狃：拘泥。

②倒持泰阿：比喻把大权交给别人，自己反受其害。

1938 年 9 月 25 日

正秋高气爽时也，芳草无独寻之地，寒林挂斜日之晖。一望登楼，秋心如许，四围欲暝，之子何之。哀长楚之无家，闵苕华之不运。荷塘半涸，尚余莲子之心；桐荫犹阴，弥标秋来之节。萍飘梗断，流水何言，月落乌啼，疏钟亦歇。盈盈兮秋水，耿耿兮天河，苍苍兮蒹葭，迢迢兮河梁。络纬鸣霜（潮语曰草蜢），蠨蛸萦户。璇闺之梦几熟，金玦之心犹寒。劳者自歌，不存弦外之旨；腹中何物，织成回字之文。道路几千，夜色无极，参昴明灭，援翰斯陶。

1938年9月26日

晨八十度，晴。

周尧廷（潮阳）营宅，丐为题额画壁，旅中事此，尤费拮据。比又有来索代书者，且限署名，何止教匠人雕断玉矣，谕器儿婉谢之。

复书衍璿梧州，一任东西南北各分离，同乘分筹，赌墅赌郡（《宋书·羊玄保传》）之乐，渺若山河，念之黯然。

是日与里人纵弈，自日中至丁夜，凡九局，得佳局二三，分别入录。夜深复倾谈当年事。

1938年9月27日

晴。林有光诘朝返里，夜共谈至三更之后。

有客则饮，无客则睡，未详何人，比来觞政[①]久荒，况在重征之下。睡乡何处，有若久瞑之鱼，醉不成欢，醒又安往？翻棋劫之稿，得失寸心迹，水边之游，斯磨在耳。棋格之长几许，自从久间；钓徒之约浸疏，讵因多病。（宋晁补之有象棋格，陆游诗："久闻棋格长，多病钓徒疏。"）有惊覆局于王粲，君不见陆琼八岁之神；（见《陈书》）乃笑买山之支公，（支遁，晋高僧。支道林就深公买印山，深公答曰："未闻巢由买山而隐。"）又何解飞卿无钱之句。（温八叉[②]诗："谁言有策堪酬世，自是无钱可买山。"）明月来照，深林人不知。

铁夫午来，口述一乐浪人《西湖诗》："昔人曾见此湖图，不信人间有此湖。今日始从湖上过，画工毕竟欠工夫。"亦学打油嘴之宛妙者。

【注释】

①觞政：借指宴会。

②温八叉：温庭筠。

1938年9月28日

晴，稍热，午八十五度。

铁老昨言予骈体文溢气坌涌[①]，尚须痛下整齐工夫，如虚实互对，只可偶一为之，究非正例。君子爱人以言，此老有之。又云："子所作楹联，予多转录之，亦不尽录也。"估客船上，有咏诗声，宣武帷中，无《北征赋》。溯流风而独写，此事谁复以推袁[②]，识故楮之精思，天下宁复知有李[③]。诸子自为未及古人，而门人已莫逮者，时荒年难，转折无所，眷念朋游，执经互为，师友之徒，音尘渺然，竟同隔世，为可悲也。

午与客共坐，得数佳局（四七六至四八〇）。隐然橘中之秘，不负梅岭之先，又踌躇满志者久之。

晡传欧战即发。

【注释】

①溢气坌涌：才气横溢，喷涌而出。

②袁：袁宏。

③李：李华。

1938 年 9 月 29 日

晴，入晚犹倮[1]以消汗，夜半风雨大作。诸儿禀来。

检字书目录，补阙拾遗，亦是一适。

荃誃来报访，并为手抄《晋书》载记，俾资印证。旅中无书，累人穿研矣。即因其字或不正者举而劾之，亦肄修之道也。清鬻一瓯，苦荈盈勺，思泉饮水，过门快意，又相与上下评论，含英咀华，默契遐心。时觉古人并非不可几及，但视此后程功究何若耳。

“天方荐瘥，丧乱弘多。”高卧远游，昔闻其语。然志之所矢，人同此心，远绍冥搜，非同筑室。成连一日刺船而去，但余海潮洞汩崩折之声。山林窅冥[2]，群鸟悲号，亦将土室抱璞，藏器于身，不复有所论列矣。伤哉，精神寥寞之竟，尚愧未能也。

欧局如河鱼腹疾[3]，一弛一张。昨夕盛传德迫小捷[4]屈服于下午二时（即东方夕九时），否则动兵。拥金拖紫[5]者徒，一喜一惧。《晨报》以“事出有因，查无实据”了之。古语云“如越人视秦人之肥瘠，漠焉不关于心”，今则何以君处西球，我处东球，而风马牛之相及，若此补天缩地，岂造物之本心也哉。

比日概以单马应战，晡失利于人二局，退而省其未善者，约曾任依法下二局，果如所虑，复获二佳局（四八六及四八七局）。夜深启尊自劳，芳馥沁胸，馆人陪谈，天涯暂乐，算此生已是孤另惯我，与我自相识。

【注释】

①倮：同“裸”。

②窅冥：幽暗貌。

③河鱼腹疾：鱼烂先自腹内始，故有腹疾者，以河鱼为喻。

④德迫小捷：德指德国，捷指捷克。

⑤拥金拖紫：同“腰金拖紫”。金，金印。紫，紫绶。比喻身居高官。

1938年9月30日

凌晨大雨滂沱，日上舂晴，港司报得水一寸有半。晚仍闷热，秋扇难捐。

捷克以非战败国屈服，割苏台德区以喂饿虎，四强（德、英、法、意）宰断于坛坫[①]之间，冀旦夕之苟安已耳。毒在骨中，但医创口，欺人曰愈矣，真皮附耳，腰缠十万难上扬州者[②]。偶逢釜底抽薪，共作众狙之喜[③]。而田家镇之不守，又见告矣，鄂、赣、皖三省之要冲，太平军数年之扼吭[④]，将以天堑不能飞渡，投鞭不足断流。蕲春而西，沃原千里，龟蛇以下，培塿无闻。长江之利，敌我共之，宗祐[⑤]典司[⑥]，势再西狩[⑦]。举族之衅，普天之心，共指义旗，同在血气。岂骆丞[⑧]之不作，将彦章[⑨]之无文，天而既厌周国矣乎。

陈焕章、陈莞父来访。蔡镜潭自故里来见于逆旅，乡事亹亹，更仆者数矣，同出小步市街，二更归，自校谱。

【注释】

①坛坫：谈判场所。

②腰缠十万难上扬州者："腰缠十万贯，骑鹤上扬州"，最早出自《殷芸小说·吴蜀人》，用来讽刺人的贪婪和不切实际的幻想。

③众狙之喜：同"众狙皆悦"。众狙，群猿。

④扼吭：控制要害部位。

⑤宗祐：引申指朝廷，国家。

⑥典司：主管，主持。

⑦西狩：八国联军入北京城，慈禧与光绪西逃，又称"两宫西狩"。只是逃跑，美其名曰"西狩"。

⑧骆丞：骆宾王。

⑨彦章：王彦章。

1938年10月1日

晴，热，午八十八度。家书来，仲儿自申禀来，复示之，并柬思敬、奋可。

阅《说文》，番禺黎承椿所编通检，漏敚孔多，随处补拾，未能尽也。

午与高实农久谈燕都天桥琐事。天桥者，先农坛之北，都人引车卖浆之徒彝[①]集，蝇附鼓腹，消闲之所也。（"膻"为"彝"之或体字）鼓者、舞者、歌者、蹈者、卜者、药者、食者、饮者、风者、浴者、卖书者、玩古者、弋者、钓者、刑人者、刑于人者，四方辐凑，百川汇流。凡人之事，凡如干几无不备者，物从主人之例，以京语释之曰打鼓书、曰莲花落、曰皮黄、曰相声、曰双黄、曰走绳子、曰打雷台、曰卖膏药、曰铁板神算、曰清真馆、曰油炸店、曰茶馆、曰茶室（妓院）、曰澡堂、曰冷摊、曰看红差（刑场），以之徜徉，一世探讨不尽。腰缠十文，俯仰无惭，信齐民之乐园，士大夫观风问俗者，亦往往涉足焉。历城[2]之大明湖边，石头[3]之夫子庙下，武昌之阅马厂，汉阳之龟源寺，杭之灵隐寺，汴之相国寺，潮[4]之开元寺，申江[5]、珠江[6]等处之城隍庙并有。善移我情，劣能曲如人意。或则齐大非偶，然亦具体而微。雉兔刍荛，咸之文王之囿，嚣尘爽垲[7]，佥适小人之居。数频年车尘马足所经，身半天下，吊洛中荆棘铜驼[8]之泪，黯然余生。漆身莫报范中行，白头犹说宫中事。“知我者谓我心忧，不知我者谓我何求。”“悠悠苍天，谓之何哉。”

【注释】

①彝：“膻”的异体字，见下文括号内注。

②历城：济南。

③石头：南京。

④潮：潮州。

⑤申江：上海。

⑥珠江：广州。

⑦爽垲：高爽干燥，又指高燥之地。

⑧铜驼：铜铸的骆驼，多置于宫门寝殿之前。借指京城，宫廷。

1938 年 10 月 3 日

风雨间作，晡大雨，海上有风。谣言“余皇[1]五十，士三十余千南下”。楚之君臣旰食何如？揽征马以踟蹰，逐归鸿而睇眄。北门之管无恙，溱洧之水依然。家人盼归，书来嗫嚅，家书难书，汝毋自誉。倚栏前听卖报声，吾知之矣，子为报纸，安得不云尔乎。

丁老静斋夹日记来归，计予将行，连夕炳烛，读亘一过，殊无以自解耳，请益则曰：“风流儒雅是吾师。”固请乃曰：“无以不典之词，自累其书也。”予过矣，“予离群索居，亦已久矣”。

夜治新谱，曾侄（广扬）助焉。

【注释】

①余皇：春秋吴国船名，后泛指舟船。

1938 年 10 月 4 日

黔雨，风健雨横，来自海上也。又报得水二寸许，而水禁未弛。

荃諺报书，条件疑难[1]。钞检之勤，本为学者分内事，然已非豁达大度者所堪矣。凡作一文成，必令门弟子一一检载籍订之，苏文忠[2]成法也。雨甚，未昏非灯不辨亥豕[③]。

杨铁老来谈。

【注释】

①条件疑难：逐条逐件校检疑难的文字。

②苏文忠：苏东坡。

③亥豕："亥"和"豕"的篆文字形相似，容易混淆。

1938年10月5日

黔。四日来积雨四寸许，水潭得一万万吨云（千六百斤为一英吨）。

松轩[①]自妈阁[②]复函，约相见濠江之干，然则此行决矣。

张作人来书，拳拳将意，云："近亦学为日记，曰《觉丽园主日记》，已成二册，未敢示人，属为签题，以志追随之意。"信吾道之不孤也。

晡会沈氏群从，大酺[③]。

【注释】

①松轩：黄松轩，象棋名手。

②妈阁：澳门。

③酺：欢聚饮酒。

1938年10月7日

间雨，犹未解秋热。仲儿自申禀安。

马隽卿谢唁函来，附绝句二首，且坚辞寿礼。此老精明不以年减，所为书翰，四十几年无改其初，此札尤有玉润珠圆之致。沈麟士年登八十，犹手抄群书。近贤曲园、湘绮以八十之年，日课抄书、读书、著书三事不倦，非得天者厚，亦修己之功深也。

抄谱甫毕，荃侄来约行，其舅万年亦适至。濠江风月，穆穆可怀，再书报松轩，粗治行具，积札未及裁报。

1938年10月8日

晴热。

午荃侄减装来约登"濠江"轮，舟次多及书法。大江如簸，搏浪乘槎，海国雄风，表兹南海。高谈阔论，几忘人海间，震撼之何若，意气之盛，屡欲叩舷，几叠秋心，占为断句，千迴江曲，自成图画。绝塞忆汉宫之秋，龙城伤秦时之月。（《汉宫秋》曲，元马致远撰）人生几见此月，子胡为久在异乡。此月曾照古人，吾何以不见来者。月自圆缺，道无古今，不信悠悠，长此梦梦。

舟次妈阁，与松轩期而不见，姚伯鹏鹄待有时矣。何以知予来也？曰：“万年非先子一日而来此邪。”语未竟，有妪相呼，乃松轩妇也，曰：“松轩病矣。”共诣其宅，则自昨日溲下，惫不能兴。

晡饮于姚宅，初更后又走视之。三更偕伯鹏看海上月，真不堪回首故国月明中也。

1938 年 10 月 9 日

晴热弥盛，有雨未解。

在澳门。午视松轩疾。偕伯鹏往添男茶居观弈，晡有里人吴、黄数子来问讯，共坐。万年招出市饮，谢之，伯鹏家味殊可口也。

1938 年 10 月 10 日

晴热未减。

早起短衣而出，与伯鹏登小阜[①]曰“西望洋”者，半岛之胜一览而尽。折及妈阁海波之神，晤松轩女、子，子求签壹，似重有忧者。此行亲抚其疾，不胜怃然。

归姚宅为之罢弈，留此亦无用，决然东矣。李沧萍闻踪过访，一谈半日，倾心之谊，弥惭先施[②]。半山、山谷二公诗集，别来略成诵矣，且云：“为口食计，腼颜卖口，于作人一层，愧先生甚。”深拜由衷之言，负我十年之长。午共饮姚宅，伯鹏送予辈登“金山”轮，舟行无语，不觉退飞之疾。哀此惸[③]独，藐是流离。郑生虽东，不容于父母之郡，陇西何恨，深耻入花间之篇。斯又优昙已空，曾不朝露，卷葹既拔，靳留色香者也。殊叹半生见道，皆落下乘，远水孤帆，所如自在。

莫投庄头，不及饭，亦大呼饭。有客分坐，举棋不定，归庄何物，苦浪凄涛。

【注释】

①阜：土山。

②先施：人先行拜访或馈赠礼物。

③惸：没有兄弟的人。

1938 年 10 月 12 日

晴爽。李雁晴书来。

港中里音甚嚣尘上，适从何来，遽集于此，曰：“晨四时登大鹏湾之陆矣。”曰：“弹下汕市一次矣二次矣。”曰：“潮安、潮阳、揭阳均拜其赐矣。”曰：“轰澄邑、南港百余发矣。”曰：“环邑东之五小乡并落弹矣。”曰：“省会电讯不通矣。”

"无以缩酒，寡人是征。"寡人岂亡国之余，不鼓不成列者哉。然而烽火之惊，危及宗祐，播迁于外，痛念枌乡，我疆我理，南东其亩之谓何，吾能与许争矣乎。

以近事书报荃誃，晡来电话询乡事，乡心怦怦，如听鼓鼙之声。

1938年10月13日

晴热未改。

里人疾首相告，旁午于道，言人人殊，南荒要服[①]无宁日矣。虎门要塞传令当关锁港，攘夷人之故智[②]，领空乏云车之利，瞰城聚云梯而歼，乘风推梁（《唐书·浑瑊传》：贼乘风推梁以进，及隧而陷），降祸自天，瞻望时日，伫立以叹。

得前二日（八月十八日酉时）家书，告绍启侄孙妇谢一索举男。我太高祖奕振公至于今八世，族序曰："奕世绵辉克家绍武。"锡之名曰："武周。"取《大雅·下武》篇词"下武维周"也。传曰："武，继也。"笺曰"下犹后也，后人能继先祖者，惟有周家最大"云。即复书叩贺邱嫂。

【注释】

①要服：泛指边远地区。

②故智：曾经用过的计谋。

1938年10月14日

晴，港吏报本月温暖，不似秋节，创一九〇一年以来最高温纪录，昨日气温超过十月分平均数约二十度。（一九〇一年最高九十一度四分）

三水陷，省线断，汕市电："商贾如恒。"

杨铁老来，属篆擘窠书，转贻医生某。术者言其病在脑，予云："能三月不阅书乎？"曰："虽三日不能也。""然则子之患不已深矣乎。"释卷不欢，非古不乐，正未知古人复读何书也。

1938年10月15日

晴。酉午报言"早八时十五分惠州失，謷言也。翌日卒不保"云。

丁静老来还日记，借未阅者首五册，为阅竟一遍者，不能五人也。独爱其小文逼近齐梁人意，竟此事，非从此绝群逃荒，餐霞茹烟，不足为义熙人舆台耳。"洪、李之作无间然矣。"（王祭酒[①]语）其远至者，篇不数语，高山在望，仰之弥高，真欲"下视符充，其言犹粪"（涤生语）。铁老来。

诗钟[②]之起，当在父执诸老之时，击钵传诗，缀钱于缕，香焚缕断，钱落盘鸣，其声铿然，构思限之，故名诗钟。湘乡以前，未之闻也。静斋言陈弢老最擅此，当为先进者矣。《系辞》："生生之谓易。"《庄子·大宗师》："生生者不生。"《释文》引崔注："常营其生为生生。"今言生活也。

午传"汕市被弹过百"，交口谘询，人之爱乡，谁不如我，走卒结舌，邻妪屏足，悁悁[3]心目，传邪非真邪。兵凶战危而不能语，于日莫途穷，不惜倒行而逆施者。

晡谣诼稍息，满坐相视，本如当日，过江诸人，每至美日，辄相邀新亭，藉卉饮宴，今何楸然也。沈五曰："昨日戏言身后事，今朝都到眼前来。"不暇悼人假以自哀，不啻若自其口出，亦可姑为解臣者也。

【注释】

①王祭酒：王先谦。

②诗钟：古代的一种限时吟诗文字游戏。

③悁悁：忧闷貌。

1938年10月16日

晴热稍解。羊北急，薄从化。

心许之矣，腹钟自鸣，子兴视夜，东有启明。假寐待旦，朝潮有声（是日酉初刻满潮），残月入帘，归梦未醒（刘秉忠诗"残月入帘归梦醒"）。姑一筇以孤往，岂九天之可正。寻前游之赤壁，亦今日之新亭。纵风景兮不殊，奈天柱之将倾。谈兵纸上，出言盈廷，御寇尽乘轩之鹤，却适诵罗刹之经，"国子之国也"（季刚语）。"问楚国何以为宝?""需，事之贼也。"讵方城可以为城，先生既无求于围城之中，则亦呦呦焉，食野之苹。诗人伐木，乐彼嘤嘤。我有新篇，传我友生。况也永叹，譬彼脊令。想与凭风而遥睇，有一雁兮长征。率彼旷野而皆非吾道兮，人道是昔日之九龙城。

1938年10月17日

晴，昨夜骤凉，未抱襆，晨降至七十度，单衣不任。

儿女禀来，言"邑治东一小乡（水沟尾）陨炮弹一，毙一犬"。虽犬也，能勿殇乎。羊市出走者及百万，尚有五十万口待舟，"舟中之指可掬也"乎哉。遍国立谈，掩耳过之。

有诗简至，署曰《无题》，阁笔卅年，效颦二解，无题又无序也。

《无题》：

望月高楼月正低，三更犹觉影迟迟。西风落叶梧桐夜，谁见斯人独立时。

秋虫槛外发悲鸣，唧唧离人呜咽声。明月不知沧海变，高高犹自照江城。

《前题》（无序）：

独于南阁首常低，几见牂柯来学迟。易得河清难一士，舟横野渡无人时。

斯人忍使以诗鸣，不为清晴作颂声。因树无枝秋蝉尽，江南到处是芜城。

1938年10月18日

高爽，夜须拥衾，晨六十九度。衍璿片来报“徙宅肇庆”。

“昨夜星辰昨夜风。”太白经天，南风不竞，鸦舅朝噪，鸲鹆来巢，宵兆匪祯，自知宗邦之多故也。无心看报，充耳乡音，更一文不值，何消说只以丘墓陵寝之所安宅，钓游笫屐所托以定心立足者，二百年来，匕鬯无惊，剑戟已铸。太平天国之役，南窜仅及水关边，旋亦消灭。吾邑人所传褴帑负祐，北徙六十里，有去三年而后反者，否则以通海贼论罪，则远在康熙三四年间。军兴以还，数更府主，犒送玉帛，则君有之，儿戏干戈，“司空见惯浑闲事”，民之不知兵也久矣。“君自故乡来”，“寒梅着花未?”则泫然曰：“来日倚窗前，县官急索租。索者未及返，悉令涉其帑。有身尽征发，有车皆塞途。筑路连阡陌，毁之不须臾。一老慨乎言（晤胡伯筹），人人言不殊。休哉子之生，今已七十余。”使我怅然良久立，闻道飞车渡莼鲈（门人张云言“尝预食黄河鲜鲤于羊府”），不然，信岂有百万义兵，一朝卷甲者哉，时乎命乎。

检马隽卿函，媵诗二首以言志也，序云：“任初弟重访可园，喜赋二绝。”

“河梁一别四年强，旧雨重来喜欲狂。更有蹶公同豁叟，见山楼上话沧桑。”

“晚年聚合意难分，佛说因缘我亦云。惭愧蹉跎真莫补，枉劳椽笔赠鸿文。”

1938年10月19日

晴霭。

最难扮演者是苦笑，媚波在眉梢，眼角承泪在眶里睫间。《雪娘刺汤》一剧，口密腹刀，写来匪易。昔闻其语，今有其事，愚民称侄，背道并驰，似入梦中闻人言，报章所传皆妄也。直弃甲耳，天黔雨泣，将信将疑，醒来不知其所往。珠江水碧，杯度山青，表里山河，必无害也矣乎。过丁庐分席对坐，共怀秋老园居之胜，能终不为渡江人物，亦草堂之灵也。温腹中陈篇，聊自嬉婴[①]，移时易晷，渐收潜吟密咏之趣，木鱼贝叶[②]，求其放心而矣，此心亦庶几无一物矣。

汕电来：“停汇银是迫近眉睫也。”而谓能恝然乎哉。北江失，增城薄[③]，从化南都，安于累卵，绵惙大渐[④]。从化本番禺县属，胜清入关，鼎湖已去，犹能以区区成旅，抗天子之威。百里之间，转战三年既定，始画地为县，定今治从化。献岁发春，张生从游，凭吊荒墟，采及葑菲，询谭（观）、张（洪佑）之遗垒，而故老已寡能道者，盖天下之平久矣，而今何如哉，谭笑而割商于七百里，凭轼而下齐七十城，速于置邮，骇人觇国。年年白银博朽铁，空见艾豭入宋家。

夜阖市结灯，祝诘朝宣圣天诞，行夏之时[⑤]也。

【注释】

①嫛：喜悦。

②贝叶：用植物的叶片经一套特殊的制作工艺制作而成，刻写经文用绳子穿成册，可保存数百年之久。

③薄：逼近，靠近。

④大渐：病危。

⑤行夏之时：遵循夏朝的历法。

1938 年 10 月 20 日

晴，午七十六度。陈焕章晡来访。

是日至圣先师诞辰，自周灵王庚戌之年迄今二千四百八十有九岁矣。（炁伯考证：至圣生日为今八月二十一日）治爵兴衰，若有恒辙，忠信笃敬，周虽旧邦，不废江河，请看今日，吾何修而日见，古人所未见也。

阅更生斋文，期而不至，隅坐半日，思得一局，布及二十余著，坐而言者起而行，夜对客之，果然。

1938 年 10 月 21 日

晴。上海黄思敬函来。

日在悲谷，对客坐未半局，外传“羊城不守”，索观之为之沮丧，泪承眶睫，骤失一车，又丧其马，以四子敌六，义无返顾，置之死地，不意自全，此心已僵，一激复活，天胡此醉人之无良，人亦曰相君之面，不过封侯，窃国而王，君又奚择，则往应之曰：“事冶游者不必鳏，隳节[①]者不必寡，越货者不必贫，卖荣者又岂编氓所能为力哉。气质之污，性真已失，子尚欲以人性绳之乎。”朱温犹言：“今之人心，佛亦救不得。”独冯道乃云：“惟陛下乃救得去耳。”无可告语，悠悠苍天。

【注释】

①隳节：犹失节。

1938 年 10 月 22 日

小尽晦，晴。

“梦邪？传之非其真邪？”《大公报》云：“外讯纷传广州不守，迄今晨犹无法证实，但亦无法反证。”措词之妙，记之以为操翰者法。静斋上春来，互曰：“吾君免乎？吾侪免乎？”举目山河，噤不能声，不知此辈，引镜窥形，何以施面目，亦

有及泉之日，晤金门县长、肇和舰长、山东主席诸人又将何辞。昔亡蜀花蕊夫人诗曰：“君王城上竖降旗，妾在深宫那得知。十四万人齐解甲，竟无一个是男儿。”读之今人无地可容。忆刚甫送高丽赵大夫诗云：“亡国相逢赵大夫，落花台殿说啼乌。红心遍是宫人草，尝见遗民葬玉鱼。”（《云山杂记》：“贵妃苦热，肺渴，每日含一玉鱼，借其寒津沃肺。”杜《诸将》诗：“昨日玉鱼蒙葬地。”）何其音之哀以思也。静斋且言：“子壬申日记，于李文清稍致抑词。李裳阶处咸丰鼎沸之朝，将悍兵骄，纪纲荡泯。时何桂清总督两江，失守金陵，退兵常州，诡以俯从民心，保全生灵为词，宵小腹心，阴解脱之。独文清一疏，泣陈非予正法，无以肃纪纲。桂清遂斩焉，后之失土者无免于法。鸣凤朝阳，天下想望其丰采。子摘其文笔晦涩，乃余事也。”则敬而诺之不敢忘。嗟乎，江山半壁，非仙人劫外之棋，金粉六朝，尽才子伤心之赋。“归骨少田横之岛，拓疆无刘濞之雄。”（北江《叙蒋青容冬青乐府》句）及此沦胥独甚，此未亡人之痛尔。

每祠，歌《竹枝》，鼓吹裴回，其声伧伫（《唐书·刘禹锡传》语，言声不入于耳也）。何若村笛山歌，呕哑嘲哳，冷然善哉。靓兹瓜子，只学焦先，高阁束书，坚壁清野，无藜藿之可采，亦鸡犬之咸宁。适荃来问字，颔之而已，杜鹃啼不如归去，公等兴亦易败。又天下事之无可如何者，渭水自浊，泾水自清，吐纳东风，觅句祓之，补记晨游和予唱汝。

《濠江道中》：

漏舟劫后万缘空，海外寻山方罫中。欧九致归黄九病，夕阳只照满江红。（时松轩卧病）

浮海乘桴谁从我，中流击楫绕余音。有身故合为身累，要于无名见道心。

（九死形骸生意尽，犹余清泪报知音。先生识得愁人恨，珍重临歧一片心。）

《过宋王台》：

祖秋何处乱山间，无计买山鬓已斑。底事钟声吹断续，孤云独鹤自知还。

传祚九君罔失德，又更八代此蒙尘。千年治乱余今日，片石是非无解人。

《侯王庙》：

人言此地非中土，微服匿名时一过。此日来迟残暑尽，荆扉小径落梧多。

密树修篁绿影斜，地连幽谷少人家。先生棋罢浑无事，来踏空山驿路花。

夜与客苦战，客殊不弱也，既定局，改罢复自沉吟，鼓角五更，星河三峡，人天俱杳，声在树间。

1938年10月23日

晴，已凉天气未寒时。

日上春矣，生爱早行，青山甫面，流水有声。摇橹引棹，相应而鸣，式而聒之，其韵欲绝。自沦人海，长揖公车，敢逐鱼轩之尘，摩侏儒之肩。为民吏羞，偷活于此，楼居简出，出必凌晨。如有复我者，“汝庸安知吾不得之桑落之下?”(《荀子·宥坐》篇)“桑之未落，其叶沃若。”苕之已华，彼黍离离。满林鸣秋之蜩，盈野叔苴之汝。适彼町疃，无田甫田。何心话辽阳，徒縻十年之征戍。有风度羌笛，怵然九月之寒砧。客里云山，秋来芦荻。从今四海为家日，留取心魂看怒潮。共坐草亭，联吟险均，市闻朝报，屏不欲观。或言羊城大火，海珠桥圮，石牌厩焚（陈景汉来言)，麋鹿姑苏，棘驼台殿，吴之为沼，奚待廿年，许不吊灾，早知今日，所未能恝然者，善和千卷，易主不知存亡（托存百子路宅)。城北半椽，先人以蔽风雨，读未三遍，守已百年，敢比羽睢阳之终身不忘，有如平仲之所居近市。只有夕阳好，回首山河非。慨慷台前，行吟泽畔，数抔荒土，一树丹青。手写一纸，谂同游者。

1938 年 10 月 24 日

晴，是日霜降。羊大火。

1938 年 10 月 25 日

晴和。弃夏口[1]，火作。羊市东堤一带尽焦，死灰然及西关，市民唯余丐乞者，夏口大智门各廨尽火。

夜辍弈，终日不临一局，亦港居来得未有事，阅《字书》辨似字条，借此不声，于计良得。

【注释】

①夏口：武汉。

1938 年 10 月 26 日

晴，稍热，午至八十度。佛山火。余功绵来访。家书来。

写近作十余纸，此中人语云尔不足登大雅之堂，为搢绅先生道之。苏手《毛诗》《杜集》来，习《切韵》之法，事本天籁，非百有秘传，奈何为郙，不可为叵，载在经传，可见远流。乡有东塾，尤廓其旨，自蒙师小子，失口耳之学[1]，吾自卫反鲁，绝雅颂之声。清浊宫商，灶婢编氓之方言，犹清晰可辨者，秀孝[2]之徒，淆惑滋甚，今世人亦无暇日向此谆谆者。张生欣此枯寂，声之成文谓之音，言之成理悦乎心。故善问者如撞钟，斯为相说以解矣乎。客至，遂罢讲，贯所进言者，皆天下国家大事，故不悉箸云：“且又从何处说起。”浼隅坐者一人弈，周流车马之间，取瑟而歌，直不至隐几而卧耳。

谣传汕市限子夜以前悉令离境，其又将火之乎。“珠市受弹及千，旦旦而毁之，亦不若斯火一夕之赐之为列。”（西报云云）归善旧州，佛山雄镇，兵未血刃，屋尽为墟。天火曰灾，人火曰火，夫兵犹火也，火于人者曰兵燹[3]，扬而燔之者，又谓之何则。又“天雨粟[4]，鬼夜哭”以来，未见诸字书者也。瞻乌爰止，命在何时，维鹊有巢，屋乎奚罪。“狐死兔泣，夏氏宁能独存?”（《宋史·李全传》语）栋折榱崩[5]，郑侨亦将厌焉。嫠妇不恤其纬[6]，而忧宗周完卵，难于覆巢，讵分社鼠[7]，维桑与梓[8]，歌斯哭斯，铅去故乡，未能遣此。里人夜坐，黯然三更，默念平生，目击荒城废都亦多矣。百年为虚，万劫不复，苏州阊葑二门，繁萎悬绝，只缘宋兵二将，宅心宽暴之不同。历祀殆千，疮痍在眼，江宁汴梁，百雉之内，颓垣断井，车下弥望吾邑，外沙鸥汀诸乡，瓦砾之存，十室而五，一经摧毁，易代不昌。其成也难于登天，其覆也易于燎毛。耳目彰彰，不必翻及载记，天下之苦秦也久矣。咸阳一炬[9]，楚霸以表，辛有之过伊川痛其被发，君子以知昭公之不能终，剖比干之心，不可卷也，抉子胥之目，没而犹视。上蔡有言：“嗟乎，独奈何生此乱世哉!”出东门，牵黄犬，桃花流水杳然去。别有天地，非复人间。

【注释】

①口耳之学：只知道耳朵进、口里出的一些皮毛之见，而没有真正的学识。

②秀孝：秀才与孝廉的并称。

③兵燹：因战乱而遭受焚烧破坏的灾祸。

④天雨粟：天降粟。古人传说天下将饿，则有此兆。

⑤栋折榱崩：比喻当政的人倒台或死去。

⑥嫠妇不恤其纬：比喻忧国忘家。

⑦社鼠：社庙中的鼠，比喻有所依恃的小人。

⑧维桑与梓：指代故乡。

⑨咸阳一炬：项羽率军到咸阳后将秦宫全部烧毁，泛指一把火烧光。

1938年10月27日

晴，午至八十一度。

十月之交，噂沓背憎[1]（《释文》“噂”，《说文》作“僔”，云：“聚也。”“沓”，本又作“嗒”)。晚来瘉忧[2]（《传》：“痒皆病也。”孙注：“畏之病也。”《集释》:“幽，忧也”。)，菀结未解。

平明走诣静斋，倾所愿言，意有未平，悉之以句。“广文先生[3]官独冷”，“儒术于我何有哉”。而门前庸菜者犹津津言“广州未失”，归震川云“然犹以为母寝也”，伤哉。安步当车，归来有肉菜疏之贾，视肉倍之。漕梗于途，廛不生草，离离蓬蒿，乃长屋角。“何不食肉糜”，不为妄叹也。既食，方毕昨记，如早腹中所欲言，怀而吐之，胸鬲顿消，始知含茹，不哇其苦，深于便闭。

亭午未阁笔，李寿熙弟昆三人来赴兄丧。垂问行状治丧仪制，日仄未定，孰谓鄹[4]人之子知礼乎。生非陈平，治丧宰肉，学殊稷嗣（叔孙通拜博士，号稷嗣君），曲学阿时[5]，此亦涉世途中榛莽也。

杜观因来述比日里闻，略纾东望，进以弈，请改约来朝。文阵犹酣，雅怀未歇也。叠日未发归舟，家书欲寄无由达。黄河一雁过，碧海深复深。夜读杜诗，人定犹朗朗。

【注释】

①噂沓背憎：亦作“噂隆背憎”。谓当面谈笑，背后憎恨。

②瘬忧：郁闷忧愁。

③广文先生：泛指清苦闲散的儒学教官。

④鄹：古地名，孔子的家乡。

⑤曲学阿时：歪曲自己的学术，以投世俗之好。

1938 年 10 月 28 日

晴。

间习韵语，又得剧棋，天地沙鸥，飘飘何似。

姚万年间关逃出，问：“存书无恙否？”曰：“非所敢知矣。”汕庄函告：“将歇市。”续告：“稍安。”“别有一番滋味在心头”，江月照人只数尺，风灯照夜欲三更。

1938 年 10 月 29 日

晴，午至八十二度。

梧州亦以“疏散户口”闻，一口吸尽西江水乎。从此端溪之水，在山不清，东莞之津，廉泉亦浊，从横铁骑，南东其亩，熏天可炙，遍地闻膻，欲将此身江海去，不知何处是春台[1]。世变哀音，忽作变徵之什[2]也。

丁静老以午来，爱读鄙作。“一声《河满子》”，千叠《汉宫秋》。铁板琵琶为君一唱。

微闻“汕吏已逃，亭长地甲（今曰公安局）亦窜潮阳”。则何止受人之牛羊而不为之牧与刍哉。今有人制新屦焉，爱足之心不敌爱屦之甚也，跣而创焉，血注及趾，则急抚其屦，曰：“幸哉，伤仅及吾足也。”置屦不资以卫足，设吏而先去以为民望，吏之视民也如足，自视比于新屦，什袭而藏之，所以自为者则善矣。

官献廷自汕来，来舟取值已十倍矣（七十金）。家书云：“禾多双穗，卜大有年。”“天之爱民甚矣。”时处朝不谋夕之秋，不知谁享其成耳。儿辈作家书，乃苦学文言，驱遣虚字尤艰，使转一而字用法，格格不通。昔人本有此评语曰：“不当而而而，当而而不而，而今而后，已而已而。”亦贯笑后人拙也。

【注释】

①春台：春日登眺览胜之处，后亦有指饭桌。

②变徵之什：乐声中徵调变化，常作悲壮之声。

1938年10月30日

晴。先兄荪五上舍忌辰。午八十四度，热如初夏。

夜闻吾乡刁斗尚安。戒荪子毋远来。

旦明策杖，过之茆店，鸡声驴背，诗思将莫须有，可想当然，唤舟渡头，候潮矶下，潮知有信，海不扬波。斥卤珠娘，语多古韵，乌江渔父，礼存野人。谁识江头之王孙，犹渡芦中之逋客。日出有曜，悲来无端，庶见素衣，解其如结，借问浣花之里，相将栗里之乡。寻涤器相如，篇增几许；遇卖书海岳，节迫如何。（米芾《书史》："每岁税及节迫，往往使老妇驵携书出售。"）篱菊半开，秋茶亦密，蟹脐初满，（陆游诗："破戒犹惭擘蟹脐。"今吴人语："九月团脐十月尖。"）鳜鱼欲肥，去去何之，此来买醉，充一亭之名士，亦三顾之草庐。四围灌莽之中，一卧沧江之后。秋色如许，天意可知，知人维艰，徇知尤耻。礼义刍豢，故有同然，流水高山，自相终古。

1938年10月31日

重九，秋热，午八十四度。日记册又告匮。夏日索家人寄此一册来，安知今日尚在此也。

忆馆汴时，梁人相率登二塔（铁塔、繁塔），塔以外负郭无山，三百里也。予尝与刘盼遂诸文学北眺黄河，无垠平沙，不积土壤，盼遂立一碑上，斐然有述作之志。予调之曰："是所谓登高必自卑欤（卑碑同读）。"追思昔游，犹在心目。舆轮徐动，参从无声。当此之时，忽然不自知乐也。瘴乡旅食，殊俗寡交，缁尘蔽空，素衣将浼，久罢竟陵之击钵（《南史·王僧孺传》：竟陵王子良，尝夜集学士打铜鼓立均，响灭诗成），更乏羽衣之从游。柳州毁伤，哀鸣于五丈坐前，昌黎谪宦，折节于大颠方外。自悼满爪尘垢，一搔皮肤，谓其能外形骸，以理自胜，兴哀无用之地，屈意出世之人。詈灵修之浩荡，申女媭[1]之婵媛。秋雨秋风，何怨何慕。逢兹丧乱，"使吾子辱在泥涂久矣"。亲故满天地，兵甲少来书。东顾多忧，西望而芙[2]。避灾何地，陟屺曰嗟。

薄莫荪赍《白石歌诗》二卷过从，媵以古墨精楮，为书游记若干首。万方方多难，我辈尝登临。权作南朝枕上之湖山，记取白石扬州之词句（《扬州慢》，姜夔自度中吕宫曲）。寒水自碧，暝色几深，怆然悲吟，今之视昔，东风解事，吹卷翻书稍迟，未视他人入室。孟浩然《登万岁楼》诗云："今朝偶见同袍友，却喜家书寄八行。”邢邵诗云：“谁能千里外，独寄八行书。”薄而观之，如扪铜盘以为日也。记云：“将入门声必扬，将入户视必下。”以号次律令之人（高纪命萧何次律令），信手之际，知法犯法。昔司马昭谋废高贵乡公，属稿未定，如厕而返，适郑小同在坐，以为必见之也。虽路人皆知，而无令人负我。君子以叹自全之难，衰世尤甚也夫。

夜读杜诗。

【注释】

①婴：女子的通称，有美好的意思。

②芙：思念母亲之典。

1938年11月1日

晴，晚东风作。

渔舟唱晚，雁阵惊回。滕王阁前，宾王客里。写来秋意，况值晚晴。白石《雁图》绝句尤饶遐想：“万里晴沙夕照西，此心唯有断云知。年年数尽秋风寺，想见江南摇落时。”真戛玉敲金之奇声也。

铁老怀所庋画轴来共赏。

1938年11月2日

晴。抄书半日，间阅《白石集》。萧橐枵然，负书恣读。久假不归者，裒然矣异书。浑似借荆州，比来人人共见之本，亦成异书。哲夫成诚，哲夫倾城，餍百荆州，不足孤注，腐儒不足谈天下事。一言为重，泰山为轻，录书千卷，还书一瓻[1]。

夜弈。因作书倦，不及存谱。

【注释】

①还书一瓻：两汉以前读书人已开始相互借书。在藏书人与借书人之间有一个约定俗成的礼仪，即借书人在向藏书人借与还书时均以一瓻（古代陶制酒器）酒相酬。

1938年11月3日

晴和，连夕不知月出否，仙人好楼居，度不如是，简荪：“有月相告。”

杜观因傍午仰关而来，伏案未竟，辍笔应之。让先一局，让单马一局，得未尝有之佳局也。中炮之犀利，年来学于松轩者为多。宿草未黄，可写此局，酹诸殡宫，奠而告之。（七〇八及七〇九两局并附卷末）

1938 年 11 月 4 日

晴。家书来，日记册随至。

西北音尘[①]，经旬断隔，东南潮讯，处堂苟安。言战不战，言和不和，审其忧不在颛臾，不甘释楚，以为外患。与其政由宁氏，祭未必寡人，毋宁人为刀俎，我未必为鱼肉。枯万骨以成一将之功，戟两指以掩天下之目。予一人茕茕在疚，所不嗣事，以昭先帝之明者有如河。

【注释】

①西北音尘：国立中山大学西迁至云南瀓江（今作澄江）。

1938 年 11 月 5 日

晴，午八十二度。

意有未平，质明不寐，思健步以振之，下车过蔡宅，属楚卿往静斋，随行。主人已早起，方倚栏远眺也。坐定倾怀而出，言无不尽，头风可愈，消渴亦失，尚有一席之地，容此狂夫之言。“愿言则怀”，“其室则迩”。“亦既觏止，我心则降。”下山观海，洸洋[①]湍洑[②]，信海上有奇气也。

午见《两汉三国诸儒门弟子著录人数表》，自序一首，为点定数字，其举安溪望溪清儒之首，究有未谛，录表谱法，未见叙文，却坌涌可诵。

【注释】

①洸洋：水无涯际貌。

②湍洑：急流形成的漩涡。

《因树山馆日记》第十五册

（1938年11月6日—1939年3月8日）

1938年11月6日

黔，四更闻雨。

起犹早，奉匜沃盥，躬自役役，卜晴课雨，量屐弹冠，俱一日之内，四时之间，应有之经济也。循例每易一卷，自弁数语，以言志也，以永言也。自逃此间，吃饭着棋以外，更有何事，日日记之，嘈于街头之卖声，期月叙之，亦类社庙之祝叟，人且掩耳，我独厚颜也哉。自从弃置，未甘衰朽，借以鞭策，稍免蹉跎耳。或遇夕月朝华，艰于泛舟看竹，愀然不怡之会，亦对影而成三，感此数端，续成今叙，则又欣然，如拜旧毂之既，登荐新而尝之，“粒粒皆辛苦”，“临行密密缝”，亦觉谏果[①]之回甘，比于敝帷之不弃。适吴侄（其敏）在坐，求阅前记，且曰：“然则盖速付刻乎。”予曰：“此金人瑞云‘上干天和，下干人怒，有则改之，无则加勉’者类也。”一坐哄然。

晡自订近谱。就窟室灯下，写蝇头及行草，略得三千字，自适其适而已。天下之味相似，天下之口不必相似也。文公[②]句云：“只恐分阴闲过了，更教人诮牧猪奴。”能学得闲过分阴，亦大非等闲事。晨伯畴老人言：“迩日得数面之谈，夜睡大佳。”此来失眠之证，爽然若失，吾又闻捕蛇者说：“可以愈头风。”

【注释】

①谏果：橄榄的别名。

②文公：朱熹。

1938年11月7日

重黔。

山间明月又至，等闲事而非可以刻舟求剑，祖楚人之故知以求之。人生会当随缘，富贵逼人，杀头快事，正多于无意中得之。明月当头，清风入怀，天予不取，必三宿焉而后出昼。日月云迈，终风且霾，消长之机，生于眉睫，起伏之渐，别有端倪，而况天地之大者乎。空谷无声，秋江亦冷，微云在岫，好月避人，顿令红叶衔禽，空随流水，岂无玉珰缄札，盼断来鸿。孺子终焉长贫，长安竟成久客。桂花未老，枫叶已丹，吊影傲霜之枝，绝弦珥丝[①]之茧。（《淮南·天文训》：“蚕珥丝而商弦绝。”）数尽秋风雁字，天意可知，听残芦管鸣声，人生到此。一年容易，来日大难，杯酒车愁，诗清茶歇。“与君同过西城路，却指烟波独自回。”（用白石句）倚马当年，吹箫何处，舟人无语，寒潮自生。

胜国宫门抄[2]常见之句，如“二百年食毛践土[3]，具有天良”。清末邹容《革命军》小册中警句曰：“谁食谁之毛，谁践谁之土。”呜乎，岂其使一人肆于民上，至于此极哉。

【注释】

①珥丝：吐丝。

②宫门抄：清代宫廷的官报。由内阁发抄，内容包括宫廷动态、官员升除等。因由宫门口抄出，故名。又称邸抄。

③食毛践土：原意是吃的食物和居住的土地都为国君所有。封建官吏用以表示感戴君主的恩德。

1938年11月8日

密黪不雨，东北风作。是日立冬节。

早独街坊，烟尘蔽天，无处非稷下之谈，有街皆城门之轨。人多于蚁，舆接如蛆，因多游民，乃无旷土。驱知勇辨力槁项黄馘[1]，冶诸一炉之中，于膻肉酪酱毳幕韦鞲，不待百年之后。知母而不知父，知食而不衣，如物之处瓶中，谓米出自布袋。朱门陈肉，道旁菜色，万钱一食，九丐十儒，窃国大夫，辇金连弟，窃钩刑余，囚车过市，莫非毂下之风光，交映眼前而成趣。合有牙郎驵侩，竞逐什五之利，牛医马质，（是亦官也，《周礼》夏官之属。注：“质，平也。主买马，平其大小之贾直。”）交行上下之征。而子弟贪鄙，罔知习俗之移人，小子识之，未觉苛政猛于虎者。删《诗》至《黍离》而后，《春秋》迄定哀以还，安往而不犹崔大夫，其知尚不若辛垣衍。赫赫宗周，犬甲乘之，咄嗟嬴秦，不韦乱之。贾长沙之谪去，而今传《过秦》之篇，屠武进之已亡，何人赓《香港》之赋。（屠敬山丈结一宦，骈体文有《香港赋》一首，《常州文录》未选）

午静斋过谈洎晡，天沉如晦，鹤癯[2]于僧，晨甫闻伯畴述其挂冠之后，亦赖簪笔为生。（《汉书・赵充国传》：“安世本持橐簪笔[3]。”）属里人狗监相望，貂蝉不足挽两石弓，不识一丁[4]。尝为居间，以博斗糈，辄以事非其人之故，空存爱莫能助之心。久宦萧然，重以折阅，亦其命也欤哉。予曰：“此所谓几两骨头者是也。”在山则为远志，出山则为小草。不得不发弦上之箭，而终典曹室之文章。纵克如其腹所欲言而不尽，于黄祖之五百，读书致用一语，不知误尽若干人，可为浩叹者也。静斋索阅所作答，已命徒转致，则曰：“子犹未免名士习气也。”坐既定，笑声彻户外，清歌狂啸，“人间那得几回闻”。铁夫飘然莅止，海滨二老，酬和一堂，感极兴怀，呼酒沃之。

【注释】

①槁项黄馘：同“槁首黄馘”，面色苍黄，形容不健康的容貌。

②癯：瘦。

③持橐簪笔：侍从之臣携带书和笔，以备顾问，亦省作“持橐”。

④不足挽两石弓，不识一丁：见《新唐书·张弘靖传》。

1938年11月9日

黔，夜雨湿阶。杜观因来校弈，颇识弈理。

多阅杜诗、姜集，录其能心解者如干首，别为一卷。既资肄业，亦以行草自课也。年年写残黑板字，奄绝自公退食时。偶然欲书，手栏意怠，率尔为之，非但无一笔是古人，亦且无一笔是自己。顷者闲居多暇，洞庭始波，复发石田，以莳心苗，翰墨因缘，烟霞结习。自知典章国史，我不如人，小技雕虫，有不如我。（反《北史》李浑对魏收语意）知好颇有咎，其无益大计者，亦如白石所云，然意所耽，不能自已也。握三寸之管，展斗方之缣，如对古人，至于忘己，使转顿折，泉注山安，不无心手交得之时，最在人我相忘之会。李将军射石没羽，再斯渎矣，王右军初写《兰亭》，一之为甚。我醉欲眠，醒亦悔之，垂杨生肘[①]，善刀而藏[②]。

【注释】

①垂杨生肘：“肘生柳”，典出《庄子·至乐》，后比喻生死、疾病等意外的变化。

②善刀而藏：将刀擦净，收藏起来。比喻适可而止，自敛其才。

1938年11月10日

重黔。

细雨在若有若无间，白昼匪烛，不堪细书。枫叶正丹，庸藉芳草，未辨游屐，莫负诗囊。只好对书，失笑几回，唯有栏干，伴人一霎。西窗暗雨，断续为谁，南阁流风，低徊不去。是几时千年城郭，复见横江东来。最可惜一片江山，都付啼鸩消尽。

1938年11月11日

晴。

伏案展卷，中道而画者数焉。俗缘未尽，世网罗之，入梦不深，檐雀噪之。一心鸿鹄至，莫怨黄莺儿。日与弈秋处，不得到辽西。

1938年11月12日

东北风紧，午日见，晡风又作，初凉。

秋深矣，可若何，然则盖行乎？“落叶满空山，何处寻行迹。”去朝荪遥言将以旦日访汝弟大埔墟。墟之为言，日中为市者类也，北方言谓之集，《广雅·释诂》云：“居也，即古所云夏墟陶墟。墟，虚也，虚而后麇集之乎。”山麓水涯，鹿豕虫鱼之以薮以渊者，浸有援弓，结网烈山，焚泽而来，以与非我族类者争此土也，僻陋在夷，亦唯吾子之须臾焉。

戒旦而兴，渔火未灭，晨风簌簌，殊怯衣单。身在中流，已难勒马，且也盟可寻也，不可寒也。在水一方，寒林可出，去天尺五，断句未赓。荪子已立风前，夹败卷，御风而行，泠然善也。杂稠人之中，厕菜庸[①]之坐，我诗思在京雒风尘中，蒲轮车上。昔刚甫躬耕杨漕，买车必以三等，一夕归予寓，大丧[②]其诗笺、扇坠之属，终岁疾苦，不能护五斗米。它日，余语诸乡人，静斋莞尔曰：“无它，就此中寻诗料耳。”车中述此，其臭如兰。西指可十里，过沙田，又十里，即大埔墟也。如见武陵之居人，亦遇沛中之鸡犬。人间何世，天下皆秋，张娘亦以避乱来此。乐山乐水，东道以主前途，亦步亦趋，疾行未先长者。荪尤稔予，身在江湖之远，心在邱壑之间。“山不在高”，“林不在深”，得所则培塿亦安，何处是松柏之下。躬寻曲径，身披蒙茸，拾峻级，蹑隤阺，几及淖中，彼泽之陂，于以求之。于林之下，石头一坐，斧柯几烂，水天为镜，鲦鱼不惊，何来一片帆，问尔贡包茅不入，未穷千里目，亦隐然岛屿回环。小鸟昵人，如来问讯，寒泉激响，间坠清音。信两间之大自然，唯闲者乃为之主。不消一钱之买，行覆一字之禅。子将毋同，我闻如是，回头来轸，已泯爪痕。追思曩游，如在心目。是几时锦江水涨，潮满江头。想当年岘山碑下，此间亦不可以久。桥断乃无可奈何，就其浅矣，揭之涉之，陟彼岗兮，以遨以游。遵海曲行，趁日中之市，舣舟晒网，买得鱼虾不论钱，犊裈当炉，“借问酒家何处有”。持螯大噱，引满高歌，更进一觞，无忧千岁。问诗成几许，如此江山，须富贵何时，雅善鼓瑟。既酣耳热，投我木瓜，忽焉舟横，“吾与点也”。峰峦倒影，瀚澜壮阔，长河横日，表海雄风。故国乌啼，谁识芦中之客，渔歌晚唱，来渡骓逝之人。风急天高，乡遥日莫，波心荡漾，秋草迷离。有人扣舷，指君归棹，皆如挟纩，无改素襟。

【注释】

①庸：有时作“佣”，多指雇佣劳动者。

②丧：此处作“当”，抵押。

1938年11月13日

晴，晨六十六度，夜须拥衾。长沙火[1]。

料峭侵人，犹爱当户，秋光无限好，只是过重阳。记昨日之游，亦三月之乐。记之不足则长言之，言之未尽，则长短其句以助之咏叹之。调寄《薄幸》：

鸦翻浓墨，渐秋晚，菊残荒圃。望一脉，赪波如练，数点归帆南埔。枫自无，匝地胭脂，离鸿似汶征人语。对逝水滔滔，衰芦瑟瑟，叹息流光轻羽。　数往事，增怅惋，家园乐，合遭天妒。只赢得两袂，软红羁旅。罗衣已怯当愁雨。东山归思，甚年年魂梦，无端总被秋风误。凭高送目，渺杳南天烟树。

尤以休沐，少长咸集，相邀博进，独累然退藏于密。白昼张灯，兀兀穷目，贾而欲赢，况十掷皆键也，而能恶嚣乎。自亦无溷乃公事，然文心能得清逸之气否，概可知矣。比昏脱稿，录副贻荪共检讨之，记中所称引处有误字也。有无肠公子诘所抄者甚文，立应之曰："古文也。"亦竟释然。

【注释】

①长沙火："文夕大火"，于1938年11月13日凌晨发生在长沙。

1938年11月14日

晴，薄阴，晨六十六度，夜枕多寒。

挦扯[1]洎午，温韩文自遣，三日不读书，吾家鲁直[2]所深戒。非无良朋，只汗颜耳。

【注释】

①挦扯：拉撕剥取。特指在写作中对他人的著作率意割裂，取用。

②鲁直：黄庭坚。

1938年11月15日

晨小雨，午晴。

午为人书楹轴数事。阅韩集。晡杜观因、高伯昂来谈，与伯昂对两局，胜和各一（七四九局七五〇局），颇佳，伯昂技可三等也。

广州陷至今二旬又五日，从军军溃，西逃肇梧，转徙广州湾，方及此也，所述惠阳莫（希德）全师之窳败[1]，粤省军政之废弛诸状，以及兹役战溃之惨，省会自焚之酷，遍野逃难之苦，浩哉劫也。百尔君子，百身莫赎，天生蒸民[2]，胡为此酷，夜深不敢卒听，逆料今夕枕上枨触正多。奉诵诗笺，况也永叹。瓶花篱鞠，玩践皆悲。厕鼠社狐，凭借偶异耳，伤哉。

【注释】

①惠阳莫（希德）全师之窳败：莫希德驻防惠州，1938年10月12日，日本侵略军进犯惠州。莫部守军钟冠豪营及佛子凹炮兵指挥部均闻风撤退。14日莫部何联芳旅及师直属队撤往博罗，惠州沦陷。21日广州陷落。

②蒸民：众民，百姓。

1938年11月16日

晴。长沙电："大火四日，屋殆尽，居民只数百。"梧州电："机下弹柳州百余，全城大火。"

晨诵记略辨，待饭而后栉沐。静斋来谈。予发如此种种，不盈一握，搔首见之，镊人方奉刀须眉之间，"愿勉旃[①]，无多谈"，客故寡言，终其剃也，而后别去。维时霱空若洒，鸿雁于林，皜皜其光，唠唠其音。矧彼鸟矣，犹有遐心，今我往矣，大泽山深。买瓜路旁，沽酒市上，量无一斗，腰悬双甘。栗里柴桑，廉泉让水，所在皆是，下自成蹊。水声潺潺，出于其间，怪石岩岩，下临无际。君不见黄河之水，姑引此以穷洒其耳。亦如过无为之州，拜巨石而呼之为兄（《宋史·米芾传》）。席地幕天，开奠扑满，斟酌旧题之句，低徊东逝之波。诗在画图，文多往复，既茹山而餐水，亦吐烟而纳霞。携是以归，可供数日之粮，纳头便睡，则亦高卧不足。暴鬐碣石，振臂竹林，娄值流泉，为君濯足。满山残照，横江西来，孤鹜落霞，故园东望。化石兮何日，铩羽兮有时。舟子招招，日之夕矣。夜屏足屋隅，游神昌黎哀祭诸文，不知所处之，当衢向术也，夜寝乃安。

【注释】

①勉旃：努力。多于劝勉时用之。

1938年11月17日

晴。

昌黎祭文，以《祭河南张署员外》及《祭柳子厚》二文为绝。涤生《祭汤海秋文》，篇法句法，声调格律，无一不极意摹仿之，渊渊之声，作作之光，竟莫能及之者。

1938年11月18日

晴。

姚万年来访，云："省寓藏籍，恐无幸矣。东山民宅，悉践戎马，驱守屋者二百余人于一所，而饥渴之。屋之不守，书将焉附。"嗟呼，此皆心爱之书，朱墨丹黄，心血之所寄也。诚不料宗邦之屋，速于置邮，偷活之生，何尝不强自排解。而心腑所寄，跬步难忘，中夜偶醒，五中如割。我不及见古人，而古人所遭之艰厄，乃于我身亲见之。昨语静斋云："惜不能诗，不然倒不缺诗料。"然而岂臣子所忍言哉。

铁老来，写示近作《双树居对月·调寄虞美人》云："故乡明月团圆面，终隔缑山远。安排诗酒迓清光，无限满城风雨已重阳。　平安园竹僧无讯，难向天涯问。嫦娥不肯下云来，愁见青天碧海涨黄埃。"

1938 年 11 月 19 日

晴。

晨记毕。客至，自午达戌对局及十，高伯昂下子殊紧细，与坐三局。

1938 年 11 月 20 日

晴，逾午七十六度。湘垣未见敌而自焚，处决长沙警备司令酆悌以下三人。

昧爽不寐，如有隐忧，达夕事棋，能无竭敝。归自山泽，辄喜对书，已而群居，心如废井。假令子云以研经之术媚世，岂遂过新莽[1]诸臣。弘嗣以著史之长事棋，未必充吴国上选。盖几希之存，不过方寸之间。所以莹然不昧者，端资存养之功，乃至细之已甚者。尤征操舍之候，平旦之气，清明在躬，克期郊迎，弥令神往，斯则拜暇日之游豫，不待瓜以为期，信天涯之暂欢，非买山而后隐者矣。舟次偶手，断烂朝报，巨细几尽，方临表涕泣，舟已迫岸，乃悔以此晨光，海岚殊丽，波平于砥，水澂若鉴，不此领略，而以彼徒乱人意者，自溷也哉。滩头卷石，激浪回澜，矶下披沙，尺蠖盘礴。胥自然之妙有，可即物以见心。反身而诚，会心不远，已有一士，控车过从，细策前程，共祖秋道。时也苍波弥盈，气象万千，横宙纵空，略无渣滓。纵车环辙，三舍而遥，遵海负山，万重瞬息。岗峦倚伏，迎面西来，榕树参差，挥尘道左。断层九仞，何代桑田，辽鹤千年，几经沧海。青山湾煮，与子下车，杯渡山前，度君彼岸。对螯坚甲，满簖而肥，屐侣蛋娘，以栗易之。袖中长物，亦谱吟笺，掖下诗囊，双甘尊酒。秋与春其代序，吾与子所共递。秋光九十，尽此崇朝，人生几何，谁有百岁。一苇孤棹，千叠愁心，未卜明年如何，今日临波酹酒。敢闻道长安局棋，有肉如淮，何当过屠门大嚼，停杯投箸，四顾茫然，古寺寒山，声在树间，为谢慈帆，暂离苦海，寻声辟径，望石植筇。话说当年，有僧卓锡，凭杯渡此，是为今名。昌黎谪潮，亦此栖迟，新安志宦，存兹墨沈。（番禺曹学培有记。在三宝殿下石镌昌黎"高山第一"四字，谓韩集中"两岩虽云牢，木石不飞发。屯门虽云高，亦映波浪没"二十字，见屯山原石碑，末疑昌黎由广赴潮，尝避风泊舟于此）僧犹知趣，松韵梵音，客能题楹，抚弦动曲。高浩如撰联，命岑学侣章草之曰："韩碑屹立，杯石依然，过客偶题新甲子；唐宰高踪，宋王行在，老僧能话旧山川。"踏破草鞋，其余皆驴鸣狗吠耳。临涯驻足，风日俱佳，言志陈诗，衣裾皆韵。住持指引，禅房珍深，平贾廿千，供粻一月。悠然有终焉之思，不尔亦资日月之至。欲结禽向，长谢风尘，一别黄泸，顿生鄙吝。不图盐卤，要荒一抔之土，深人桑下之恋，坚我投辖之怀之至于此也。留不尽之兴，步自雪堂，期及春之游，邀我明月。名山息壤，逝者如斯。

【注释】

①新莽：新朝。

1938 年 11 月 21 日

晴。

记游洎午脱稿，录副寄苏，夜惟一枰，镇其憧憬之思而已。

万年电告："省寓用仆，逃命数日之后，返百子路相视，则见它人入室梱载而行，任老[1]书簏无孑遗者，睨而视之不敢声，人反指之为行窃者，颂系[2]树根者半日。"呜矣已矣，天实为之，谓之何哉。半生来与为性命之书，亦有"入宫原妾命，出塞亦君恩"之一日。眉批手注诸卷悉在于是，中如粤板《十三经注疏》《皇清经解》，恐红羊劫后，原板亦灭。长沙王氏、叶氏诸刻，闻兹火后，片瓦无存，板将焉往。上念传经历厄之痛，俯伤寒士聚书之难。吾自赋《哀学篇》，其言犹肥[3]，乃于今日躬自受之。天乎痛哉，苟利于国，一切亦何所惜，但留此身，稽古岂遂无术。别尔经年，萦怀镇日，此焉永诀。一入侯门，从此憔悴，萧郎敢怨东风不解事。靖康汪子，犹草北狩之纶音[4]。海烂石枯，绵绵此根。

【注释】

①任老：黄际遇。

②颂系：有罪入狱，宽容而不加刑具。颂，古"容"字。

③肥：通"非"，责难。

④纶音：犹纶言，帝王的诏令。

1938 年 11 月 22 日

晴。

侵晨始觉夜来尚克自解，破甑不顾，百念俱灰，莫回首，东风恩怨，候馆饯秋，离宫中月，又别有伤心无数。居若有亡，出茫所往，萧斋不幸，爰丧异书，言告丁子[1]，恕赴不周，张生[2]道远，虑助予痛，未即电闻，日月未除，例不应从税服[3]，会于江次，为位哭之。圣经贤传，精诚所托，事之数十年矣。逢兹不吊，正合膺怀终老，岂惟心丧三年。静斋素心来咺，清风白水，相对奚言。

午杜观因来招以弈，凡六局。明季屠者徐五自榜门首：“问如何过日，但即此是天。”甲申之后，徐五具鸡酒过曹石仓学士，曰：“何尚在人间也？我备此来祭公耳。”学士卒自经[4]，徐五亦自沉云。

【注释】

①丁子：丁静斋。

②张生：张荃。

③税服：税，通“繐”。古时用稀疏细布所制的丧服。

④自经：上吊自杀。

1938年11月23日

晴。是日小雪节。

旦坐灯下，胡伯老躬瀹新尖，涤古器，拳拳相款，为过三爵。

1938年11月26日

晴。

荪子来侍，观作记，习临文之法，下至獭祭[1]，亦自有道。闻亡清诸老，多有不肯示人之手，《汇谈丛兔园小册》，虽入室弟子，亦讳莫如深。此则在诸己者，已下一番功夫，在诸人者，不是囫囵底物。（《朱子语录》：“道是个有条理底，不是囫囵底物。”）沾沾自喜，不足为外人道也。偶写数纸，贻诸同好，有好事者乘其属稿未定，睨而视之，则直告之曰：“此非若所知也。”

夜录谱。

【注释】

①獭祭：獭摆放鱼的样子，含有堆砌的意思，多用来形容文学上喜欢多用典故的现象。

1938年11月27日

薄翳。

晌明孑立舷侧，水波不兴。过荪，市馄饨共食之，不盈百钱，便便满腹，行行数里，就山下茶寮鬻泉自沏新茗。天阴欲雨，游人戒程，得此清闲，语默皆趣。

1938 年 11 月 30 日

晴。

方坐默，客林云价来访，多述离乱事，几扰我大局，陪谈至二更，亦佳。复闻褦襶子发言盈廷中。夜犹作恶欲欧①。

习静成性，不任訑訑②之声也久矣。三年不言，亦非甚奇特事。情阑《进学》之解，怀感叔夜之言，刁斗声声，思君枫叶。

【注释】

①欧：呕吐。

②訑訑：洋洋自得貌，沾沾自喜貌。

1938 年 12 月 1 日

黔。

补记甫毕，觅侣寻黄花，人瘦于花，“曲终人不见”。

1938 年 12 月 2 日

黔。今月未见月。

晨写年来楹联七纸，馈伯畴翁，多里间朋游，唁问之词。牢落殊荒①，兴言里社，山河云渺，感叹奚穷。

亭午挟书投领东南阁，就卖饼家假席说经，坐有解臣，无人侧目，忽忽不知日莫也。岁亦阳止②，井闾蒸腊，仍旧贯否，远望乡树，近抚刀环③，鼙鼓饧箫，悲凉往复。“式微式微，胡不归？”“卉木萋萋”，“行道迟迟”。别母情怀，哀时苦语。逐白云以俱远，睇苍波兮何言。独留弈坛，默参玄旨，尔以戈来，我以矛膺，如观舞剑于大娘，见人而不见剑，如遇樵夫之争道④，直遂而必径行。南越少年，殊多猛进。晡招方绍钦、伍青、黄文瑞、黎子俭饮于白宫，宴啜之间，博获佳局。（方绍钦、吴兆平分先二局，钟珍、周德裕分先二局）并世人所未经见，亦永夕可以用心者也。复徘徊坛下，乙夜渡河，却于此间得少佳趣。

【注释】

①殊荒：远荒异域。

②阳止：农历十月。

③刀环：“环”“还”同音。“刀环”为“还归”的隐语。

④樵夫之争道：书法典故。意谓略甚狭窄，而又势在必争，妙在主次揖让之间，能违而不犯。

1938年12月3日

重黔。

起方学书，静斋适见之，佳其妙绝使转也。多识前言，不在载记，亦拾二则，以窥一斑。某科督学试，三悬自书题纸曰：“洋洋乎（如在其上，如在其左右节）。”又曰：“洋洋乎（发育万物节）。”尚有一悬未命题，询诸教谕曰：“四子有几个洋洋乎？”其一曰：“少得狠。”乃续书曰：“少则洋洋焉。”

传高士奇侍康熙，宸翰[①]写“清明时节雨纷纷”绝句，夺一“雨”字，呼缣易之。士奇进曰：“可以小令读之：‘清明时节，纷纷路上，行人欲断魂。借问酒家何处，有牧童，遥指杏花村。’”问：“唐诗复有他例否？”对曰：“有之：‘黄河远上，白云间一片，孤城万仞山，羌笛何须怨，杨柳春风，不度玉门关。’”便给[②]之巧，煞是可憎才也。

伯鹏自澳门来，存问坐话至深更。

【注释】

①宸翰：帝王的墨迹。皇帝亲笔手诏、御札之类。

②便给：灵巧敏捷。

1938年12月4日

黔，日落犹不胜袷衣，屋梁见月。

早起亦无事，颇复以书自娱，甚嚣尘上，逼人咄咄，有卢令令[①]，有雀来巢。“只恐分阴闲过了，更教人笑牧猪奴。”然无可如何也。“因风去住怜黄蝶，与世浮沉笑白鸥。”（《香祖笔记》录嘉善樵隐者句，曰崔金友者）格磔钩辀，何事不了，花落无人之径，云飞到处之山。梦幻之间，若或遇之。“蝉噪林愈静，鸟鸣山更幽。”（王籍句）又是一种领会法门，非《五灯会元》九年面壁者所能知趣。今日故有出行之约，屐兴为之栏珊，局促辕下，嗒焉似丧，其耦何幸。

【注释】

①卢令令：卢，黑毛猎犬。令令，即“铃铃”，猎犬颈下套环发出的响声。

1938年12月5日

晴，夜月特明。

侵晨呼曾侄盥漱，出访伯鹏客舍。蹒珊过市，见流散来归者阗塞于途，门首路旁，相依投止。我与尔皆中土之人兮，率琐尾[①]以流离兮。胡马窥江，华阳奔命，此间之乐，岂真不思蜀哉，痛实深于青衣行酒[②]之朝臣，在江南亦设以待陛下，何憨矣哉，吴皓称臣之语。首阳之蕨已尽，安往知武王之恩，吴市之箫怯闻，何日发平王之墓。为之奈何，呜乎噫嘻。

旋偕伯鹏过静斋。白发毵毵，犹见耆旧一老，清言娓娓，时有宫徵之音。涕琅汗增，欷而就之，曰：“先生之言媲于雍门鼓琴[3]，令文立若破国亡邑之人也。”

午故人子李氏弟昆（弈周典云）来访，两世之交，十年契阔，“不我以归”，“与子成说”。思亡悼存，絮谈移晷。谓予丰腴未减，畴昔操以何术。逢此衰时，以予之愚，亦罔自知，道或无它，善忘怀耳。客喜而退。

洗盏更酌，期伯鹏夜饮。偶书数帧，报人招饮而不往之惠。荪来学书，因洸洋楮墨之间，分遗好事，当食无勇于杯勺者。昨年炉边灯前之乐，渺如隔世矣。私记十月，欲望一轮，在抱慨然，江帆迎风，云汉相期，高寒何许。入弈乐园晤名手方绍钦，示我佳谱，复介客（崔星槎）对一局，客不能挡百合也，自云南海人，久于北方，颇稔平生。寻别去，与荪子步月里许，扶疏松影，澎湃涛声，不言成蹊，高情视月。

【注释】

①琐尾：颠沛困顿中的人。

②青衣行酒：晋怀帝被俘受辱事。

③雍门鼓琴：一个典故，后因以“雍门琴”指哀伤的曲调。

1938 年 12 月 6 日

晴，夜月圆洁。

昨夜校录新谱，早起作记，宵旰之劳，日中未息。或言有欲来仰关问鼎者，夫子哂之。海滨圯上[1]，有人怀卷，块然[2]退处，尽书盈寸，分非暴麦，情殊抱桥，偶爱海风，来照心月耳。顷何以自娱，颇复有所述造不。北山有文，私幸东皋之则未远，南园无记，敢贻放翁[3]晚节之讥。既难为不识姓名人作书，又不欲令不知我者见之耳。昔人欲镌姓名高山之上，或沉大洲之中云，安知不有陵谷之变耶？（《大唐传》载为颜鲁公事，阮亭云：“此因杜元凯事而傅会之。”）今之视昔，何如后之视今？要誉后人，亦是多事，有身欲其速朽，无名天地之终，速朽乏术，饰终无期，则自瀹我之神知，不知为不知，人亦有言，将信将疑。月白风清，海角天涯，露下叶间，掩映嶷嶷，刁刁拂塘，洸漾离披，弥不胜清癯落莫之感已。

【注释】

①圯上：桥上。

②块然：孤独貌，独处貌。

③放翁：陆游。

1938年12月7日

晴，月在树间。

几有精楮，缀成小册，以散草书。十年来所题楹联，页各一首，自成格律，有目者竞欲怀而去之。悔生平多事于讲章，以书逢人，尤流俗所轻，并一文不值，何消说从此两闲，果卒无邛，邛岠虚者乎。“心蛩蛩而怀顾兮，魂眷眷而独逝。”《离世》《九叹》，《回风》《九章》，抗坠回环，无以自解。况值西风摇落，月明石头，流萤差池，夜深竹外。去来浮名如电扫，“华清花柳咸阳草”。走马长安斗鸡儿，“杀君马者道旁儿”。苑中羯鼓胡为来，东风不敢生尘埃。君不见，当面输心杜句在[①]，少陵时亦为所卖。夜阑刁斗分外喧，去天尺五天何言。

【注释】

①当面输心杜句在：杜甫在成都草堂时，官员们当面夸他的诗写得好，背后却笑他年过半百而一事无成。杜甫写了《莫相疑行》：“往时文彩动人主，此日饥寒趋路旁。晚将末契托年少，当面输心背面笑。寄谢悠悠世上儿，不争好恶莫相疑。”

1938年12月8日

晴，宵月皎然，棂间一霎。是日大雪节。

晨踽踽小肆，间吸牛酪，翻说部。“词赋从今须少作”，留取心魂独守尔。

1938年12月9日

晴，夜东风作。家书来。有客来弈，万事俱了。

1938年12月10日

黔，夜风。

天地如闭，人是物非。自写濠江旅次日记，及让单马弃炮陷车局，寄呈曾子展鸿，慨自曾（刚甫）、陈（师曾）云殁，二黄（季刚、松轩）继之，山阳思旧[①]，独立谁俟，深恐从此，遂无同声。严霜陨庭，朔吹在树，余生难问，游泪久伤。媵数行之书，怀人蒿里，修禊事之日，已无兰亭。所为兴怀，感概系之耳。

【注释】

①山阳思旧：同“山阳闻笛”，比喻沉痛怀念故友。

1938年12月11日

黔。

早甫凝思，博进之徒，亦鸡鸣而起，惟日不足以与我争此一席地也。此间本为爽邱氏之乐，非君所有，而箭在弦上，行乎所不得不行，吁诸簿人，请得毕其辞。亘日胸鬲不舒，郁陶无已，当午如晦，气象黯黪，怀此诣人，出言无味，江东子弟，复有怜而与之俱西者乎？则亦蛰蛰[①]坐隅，（《周南》毛传：“蛰蛰，和集也。”）嗷嗷待哺，司众之所好而好之。无以为生，乃窜身至此，棱棱风骨不暇问矣。岂西汉之淮阴[②]，犹去古之未远，果有人顿足叹曰：“乡者，彼乃以我为非人也乎。”

【注释】

①蛰蛰：众多貌。

②岂西汉之淮阴：西汉开国功臣韩信一生功高于世，却落个夷灭宗族的下场。

1938年12月12日

晴。

“曰归曰归”，胡不归，岂不怀归？

曳杖夷俟，行汲媻姗[①]，闹市无人，陋巷有士，苏导叩犹贤室主[②]。

【注释】

①媻姗：同“蹒跚”，走路缓慢摇摆。

②犹贤室主：此处指曾展鸿。

1938年12月13日

晴。

苏来视作记，学书洎午，携昭文孙同康《师郑堂骈体文》来，甚欲观之。李寿熙来丐书墓碑，午且致肴勺，是亦徒哺啜也。《牡丹亭》传奇破《论语》句为对曰：“酒食（读如是）先生馔，女（读如字）为君子儒。”（出陈最良口）可为莞尔。为过三爵，未敢大噱，胸中积块，吐未尽也。

1938年12月16日

晴。

校谱。写南阁新词一卷。日落偕楚卿渡海观弈。

1938年12月17日

晴。

无客有棋。今日是飞机发明三十五年纪念日，天下几多之罪孽，假汝之术以行。

1938年12月18日

黔。

早自为计，言从之迈，袖书艆船风涛之间，亦尽半卷。

偕苏子野行，叩茶寮久坐，习词谱述书赋。阴云四合，先集维霰，一杯在手，百虑暂忘。荒烟蔓草之间，何处非古人哉。偶同愒阴，谁久茂齿。折晚花之鞠，谁佩茱萸，睇彼稷之苗，独心宗室。悠悠苍天，此何哉。

1938年12月19日

晴。

有光自故乡来，井闾无恙，为丰顺丁氏携来书画各一册，亦眼福也。其一为叔平挽雨生中丞联：

“政绩张乖崖，学术陈龙川，在吾辈自有公论；（雨生兄中丞大人灵座）文字百一廛，武功七二社，问何人具此奇才。”（愚弟翁同龢顿首恭挽）

1938年12月20日

晴。大有成，谷仍贵（每石十二金云）。

曾侄等约再游濠江，相地之宜，钻燧取火，却谢之。

垂晡，隐几看《师郑堂骈文》，殊少卓尔自立之处。即是以思我亦人也，尤而效之而贰之，吾又其谓我何哉。行也寡悔，言也寡尤，干禄学道，吾谁适从。

1938年12月21日

黔。

迻校开局各谱，苏来索《畴盦楹语》及《南阁词》两序，对客麾毫，文不加点，其粗犷可知。匆匆告行，亦不及存稿。

1938 年 12 月 22 日

冬至令节。家书言：“族人犷犷，觑步[1]蒸业，不曰如之何。”即复。

终日抄谱，默参玄契，无声之乐，胜于有声。

伴食饧饴，偶亲曲[2]孽，分至蒸尝，不亲祀事，此后宗法恐亦澌灭不能久存。“族秦者秦也”，自堀之为祸列矣哉。

【注释】

①觑步：边行边看的样子，引申为探刺。

②曲：酿酒用的曲。

1938 年 12 月 23 日

晴。抄谱。

苏携秋园老人长函来观，横卷细书，广溢寻常，大类棘围[1]，间为人捉刀[2]详草，旋阅稿尾，亦自言之。书中覼缕[3]，乱来离合，天涯骨肉，兵间民事，坊贾新书。至言上书，无补汉室《出师》二表，空负隆中，欲看儿曹旋转乾坤。何敢须臾，遂忘天下。一园之兴废，候洛阳之盛衰，一家之叙录，亦觇天下之治乱。私幸一时，徐陈应刘之俱在（原书并致丁、杨、唐天如、黄），深惜久为东西南北之劳人，不禁为之低徊不置也。

相将过静斋。“于嗟阔兮”，“今我来思”。“伐木丁丁”，“笑言哑哑”。“日之夕矣”，“问诸水频”。“食野之苹”，“有酒湑我”。茫然拔剑睨天地，但觉高歌无鬼神。有人敲破王敦之唾壶，何心复为夫子之击磬。涧边风，晓得多少；道旁儿，不问是非。

【注释】

①棘围：科举时代的考场。

②捉刀：比喻替别人代笔作文。

③覼缕：详述。

1938 年 12 月 24 日

晴。

静斋来报聘，谈至午。杜观因来对二局。

1938 年 12 月 25 日

黔。

西方圣人诞日，老少同欢，互致恩物，一如除岁之盛。群以纸制高帽，斑白负戴，盘散招摇。族类既非，安问礼俗。商于之割，瞚[①]及百年，荆州之借，亦成久假。夷风煽方处，数典皆忘祖。城高一尺，饿死宫中人，甘之而如饴，我惄焉而如捣[②]。殊慚泰伯，行亦断发而文身，纵非息讹，其又奚言而苦笑。以是屈蠖自蛰，画地为牢，亦非自诩衣冠，吝于涂炭。世运苟如此，悠悠宁足论。岂图鼾睡之声，不容阘侧，过庭而溺，目为无人。竹林之诸贤遍迁，吾党之小子狂狷。炳烛不足，继以白日。鸣鸡而起，谓人盗□（圣讳）。叫嚣乎东西，隳突乎南北。欲炙人肝而大酺，虽曰鸡犬而不宁。吾观先生不能饱食终日，受物之汶汶，孰为夫子，庸亦不勤不分，植其杖而耘，退然[③]窔隅。趺坐胡床，亦有异书，相与上下，博而能约，金针靡不度人，语焉而详，点头及于顽石。题为《曾黄开局要法》，乃传梅、橘未尽之甘。凡四十八局，局约三十余著，每著附注要害得失，多者亘数百言，故得解说凡六万余言。定局于或推之或挽之之间，脱稿在或笔之或削之之后。虽杀青何日，尚未榜诸国门，而曳白不甘，竟尽逡其细草。世有能赞一词者否，岂遂无游夏之徒。此亦为发千载之奇，不应在弟子之列。

【注释】

①瞚：古同“瞬”，眨眼。

②惄焉而如捣：忧思伤痛，心中像有东西撞击。形容忧伤思念，痛苦难忍。

③退然：同“颓然”。

1938 年 12 月 28 日

晴。

荃来抄日记数则，则寄家中子姓代家书也。

1938 年 12 月 30 日

晴。

清晨写杜诗数纸。“沧江白发愁看汝，来岁如今归不归。”（《见萤火》）檐边之星宿犹稀，屋里之琴书久冷。北风下黄叶，南浦吟白头。十载江湖之客，艾年迟莫之心，面壁未能，学书达意。书之为事，本以记姓名而已。狱谳日繁，刀笔苦之，别为隶分[①]，便于舆皂。《急就章》兴，解散隶体。汉俗简惰，渐以行之。（此四语节《书断》所存王愔语）波磔犹存，别名章草。其非此者，谓之草书。（节黄伯思

《东观余论》语）《说文·叙》云："汉兴有草书。"《董仲舒传》："草稿未上。"《屈原传》云："属稿未定。"似草书之名，本于稿书。钟[②]、张[③]、二王[④]，大张其军，匆匆不及草书，尤言其慎也。时已简体大行，纡徐为妍，意之所之，法可不论。省"灋"[⑤]之从廌以为"法"，去"與"之舁声以为"与"。汉碑晋刻，所在而然。召陵解字，难障百川；陈留石经，仅传三体[⑥]。江左风流之后，新亭麈拂之余，礼且不为我辈设，书又岂足万人敌？泉明[⑦]读书，不求甚解；东山[⑧]得札，题后答之。盖脱略简易之势然矣。"卿"之为"マ"，但存偏旁；"门"之为"丁"，劣得轮廓。能以意为之，而业大奠。草圣[⑨]纵笔，吾书意造如有神；汝曹画虎，视犬之字不如犬。固亦"倡优所畜"，"主上所戏弄"，一经有力负之，以趋九万扶摇，万流钦仰。其时芣苢采女，免置武夫，口授竟成佳札，曳泥亦解彼怒。龙门廿品[⑩]，鲜传书撰之人；敦煌千年，犹庋藏经之字。文章行行，未尽彣彰。纸笔纷纷，以为纸笔。渡江名士，顾影自怜；韩陵片石，狗吠仅免。北碑南帖[⑪]，就此分疆；妩媚犷粗，各驰背道。贞元文物之盛，如日中天。昌黎伯以文起八代之衰，复有鲁郡公[⑫]，以书济天下之溺。大小麻姑，立楷学之极则；争言仆射[⑬]，流行草之芳徽。结字合乎六书，用笔本于二篆。欲令正俗合契，隶分同原；正中有行，今不背古。法既彰矣而不过于严，神则和矣而不伤于流。旋中矩而周也中规，心既正斯笔无不正。仰止山斗，不废江河。余姚（虞）[⑭]、钱塘（褚）[⑮]、北海[⑯]、率更[⑰]，虽年辈稍前，骖驔天纵，而或则食古未化，格磔仍存，或则变今未能，法意交敝。然亦莫为之前之君子，使我如登不见来者之幽台。有宋诸贤，具体而微。坡公、涪翁[⑱]，有志未逮。才力足以追古，书法乃以从众。信贤者之不免，能勿望古而遥集也哉。夫道既若大路然，其间必有名世者，岂无阳冰[⑲]、梦英[⑳]，上武斯相[㉑]；怀素[㉒]、智永[㉓]，继踵右军[㉔]？篆草分镳，后先一揆，芬芳史牒，流落人间。而泰山仅留羽毛，载乘如此寥寂。建炎以后，数至初明，落落千年，悠悠长古。晦翁[㉕]楷法，仅竖典型；道人[㉖]丽书，殊惭宗室。香光[㉗]晚出，号祖二王。其书靡然，入清滋炽。宗之者崇之牛耳，毁之者指为螯虫。而法乳怀仁，兼祧《兰序》，永嘉之风未沫，笔冢之胤如存。未可以其《画禅随笔》之不经，华亭里谈之遗行，一眚[㉘]一德，混为一谈。晚有二王（王宠雅宜、王铎觉斯），张以文（衡山），祝（允明），细书狂草，妙绝人寰。诸子故为未及古人，自一时之俊也，后之作者，已不逮矣。旷胜清一代，亦仅二王（梦楼、良常），稍追明风，劣见古意，简洁岸峭，尚无拥肿之习。自诸城、仪征，恣为碑说，适便不学，煽为末流。大兴未脱馆阁之羁，怀宁时遗形声之误。安吴双楫，只善谈兵；湘乡脊令，止知其意。泾县弟子，至乏滕更之徒；板桥狂流，遂滋曼生之蔓。书虽小道，乃亦遂无可言者矣。别有怀璞者流，好学沉思，经有颛门，词无支叶。洞六书之故，通八体之原。不言自芳，未歌而韵。书名或掩于其学，真迹耻落于凡夫。论世者未必知人，求书者莫穿其户，宁汩于狐貉以同尽，行且濬渊潭以自沦。引老妪为知己，揖古人而失笑。以兹说字，无异谈禅。尝扫敝庐，特悬名墨。伯安、惜抱，心焉仪之；里甫（谢）、子高（黄），里有仁焉。又有余杭（章）、揭阳（曾）[㉙]、蕲春（黄）[㉚]、武进（屠），并有著书，咸标独造。义宁（陈师曾）画品、上虞（经子渊）印章，可突冬心[31]，无惭撝叔。居然千里一室，异代同情，近接遐思，我师我友。我思诸友，已侪古人；后之视我，未知何似？乙丑余生，良悔少作；丙寅去鲁，感念壮游。颇思卧碑，重拂尘研，去背古之太甚，补壮学之未行。庶几坠绪茫茫，复时闻鸣声喔喔者。张有不作，几见复古之篇；窦臮云遥，乃赓述书之赋。

一旬简出，不无泉石之思。逾午而记，未尽所怀，既有成言，中辍小休。考槃在阿，谁谓河广，袖双甘以问菊，迟《两都》以十年。倾盖班荆，何之不可，知新温故，可以为师。知之未尝不言，夫子之谓也，言之未尝不行，其殆庶几乎已。亦觅醉燔间，行吟泽畔，倾步兵胸中之块磊，传中郎爨后之焦桐。（《世说》："阮籍胸中垒块，故须酒烧之。"字亦作块磊。胡宿诗："已托焦桐传密意。"）冉冉新钩，沉沉仙漏，从军坛下，橐笔归休。

（谢兰生，字佩士，号澧甫，又号里甫，别号里道人，南海乾隆举人，嘉庆翰林。阮芸台重修省志，延任总纂。书法出入颜、褚、李，画宗仲圭、香光。

黄子高，字叔立，一字石溪，番禺人，优贡第一，受知阮芸台。工篆隶，能画梅。有《石溪文集》《知稼轩诗钞》《续三十五举》《粤诗搜逸》。）

【注释】

①别为隶分：两汉时书法由籀篆变隶分。

②钟：钟繇。

③张：张芝。

④二王：王羲之、王献之父子。

⑤灋："法"的古字。

⑥三体：《三体石经》，因碑文每字皆用古文、小篆和汉隶三种字体写刻，故名。

⑦泉明：陶渊明。

⑧东山：谢安。

⑨草圣：张芝。

⑩龙门廿品：选自龙门石窟中北魏时期的二十方造像题记，是魏碑书法的代表。

⑪北碑南帖：清阮元分南北朝时书法为南北两派，称北朝的碑版为北碑，称南朝的书帖为南帖。

⑫鲁郡公：颜真卿。

⑬争言仆射：《争座位帖》亦称《论座帖》《与郭仆射书》，为颜真卿行草书精品。

⑭余姚（虞）：虞世南。

⑮钱塘（褚）：褚遂良。

⑯北海：李邕。

⑰率更：欧阳询。

⑱涪翁：黄庭坚。
⑲阳冰：李阳冰。
⑳梦英：宋代高僧。
㉑斯相：指李斯。
㉒怀素：唐代书法家，史称“草圣”。
㉓智永：书圣王羲之七世孙，号“永禅师”。
㉔右军：王羲之。
㉕晦翁：朱熹。
㉖道人：赵孟頫。
㉗香光：董其昌。
㉘眚：过错。
㉙揭阳（曾）：曾习经。
㉚蕲春（黄）：黄季刚。
㉛冬心：金农。

1938年12月31日

黔。

昨日《书谱》告成，录副贻荪，抄寄家塾中子侄习之，不足为外人道也。

1939年1月1日

黔。

“天边梅柳树，相见几回新。”（工部[①]《太岁日》句）怯故国之乌啼，商颜呜咽，渡锦江之春色，秦赘[②]凄凉。游诸侯则何国不容，非其类则其心必异。息心断臂，混混者旧矣。

【注释】

①工部：杜甫。
②秦赘：典出《汉书·贾谊传》，后因以借指赘夫。

1939年1月2日

黔。

凌晨过南阁，买车沙田，坐西林寺中，一亭翼然，游人稀至。漪漪岩竹，习习谷风，不闻车马之音，权拥园林之胜。一声梵磬，四面云山，千虑俱消，并时无两。沉吟去日，讽拍新篇，惭无倚马之万言，亦尽汗牛之千卷。推敲一字，“启予

者商”，笺注八志，请事斯语，一坐半日，采其薇乎。舍徒而车，适子之馆，亦三勺以为寿，尝一脔之异味（粤人耆蛇食）。杂坐庸保[1]，自称酒仙，兴之所之，人尽可友。会弈工方绍钦，让先三局，胜二和一，验吾术之消长也。夜观醒武对方[2]二局，归已夜分，闻姚伯鹏、曾展鸿来访，至则行矣。

【注释】

①庸保：旧谓受雇充当酒保、杂工等贱役的人。

②方：方绍钦。

1939年1月3日

黔。

起理残稿，约伯鹏来共饭，不知所之，旋来谈。

晡静斋登楼，平生未以夕来，意者亦不免为人事下山一走，未茶别去，复不食人间烟火者。

1939年1月4日

黔。

《论语》“吾十有五而志于学”一章，夫子之自传也。太史公自叙，班书叙传，寓自传于家谱之中也。《答宾戏》《客难》等篇及以七名篇等作，变体之自传也。孝标[1]自叙，比迹敬通[2]，彭泽自祭[3]，永诀亲旧。望风贳涕，临危据稿，非无膏沐，慨想平生。伤哉，实命之三同，自号先生为五柳，流风余韵，犹有存者。韩白之徒，慨然有作，晨入大学，解《进学》于诸生，晚弥好酒，托醉吟以自传。国子先生[4]只自解耳，从游子弟未能释然。而樵者不以林寂而歌，子规不以夜半而辍啾，匪求倾听，特抒幽怀。后有江都，且孝标之五异，微闻杨子（芳烂），复义山之四同。自古贤人，秉志遵分，遭时不偶，比物思人，式聆其音，以哀以思，夷考其行，以芳以洁。孙休既艰遇岁，乃躬耕杨漕者十年（刚甫），郑缓复误攻儒，竟发墓洪山于身后（季刚国葬于武昌东门外洪山，以处士之垄，竟为盗掘。门人张奋可见报为予言之，他无所闻，经年未记）。蛰庵断句，季子遗篇（季刚有《自序篇》），思旧泫然，弥伤无似耳。（见今人自传十余首，无可言者，因作此则）

【注释】

①孝标：刘峻。

②敬通：冯衍。

③彭泽自祭：陶渊明的《自祭文》。

④国子先生：韩愈自称。

1939年1月5日

重黔。晚风送雨，丝丝入扣，凭栏写杜诗，未晡欲暝，书亦不佳。伯牙绝弦于钟期，仲尼覆醢于子路[1]。书空画沙，心自得之可矣。

初更后陈翁挈庵（颉龙，揭阳）过访，伯鹏实先后之。“予曰有疏付”，“予曰有奔奏”。龆年仰止，垂莫纳交，况在异乡，同兹寄食，鬓比霜皑，颜如渥丹。敬问绛县之年，入昨岁来已七十，极称之武之，知臣之少，也不如人。猥以博雅之誉，出诸耄学之口，庸惟可以攻错，何当报之琼瑶。

万年来谈，叩以字曰仲韩。

【注释】

①仲尼覆醢于子路：孔子痛子路被醢于卫，不忍食其相似之物，故命弃之。后用以表示师生间的深厚情谊。

1939年1月6日

小寒节。华表五十三度，港吏报黎明五十一度（仲禀言上海二十五度），已为今冬奇冷，有狐貉之厚以居者矣，其实袷衣已称体，难为生不见雪者言也。

1939年1月7日

黔雨昼晦。屐货之好者何人，山阴道上，山川映发，子敬雅游，仅存梦想。长安风雪之中，灞桥驴背之上，黄冠草履，竹杖芒鞋，袖壶裹之。春啮刀环之雪，横经薪上，贯酒旗亭，醉卧沙场，拥絮牛衣，外此则席地幕天，餐风吐月。飞禽敛翼，张罗亦空；渊鱼深藏，凿冰寡获。挹兹冷气，仰见天心，弥望空林，更无落叶。一时狂笑，谁与接舆，三年不言，何须吞炭。俄然而觉，则蘧蘧然周也。

1939年1月8日

稍霁。家书来。

又是一年扫墓矣，既痛子厚“马医夏畦”之语[1]，又深爱伯“柯山湖塘”之思[2]。东西南北之人，缺者半世寥落，干戈之会，身其余几，畏首畏尾，正不胜其审顾焉，徘徊焉尔。

午胡伯翁又专伻致肉糜，能毋惭县令之猪肝，负燕丹之女手也乎。昔之女子，犹复知道伯休。今之少年，或能讥平孝章。几见季汉九牧之人，况在颜驷三朝之后。无俟天问，自有远游，车马周流，将士用命。会师坛下，露布甲间，别开知勇辨力之用途，要亦机锋心思所交竭。形如槁木，心如野马，口未一字，机已万殊。视无所用心之犹贤，而不知其道者之尤众。问礼访乐之下，自卫反鲁之余，夫子之居是邦也，“不贤者识其小者”。二旬休暇，名谱裒然，一夕话言，无征不信，别谱存之，或亦文献之足观者也。

【注释】

①子厚“马医夏畦”之语：见柳宗元《寄许京兆孟容书》。

②爱伯“柯山湖塘”之思：见李慈铭《湖塘林馆骈体文》。

1939年1月9日

晴。

孔璋之檄[①]，永州之蛇，俱可以愈头风。未闻一夕之谈，可作三年之艾[②]者。胡翁言日聆清磬，顿瘥沉疴。方苦河鱼之奈何，（宣十二年《左氏传》：“河鱼腹疾，奈何?”），未遇秦医而若失。此亦君子爱人之德，殊愧仁人溥利[③]之言。特未敢索然向隅，败公等之兴耳。

逾午荃来学书，几为穿研，意酣落笔时，有濠濮间想[④]。坡老醒后辄悔醉作。久谢群饮，更无濡首染翰[⑤]之会。姑复为之，聊且快意。

【注释】

①孔璋之檄：陈琳《为袁绍檄豫州文》。

②三年之艾：病久了才去寻找治这种病的干艾叶。比喻凡事要平时准备，事到临头再想办法就来不及。

③溥利：普施利益。

④濠濮间想：闲适无为、逍遥脱俗的情趣。

⑤染翰：以笔蘸墨。

1939年1月10日

晴。

终日不获一禽，亦无须乎诡遇也。

1939年1月11日

晴。

君之出矣，不辨东西，将安归乎，非其主宰，相彼乌矣，出则犹求友，生子在陈兮，归与亦思小子，此正“出则不知其所往”“居则忽忽若有所亡”之时也。偶发远问，彼阍尼之，已而静观，又或阻之。将出既阻于臧氏之子[①]，传食又惑于彭更者流[②]。“以为贤乎？”子贡或贤于乃师。“不以泰乎？”梓匠亦将以求食。观先生之貌，何故而至于此，充仲子[③]之操，则矧而后可乎。堂燕飞来，庭花落去，木叶脱尽，洞庭未波。

【注释】

①臧氏之子：臧仓，战国时鲁平公的心腹侍臣，爱挑拨离间，造谣中伤。后人便把进谗害贤的小人称作“臧仓小人”或“臧氏之子”。

②传食又惑于彭更者流：传食，辗转受人供养。彭更，孟子弟子。曾问于孟子曰：“后车数十乘，从者数百人，以传食于诸侯，不以泰乎？”

③仲子：陈仲子。

1939年1月12日

晴。家书来。

习书抄记，便子弟传习而已，亦以当家书也。

1939年1月13日

晴。

多喝茶，少说话。昔人听鼓，衣钵亦沿门棒专也。

逾午北游以振之，期苏子江头，步叩茶肆，茶新酿亦熟，“重与细论文”。夜来苦欬，如何可病，言无酗酒，亦有戒心，如鼷鼠之饮河[①]，聊作过屠门之大嚼耳。

【注释】

①鼷鼠之饮河：鼷鼠饮河，比喻欲望有限。

1939年1月14日

晴。

静斋来久坐，私谈古人，阅定近记，喜诵《述书后赋》，谓可并《哀学篇》为两美。请益，则郑重申言，曰：“谈何容易。”语见《汉书·东方朔传》，吴王曰：“可以谈矣，寡人将竦意[①]而览焉。”先生曰：“于戏！可乎哉？可乎哉？谈何容易。”沈钦韩引《盐铁论·箴石篇》：“贾生有言曰：‘恳言则辞浅而不入，深言则逆耳而失措。’故曰：‘谈何容易。’”是亦深人无浅语者。

夜苦嗽，几番起坐，世事茫茫难逆料也。

【注释】

①竦意：集中注意力。

1939年1月15日

黔。

晨属文雄立方消肺火。亘日蛰几侧，不言不笑不取乎。

夜嗽未已，特不成疾耳。

1939年1月16日

重黔，细雨霉润，如春气恼人时也。

衍璿自广西藤县书来，五旬而后达，“新诗和到须明年”（随园《除岁走使寄诗》句）。赴洛登楼，同此谯谯翛翛之感耳。

1939年1月17日

晴阴相间。

为曾子[①]写新序，跋《开局要法》之末。

【注释】

①曾子：曾展鸿。

1939年1月18日

晴。

荃告归，共诣渡头，问诸估人，舭[①]艇孔多，鲜如人意，茫然万顷，一苇杭之，百转夷犹，一声欸乃。“洛城虽半掩，爱客待骊歌。”“应念愁中恨素居，骊歌声里且踟蹰。”（段成式句）遥指一村，聊尔居肆，假为东道，问讯西来。未具祖道之供张[②]，辞曰远行之馈赆。道里中父老之无恙，幸北门管钥之依然。亦冀其归，了此残岁，毋久于此，而后出昼[③]，抚膺来日，浪迹行云已矣，何言逝者如此。

【注释】

①舭：舟船舷靠舷比肩而泊。

②供张：亦作“供帐”，指陈设供宴会用的帷帐、用具、饮食等物。

③出昼：离开求官之地。

1939年1月19日

晴，晡黔。

晨询榜人，鸣钲克期。亭午走别荃子之行，同叩曾庐，及门分襟，犹冀常寄日记，恐文思不属，所言皆糟粕，并已陈刍狗[①]之不答也。

【注释】

①已陈刍狗：古代祭祀用茅草扎成的狗，祭祀后丢弃，指已经过时、轻贱无用的东西。

1939年1月20日

黔。仲韩（万年字）来别，往濠江为伯鹏道地，即书复伯鹏。

1939年1月21日

晴。

见报上载杨云史《苍梧军歌》（云史，蓬莱吴[①]记室）：“日出苍梧千万山，旌旗已过镇南关。边功不在沙场里，楼上楸枰数著间。”亦空谷之謦欬也。

【注释】

①吴：吴佩孚。

1939年1月22日

黔。

连三日，里警又传。湘子桥边，揭阳车站，月浦乡外，并拜君赐。

兰绕波沸，驿路尘嚣，斜月西流，孛星[①]东贯，漫漫故园之路，依依堤柳之怀，正不知元亮[②]门前，永丰园角，占春几许，开来几枝。

方伏几，有客来见，自称刘仲英，即五羊茶肆中所见能抗卢辉[③]单马之人，吴梦秋屡道潮人诗才挽近所交口[④]者。快然投契，吾道不孤，与对两局，复渡海入弈乐园，与诸弈人流连至二更始归。所得良厚，并入《畴盦坐隐》篇。

【注释】

①孛星：彗星。旧时星相术士亦以指灾厄之星。

②元亮：陶渊明。

③卢辉：20世纪30年代广州籍象棋名手。

④交口：交口称赞。

1939年1月23日

晴。

霄杵邻春，催人早起。世人方睡，先生何之。自南阁东归，胡翁引疾，坐无谈侣，出乏钓徒，几见涤器之人，至少赌莽之会，举目言笑，牢落可伤。

晨过静斋，一倾怀抱，如服清凉之散，愈于浮屠家言。追忆京华朋游，历历心目。刚甫见人典质秘本韩集，人方惜之，则曰："尚在人间耳。"主人谓："予大丧图籍，则别有天地，非复人间也已。"

1939年1月24日

晴。

家书来。柬伯鹏。学谱。

1939年1月25日

晴。

数荪子到榕之日，正六鹢退飞过宋之时，今日书来，信也。云："不待唤舟，与外祖徒行四十里抵古沟，弟妹几不相识矣。"岭海之间，去京师万里，不知始自何时，屹成重镇，行李往来，共其困乏，东南半壁，仅通一孔，我因之以负隅人，视之为尾闾，僻陋海堧从此驿骚矣。既一夕之数惊，幸月至而已矣。捍土御侮，望帝佞神，比诸决川，敢责守土哉。

1939年1月29日

黔。

杨铁老来观日记，迩日习静山中，经月始出也。

1939年1月30日

晴。

传诗钟之善者，如拈霸王莺莺云："万里江山归赤帝，一生名节误红娘。"拈女花二唱集唐句者："青女素蛾同耐冷，名花倾国两相欢。"又："商女不知亡国恨，落花犹似坠楼人。""神女生涯原是梦，落花时节又逢君。"亦工巧者。

夜诸局并佳（一〇七七至一〇八〇局）。中夜邻儿啼，甫息，又有叩门声殊急，则陈莞父少子来，言其父夜归，甫就寝，中痰不醒，诸年侄并披衣起，为延医发电，扰攘更许。人事不常，信有如是，所难堪者作客耳。莞父比夕犹来周视里人，适予有客坐隐，莞尔颔之而已，其遂毕于此一颔乎？百感交集，展转及旦。

1939年1月31日

晴。

破晓陈少君复来告急，盥而趋视之，奄奄一息矣。少相煦濡[①]，壮同冠盖，天涯沦落，暮境徘徊，不虞君谈笑之余，遽俯首而不起也。针灸交施，药石失效，耳畔疾呼之者再，君固罔觉而亦不见，有甚痛苦者，只当大梦而已。然则君又别有领受于去来之间者也。

洎夕甫返肆，而凶问至矣。"嗟尔远道之人，胡为乎来哉？"只以世乱，重涉其帑，竭其余力，苟全性命。甫遣其宠子归里（有熊），曾不崇朝[②]，遂不及面。里巷旧交零落殆尽矣，伤哉。

【注释】

①煦濡：相互给予温暖和帮助。

②不崇朝：同"不终朝"，不到一个早晨。形容时间短暂。

1939年2月1日

晴。

是日陈太夫人忌辰。八年海外，非敢盘桓，万仞孤云，网报之德。今兹于役，重有友丧。既深蛩駏[①]之悲，弥增霜露[②]之感。与浆入口，随里友往唁陈氏遗族。横尸支阖，素帛附身，死又如何，没而犹视。运城西寺，凄凉仲则之遗栈，燕市国门，踯躅德夫之行旐。乃于此日，及我良朋，两眶盈盈，几至忍涕。时有熊侄，亦匍匐而至，为之盥而抚之曰："所不嗣事于齐者，有如河。"[③]移时，揭而视之，两睫已合，含笑如生矣。隅坐尸侧，以俟棺来，正未知死何如生何暇，作今之视昔，毕生晤对，尽此刹那，发为挽章，永归蒿里，联云：

以泛舟来，以庳柩迁，符节亦前缘，故应吴子待君久；（同邑吴上舍梦兰与君同年同岁补博士弟，同隶蔡杨之门，同以避乱死于香港）昔共公车，今同浮海，临终犹一颔，胜似巨卿执绋迟。

意有未尽，又撰联云：

方健羡禽向云山，冀瓯海波澄，逍遥犹卜倦游阁；（包慎伯晚自号倦翁，有《倦游阁记》）竟亲抚东坡客死，况迟儿归晚，永诀仅及盖棺时。

【注释】

①蛩駏："蛩蛩駏驉"的省称。传说中二异兽样子相似而又形影不离，故以比喻休戚与共、亲密无间的友谊。

②霜露：霜和露水，两词连用常不实指，比喻艰难困苦的条件。

③所不嗣事于齐者，有如河：见《左传·襄公十九年》。

1939 年 2 月 2 日

晴，午黔欲雨旋霁。

补记日来事毕，日中且昃矣。莞父停柩筮吉，未刻出自殡宫，九原泉路尽，交期此日，实死生路别。往祖神道，脂戒輀[①]车，宵尔索绹，盘棺三匝。故乡此去，虽无多路，受眢犯軷[②]，桔槔艖符。不能不预防衔橛之虞[③]，以减脱辖[④]之惧。刍灵[⑤]既具，牲醴以共，《薤露》一歌，舆轮徐动。亲旧助绋[⑥]，孤息踊号，哀哉尼父，"行矣元伯"，谁无今日，"永从此辞"。扶柩者哭祭天涯，送行者自崖而返。只有夕阳好，回首山河非。

蔡秋农撰联云：

"如公颐养有方，岂仅六十杖乡，讵渡海匆匆，一病竟遗儿女恸；若个奔弛无尽，况复百年短景，何劳人草草，此生遂与国门辞。"

【注释】

①輀：古代载运灵柩的车。

②軷：古代祭路神称"軷"。祭后以车轮碾过祭牲，表示行道无艰险。

③衔橛之虞：车马倾覆的危险，亦喻意外发生的事故。

④辖：插在轴端孔内的车键，使轮不脱落。

⑤刍灵：用茅草扎成的人、马，为古人送葬之物。

⑥绋：古代出殡时拉棺材用的大绳。

1939 年 2 月 4 日

晴，明月棖照，心照不宣。言女安禀来。

晨起未完佩带，静斋主人来作健谈。小报（《立报》）云"香港孤岛，后枕太平洋，故全山名太平山，隶广州府新安县九龙司。嘉庆间海盗张邹一嫂据之，全山六峰，见在西营盘一带，即张巢所在村落，三四十人，口不满二千。先是有一村名香港，后人遂以总名之。山中杜鹃吊钟诸花尤绝，道光中叶英人曾开埠于大屿山，亦九龙司属地，横枕虎门之外，与九龙群山相对。有蛋民卢景者（绰号斯文景）进言，此四周水浅不利湾泊，乡村错落控驭为难，不若太平山地势，回环粤道要冲。夷人纳其策，遂于道光二十一年辛丑在金陵定约”云。

1939 年 2 月 5 日

晴，月光如水，天下三分。是日立春节。

晨栉沐，方读，话管传声，荃自故乡来。午走面之，郊行半程，系骢[①]苑舍，竹杝迤绕，梅岭未花。姑与吊古荒台，亦作避秦异域。杖丌在蔓草荒烟之际，诗心寄旌旗箫鼓之间。漂泊何年，犹耻翁子会稽之守，海天落日，私幸刘季枌榆之安[②]。人知之与不知，勉旃无多谈，苟吾君与我父免矣，可若何，去国日已遥，“近乡情更怯”（杜句）。夫子何为者，先生将何之。

【注释】

①骢：青白杂毛的马，泛指马。

②刘季枌榆之安：刘季指汉太祖高皇帝刘邦。刘邦拔剑斩蛇起义之初，向故乡丰县的枌榆社牲宰致祭，乞求土地之神赐他更多的土地。

1939 年 2 月 6 日

晴。

何衍璿流寓梧州，折肇庆转藤县，道龙州趋昆明，寄书常不达，况乃未休兵。昨柬来自龙州，即草函寄昆明复之。崎岖之间，不忘故友，致可念已。

马隽卿如兄以后四日七十初度，去年今日躬往练江豫[①]为祝斝，逆知[②]翌岁未易结言[③]。今果逋逃，未卜返驾，抚山河以哀咍[④]，伤不幸之言中。寄之简牍，俾无要盟，简云：

隽卿如兄史席：及瓜被书，履冰稽复。登楼心悸，赴洛道歧。默计杖国之年，称觞佳日。即以不舞，亦当来朝。亲觌天下达奠之三，口称刘季贺钱者万。后立春五日，开筵之盛，信君之得春独先，正臣朔一石不醉之时。逮醉亦扶肩而出，共仰郭前之桑梓，私幸沛中之枌榆。杂掷鞬于里少年，争举饧于群稚子。出听叱犊，入亦呼庐，复有剧棋以助捧腹。凡此皆崔九堂前寻常见事而已。惊沧江岁晚，几度难闻；梦里河山，旌旗无改。老来诗酒强项何如？吟卷三百余篇。此后更增几许？上寿百有二十。只今才过半耳。善护景光，复瞻丰采。刺船看竹，蜡屐寻梅。

报载伦敦本日路透社电“中国名教授陈寅恪氏，近受英国牛津大学之聘担任教授（十月就职，薪八百五十磅）。华氏[⑤]在英国大学任讲坐者，陈氏为第一人”云。予识寅恪于南京中正街尊人伯严丈之寓，年才十六岁，临别以《濂亭文集》为赠，且题曰“以为它日相见之券”，其颖异有如此者。介弟登恪[⑥]画一便面，伯丈题句云：“十岁童儿笔，知添帆两三。离奇兼古怪，酷似李某庵。”今为武汉大学教授也。

【注释】

①豫：同“预”。

②逆知：预知，逆料。

③结言：用言辞订约。

④咍：古同“咳”。

⑤华氏：华人。

⑥登恪：陈寅恪之弟，古典文学研究专家。

1939年2月7日

晴。

简毕裁答，亭午乃毕。

录迩日文稿寄荪，借移示塾中子姓。

1939年2月8日

晴。

晨早起访静斋，归饭，学局洎昏（谱入上表）。

1939年2月9日

晴。

饔进膳食枸杞（见本草），叶汁虽苦而甘在味外，苦者其性凉也，然其子其皮（地骨皮）其性则热（亦见本草），本是同根生，凉热悬殊如此。荔枝之肉，石榴（热带所生）之核，食之甘美，多食使人滞食不消化，而其皮其壳鬻水服之，可祛肠积，即以其物之余，还治其物之病。毒蛇所窟，傍必有生草可愈蛇螫，其相生相成有如此者。

午姚伯鹏来久坐。荪子手囊故里果饵之属来犒远人，阖坐共食之。猛忆铁老督写过庭《书谱》，纵殊宿诺，耿耿在怀，研池久涸，有润之者，慨然搦管写《后述书赋》全首报之。何止三日不弹，尚免五乖[①]交集，睨而视之，究不足为吴郡清道也。

林本侨自申来，适执笔，视挥毫炊许。夜二更复来话别，将旦日渡泸深入不毛，荒岁研田垦耕，及于边徼[2]，襁负耒耜，视自宋之滕，尤为鄙远矣。彼能往寇亦能往，甚且穷之于其所往。吾道之穷，回车匪易，今君往矣，不无黯然送别，迄路隅为君立斯须。

【注释】

①五乖：同“五乖五合”，见《书谱》。

②边徼：边境。

1939年2月10日

晴。

午为庄头写悬轴四帧，颇卖气力，一饭一剑，一字一缣，昔闻其语，今无其事，目暝意倦，聊复为之尔。器儿禀来即复，附与人二札，入人事类编。

1939年2月11日

晴。

午与南澳吴生共坐半日。

1939年2月12日

晴，暖不胜袷衣。

乡晨振起，在彼中流，回睇屏山，无心出岫，漫漫山麓，烟雾万家，野马尘埃，上下往来，而吾与子之所共息乎。混混相浊，胡子独硗硗者缺，宁子独完，今岂遂异于古所云哉。言过张生行古之道，惟与晳可以言志，亦知祖腹所欲言。买浆荒廛，舍车旷野，路隅有王孙之泣，道旁无故侯之瓜。人事天时，动多枨触。

1939年2月13日

黔。

林琴南己未居旧都[1]，题雪山一绝云：“十年卖画向长安，一面时贤胆即寒。世界已无清白望，山人写雪自家看。”抑郁之中别求解脱者。时刚甫亦有句云：“年来落拓无长物，小女丹青慰老夫。”其萧条尤可想。

【注释】

①旧都：北京。

1939年2月14日

晴。

镊人理我头，利市十倍于昔，而工日窳，正如《小仓山房》所云："奉刀茫然者，机巧日新，人工日钝。"美洲理发之费，可至十数金，而剃器一合，贱者一角。书写之事，舍署名外，几尽以打字机为之。虽有名之指，屈而不申，亦不害事矣。

亭午荪来学书，研墨盈池，销磨寸许。比日落，为成屏幅六开，都千三百言。常爱此中多乐趣，更于何事学忘机，亦北窗之羲皇[1]，南阁之牂柯也。沽酒小饮，坐至夜分。

【注释】

①北窗之羲皇：比喻闲逸自适的人。

1939年2月15日

晴。

视胡伯翁疾，言将以献岁归矣。"之子于归"，"卜云其吉"。鸷鸟归巢，征马踟蹰。讵无首丘之情，不敌琐尾之惧耳。

夜坐，李雁晴自温州道上海过此相访，二书未复，询及门人，今日之事，一见万金也。

1939年2月17日

晴。

静斋辰初徒步来过予，信健履也，有客不果谈。

雁晴来告来朝走马，从兹天南海北。又几程[1]矣，李生勉乎哉，"吾知其必有合也"。

【注释】

①几程：几经波折。

1939年2月18日

晴。

祖腊[1]起早，爆竹声迷，携此孤筇，寻彼行迹。豫计满山落叶，秋虫不鸣，陵苕未华，春蚕自茧。独寻人去之后，空见日斜之时。呜咽坠泉，飕飕萧木，水流花谢，乐子无知。幸石头之犹亲，眄流水而无惭。来拜老人，坐看云起。上下今古，吸纳烟霞。骋会心之所之，亦当头所几见。未知明日山岳，如许茫茫，怯听送岁鼓萧，度此寂寂。世与我而相遗，此邦亦不可以久。今之前吾适矣，今之后予亦不自知其何如。

【注释】

①祖腊：祭名。祖祭祀路神，腊年终大祭。

1939年2月19日

先大父忌日。晴。是日雨水节。

枕上众声震耳，客思起伏，北寺敲钟，东邻击鼓，人以为欢，我以为苦。观先生之状貌，非有所求，问夫子以何为，是何濡滞。饿鸱饥朔，墨墨为怀，春燕秋鸿，苍苍在鬓。江东父老，彼纵不言，吾党小子，狂也进取。修眉明目，几逢袁绍之杯，博冠高冠，傥亦方山之子。结庐何许，依水编茅，背囊奚奴，将诗抚酒。乌托邦适彼乐土，天壤间多一闲人。涤器而安，投阁卒免，岂不懿哉。除日郊行，有为感赋，诗情如水，吾道不孤。（录稿寄与言女）

乡晓度邻室，祝胡伯翁旅安。有顷，伯翁力疾盛服来答拜。今吾子亦犹行古之道也。族侄燕方来叩岁。故人子吴其敏来谒，与谈联对事移时。

1939年2月23日

晴。

今晨始展客坐一角，拂研作书，端寸楷三百余字，家书来即复。

1939年2月24日

晴。午风作旋息。

然则盍行乎，记赤壁之前游，志北山之后赋。渡彼觉岸，岂无慈帆。时因好风，期以旧雨之子。南浦洞庭始波，如此平原，何人走马。几见行人来问津，羡汝有家在江海。商量归隐之计，指点入林之途。避得意之马蹄，若将挽焉，问征夫以前路，云胡不归。鸟迹蚕丛，寻春鲜到，山林薮泽，真意独完。以敖以游，式歌且和，一丘一壑，奇趣横生。道子远来，徒涉良苦，行行行行，且住为佳。帝乡既不可期，重茵或非所愿。姑纾游屐，为子班荆，泉亦助甘，橡可果腹。山间只供风月，市远不具盘飧。久绝骋骢，未知尘事。闻道长安，何如西蜀。臣在江南，亦待陛下。客也兹来，权时避世。不知所语，殊负山灵。怅然吟式微，即此羡间逸。粪土符充之论，糟粕二氏之言。孤松自青，卷葹不死。齐物论亦虚诞，哀时命为妄作。文章误我，衣冠亦为多事，秀孝罢举，书香累代未绝。请事斯语，毋谕此盟。

1939 年 2 月 27 日

晴。

晨端写丰乐堂本《麻姑仙坛记》数百字，吾腕尚存，在心使之耳。鲁公书妙处尤在布白，凡左右匀称之字，如“南”“中”“闻”“十”等字，每令左右空处不为等量，右白常大于左，曰“借镜映花”，倍呈其妙。石庵[①]一老，极意效之而传神。稍失，便成白眼。青白之分，端在点睛。故友陈师曾又以重心之法解之。又如“中”“十”“平”“半”等下垂之字，其下勒常短于俗书，更觉笔尽而意未尽。“日”“田”“因”“白”等字，结体特宽，弥挹裼裘[②]缓带之风。素仰颜书，最合篆意，亦有一二未改俗流，如“麻”之作“麻”，“來”作“来”、作“朿”，“色”作“邑”，“须”作“湏”，“刺”作“刾”，“岡”作“罔”，“刻”作“刻”，亦复未能免俗。比见门人习《南园侍御书》时，赘[③]此体以为平原[④]，必不如是。今日对临，亦依样画之，以存其真也。

马隽卿复书略云“落叶半床，梅花满树，正怀旧雨，忽降朵云，奇采发于行间，深情溢于言表。环回百读，纫感五中，伏念阁下，道味日腴。宦情久冷，借红友以消愁，酒酣喝月，对青山而坐隐。棋响敲云，阅庭坚日录。旅次未尝辍书，读庾信文章，老来更臻妙境。停云踵企，落月神驰走，壮不如人，老犹故我。回首前尘，余青衫之涕泪，惊心岁晚，感白发之刁骚。堪笑东坡，一肚不合时宜，谁怜南阮，满胸都来垒块。菰芦[⑤]梦熟，蒲柳忧来，何日河清，重开诗社，聊存息壤，以寄寸心”云云。

书法妍润，承明侍从之选也。传观之者，莫信其为七十许人之笔，是曰寿者相。

【注释】

①石庵：刘墉。

②裼裘：泛指袒露里衣。

③赘：古同“缀”，连结。

④平原：颜真卿。

⑤菰芦：菰和芦苇，借指隐者所居之处。

1939 年 2 月 28 日

昼黔如晦。

习写平原楷法三百余字。苏子观笔法，达晡去。

是日客常满，而谈锋锐退矣。寸木岑楼[①]，左汉右楚，高下得失，非所欲辨也。

林舜楷挟所藏名书数种来观，并求跋尾。鉴赏匪易，复了无少年嗜痂意兴，不动于中，强作个中人语，思之汗下耳。

苏袖示赵撝叔《勇庐间诘》一卷，专述“鼻烟”（前十二月初十日日记）。

【注释】

①寸木岑楼：一寸长的木材同尖顶的高楼比，比喻差距极大，高低悬殊。

1939 年 3 月 1 日

晴。习书法。

又盛传袭汕、潮，言人人殊。按状有机掷汕头，恶溪潮安三车站各数弹。蕞尔小邑，浸成东道，行李之往来，共其困乏，不虞君之莅此地也。

晡姚仲韩、陈君泽来谈，仲韩言：“羊城寓所寄庋书簏，犹有存者，一童子入取衣服，实目击之。”是天之未丧斯文也乎。

日加申，躬送胡翁（伯畴）扶登舟，言旋故里。伯翁以中秋节后逃命至此，人本解事，尤好剧谈，落泊珠涯，伤时叹老。茶初饭后，用辄过从，洗盏鬻尖，必亲其事。还予授子之粲兮，被缁衣于弦歌，于役不知其期兮，叹栖塒之日夕。乐不可久，忧能伤人，老健春寒，残枝秋萎。诸葛事烦而食少，休文后差逊前差（今作瘥）。卧病它人之阛，失据庸医之手，能无切首丘之念，动归骨之情哉，亦越三宿而后出昼，忽忽五月，归其田里。从兹烟消茶歇，凤去台空，下里巴人之歌，亦少属和者矣。掖之登舆，送君南浦，凄然一别，“两岸猿声啼不住”也。

1939 年 3 月 2 日

黔，飧时微雨。

昧爽，萦怀乡事，下楼看报，幸无大故。出而阅市，沽浆消渴，生来未经当衢饮啖也。访静斋谈。

比炊熟，习书逾午，龙钟横集矣。有人款诣，陈烧瘢[①]货，齐索谗鼎[②]，鲁人以其雁往耳。何以为宝，久无容心[③]，周鼎坠渊，康瓢置膝，[④]又奚足道哉。思刚甫当年之耆古，其有玷于忠孝廉节，学者屏而勿顾。明马士英既败，涂乙其遗迹，为娼冯玉瑛[⑤]，所为乃可鬻钱。士垄王头论贾，乃有不相若时者，目瞑意倦，覙缕何为。

【注释】

①瘢：比喻缺点或过失。

②谗鼎：又称崇鼎、岑鼎，天子的宝器。

③容心：留心，在意。

④周鼎坠渊，康瓢置膝：周鼎，商周的青铜礼器，泛称极其珍贵的古董。坠

渊，推下深渊。康瓠，破瓦壶，多用以喻庸才。置膝，抱在膝上。喜欢就抱在膝上，不喜欢就推到深水里。

⑤冯玉瑛：马士英败后，其画作仍流传，爱赏者也有，但看画时要“掩姓名”，不免有掩耳盗铃之憾。有人想出好办法，加添笔画将马士英改为冯玉瑛，变成名妓的手笔。

1939年3月3日

晴，薄翳欲雨。

晨临毕鲁公大字本《麻姑仙坛记》，凡千言，三日乃竣。自丁卯馆南学[①]后，十余年不下此功夫矣。亦如慎伯所云：“深恐正书[②]一脉，所明遂湮，聊复为之。此其一也。”

闻胡伯翁电报：“平安到汕。”报以书云：

伯老足下：并以离乱，遁逃来此。茶初睡醒，抗坐健谈。亦遂忘情，蜗角大事。日有冥悟，博弈之间。执事恢恢，岂不大哉！鲰生沾沾，自喜何似？猥许舌锋，可愈[③]头风。一夕之谈，三年之艾。不需秦缓[④]，竟忘河鱼。诚仁人溥利之言，君子爱人以德者。自从养痾，以至今日，澄心请祷，希冀盘桓。属枌榆无恙，游钩可怀。悠然言旋，杖乡杖国[⑤]。候门欢迎，无间于知与不知者。斯则安定学派，长流泰州，叔心布衣，终主白鹿[⑥]（明胡居仁，余干人）。寻当鼓櫂，归诣精庐；策蹇[⑦]溯源，烧烛竟委。时起吾公，捻髯微笑也。节言清听，慎食熟眠。天下事，不过如此。某率白。

午夹丛稿涉乱山，稍具粔籹，共修净土，羡田家之作苦，杂牛羊以下来。茹水钓山，猿鸟交睆，濯缨濯足水也，何心在山出山，逝者如此。章君有言（《叶惠钧寿序》，太炎先生遗稿）：“乱世之生，唯山林足以自度，而都会不与焉。”又曰：“丈夫处今日，其唯逃处深山大渚之间，拾橡栗伍麋鹿，登高长啸，以通其狂惑，虽人皆死，而我独存。”恝然无所介其意，道虽偏，亦足以成其独往。今日者，岁无恙邪，国无恙邪，先生之园寝亦无恙邪？江湖鸿雁，乱阵几回，草茆歌啸，歇绝已久，犹有相从丛莽之际，硁硁旦旦者。山间野菊在，采采几徘回，“望旧国，身是故邱坚卧义熙客”。

乙巳《民报》，汪、梁[⑧]之辨最剧。汪有句曰：“昔孙叔敖见两头蛇，归而大忧。吾今见记者，真不胜孙叔敖之忧也。”乙丑陕西民军之蹙也，皆言于某受袁贿三十万，余杭被以书征引孟德语：“谓文则从孤二十年，今日临难乃不如一庞德，思君家训，为之慨然。”举此二事以见比类之法而已。

【注释】

①南学：广州国立中山大学。

②正书：书体名，也叫楷书、真书。

③悆：古通“纾”，缓和，解除。
④秦缓：春秋时秦国良医。
⑤杖乡杖国：为古代的一种尊老礼制。
⑥白鹿：白鹿洞书院。
⑦策蹇：骑驴。
⑧汪、梁：汪精卫、梁启超。

1939 年 3 月 4 日

晴。

坊本（上海广益书局古今文艺丛书）有《丁叔雅遗集》一卷。

1939 年 3 月 5 日

上元节日。晴。

佳节不堪旅次过，好山非复僧占多。蜂目绿林，交于中国，尚假立锥之地，为拄杖之谋，亦云幸矣。

亘日坐隐，让谢生（载绵）两马及马三七局，被劫和者仅一局而已。

1939 年 3 月 6 日

晴。是日惊蛰。

余杭章先生殁于苏州，忽焉二载，心丧未改，往哭无从。遥想落寞一棺，尘埃万卷。匡复之功未竟，沦胥之痛已深，麋鹿姑苏之台，苇茅吴官之沼。抉子胥之目，不瞑者二十年，驰田横之元，如生者三十里。贾长沙痛哭流涕，空上谪后之书，庾兰成凄怆伤心，记取劫余之赋。先生殁，门人汪东、龙沐勋，再传弟子黄焯辈，创章氏国学讲习会，金门之郭，发为《制言》半月刊。“道阻且长”，今日乃见其四十八期一册。《制言》者，《汉志·曾子》十八篇，《唐志·曾子》二卷凡十篇，视汉忘八篇，存《大戴礼》中，《制言》上、中、下其三篇也。《制言》中曰：“君子进则能达，退则能静。岂贵其能达哉，贵其有功也。岂贵其能静哉，贵其能守也。”是也因悉章、黄[1]。遗箸已刻者有《太炎文录续篇》（四册二元）、《猝病新论》（一册八角），季刚《新唐书摘译》如干卷、《〈尔雅〉正名评》（一册四角），会当重译而致之。萧萧国门，离离墓草，泰岱梁崩之日，金陵瓦解之时。圯履楹书，淮流金粉，都无足道耳。

马相伯今年百岁，犹未及定论时也。忆癸卯岁太炎《与刘揆一书》中有云“昔岁有丹徒马良者，通法兰西哲学，亦通支那名家故训之术，行不逾检[2]，横为夸者所引，知其足惜，亦已驰书讽之，王翁学术非直马良也”云云。则三十五年前已有前定之论矣。

【注释】

①章、黄：章太炎、黄季刚。

②逾检：超出礼法。

1939年3月8日

晴。

门人视予，吴郡雅宜山人一帖，写作并可爱也，录而存之。

《因树山馆日记》第十六册

（1939 年 3 月 10 日—7 月 26 日）

1939 年 3 月 10 日

黔。

终日不事一事，乱里客中，不可以病也，静坐自遣，宵寐尚安。

1939 年 3 月 13 日

黔。

刘侯赋电询行止，先往拜之。午林舜阶来纵谈，痛斥粤人俗，渴葬[1]其亲，稘而辟棺，收骨易葬，非古非礼，积习难返如此。夷之墨者，施由亲始，陈琳檄文，可愈头风，而粤士大夫，不以为非，亦昔赵佗王所不及料者夫。

报上有属《音韵疑问一则》附存卷末。[近人李审言（详）《选学拾沈》（见《制言》四十九期）云：陈琳檄文注，《魏志》："琳谢罪曰：'矢在弦上，不得不发。'"详案《魏志·王粲传》附陈琳，无此二语。《后汉书·袁绍传》章怀注，引《魏志》亦无之。又云："流俗本下有陈琳之辞者。非也。"此二语虽流俗之本，然相承至今，未可竟废，文人犹习用之。]

【注释】

①渴葬：古礼称死者未及葬期而提前埋葬。

1939 年 3 月 14 日

黔。

"坐上客常满"，而杯中酒空久矣，又孤负一春花事，但闻山中杜鹃正盛也。作释怀素《圣母石刻》[1]释文（据古鉴阁藏本），示门人阙疑者，犹三五存焉。

【注释】

①《圣母石刻》：《圣母帖》，怀素所写。

1939 年 3 月 15 日

黔。

续成释文，惠及藏获矣。

1939 年 3 月 16 日

黔。

午临池既毕，泛海觅俦，说字买花，言诗拜石，采于野青，可茹缘于木鱼，可求谁使之，营菟裘[①]（《隐十一年·公羊传》字作“涂裘”）未许安于牖下[②]，乃羡田家之作苦，与世无争，乐牛背之横吹，于我何有。权倚断碣，而息遐心[③]，时因行云，澈悟归宿。

【注释】

①菟裘：古邑名。后世因称士大夫告老退隐的处所为“菟裘”。

②牖下：户牖间之前，窗下。

③遐心：避世隐居之心。

1939 年 3 月 17 日

小雨。家书来。峻六函来即复。

学琴得之海上，学禅得之屠门，学书得之观舞剑，看行云思担夫争道，悟入鹅群凫水势，方知五指齐力难。既得之后，无法非实，无法非空，实处习来，空处悟人。

1939 年 3 月 19 日

黔，晴。

久坐非计，晏出畏人，拂晓闻人结伴而行，披衣赴之。陆行乘车，山行曳杖，不知所往，聊策顽躯。所见亦有异兽奇禽，离支[①]蛮果。具觇四海之大，万国攸同，何惑乎鹤之乘轩，使皆知王之爱马，行汲自尔，过市笑容，何须登台，今日犹商大酎[②]，为东施效颦，谅非得已，西园载酒，未见其人，吾行也钦哉。林下绿缛，枝头钩辀，息君劳刀，悦子俗耳。并有远水，时送冷波，好因好风，放其孤棹。人亦曰：“晨炊熟矣，盍归乎来。”

【注释】

①离支：亦作“离枝”。即荔枝。

②酎：醇酒，经过两次或多次重酿的酒。

1939 年 3 月 20 日

晴。德灭捷克。

理发沐浴，亦了一日。郑振文归自南洋，特来一面，四方之志，抵掌侃侃也，仲韩偕来。

书谕器儿处事接人要道，既未敢如柳州所云“曩时读书，自以不至抵滞[1]”，尤于斯二者负咎滋多。正如柳玭《戒子弟书》所云：“言之痛心，汝宜刻骨也。”

【注释】

①抵滞：迟钝，不灵活。

1939 年 3 月 23 日

雨。

苦暵[1]久矣，侵晨的沥有声，春深如许，宵来清响，韵协宫商。雨后青山，应增秀洁，屐钱未办，啸侣何从。纵武陵之津渡依然，山阴之禊事可忆，而满江刁斗，扑鼻腥膻，城春草深，人非物是。何处钟声吹不到，几时明月复当头。小楼起迟，卖花人远。

【注释】

①暵：天气干旱。

1939 年 3 月 24 日

黔。

讲诵字音，自同卜祝。终日有客，仍咎赐之多言，退而自讼[1]，内疚何似。四更起坐，檐瓦并响，不堪令羁旅之臣听之。家书来，促归。

【注释】

①自讼：孔子提出的自我修养的方法，犹自责。

1939 年 3 月 25 日

雨下霡霂，百无聊赖，坠甑[1]何顾，刻舟奚求。竟日与里人坐对。

【注释】

①坠甑：错谬已铸，后悔无益，或事已过去不值得置意。

1939年3月26日

黔。

破晓走街头，看里人杂卖于此，胥馄饨、豆浆、节饴、月饼、普蔗（普宁产蔗，味特清甘）、潮柑、猪肠、鸟肫、橄榄（名见《本草》，亦名谏果）、韭菜腌渍、五齐[①]七菹[②]（《周礼》："醯人，掌共五齐七菹。"郑注："齐菹，酱属。"）之属，靡不备人情，习于其乡，易地尤然，松鲈吴莼，不过一经品题之后耳。

久不过丁公[③]，至则曰："莫往莫来。"予亦曰："今我来思，相与抵掌也。"商量归计，忐忑前途，不能奋飞，心之忧矣。

日仄，纷传汕头落弹十，伤人与否，可不必问。夫兵凶战危，何代蔑有，而自古未闻有成功之盗贼，亦未闻以耆杀人而得天下者。盗跖炙脯人肝，灵公登台弹丸[④]，好人所恶，是谓枭桀[⑤]，亲戚所畔，是谓弃之。叹我生之不辰，乃逢天之俾怒耳。

【注释】

①五齐：古代按酒的清浊，分为五等，合称"五齐"。

②七菹：韭、菁、茆、葵、芹、菭、笋七种腌菜。

③丁公：丁静斋。

④灵公登台弹丸：晋灵公从高台上用弹弓射行人，观看他们惊恐躲避的样子以取乐。

⑤枭桀：强悍桀骜。

1939年3月27日

蒸润霉黧，天何言哉。

王雨若自海防复书（三月十七日）至，缕述三十五年来友生升沉聚散往事，令人黯然，且云"方自昆明飞回，高跻万尺，列子御风，冷然善也。翌日此机即以遇险，传殉者四人。（前五年徐志摩死于飞机，有以联调之云：'一飞升天，五体投地；三人同命，四大皆空。'）不意自全，若有天幸"云。

1939年3月29日

晴。

家书来，"君问归期未有期"也。绍裘侄孙卜吉（二月十六日），娶于□□□。念先兄祚微，晚有儿息。今邱嫂及见两孙成立，亟思归里，亲率谒庙。茫茫宁夏，忽弛忽张，孔雀五里而徘徊，文君白头而蹀躞，矧于华夷异地，寒燠易节者乎。更传赣都失守，江门自溃，夷城坠郭，毋资盗粻。故郡南昌，新埠新会，自有此城，未尝破城。朱育之张濮阳，汪中之对广陵，由是言之，此二城者，亦何负于天下哉。

比日未逢折柳之人，不审春深几许。招招舟子，习习谷风，以裹糇粮，言寻石友。蹭蹬穷波谁似我，“落花时节又逢君”。爱此崚嶒[1]，无弃蕉萃，愿言往行，既愧多识之未能，解字说诗，无负一日之长尔。举天下之乐，无以易乎桐城姚氏（曾涤生语），闻诸儒之语，谁复善于东海稚圭。何时复俯仰琴书，摩挲礼器，然而无有乎尔，吾亦末如之何，何若孤鸟白云，往还自若哉。

【注释】

①崚嶒：骨节显露貌，多形容人体瘦削。

1939年3月30日

晴。

非数落花，何堪坐久，底处芳草，更令归迟。履敝衣穿，懒于自理，暑来寒往，空叹好还。坐既不足以解忧，茕居又时增其烦。结屏市闻于不顾，忽传道寇从东来，刁政令之如毛，岂不曰“人实诳汝”。金门大隐，误识东方，橘中之乐，何减商山。（《幽怪录》：“巴邛橘园中，霜后，见橘如缶。剖开，中有二老叟象戏，言：‘橘中之乐，不减商山，但不得深根固蒂耳。’”）炳烛夜游，良有以也。发家书。

1939年3月31日

晴。

甫事记诵，陈叔言来言，胡伯畴翁以昨夕厌世[1]矣，年七十又四岁，名佩濂，“累臣得归骨于晋，死且不朽”耳。伯翁本籍饶平，与张族积不相能，自其父迁海阳，遂为潮安人，以能处世事见重于汕头贾商间。中年奉使南北往来，识趣知几[2]，资人悦解。客秋涉帑而行，分枝而借，睡余客后，昏黄茶初，坐无车公，令人不乐，今微武子，吾谁与归？匪直天涯之暂欢，斯亦白头之知己已。翁故与予妇蔡父明南翁莫逆，不无推爱之私，而亦稍泽于诗书，故能特分泾渭者。老健秋寒，入冬先萎，桃红犹是，头白已非。沉病五旬，力疾返棹，秦医三折，无计回春。回忆南浦送行，杯渡分袂，悠悠永别，脉脉交期。明知尘世姻缘，百年不了，似翁逍遥来去，几人若斯。叔言以通家子事存若亡，为述翁平生早虑客死。今虽幸首邱故里，而不无虎贲之怀。乞代挽词，援笔译之，曰代云者如其意而文之也。（包慎伯自编《小倦游阁文集》序曰：“代言中成于受意者署曰代某，若断自己意则曰为某。”）

《吊胡翁伯畴》（代陈叔言作）：

迟先君捐馆六年，恤存念旧，不渝始终，追惟宣子抚尸，犹共见古人风义；自我翁蒙尘五月，举几执床，半侍汤药，未陪羊公岘首，独怆然碑下霜凄。

泽畔行吟，丘中兴叹，亦缀数语，以报幽思，联曰：

所贵乎大丈夫者，排难解纷，折狱片言无宿诺；犹及送好畤侯矣，走胡使越，扁舟归骨有余情。（陶集《咏荆轲》诗："其人虽已没，千载有余情。"）

谋于野则获，而邑则否，江头舣渡，来攘往熙，寄其草莽之思而已。

姚老秋园家书言："有洪生为刻文集，非自定集，惧乱失耳。传语签眉以当削稿，屡承推腹，辄自著鞭，乃就仲韩客家青山道左，假馆而舍，借箸以挥。南阁负书，家本多籍，西园可醉，酒有久藏，遂为尽磨墨之盈盆，收岚光于寸褚，崩坠石妙入毫颠，瀑流横波，争出肘下，敢视古人而多让，慨然知味之无多。此频年以来，所为几于绝笔，而今而后，尤欲力争竿头，感不绝于予心，事有旷于百世者也。"

漫漫长夜，一登弈坛，冉冉残钟，未抛乱卷。读安吴自编论文诸作，挹古贤交相为善之怀，不间泥轩，无改存殁，为之潸焉出涕（《说文》："涕，哭也。"）。菀尔吞声，文采蒿莱，风流歇绝，罣思高义，不禁沦肌[3]，孤负明时，弥惭不德。道不行于妻子，行不化乎匹夫，悔生平多事于期期[4]，而邻鸡不减其喈喈。无术息心，几濒断臂，趺坐待旦，东有长庚。

【注释】

①厌世：去世。死的婉辞。

②知几：有预见，看出事物发生变化的隐微征兆。

③沦肌：沦肌浃髓，比喻感受很深刻。

④期期：真挚恳切貌。

1939年4月1日

晴，和煦，只任单衣，午七十六度。

裂帛书联，完此心事，录稿寄言女辈肄习之。午感惫甚，不能隐几。

1939年4月2日

黔，亭午骤雨，及时甘霖也，晚凉，六十六度。

静坐永日，颇戒启口，有客则坐，无客则卧。坐次卧阖，时窥真际，憧憧不逮事者，弗思不尽其奥也。

1939 年 4 月 3 日

重黔。

港吏报昨日温度高至华氏表八十一度，晨北风，突降至五十九度，昨飓风速度每小时四十六英里。今日最高六十八度，最低五十九度。“弃捐勿足道”，破毡复奇温。一日之内，一宫之间，气候不齐者，我生数十年，莫如丙辰灯节于役武昌时，升至八十四度，单衣犹汗，不崇朝而大风作，降至四十四度。尝语人曰：“吾粤一年寒暑，武昌以一日之长而兼而有之矣。”

静斋及晨过谈，诵“习习谷风，以风以雨”之六章。“毋逝我梁，毋发我笱”[1]，高情凌汉，奇响彻霄。

【注释】

①毋逝我梁，毋发我笱：意即别到我修筑的鱼坝去，也别碰我编织的捕鱼筐。

1939 年 4 月 4 日

小雨霢霂，报最高五十五度，最低五十二度，夜枕上时闻雨声。

昔闻弄獐宰相[1]、伏猎侍郎[2]，予少也贱所见，亦有埙篪榜眼（光绪甲辰榜眼朱汝珍为汕头牙医士蔡仲篪上款作“篪”。《集均》：“火五切，竹名，高百丈。”《辞海》误同“篪”），蓑苙院长（于右任为里人黄史瑛作挂轴二十八言，索贾数十金，“簑笠”字如此作。“簑”可通“蓑”，“苙”则《孟子》“既入其苙”之“苙”，非僻书也），食黍博士（胡适为黄峻六书便面，“坎坎伐檀兮”及“硕鼠”二章不连，“黍”字作从心不从氺，可令读《字学举隅》），绸缎主事（陈景仁书汕头大纶绸缎庄额，字径二尺，“缎”不从段而从叚。沈简子尝摭其类此者二十余则为一文），自桧以下何讥[3]焉。

【注释】

①弄獐宰相：李林甫一次写信庆贺亲戚生了孩子，将“弄璋”写成了“弄獐”。后遂以“弄獐宰相”来戏称没有文化的权贵。用“弄獐书”“弄獐”等嘲笑写错别字，没有文化知识。

②伏猎侍郎：唐户部侍郎萧炅，因曾将“伏腊”读为“伏猎”，故被讥为“伏猎侍郎”。后泛指不学无术的人。

③自桧以下何讥：同“自郐以下”，表示自此以下的不值得评论。

1939 年 4 月 5 日

氤郁，袷衣不暖，又见御裘者，太平山顶降至四十三度云。

1939年4月6日

阴晴，清明节日。

“梦里不知身是客”，此生几见月当头。伴食黄门，何所事事，坦腹门下，亦若不闻。夜听许十之诵诗（杜集《夜听许十损诵诗爱而有作》），日寻徐五于屠肆（曹石仓学士事）。或者异时只鸡斗酒[1]，亦来祭公，岂今兹离群索居，遽集于此。寒食几度，春雨苦人，花朝何时，游骢非旧。马医夏畦之子，皆上祖宗邱墓，慷慨悲歌之士，乃不容父母之邦。所为抚弦登碑，能不怆恨，举觞罢咽，不竟流连者也。

【注释】

①只鸡斗酒：准备好一只鸡，一壶酒。指对死者的祭奠物品，多用作追悼亡友之辞。

1939年4月8日

晴。

早起出走公园试脚力，消停食也。荃生约过从，天气清朗如许，摇橹涉洋，挟书入谷。曰“从大夫之后，是不可以徒行”。未解匡简之围，回也又何敢后。武林水长，油壁车轻，逐水渔舟，嬉春鹳阵。记某山某水，曾经钩游，怎柳暗花明，别有丘壑。（“怎”字在唐人诗中多作“争”，宋元诗曲多用“怎”）无入而不自得，随遇本皆可安。又是一村，不盈百户。山如覆瓿，一撮土之多，室无悬磬，皆中土之裔。沟塍渐满，鸡犬无惊，如何清光，不来游屐。只以无名于市，抱璞在渊，世遂相遗，山犹如此，“是为何谷”（《说苑·政理》篇语），下自成蹊，冉溪自名，不劳柳州之序，愚山有恨，致枉齐桓之车。客也嘐嘐，覼兹落落，依菱盘郁，自托磈硊，田畴远风，篇章遗韵，杜鹃声里，松子落时，剧怜长安，城头乌啼，驼满怯数，南朝古寺，风雨楼台。何日饰巾，谁来荷插，猥以暇日，远辱停云。过荒庙道傍，犹祝康阜；（山下有天后宫，小劣三椽，署联乃可省览，联曰：“南国有生皆圣德；海天无处不慈航。”）叹黄垆虽近，邈若山河。斯并感不绝于予心，所为溯流风而独写者矣。

1939年4月9日

晴和，人意亦好。晨静斋存予庄头，炊烟正熟时也，并不作明日之想。眼前苦茶好风，已是非分清福，诗书于我，不俟籍没，况一经洞山问倒，真令人思香岩和尚，求终此生为粥饭僧[1]也。

夜学坐隐，舍车走马，助以徒兵，时于柔克有领悟处。

【注释】

①粥饭僧：只吃粥饭而不努力修行的僧人。

1939年4月10日

晴。家书来。

李雁晴自昆明函来，胡筠岩、林本侨、何衍璿无恙。林舜阶灯下坐谈掌故典章，多闻强识，疗人俭腹[①]，报君解臣，未辍举棋，间以谈笑，指麾若定，首尾如蛇，局后沉吟，不自知其不可。（一四四三至一四四五局）比来此事，实获我心。

民国二年，教育部“读音统一会”制注音字母三十九，七年公布之，计声母二十四，介母三，韵母十二。九年定介母入韵母之中，又加一ㄜ母，都四十，亦犹日僧以我偏旁为伊吕波（いろは）五十字母之故知也。兹附会为一表，以验方音，小子识之，荪卿亦法后王也。

【注释】

①俭腹：腹中空虚，比喻知识贫乏。

1939年4月13日

晴。录谱半日，闻乡吏督移民迁藏，更有何话说。

1939年4月14日

晴。

乡明起，就户外听卖报声。为政不在多言，今则异于是。昨在余杭门下，每闻师笑大耳儿“安从得此一副急泪”，又不料康某者乃善学之如此。今吾思刑人者必刑于市，卖菜者卖市，打架者打于市，则为政者亦何独不然。“民具尔瞻”，“尔毋我虞”，“胡转予于恤？靡所底止”。因过静斋倾挹久之，胸无留滞，抵服一剂大黄散也（《本草》又有黄良、将军等名）。静斋言前在北平尝与刚甫夜出步月，刚甫忽然有怀曰：“良思此君。”遂诣一寺，夜启殡宫，对谈复生，遗柩长揖而后去。嗟乎，报徐君以剑[①]，不及生前；答刘沼之书[②]，已在死后。云谁之思，乘兴而来，苟非其人，道不虚行。

【注释】

①报徐君以剑：春秋时吴季札聘晋，路过徐国，心知徐君爱其宝剑，及还，徐君已死，遂解剑挂在坟树上而去。

②答刘沼之书：刘孝标《重答刘秣陵沼书》。

1939年4月15日

禺中如晦，大雷雨以风，非烛不书，漫天皆墨，放身约在，著屐愿遣。春去也，花事阑珊，似水流年，困人天气也。理谱半日，饱听雨声，卧温陈篇，如晤旧识。临睡推户，阖之垣之，有户以蔽风雨也。用力过猛失手，波离砰然一声，同为瓦碎，裂痕在掌，血殷盈儿。中夜无从得药，世侄辈互出杂药敷之。忍痛束帛，扰扰移时，乃安斯寝。风狂雨紧，迫近卧闑，破窗飞瓦，滴侵枕边。已怯听鼓，又起待漏，屋小于舫，无复坐处。此诚无妄，况是客中，军中之鼓音未衰，心坎之创痕弥剧，谁启予手，而有遐心。

1939年4月16日

霁晴不定，报“昨晨卒风覆舟，而溺者若而人”。丙吉问牛不问人也。余痛稍定，勉自撑持，栉沐盥也，非人不理矣。力记数行，复发短简，斑斑在楮（右角即血迹也），耿耿于怀，辍笔待医，废书太息。午曾世侄偕就药肆，发里洗创，幸无矢头，不难反手。护此手以有用，等吾舌之尚存，敢比赐也之多言，良悼汉史之未续，岂以一手掩尽天下之目，亦运诸掌，时见天地之心，兀坐交床，何事不了。（林舜阶来谈，为阅日记盈卷）

西报言纽约某医院近疗一童，年满三岁，身长五英尺三寸（予为五英尺六寸半），医者可以目击逐时继长云。予所友以辽阳吴某为最高，不能及其肩背，所见以北京万甡园门者为最高（鲁人），吴友又不能望其肩背，而不盈八尺也。交闻文王十尺，汤九尺，今交九尺四寸以长，恒叹古人之不可及，而此子殊未可限量也。

江门既得而复失，增城传失而复得。珠崖江水，万古常流。榴花塔之战血犹新，三元里之雄风未远。崖门处江门之南，西江下游孔道也。宋帝蹈崖殉国[①]，元将张弘范大书“灭宋于此”，迄今江涛激声犹呜咽也。前尝记陈元孝《过崖门》腰句，今忆其全律云：“山木萧萧风更吹，两崖波岸至今悲。一声望帝啼荒殿，十载愁人拜古祠。海水有门分上下，江山无地限华夷。停舟我亦艰难日，愧向苍苔读旧碑。”合与白沙先生“忍夺中华与外夷，乾坤回首重堪悲。镌功奇石张弘范，不是胡儿是汉儿”一绝，载在口碑也。

【注释】

①宋帝蹈崖殉国：南宋末年，元军大举南下，宋军被逼逃至崖门，陆秀夫负宋帝蹈海殉国，宋室灭亡。

1939年4月17日

小雨不断，市吏欣然。连日粤郊有野战。

创稍合，可以执管，不然则应令左手摄其役矣。一身所怀之伎，右手所已能者，一旦赉于左手，无虑年月之力，不易禅代。夫手足属于我也，子弟其最亲者也，亲与我熟亲哉。

长沙张百熙冶秋先生半世功名，败于粤客者二焉。戊戌督学粤东，抚士堂皇，冠而不顶，其时以尝联名保康事[①]，革职留任也。亦越己酉[②]，以荐人事，致与香山一唐[③]，讼言倾轧，并奉旨申饬[④]，是亦具文耳，非有何等申饬之谳词也。唐乃纳贿宦者，备逞禁止之奠。况值祁寒，长跪御门道左，奉旨申饬，假肆谰言。侍郎不堪其诟，感疾成疴。爱才一生，赍恨终古。静斋与予同以戊戌受知先生，十二年后我归自东，灵光岿然，西州杳矣。长沙谪去古今怜，非哭其私也。

【注释】

①联名保康事：光绪二十四年（1898年），张百熙因保举康有为经济特科，被革职留任。

②己酉：指1909年。此处有误，应为“丙午”，即1906年。

③香山一唐：唐绍仪。

④申饬：斥责将众管事人。

1939年4月18日

既雨，晴亦佳，而江山不可复识矣。城阙既非纵屐之所，林下又绝挂冠之人。乡日舆茵，濒招割席，从我陈、蔡[①]，皆不及门。钱塘丁生（晨静斋答访。丁丙，钱塘诸生，号松存，于学无所不窥，藏书尤富，继其先世八千卷楼，有《善本书室藏书志》）幸过我，一坐半日，弘农杨老尚悯其，作客长年（铁夫老人传言如此）。寥落乡关之心，荏苒风尘之岁，强移栖息，难言一枝之安，已忍伶俜，亦了十年之事。行云终日，岫出何时，鼓角寒宵，夷歌几处。苦道此来不易，江上风多否？记北山之登，心随雁灭，信盈虚[②]者如彼，乃流谢者若斯。寄兴丁丁[③]，及兹契幽绝，抽思乙乙，自得清净理。窃比长夜之饮，遂忘人间何世。弹棋六博之后，引吭三通[④]之挝[⑤]，顿足低昂，不自知其不可之，秦自鬻[⑥]而谓今为之乎。四无人声，百无俚赖，无力运甓，何心闻鸡。《忆江南》“多谢洛城人”（刘禹锡《忆江南》有“春去也，多谢洛城人”句），《探春慢》“谁念漂零久”（白石句）。往事弥不足道，此宵乃尔许深，默默剔灯，款款弄墨。销磨彻夜常开眼，摅写终朝不则声（“不则声”语见《癸辛杂识》）。

【注释】

①陈、蔡：陈、蔡两姓，时为澄海县之大姓。

②盈虚：盛衰，成败。

③丁丁：下棋的声音。

④三通：文献中的三通指唐朝杜佑的《通典》、宋朝郑樵的《通志》、元朝马端临的《文献通考》。

⑤挝：打，敲打。

⑥自鬻：自卖其身，自售其才能。

1939年4月19日

霏霙不绝，入夜滂沱，西畴有事，时也。特卧阛之侧，漏迹斑然，江关萧瑟[①]之吟，杂以雨声，弥不胜凄苦耳。器儿禀来，言："何日重享承平之福。"思之梗塞。

【注释】

①江关萧瑟：见杜甫《咏怀古迹》："庾信平生最萧瑟，暮年诗赋动江关。"

1939年4月20日

甚雨，一昼夜水潭积霖八寸，不然，则其涸也可立而待也已。亭午歇，夜暖。

传汕吏令："限三日人物疏散。"一若祸至之无日者。虞渊倒行，沧海横流[①]，虞遂不腊矣乎，"晋未可与争也"。(《左氏三年传》："晋未可与争也，重为之礼而归之。")

【注释】

①沧海横流：比喻政治混乱，社会动荡不安。

1939年4月21日

晴，是日谷雨节，予乡以时百谷时也。

庄头展几，时复对书，学剑不成，以思无益，絙[①]题榜下，而头鬓皓然。(《世说新语》："韦仲将能书。魏明帝起殿，欲安榜，使仲将登梯题之。既下，头鬓皓然。因敕儿孙勿复学书。")

【注释】

①絙：粗绳子。

1939 年 4 月 22 日

阴，小雨间之。

三月三日天气新，而今正是欢游夕。却怕春寒自掩扉，看了游人缓缓归。“三日尚可，四日杀我。”（《种树书》：杭谚）

1939 年 4 月 23 日

阴晴不定，伏处一隅，人世间事，时亦不甚了了者，壮者以暇日修其庐，令枭么偶然欲书，引匿窟室。杨铁老远存故人，展及悬榻，乃有席地，慨然言曰：“等是有家归未得，白水青山生晚寒。”主人亦歌曰：“万里青山无处隐，可怜投老客长安。”相见时难，有劳长者车辙矣。

1939 年 4 月 24 日

晴，午作家书。

郑振文、陈君泽来谈，夜谈至三更，林蔡诸世侄陪坐，忽纵论志学事，邑志失修者百二十又余年，邑人耻之，某亦耻之。夜梦先大夫治家事，无异恒时。

掌创十日，始免绷束，裂痕乃合，人犹曰：“到底强项也。”理谱。

1939 年 4 月 25 日

间黔。

朝潮正满，山雨未来，时因好风，间有折简。百年身世，万里乾坤，文通悲来，茂凌游倦。文章倍美知何用，谁理得几声啼鸩。潮声逐梦，春归何语，又商略来朝，刺舟何处。记去日西园，绿阴无数，亦聚粻而契盍，或载贽而出疆。然饮河极于鼷鼠，献赋岂为羔雁。寻足音于空谷，应响弥清，谅余行之信芳，回风不沫。“言师采药去”，此意谁能识。汀洲自绿，落日不圆。算如此溪山，甚时重至。问春蚕茧，分水驿人，散更何计，静窗写轻，乱丝自理。

晚食至二更未办，戒市沽而不食，等中馈之久虚。空林之中，杯饮污尊，言及中流，已栩然矣。乙夜抵庄头，捧醬大噱，莫笑弹铗，亦自便便，倒头便睡，且休并刘盆朱三，梦里将去。

1939年4月26日

晨小雨闻响，园得甘雨。

粤以赌为国久矣，吾潮得进士赵德为之师，赌风或稍替乎。然樗蒲博塞，叱雉牧猪，名目滋繁，博物君子难言之。坐上博徒，戏翻叶子，四采格，五十掷，得枭则离坐而呼曰："弃死白鱼吐血碰。"白鱼也，碰也，叶子二种戏法也。予为对语曰："哭父十八轿埠棋（应是轿夫，夫字读重唇，如埠也）。"即以谚语对之。十八，又是一种赌法，六骰子之戏也，棋而属诸舆佁，品斯下矣。

1939年4月27日

晴，午黔，入夜雨。理谱观局。

报末取沧萍《春日怀梅州四友诗》四章。

"世乱家园美，情乖去住非。"

"万事干戈里，浮生道路中。"

二联可诵也。灯下思钝局亦不佳。（启箧发新墨）

1939年4月28日

霡霂终朝，发新墨作小柬，笔研正润时也，而振笔之兴未健，昌黎不书生纸[①]，思翁[②]乃书古缣。醉后辄书，莫贻东坡之悔，临去拭壁，亦启右军之疑。自来精于伎，醇乎道者，未有不深藏若虚，容貌若愚。予虽不至自炫而怨尤，究未能绝，居则曰："不吾知也。如或知尔，则何以哉。是犹不免于乡人也夫。"

林舜阶雨中来谈，所述乡邦掌故殊具本末，自云："尚书（熙春）[③]十一代孙也。"

里人高贞白传暹罗[④]"海天楼"联（南海高某作）：

"海客谈瀛州，问大陆茫茫，何处是上界仙都，中原净土；天涯动秋思，看都人楚楚，此中有名花解语，美酒销愁。"

姑存之。

【注释】

①生纸：生宣。

②思翁：董其昌。

③尚书（熙春）：林熙春。

④暹罗：现东南亚国家泰国的古称。

1939年4月29日

晨雨午霁。器儿禀来。

毕记已午，里人王学仁弟昆来会。

入夜传有烽燧之警，数问夜如何。

1939年4月30日

晨立门口看报，悉汕尾（海丰治）有小警，乃涉误汕头耳。与乡人处，杂话曩时，里闾恬熙，往事竟如“琼楼玉宇，高处不胜寒”也。

“有客有客”，言执其手，喜不自胜，讯从何来。故友天涯，乱中一握，况燕粤之相去，已越国鄙远哉。记与节若别二年矣，从化驱车，荔湾买醉，胜游有记，嘉会不常。自君之北，名城不春，同是寓公，不知明日。君言旧业，沦陷城中。苟国家免矣，可若何君，藉番禺罗家，累传巨室。覆巢之下，完卵可数。顾何从迹予羁旅中也？则云“从曾流宦鲍江。陈君（鸿慈）侧闻诸里人言：‘予常常道罗节若也。’最后得之张君（乐仁），遂寻声而至此”云。坐顷，约饮市楼，亨鲜大嚼，宇内两饕陈、张二君接踵而至，不亲觞政者期年于兹矣，今日节若一醉也。

1939年5月1日

晴，晡微雨，家书来即复，并柬室人，柬峻六。

1939年5月2日

黔欲雨。

晨诣静斋一谈。胡伯翁仲子（仲铭）来谢唁。约可寻也，不可塞也。黔晴不定，雨亦及时，衣制携具（《左哀二十七年传》：“成子衣制，杖戈。”注：“制，雨衣也。”北江指其望文生义），何行不得。江头遥睇，数峰皆青，雨后看山，浓妆淡抹，负佳日者多矣。

弟子辈备楮墨以观其摩崖悬阁也。《述书》既作，望古逾深，同予何人，托兴未属。姑与临风而啸，涉浅以游，来寻春燕之故巢，记认秋鸿之印爪。题诗红叶，早随东流，欲从赤松，了却人事。出孙估怀中之蒸饼（见《鸡肋篇》），拜天赐公子之受飧。展读《鲁公家庙碑》《中兴颂》二碑，自首至尾，如追当年下笔，盘弓勒靮，飞箭无全物。时也尼山七十，颜氏之子八人（家庙碑话）。天宝之余，唐室之乱，二世载歌，休颂身亦贬焉（《中兴颂》撰于上元二年，碑末云“大历六年刻”，而鲁公已于大历元年贬矣），而流水高山，相与终古焉已。

1939年5月3日

黔。亘日清理群谱。是夕月食，全市蔽翳，无见之者。

1939年5月4日

黔。

市闻朝报，作如是观，致远恐泥[①]，谁为为之[②]。晡，始报汕市被袭者三，落弹数十，毙人之数亦如之。东陇榕江之舟，意溪枫溪之集，帚星一扫，百命灰尘，嗷嗷哀鸿，亦云苍苍浩劫矣。安土有年，重迁匪易，烽烟之下，草木皆兵。昔者赵王田猎耳，非为寇也，辄奔走骇汗，动色相告。今则举头三尺，回首百年，竟如越瘠秦肥[③]，一池春水。入今晨来，乞籴[④]置邮，旁午驿骚，不殊它日，斯亦攫金于市，见金不复见人，民不畏死，奈何以死惧之者与。

独上高楼，望落何许，每依南斗，高不胜寒。故乡云好，甚时重到，“开到荼蘼花事了”。荔子初丹，记得前年，如今时候。

【注释】

①致远恐泥：比喻小技无补于大业。

②谁为为之：谁为，即为谁；为，做，作为。慨叹没有知己，为谁而作。

③越瘠秦肥：比喻痛痒与己无关。

④乞籴：求买粮食。

1939年5月5日

晴霭。

又报鮀市拜弹，夷伤过百，舟楫行李，格杀勿论。侧闻乘舆西狩，河阳之西，秦汉巴郡，宋后重庆，隋置渝州，今仍别称。冠盖所趋，襜帷暂驻，同此憔悴，靡有孑遗，二日之间，数千歼焉。“故善战者服上刑，连诸侯者次之。”今之“辟草莱、任土地者”何如哉。杂坐谈乡事，二更客散，倚床理谱，遂忘一切，兹事本来急不得。

1939年5月6日

晴丽。

汕估商电："《晚报》：今日疮痍惨重，一日五警。"身其余几，终夕扰扰。深夜驿电，本属恒事，非常之际，众目睽睽，祖宗墓椟之乡，儿时钓游之所，壮安其业，老安其生，王室而既卑矣，子孙失序，贼民日兴，乏术以纾，内忧不惮，酿成外患。然诚不料"君处北海，寡人处南海"，乃与我争此土也。

晡，刘侯赋来访，挽同行街头访吴。久不诣人，愈疏应对。逢人不知作甚语，"笑问客从何处来"。

伯鹏来共飧，更尽三爵，不成醉也。

1939年5月7日

晴，斗热，有絺绤者。午达八十五度，初展风扇，时助以箑。

汕头人来言："他徙者什七矣。"晡仍传警，喁喁东望，奚补捄亡哉。

1939年5月8日

晴。

报揭阳渡舟溺毙二百余人。十数年间，巨变四次，行旅日繁，船艟日窳。船局三四，积不相能，竞低其直（汕、揭百有余里，只索资一角），以为号召。修葺不暇，何论添制，于是乎行人之危亟矣，此犹其小焉者也。

静斋晨来阅日记。

1939年5月9日

晴。

殷纣之都，乃有朝歌。鳄鱼所居，乃名恶溪。教泽渐摩，民风丕变[①]，张髻他徙，不俟五日。然自故乡来者，言之有余痛焉。鮀江隔海，山曰"礐石"，日乃相率避地，日入而归。前日（七日）薄暮，渡海者如归市，旋风飘至，覆舟无数，不死于火而死于水，不死于人而死于天。不信冥冥中尚有主宰之者，不然何若是之荼毒也。与其有散，不如无聚，与其有死，不如勿生。鸟鹊逐于膺鹯，万物真成刍狗。逢天亶怒，我生不辰。

【注释】

①丕变：大变。

1939年5月10日

晴，晡蒸热，入初夏景象，三更风雨作，达晨澎湃。家书来。

“祖士少（约）好财，阮遥集（孚）好屐。”（《世说新语·雅量》篇）刚甫为先大夫寿序云：“阮生好屐，比之祖生好货，然而雅矣。”语意本此。予《唁黄季刚夫人书》有“原同屐货”句，依文应作“原同财屐”。

1939年5月13日

晴。

人有招之以旌者，而庶人岂敢往哉。未备兔园之册[1]，已参槐棘[2]之台。特未至不与欢言，亦不欲瞷其亡耳。点染彝尊，附庸风雅，非之无举，唯之与阿，不如长揖下阶，自适其适，输攻墨守，守黑知白，之为得也。不知何故，一再以思，思之思之，莫或告之。百感交来，百身莫赎，更阑谁语，春去不归，时难年荒，所相依为命者，浪记一束，残局半楸。随君所之，资人领略，飘零书剑，翻覆雨云，左右盱衡，更无长物，落得如此干净，当亦修得几生，休再论“杏花春雨江南”。甚而今不道秀句，数尽残更，合应是人醉独醒，猿啼良苦。

【注释】

①兔园之册：兔园册本是唐五代时私塾教授学童的课本。因其内容肤浅，故常受一般士大夫的轻视。后指读书不多的人奉为秘本的浅陋书籍。

②槐棘：“三槐九棘”的省称，代指公卿。

1939年5月14日

晴。

昒[1]昕，寤而仰思兮，心蒙蒙犹未察。忽爽出户，挹浆路隅，步诣静斋，肆谈移时，稍纾壅鬲。过“二天堂”药肆，静斋曰：“语出范书《苏章传》也。”（章迁冀州刺史，故人为清河太守，章行部案其奸臧。乃请太守，设酒甚欢，太守喜曰：“人皆有天，我独二天。”）

思“准”字于“六书”无可附会，向言宋人为寇準讳，然吴郡《书谱》“一字乃终篇之准”句，“準”字正作“准”，则李唐之世已如此作矣。

晡又传“鮀市平地数声”，以前只及市郊营舍，今则殃及鱼池，城门失火矣。市街廛肆，一例惠弹，托庇邦邻，亦有不免者。圮路毁桥，急急如令[2]，昔所予取而予求者，今则狐埋而狐搰[3]之。当年吴魏之交，石田数百里，而今江山无计，鸩毒自戕，沙漠勋名，乃欲求诸编氓比户之间。万骨之枯，真为一将矣。天乎酷哉！

【注释】

①昒：黎明。

②急急如令：急急如律令。汉代公文常用的结尾语词，意谓情势紧急，应如同依照法律命令一般火速办理。

③狐埋而狐搰：狐狸性多疑，刚把食物埋好，随后又刨开看看。比喻疑虑过多，反复不定，不能成事。

1939 年 5 月 15 日

晴间黔。

后闻鸷隼[1]已振翮矣，亦畏天之威，敛翼归帆。残喘余生，又幸以苟延一日。

晡接峻六书，言："里间亦备巷战。""予所拮据，予所将荼。""风雨所漂摇，予维音哓哓。"直至"天雨反风，禾则尽起"，而终不悟也乎。

【注释】

①鸷隼：日本军机。

1939 年 5 月 16 日

重阴，微雨如霰。报云："四年前统计，国人侨外者达八百万人。暹罗最多，二百五十万。今比利时、荷兰不过八百万。小共和国只五千人。"

昒爽夙兴，酣睡之难得也，非一日矣。彳亍街头，有海风透人，海间振人衣袂，不觉沿岸行数百武。天容黯澹，云色低迷，一波未平，孤帆失橹，急湍靡暂，维之楫风，无劲羽之存客也。毷氉[1]秋风，邅回春水。(《九叹·怨思》："宁浮沅而驰骋兮，下江湘以邅回。")遥集之屐自蜡（阮孚字遥集），东郭之履几穿。偶尔微行，独寻人去后，来寄幽赏，已迫春归之前。矧又出非，其时天不作美，语难索解，传人独行，梦梦者天，混混者世。耿耿方寸，悠悠黄河，行尽浅滩，几不值人。归直公车，托以共载。"春日迟迟，采蘩祁祁。""无以我公归兮"，然"不待其招而往，何哉？""终风且霾"，"曀曀其阴"。一苇之所，如海水深复深，飘风自南，浓雾盈襟。买山力薄，入林天沉，艰觅片石，缕其素心。林鸟幽巢，谷蛩罢吟，旷绝广陵散之曲，邈焉汉琴台之音。成连[2]一去，孝尼[3]非今。

【注释】

①毷氉：烦恼、愁闷。

②成连：春秋时一位有名的琴师，伯牙之师。

③孝尼：袁准，字孝尼。嵇康临死前，俱不伤感，唯叹惋："袁孝尼尝请学此散，吾靳固不与，《广陵散》于今绝矣！"

1939年5月18日

晴，初热，午八十七度，昏夜辟户而寝，四更闻雨。始进荔枝。

二日坐听汕市噩耗，朝夕如临，旰食未遑。蕞尔市区，方不二里，拜君之赐，出舍于郊。今则玉石不分，都鄙[①]不计，通津升平，诸街一例坠瓦，比来几成废虚，故死事者较小耳。其人之无良乎，抑天方荐瘥也。夫师直为壮[②]，直者何属，哀者胜矣，此尚未为哀乎。

【注释】

①都鄙：京城和边邑。

②师直为壮：为正义而战的军队斗志旺盛，所向无敌。

1939年5月19日

闷热多汗，昏时急雨数点，弥增蒸溽，入夜风雨并作，瓦釜雷鸣。

器儿途上来禀，言："次[①]松口、兴宁、翁源。又龙仙渡头毁舟一、车三十。"风尘末吏，乱世功名。

【注释】

①次：旅行时停留的处所。

1939年5月21日

晨滂沱如注，日仄稍霁，行街曲数十武。入夜如倾如泻，又如千军万马之行声，饶有波澜壮阔之思。

1939年5月23日

晴。

静斋晨来谈。午渡海入姚宅久坐。

1939年5月24日

晴热。终日坐风扇下，沾人春风。晡，姚万达招饮，浼丁老下山。昏，黄静斋来会庄头，坐待酒局，蹒跚跮踱，相顾茫然。丰昌众庶之都，争轨城门之会。路人以目，噤不敢声。五步一楼，十步一阁，石栈钩连，天梯耸矗。人生到此，刍狗共陈，与为俯仰，随人屈申。久之得食，锦江名炙，口之于味，味亦非昔。伯鹏善饮，丁老藏钩，坐有应者，不逃不挠。此调不弹，恍如隔世，不饕而啜，力求一醉。醉也何往，醒又何知，人或有言，将信将疑。

1939 年 5 月 25 日

热稍解，夜雨须拥衾。

报"昨日汕市被二十余弹，练城尤惨，轰声列炬，汕民可闻可见"云。

1939 年 5 月 26 日

首夏清和，甘霖时降，冥心搜香，会意良多。

1939 年 5 月 29 日

雨，有疾风，入夜声尤凄清。

两日小感风欬，浼陈叔言立方服之，本来无事，亦不为苦也。

杜生连日来共坐，多有可存之作。晡，伯鹏、万达将秋老命投稿一束，曰《揭阳姚秋园先生文钞》，都三卷，为文五十三篇。深惧丧失，托灵枣梓，属为校定，以免传讹。子云及世之知，敬礼定文之托。风尘澒洞，弥用黯然。

1939 年 5 月 30 日

霡霂亘日，水禁弛矣。

坐校《秋园文钞》，毕一卷，正字[①]不可胜正，纠其太甚焉者尔。其义例语法，须附于诤咳[②]者如干则，别纸条列以待质证。卷中用"棣通"[③]字样，出《汉书 · 律历志》："万物棣通。"又用"白衣云苍狗"，语出杜句"天上白云如白衣，斯须变化为苍狗"。又附吴澹庵先生书，中云："昔黄梨洲序《明文案》，标举唐之韩、柳，宋之欧、苏，金之遗山[④]，元之牧庵[⑤]、道园[⑥]七家。谓以成就名家而论，则有明一代如七家者，无其一人。以一章一体论之，则有明未尝无七家之文。窃尝持此意推论吾粤数千年名家，虽不多觏，然既称一代作者，亦必自有门庭，否则一章一节亦必有至情孤露之处，其他因人因事当存之以资考证者，尚不在此例。而吾粤文总集，若张氏《文献》、屈氏《文选》、温氏《文海》三书，流传日稀，几成孤本，且应选之，亦多遗漏。温氏以后如冯氏《潮州耆旧集》、陈氏《岭南文钞》，皆就闻见，偏举一隅，无续纂成大部者。窃不自量，欲汇而集之，复取方志及诸家文集，涤其繁芜，加以捃摭[⑦]，为《广东文征》一书。”按太史为此书年方六十，自述老来述造之志如此，复二十余年而后没，迄未睹是书之成，板荡中原，靡有孑遗，省其遗言，弥伤后死矣。今《广东文征》丛稿尚散在太史门人之手，后之人遂终不及见也乎。

【注释】

①正字：矫正字形，使符合书写或拼写规范。

②嗲：粗俗也。

③棣通：通达，贯通。

④遗山：元好问。

⑤牧庵：姚燧。

⑥道园：虞集。

⑦捃摭：摘取，搜集，采集。

1939年5月31日

小雨，吏报月来不雨，劣盈十日。

校《秋园文钞》字半日。按齐集书省[①]有“正书”，北齐改为“正字”，隋唐及宋因之，元以后不设此官，清制乡会试卷汇送礼部，又指派磨勘官，若而人书有不正，亦举劾之便。归来万事都休，那堪回首，信所谓“更不如，今还又”者矣。姚文抄胥尚非俗手，其屡以“辤”为“言辞”、“证”为“参證”、“嵇”为“稽考”等字，且不能责善于耇考之徒，可置勿论。若以“胆”为“膽”，“胆”，口脂泽也；以“伕”为“夫”，马之“夫”，“伕”女夫婿也，仅见《篇海》（《康熙字典》未收）；“另”为“别卷”之“别”，“另”不成字，此则俗书之必不可从者，而于书手何责焉。沧海横流，噤其口者久矣。

【注释】

①集书省：官署名，掌管校勘典籍之事。

1939年6月1日

重阴。

来此一年矣，去年今日，顿蹶[①]出国门，衣履而外，未携长物。坐看蚤莫，与为生涯传舍[②]，固所惯然，遂尔悠悠，亦岂始料之所及哉。每一念至，何以为怀，悲甚焦琴，痛深覆醢。苦睡待旦，冥坐视天，“哀我人斯”，“曷其有极”。

校完《秋园文钞》三卷，为諟正一百余字，别写疑似未安之义三十则，还质秋老，以俟论定，不虞今日尚有抱残守缺补敝、拾遗如斯两人者。卷中传状十余首，尤卓尔可传。《徐孝懿小传》远出《寒花葬志》之上，视《项脊轩记》曲传其神，而立言尤得其大，回忆当日赴而未唁，在疚至今。又所为《嘉应廖叔度传》，首叙州之先进“自清初李惕斋、杨讱庵后，宋芷湾以旷代逸才焜耀一世，嘉道同光之际李绣子、吴石华、杨梦生，以逮张彦高、饶辅星、温慕柳、黄公度之伦，或专攻朴学，或纵谈经世，出其余绪，为文章诗词，类能根极理要，浸淫经腴，一洗凡响，岭海师儒，皆折心焉”一段，又德邻文献，资为故实者也。

【注释】

①顿踬：困窘，处境困难。

②传舍：借指旅馆、饭店。

1939 年 6 月 2 日

初放晴。

起早步海岸数里，见有垂钓者，愧未竿饵，亦坐其旁，不复作日边之梦矣。家书来。

姚万达来，与言识字、作书二事殊悉，传秋老言：“生来未深治小学，《秋园文钞》正赖校勘。”重挹㧑谦[①]之德，敢负请益之勤，人不觉其席之前，我亦忘其舌之焦也。

【注释】

①㧑谦：施行谦德，泛指谦逊。

1939 年 6 月 3 日

阴云复合，棋侣亦疏，自探玄虚学焉，而弥知不足。

1939 年 6 月 4 日

晴。

医者陈镜波来谒，吃谈至晡，子意良厚。镊人侍侧，因尽杜诗一卷。

1939 年 6 月 5 日

晴。夜坐，忽闻客言：“得私电，乡事殊紧。”怦怦彻夜，翌晨披报无所见。

1939年6月6日

晴阴，小雨间之。

舟楫眇然，终自此去，江湖远适，遂无前期。野哭邻鸡，不殊昨日，朝喧门雀，犹存交情。慨陈迹之都非，更我躬之不阅。废书长叹，望风苦吟，间亦杂坐少年，群居里曲。博征哩谚，释以旧闻。取材既不舍伶语童谣，得间复时闻隽词妙语。欲仿周壬有言之例，别为二刘新语之编。不无言多不驯，要自持之有故，信可补华阳未备之国志，存东方失传之廋辞[①]。知此者已自不多，识机时本不容发，则又冥然块坐，儳[②]焉终日，夜不成寐，所欲无时。相依茕茕，深谢此记，有怀共曰："何草不黄。"

【注释】

①廋辞：廋，隐藏，藏匿。古时对谜语的一种叫法。

②儳：苟且，不严肃。

1939年6月8日

晴，晨欲雨不成。乘舆罢驾，展卷自咏，乱纸抽毫，不令成章，自投败簏，毋效驯象之匿齿[①]，自比落叶之归根。有人乎于我之侧，子不来凡几日矣。有时自发钟磬响，落日更见渔樵人。"习习谷风，以风以雨。"断章诵赋，念旧欷歔。

【注释】

①匿齿：虫蛀的牙齿。

1939年6月9日

晨重黔。

久同尺蠖，招林生（木茂）出走山麓以振之。山雨相侵，憩丛薄间，滴翠湿茵，翛然独远。天青雨过，乃以车归，一粥一浴，复有栏干，伴人一霎，已自谓如羲皇上人。（霎，新附字，雨声也。陈造诗："蝶梦蘧蘧才一霎。"当系宋后用法）

1939年6月10日

时雨飘忽，去来无端，履屐靡常，汐潮终古。"沉思只羡天随子，蓑笠寒江过一生。"胜友如烟，三旬不见，静斋一老，惠然肯来[①]。玄旨同参，误书偶抉。（《吴志·步骘传》："擿抉细抉。"按抉，亦作觖）自分擿埴索涂[②]，冥行而已。

(《法言·修身》篇注言:“盲人以杖擿地而求道。”)老来无花,眼如明视。(《曲礼》:“兔曰明视。”)一目之下,辄见其深。“可无如此客,犹恨不能杯。”(白石句)一坐亦见天心,三伏为销[3]暑气。夜饮沈氏庄头。

【注释】

①惠然肯来:欢迎客人来临的客气话。

②擿埴索涂:盲人用杖点地探求道路。比喻暗中摸索,事不易成。

③销:古同“消”,消散,消失。

1939年6月11日

薄翳。仲儿胶州禀来。

极欲扁舟南荡去,中散[1]平生七不堪[2],一记一枰,相依为命。一日而三失伍,休恋明时[3],终朝不获一禽,还自强饭。与乡人处,周流车马之间,居是邦也,毗连鲍鱼之肆。猎较犹可,时亦朝服,观乡人之傩,扪虱[4]而言,岂复被褐,谈当世之务。

【注释】

①中散:嵇康曾任中散大夫。

②七不堪:嵇康不满当时执政者,山涛推荐他做官,他在《与山巨源绝交书》中列陈自己不能出仕的原因,“有必不堪者七,甚不可者二”。

③明时:也叫清时,太平时代。

④扪虱:指捺着虱子,形容毫无顾忌的样子。亦比喻贤士举止不拘小节。

1939年6月13日

晴。

写录旧毕一通:

日居鹑尾,岁在摄提,遵海而南,至于虞渊。师挚去齐,申胥辞楚,曹部言散,人物都非。生喜辞翰,尤耽指墨,岂无从我,深戒徇人。人求不龟,我甘尺蠖,以此察察,受物汶汶。何期通家,乃遘之子,酸咸同耆,断续知音。说经解臣,言诗启予,每至无言,尤解弦外。千里求士,异代感知,古人所难,得子为幸。悠悠三载,劫其红羊,嘐嘐方人,谊深蛩駏。不得于天,不得于人,犹逝我粱,犹发我笱。自同昔人,私谓不恶,得一知我,可以无恨。属经流窜,涉足创夷,端溪濠江,相将羁旅。尽知情伪,备尝艰难,终焉出山,乃托异域。举目言笑,谁与为欢,江南草长,宁不怆悢。鱼虾匪侣,麋鹿方游,此乌托邦,无容身地。时也溷迹,喜来相过,琴辨爨焦,声识吞炭。疑到绝境,又是一村,别虽兼旬,会疗百疾。枝头亦多,领上常春,水面落花,行间丽藻。一经点缀,并成文章，发为珠玑，毋弃蕉萃。如何胜会，终感不常，蜡屐浸疏，寒林无色。晌时爽气，日付销沉，致情词华，顿成糟粕。举du停咽，当席不温，甚惭不德，弥悲无侣。皇皇谁吊，耿耿隐忧，籍纵不言，胜敢言事。茫茫身世，落落穷途，卧忆空山，慵复引镜。匪言可罄，自白逾非，息念维艰，去怀无计。又与彼此，未采同不，迹象既泥，语默奚纵。欲行趑趄，欲言嗫嚅，思子为劳，得士匪易。重被佳毕，未塞结言，痛忏私臆，殊为多事。衽以近况，庸有坎然，因裁此书，例诸盍各。波澄风好，雨过天青，善护景光，蔚兹文采。

1939年6月14日

间雨。

月来几于靡日不雨，韩江报涨，洪水滔天。比者又自圮堤防，豫阻铁骑，嫠者不恤其纬，杞人亦忧其天。栋折榱崩，侨将压焉，人亡政息[①]，天将废之。厥田下下，厥赋惟上，救死不暇，如水益深。况又值庚癸，方呼春耕正熟，哀鸿待哺，敝赋[②]悉索之时，一举而淹之，壅流而决之。畏盗胠箧，乃行自焚，惧人置鸩，先为引决，以此言哀哀可知矣。将令燕子归巢，难复旧时之王谢，令威化鹤，不见如故之人民（出《搜神后记》）。天下之生久矣，予何为好辩哉。

【注释】

①人亡政息：旧指一个掌握政权的人不在其位了，他的政治措施也跟着停顿下来。

②敝赋：谦称自己方面的军队。赋指兵卒和车辆。

1939年6月15日

晴，言儿禀来，述里间近事殊悉，尚未尽摅写也。

1939年6月17日

黔。

度门不出，已浃旬矣，块垒不宣，亦令腹痛。质明蹶起，呼林生从，既车复徒。道公园横小桥，迤逦而前，循山之麓，执耳宝云，道幽琼冠市，不图于无意间，身入其中。曲折盘施，车轨不通，夹树参天，下临无地，白云在掌，流泉在山，健步数里之遥，亦觉去人已远。涧底露石，可以分庭，可茶可棋，惟适之安。已有捷足盘踞，大言遁逃至此，犹待洗耳，引而去之。又行十余里，不复见人矣。“只麽身归盘谷”，“短衣落日空山”，渺渺临风，“马背何如牛背稳”也。

1939年6月19日

晴。

治《竹香斋》[1]三集，半日致力颇不易也。

夜有风自南至，风之薰兮，可解愠兮。

【注释】

①《竹香斋》：《竹香斋象戏谱》，清代四大著名象棋谱之一。

1939年6月21日

晴。

亭午传言："汕头侵晓疆事失官，日未仄，已非我有。"年来饱受虚惊惯矣，尚冀传之非其真也，无何秏讯叠至，外报揭言"由二点进袭"。然则澄海南北港，潮阳达壕埠实当其冲矣。比夕广播声中已不为讳，从此遂为亡乡之人矣。楚囚相对[1]，尤重丞相之愀然，鲁难日滋，太息庆父之不去。何以为国，如此人生，角黍[2]当筵，停杯投箸。

【注释】

①楚囚相对：见《世说新语·言语》，后用以形容人们遭遇国难或其他变故，相对无策，徒然悲伤。

②角黍：粽子，又称"筒粽"。

1939年6月22日

夏至节。初稻待稔，江水湮之，正苦不年，益以黩武，运而已矣，天实为之。

昧爽出亡，辱在草莽，晨风犹好，山雨忽来，托庇蒲轮，远寻茆屋，负隅而桷[1]，编席为帘，灌莽参差，支床三五，亦可共行李往来之困乏，可可话荒台片石之沧桑。最难风雨无客来，记取前游断句在。

循诵秋老家书，秋老《文钞》经予雠校、辨诤数十事，一一如所谌正，并云："如兹知交益友，并世不可再得，同心之言，其臭如兰。""不敢问来人"，"近乡情更怯"。深虑秋老手书不知何日得复见也。"归家我比杜陵难"（侯乙符句），"江东父老空相忆"（白石句）。著酒行行风满袪，石榴一树浸溪红。桥边小立，水流自东。

【注释】

①桷：方形的椽子。

1939年6月23日

小雨不断，正是黄霉天气也。

懒翻烂报，习谙朝闻。“子为汉臣，安得不云尔乎！”子岂好辨，信有不得已耳。昨今二日，并有里人逃自东来，出于尔口，入于予耳，言虽逆耳，语实由衷。道人之来，只驾轻舟，驰伍卒、越妈屿，扑海关，拔汉易赵，指顾间事[①]。已而不见一人，终乃倾师压境。戍卒未叫，阿房自焚，墨突[②]不烟，输梯已毁（电灯局毁，水塔澌析），不吝百里之蹙国[③]，空炫百万之义兵，陛盾牙郎，徒拥刀戟，淆陵负俭，仅蔽风雨。倾九江之水，不湔[④]此耻，铸九州之鼎，酿兹大错。箫遂犹在，不令溷吴市高歌，薇蕨诚甘，何处是西山片土。

【注释】

①指顾间事：比喻时间十分短促。

②墨突：墨翟东奔西走，每至一地，烟囱尚未熏黑，又到别处去了。后用其事为典。

③百里之蹙国：丧失大片国土。

④湔：洗。

1939年6月24日

小雨郁蒸，午达八十九度。

客坐杂闻边事，弈棋解之，时有慧著，不克追记。用力独专者，以塞吾耳，窒吾思也。过焉辄忘者，非大上[①]未忘情也。静斋来共坐半日，舒我中结，泽人心苗。黄鸟悲复吟，“白头搔更短”。

【注释】

①大上：大，通“太”。太上，指圣人。

1939年6月25日

晴，初伏困人，宾从疏简[①]。当午待饭，有客招出市而茶，已不任冠带之劳矣，谢之云吉。厕坐稠人中，为述谐联，聊资哈笑。虽或搢绅先生所难道，然亦及今不述，遂无知者类也。

幼时闻归自北省者言，北方苦水，其民终岁不得一浴，积垢盈寸，如虎傅皮。见有斗于市者，操戈逐而斫[②]之，以为瓜裂矣，谛视之，仅伤及垢，而皮肤无恙也。世果有此人，其处世涉途，无往不利矣。

【注释】

①疏简：散漫，随便。

②斫：斩断。

1939年6月26日

晴。

录日记十余则，小儿当阳，无从久坐，一事无成，书亦不佳。今吾丧我荅焉[1]，如有所亡，不笑不言，亦非解脱，既未忘于物我，弥难遣于身心，去智离形[2]，谈何容易。通自然以妙悟，岂力运所能成？祥云自卷舒，流水犹呜咽。

【注释】

①荅焉：相忘貌。

②去智离形：消除了个体心中的私欲杂念，偏见成见，以及“智”的负面作用“伪”，而进入一种虚空静寂、无执自由的心灵状态。

1939年6月27日

晴。

今日报端不见潮安发出通电，首邑不守，概可知矣。乡变以来，海通梗塞，犹是锁港攘夷之故习，而不虞君之莅我地也。喁喁里人，漫漫东望，风尘海上，涕泪天涯，何时复出上蔡之东门，令人黯然金陵之王气矣。

1939年6月29日

晴。

是日予五十五岁初度，念家国陵夷[1]至于此极，只身投窜，不宁厥居。何一生事业之可言，更九天女婴之休问。惟将迟莫，未有涓埃[2]，孤负居诸，弥悲落草。当年蓬矢桑弧[3]志，今予东西南北人。黯澹[4]家园，称觞奚属，消愁更愁，对酒罢歌。长为永感[5]之民，羞对畔喭之侣。徒爵人意，善为我辞，事已无可复言，义又岂容再辱。宇宙虽大，何处投间，江海之宽，遇人不淑。饥来驱我去，出门欲何之。于焉独走荒滨，径趋幽壑，高岸深谷，倏忽桑田。白云在天，斯须苍狗，深叹所见之未广，痛悔陈迹之皆非。“弃我去者，昨日之日不可留；乱我心者，今日之日多烦忧。”“且放白鹿青涯间”，长风吹林，幽音变调，迸泉飒飒，野鹿呦呦。亦有碁石，而乏隐倚，块然冥坐，淮右善讴。傥所谓方山子[6]者非邪，我岂若小丈夫然哉。回首江南天欲莫，“算潮水知人最苦”。

【注释】

①陵夷：衰败，走下坡路。

②涓埃：细流与微尘，比喻微小。

③蓬矢桑弧：古时男子出生，以桑木作弓，蓬草为矢，射天地四方，象征男儿应有志于四方。

④黯澹：比喻没有希望，不美好，阴沉、昏暗。

⑤永感：父母双亡，终生感伤。

⑥方山子：陈慥。与苏东坡是好友。

1939年6月30日

晴。

意有未平，达旦犹“惮诡[1]唈僾”（《荀子·礼论》篇语）也。匪求倾听，自宣其抑塞耳。“君子有终身之忧，故忌日不乐。”蒲节是鮀市新忌日[2]。又越九日，沉疴绵惙，天灾流行，卒致不起。夜传东台广播：“吾邑之命亦尽于今日未刻。”是又吾邑人终身之忌日矣。

邑自万历四十二年建县，至于今三百二十有五载。耕三渔七，民不知兵，悦礼敦诗，世无失德。虽入清有郑氏[3]思明之应，而传檄衽邑治鮀市以南。洎太平天国强弩之末，倾师南窜，尽分水关。至爱新觉罗改步以还，竟屡自全，疑有天幸。岂意江表[4]之运，终于三百年，羊舌之存，祧承十一族。及兹颠覆，未卜死生，藐是流离，至于暮齿。之秦士会，莫为涉帑以行；赴洛陆机，空著辨亡之论。瞻望不及，亦已焉哉。(又说是昨日事)

【注释】

①惮诡：变动貌。

②蒲节是鮀市新忌日：1939年6月21日是“汕头沦陷日”，是汕头市历史上唯一遭外敌入侵而沦陷的“市耻日”，也是历史上遭敌空袭最严重的一日。

③郑氏：郑成功。

④江表：长江以南地区。

1939年7月1日

晴。

报上已渐忘故乡事，从此遂成隔岸。秦人视之，亦不甚惜。于宫鼓钟，于林击鼓。“于嗟洵兮，不我信兮。”我独南行，环车言迈。谓我何求，以写我忧。

1939年7月2日

晴。

汕肆丐夷人传书，三日而达，正“家书抵万金”也。综邑人所得书中语：“澄属安谧良深。”庆幸里人，辍歌罢相十余日矣。终夜常开之眼，一旬未展之眉，无力回天，求田何日。

1939年7月3日

晴。

阳炎戾天，日居窟室，手《万善花室集》，与为上下，亦自忘暑，不复有四方之志矣。乡难之兴，绵历旬余，数行里闻，拱如彝鼎，共念沛中之鸡犬，尤系善和之赐书。颜之推折节四朝，本自好官我自为之，牛里仁疾首五厄，昔犹未知其言之悲也。太息上蔡黄犬，不复出自东门，忍言子敬青毡，本是家之旧物。世运荀如此，天道宁足论。自古学人秉志，遵分和声，鸣盛者曾有几人。而遭乱伤离，身业俱毁者，所在而是。存什一于千百，遗片羽之鸿毛，寄慕流连并付之，不可或知之数而已。《说难》有作，恨不与之同时，“此人若在，吾不敢复搦管”（《完白山人传》语）。所为罢赋于穷鸟，几欲绝笔于获麟[1]。猿啸竹林，牛衤卒邛市，不知所终，岂不懿欤。

【注释】

①绝笔于获麟：相传鲁哀公时鲁国猎获一只麒麟，孔子听说以后非常伤心，他认为神灵之物麒麟出现在太平盛世，而现在正逢乱世，出非其时，而被人抓获，所以他沉痛绝望地把此事记录下来后，就终止了《春秋》的写作。

1939年7月4日

晴，逾午转热，升至九十度，夜闻过雨殊急，旋止。

晓回翔门口，冀获乡闻，已同越国，卒若鄙远，天涯询息，君知其难也。忆海禁未通，方舟待渡，因风破浪，趁潮赴汉。邑治海滨，利资舟楫，舻丹飞鹢，舟号红头。帆樯如林，尾闾港口，东陇二所，今港口乡后，天后宫前，古灯荧然，数程远照。是当年舟师北斗，民具尔瞻，今则东陇环溪，港口成聚，诡同橘叟，来迟麻姑。百年之间，汕头后出，“宏舸连舳”（《吴都赋》），走越走胡。达三江而连五湖，控蛮荆而锁瓯粤。杨漕辽卫，邑商独早，春暖北贾，冬寒荣归。北麦南糖，交易而退，御风南朔，候汐东西。一舸往还，动弥岁月。渡头闻讯，竞引还家。尔询寒梅，我问都邑，则亦千里，共此明月。得此两字，穆如清风。今昔异时，夏夷同轨。缩地有术，天堑亦颓。朝食武昌之鱼，午饮建业之水。人蒙其利，民狃图成。属变起颛臾，祸深肘腋。度德量力，振臂当车。有豕负涂，载张之弧。驯致麋鹿，姑苏橐驼。故乡七日，哭秦廿年。沼吴旷绝，莼菰之忆邈焉。亲旧之书，杼轴其空。周道之黍禾，何似苌楚在隰，予室之风雨，奚如谁谓河广。河伯在门，谁将西归，怀之好音，当午渡河，憩于桑下，低徊去日，于邑流年，尽此一杯，恍聆三叠，酒醒波远，日莫人归。

1939年7月7日

晴。

"天长地久有时尽，此恨绵绵无绝期。"死别吞声，生离恻恻，终古之根，不殊人天。颠沛经年，怆凄此日，君山[①]流涕，微子[②]兴悲。旷千载之奇灾于吾身，而亲见大江东去安归也，残照西风卷半旗。同指山河，凡兹生气。器儿自南雄托龙川黄生袖安禀来，亦归家不得矣。

【注释】

①君山：顾炎武。

②微子：子启，殷商贵族。

1939年7月8日

晴。

是日先大夫九十八岁冥寿。阅毕《万善花室》文。小暑节。

破晓蹶然而起，入于幽谷，不无陟陂给级之劳。然长此悠悠，此身弥沦懒废矣。山水多情，腰脚犹健，怅怀旧雨，难期好风。瞻夏云之奇峰，睇秋波于瀑布。嵚崎[①]傲物，潇洒袭人，踽踽行迟，休道出山。甚处淙淙流急，何取于水如斯。举足蛩然，争人琴之俱杳，舍瑟铿尔，奚友声之久零。绿缛浓阴，蝉鸣未曳，苍波远水，鱼乐安知。习见山中之夫，相忘物我，漫诘人间何世，相彼蟪蛄[②]。一坐石头，黄粱几熟，数峰江上，青鸟自飞。天意可知，人生到此，且休将鸡犬，云中飞去。

【注释】

①嵚崎：险峻，不平。

②蟪蛄：又名"知了"。

1939年7月9日

晴热，逾午九十一度，终日寄人庄头，坐风扇下，温《尚䌹堂文》一卷。

何以御热，治心为上。潜修密咏，含英咀华，养得中心，莹然不着一物，地狱太空，去来自在眼前，炎日于我何有哉。此上乘法也。

吾家石斋狱系发疽，濒于瘐死[①]，而治《易》不辍，貌益加腴，无它，分定[②]故也。其他孤臣寡妇，迁客劳人，或则矢志孤忠，推心愚孝，或则廿年啮雪，千里负粮。心之所安，不挠于物，懦者蹶起，上格乎天，下至梓匠、佃渔、贩夫、走卒，炉边六月，溪上三冬，虽流火坠肌，洌风裂骨，而择术已定，乐在其中，并不落下乘法也。生不挽一石弓，足不茧万里路，长不足备，郎桂楯倿，不以游誉公卿，问客何能，辽东之豕头皆白，数君之齿，中牟鹤发已玄（潘安仁，中牟人）。鼎沸中原，涓埃莫答，鱼游釜鬲，刀俎待享，犹复块然尘溘之中，傀焉人海之内，客于沛令，最为老师。此宋玉所以云"何不誉之甚"，彭更所以问"不以泰乎"者乎。积此怀来，颇自解脱，羊枣断耆，马食而甘。别有端倪，不言不笑不取，自成蹊径，可杨[③]可墨[④]可儒。载驰载骤，于车尘马足之间，唯物唯心，于鞶帨[⑤]香草而外。心境既远，如见天心，热暑顿忘，谁能执热。境由心造，歌以永言，喑不能歌，悉之于梦。

【注释】

①瘐死：古代指囚犯在狱中因饥寒而死，后来也泛指在狱中病死。

②分定：本分所定，命定。

③杨：杨朱。战国初期思想家、哲学家。

④墨：墨子。

⑤鞶帨：比喻雕饰华丽的辞采。

1939年7月10日

晴热，至午九十二度，中夜枕簟犹炙手，风扇下弹棋，故自不恶。

1939年7月12日

晴，热甚，达九十三度。终夕骇汗。

晨方力暑，伏几作书，而催租败人，射影滋惑。邠老[①]断重阳之句，巷伯[②]成贝锦[③]之伤。从兹春草池唐[④]，恐成绝响。秋江星斗，空咽寒潮。殊叹书空没字之碑，兴哀无用之地。自刖之白，岂若沉渊之锢之犹愈乎。生本寡欢，属处多难，安得顽石为我点头。往时读书，无复眉录，勉成新语，爰有寒泉。甚而今，不道秀句。家在江南屋瀼西，虚有绿阴无数。

【注释】

①邠老：潘大临。

②巷伯：宦官，太监。因居宫巷，掌宫内事，故称。

③贝锦：喻诬陷他人、罗织成罪的谗言。

④唐：同“塘”。

1939 年 7 月 13 日

祁暑，有隆无杀，居室东北向，旭日高照，无书可暴。越午达夜，如处囊中，闻有风自西南至者，天之所弃，不荷其庥。未睹民康，自惭居处。况值中原板荡，重鼎播迁。朝暮苟全，贪天之力。正不知几辈自经沟渎，沦为皇台，蓬蒿没人，世业顿尽。所为当食三叹，反席不安，接淅未行，冀君一悟者也。惟君之厚，实邻之薄，匪我族类，其心必异。所可痛者，上无道揆[①]，下无法守，妖由人兴，政以贿成。袭教父之名，齐愚民之政，快一朝之忿，贻百世之忧。可使民由，不可使知。不教而战，是谓弃之。昔也黯兵荒塞外，空见蒲祧之来，今也揖盗萧墙，席其玉弓而去。未及见贼，而相率离散，早窥楚幕之有乌，虽曰天命，而岂非人事。敢言郤子之有豸，令人掩耳，过乡校之颂，回车于朝歌之乡，嗟乎！庆宫春阑，后庭花好，满江红坠，月下笛凄。“同予者何人”，偏写入白石琴丝。起寻机杼，知我者罪我。先自吟子山《愁赋》，独甚情绪。

【注释】

①道揆：准则，法度。

1939 年 7 月 14 日

暑益盛，未入中伏，经旬蒸厉（今日报九十四度）。港吏言四十三年来七月令中未有之热也。丙夜不改厥度，反侧难安，启窦[①]登台，寝衣未御，曳我蜡屐，跨彼屋梁。宵风自凉，天河久阔。久叹之下，望棋而甘。何来狺狺[②]，破兹寂寂。实逼处此，岂容它人。问夫子以何为，观先生之状貌，“其犹穿窬[③]之盗也与?”“子以是为窃屦来与?”与其吠尧，毋宁吠雪。讵为其主，其性使然。莫遇灵公之嗾獒，岂若馆人之失屦。所如辄阻，衙道可知，其敢与君周旋，避之若将浼焉。更海际荒潮正急，“早知潮有信”，“明朝散发弄扁舟”。

【注释】

①窦：孔、洞。

②狺狺：犬吠声。

③穿窬：翻墙头或钻墙洞的盗窃行为。

1939 年 7 月 15 日

隆威未减，沈氏群从力邀，风乎南海之频。分无蔡姬荡舟之戒，亦绝鲁隐陈鱼之讥。雅不欲往，“别有一番滋味在心头”。拥书自湛，嚼冰沃炎。

1939 年 7 月 16 日

间黔，热稍杀。夜枕稍安，四更雨作，滂沱泛滥，一洗兼旬蒸郁，人畜攸宜。不劳丙吉之问牛，聊免满奋之喘月。（《世说·言语》篇：“满奋畏风。在晋武帝坐，北窗作琉璃屏，实密似疏，奋有难色。帝笑之，奋答曰：‘臣犹吴牛，见月而喘。’”）

1939 年 7 月 17 日

晨降至八十二度，倾盆洎午。

凉风天末，好雨暑初，醒来飕飕，下床尔尔。（《古诗》：“媒人下床去，诺诺复尔尔。”）死生契阔，盼断征鸿，江海赊遥[1]，飞残孤鹜。风雷水火，天地之大德曰生，治乱兴亡，圣人之大宝曰位。聚而歼焉，不如勿生，举而委之，将以御暴乎。乡关消息，休问寒潮，荒徼生涯，更无尊酒。此地有崇山峻岭，何韩集之未诗。暇日吊蔓草荒烟，亦宋王之行在。朱崖弃地，以薮逋臣，断木为杯，远来卓锡。不复眷南朝四百八十之寺，甚时睹城中三瓦两舍之灯（《水浒》第六十五回事）。一局敲残，百年之世事如许，新诗改罢，四壁之虫声蛩然。

【注释】

①赊遥：久远，遥远。

1939 年 7 月 18 日

阴雨相间，午八十六度。器儿自梅县禀来。晨访静斋。

“十年著一冠”，三旬不出户。非不欲往，畏行多汗。早凉如许，雨也何害。虽无乘轩，不敢徒行。道膻腥之廛（咸鱼栏。栏之云者，同业麇聚之区也），止嚣嚣之市（屈地街市场）。如入鲍鱼之肆，未辨鱼虾之名。有肉如陵，贱于瓜菜，有酒如渑，苦于庸调。行也摩肩，驱也接舆，昼也立谈，夕也接席。曲巷之内，稷下之谈者三千，十室之邑，越中之君子五百。蔓生篱下，卵孵埘间。天地生之，君师教之。育而不教，是谓弃民。归名其母，何别胜母。戎朝袓服，在陈之尤物何多，被发伊川，辛有之先见已晚。孔息西行，我独南行，何齐不崔，维溱与洧。“窜梁鸿于海曲，岂乏明时”，移周颙于北山，弥惭俗驾。门无辙迹，君子之德也风，釜中生鱼，小人之居近市。谱春明掌故，为君一弹，拜山馆政书，绕朝三策。官人头白，忍话开元，乔木心丹，怆怀大业。正楼外冥冥，海氛飓飓，问当日来舟，只今在否。

1939年7月19日

黔雨不常，楼居简出，关扉惧潦，阖户失光。日中张灯，犹误马足，风前灭烛，攎写蝇头。一雁于飞，胜屋梁之月色，有风南至，亦空谷之足音。罢穿幼安[1]之床，爰倒东郭之履。尔之亟行，遑脂尔车。雨中之风景不殊，觉来而山河顿异。巫雨方煽，胜日何期。一卷于怀，安往是谷城山下，六经坠地，几人传鲁王殿中。来修竹林之游，交订云溪之集。渡溪三笑，斗酒十千。居然击钵藏钩，山阴雅集，说到摩碑衔石，岘首悲风。昔游未远，已泯旧题，来日大难，懒挥新泪。夷犹消息一弹指，计衡阳归时秋已莫。

【注释】

①幼安：辛弃疾。

1939年7月22日

晴。器儿自饶平禀来。

几有佳札，抵读希逸一篇《月赋》也。

1939年7月23日

晴。

休沐日，有一客共坐至乙夜。“如何过日？”“即此是天。”夜作小柬。

属有小文，羞为人见。吏部立马，立窥其深。此法得传，此生无憾。会希绠短，我劳如何。比被瑶笺，明明如月。抵诵希逸一篇《月赋》，胜似笥河三百石也。相期错石，未吝金针。别写新文，报君熟纸。

1939年7月24日

晴，夜有骤雨。

晡，里人得乡讯，咸为辍食，旬日间讹言：“邑城东群鬼夜哭，其天将雨粟乎？”国家将亡，必有妖孽，征引之诞，莫短丘明，言犹在耳，今果验也。事是五月大尽之前日，兹子之兴，颂言光复，单于复战，殃及池鱼。南门外栘排街、打铁街、盐厂街，城中鞋街中学川祖祠火，壮者死难及千。东五乡亦各死数十，港口一乡，火者七处，凡钞戮三日，而后稍定云。茂才高翥振之年七十余矣，亦及于难。翥善画竹。蕞尔小邑，僻在南隅，震尔大邦，以为东道，盐卤消渴，波涛余生，几见鲁之诸生，已无田之二客。建县之始，犹有唐王诸老，声闻域中。入清之图，久沐韩陆遗风，吏称易治。积弱之下，民不胜兵，狃安之余，足不出闬。而不虞生民仅有之祸，扬州十日之灰。屋角鸱鸮，梁间雀鼠。三百年乃祖若宗，栉沐缔造之，而惟日不足崇朝间，维桑与梓，风雨摧戕之，几无孑遗。遘兹闵凶，首蒙奇劫，藐是赪尾[1]，谁非覆巢，招集流亡，遑恤天宝之后，手诏天下。哀哉，建康之朝。“山川城郭是耶非”，“有鸟有鸟丁令威”。

【注释】

①赪尾：奔波劳苦之人。

1939年7月25日

晴，时黔，午八十六度。

静斋来阅近记，为思误书，稽所自出，作者一瓻，读者一瓻，不自觉其席之前尔。客退，坐定者久之，比出定[1]，时人犹争一角棋劫也。

【注释】

①出定：佛家以静心打坐为入定，打坐完毕为出定。

1939年7月26日

间黔，晨炊雨有顷。

天地晦冥，海波荡漾，慈帆不渡，孝水云遥。（潘岳《西征赋》：“澡孝水以濯缨。”）独上高楼，不复东向，未出北门，久罢西芙。子云守阁，君山稿休，驾言出游，以写我忧。曰铜锣湾，在海之角，百钱可达，十里不足。蚩蚩岛氓，依水负麓，居资木石，似有豕鹿。去来一舸，天涯比邻，不识不知，何夷何亲。独有游人，偏惊物候，置杯则胶，蔽山惟袖。海枯石烂，曾不须臾，芥舟晁露，况是区区。只在此山，不知所往。我岂不知山之性也哉，岂至于心而独不知所以养哉。

后　记

◎ 黄小安

记得小时候家中有一排书架，架前通道是我夏天午睡的地方。每次放学回家，把凉席往地上一铺，此处便是我的天地。书架上放满了书，都是父母常用的，无甚特别。但是，其中一层摆放着一包包用牛皮纸封存的东西。这是些什么？因为历史的种种原因，我父亲黄家教从未很清晰地告诉我们，只有在他打开晾晒一番时，我们才从旁悟到点滴。原来这些就是我的祖父黄际遇（字任初）的遗物，包括其个人日记及中国象棋谱等手迹原稿。

20世纪60年代及80年代，父亲与祖父的好友均有编辑出版《黄际遇先生文集》（以下简称《文集》）之议。中山大学中文系黄海章教授两次均预为之作序，父亲亦积极参与其中。由于种种原因，《文集》未能出版。父亲将黄海章教授1982年写的《〈黄际遇先生文集〉序》送载于《中山大学学报》1990年第1期，而使此序得以保存。他还将此序恭敬地誊写了一遍。1995年，父亲将祖父日记手稿赠予潮汕历史文化研究中心永久保存。然而，我们已隐隐感觉到父亲对此事的萦怀。

2007年，我和我的先生何荫坤先后面临退休后日子如何度过的问题，先生提出凭我们之力整理祖父日记的建议，我亦有尝试一下的念头。于是，我们便开始有意识地收集资料，做前期准备。2009年8月，我有幸受邀到汕头做摄影交流。不知是心血来潮，还是实有牵挂，在当地摄影界朋友的陪同下，我走访了潮汕历史文化研究中心，寻视曾伴儿时午梦、既熟悉又陌生的“伴侣”。时光荏苒，原50册棋谱《畴盦坐隐》已佚，日记亦只余《万年山中日记》24册（共27册，佚第15、16、17册）、《不其山馆日记》3册（共4册，佚第1册）、《因树山馆日记》15册（佚第6册以及第16册以后各册）、《山林之牢日记》1册等共43册在此落户安家。翻开日记，桃花依旧，人面已非，这更暗暗坚定了我抹抹尘埃的决心。

2008年6月，由陈景熙、林伦伦两位学者编著的《黄际遇先生纪念文集》出版。2014年7月，潮汕历史文化研究中心将日记合编名为《黄际遇日记》（以下简称《日记》）交汕头大学出版社影印出版。此二事对我们来说，除具先导及鞭策意义外，在资料的征集、整理、编注等方面均给我们提供了较大的方便。在此，感谢他们为此做出的努力。

然而，影印本毕竟是手写的，虽说撰写日记时间离今不算太久远（80 年左右），但读写差异之大超出想象。日记大多为毛笔楷书，亦不乏篆书、行书及章草，文字大量使用古体，有得即记，文不加点，不假排比，多为治学心得，包括历史、文学、数学、楹联、书信、棋谱（中国象棋）等内容，是祖父在工作之余用以自我鞭策的个人流水簿。因此，杨方笙教授认为，“（《日记》）给人的印象就像一座知识迷宫，万户千门，不知从何而入也不知从何而出……是部很难读的日记，除内容广博外，还由于它全部用的是文言文，有些还是华丽富赡、用典很多的骈体文，文章里用了许多古今字或通假字，而且绝大部分没有断句、不加标点。如果读者不具备一定的文字学知识，几乎触目皆是荆棘，无从下手”。蔡元培先生曾云：“任初教授日记，如付梨枣，须请多种专门学者担任校对，始能完善。”要将如此卷帙浩繁的《日记》译为简体字，整理归类，便于今人阅读，以我们夫妻二人“业余爱好者”的身份，应无可能。这十年间，应验了杨教授之语“触目皆是荆棘”，我们也曾有放弃之念头。但是，常有人为了修订整理各类史料“打扰”我，尽管祖父日记影印本已经出版，他们依然很难查找到各自所需。这让我想起中山大学中文系陈永正教授对我说的一句话：“小安，你作为后人，有责任将文物变为文献。”祖父的日记不仅有上述之亮点，更有其重要的写实性与记录性。作为后人，我明白了我的“试错”，才能让更多的人有机会去完善。正是长辈、专家、朋友们的关爱与鼓励，使“无知无畏”的我有了“舍我其谁”的胆量，“不够完美”也许正是这套丛书的特点。

我们将《黄际遇日记》分类编为七部分，即“国立山东大学时期”“国立中山大学时期”“师友乡谊录”“畴盦坐隐”“畴盦联话”“畴盦学记”“畴盦杂记”。这七部分既是一个整体［用“黄际遇日记类编”（封面用字选自于黄际遇先生手稿）作为其丛书名］，又可独立成篇。其中的注释部分，本是我们在整理《日记》的过程中作为辅助的一道工序，资料来源除了《辞海》外，主要还是以网络资料为主，然总感觉把这些资料藏于书箧有点可惜，因此将其简化后作为注释一并刊出，希望对大众能有一定的参考价值。

基于本类编的特殊性，特此说明以下几点：

1. 本类编为日记体，根据祖父日记手稿影印本整理而成。由于手稿中存在一些看不清楚、看不明白的字词句，难免导致整理时出现与原文不一致或者语义较含糊的情况。

2. 祖父的手稿，为其日常记录的随笔，故日记中出现的有关书名、学校名、机构名、人名、地名以及英文名称、数理化公式等内容难免存在错漏和前后不统一的问题，为了尊重作者的原稿，在此保留日记原貌不做更改。

3. 本类编中的日记撰写时间距今 80 年左右，日记手稿多为毛笔楷书，亦不乏篆书、行书及章草，且多为繁体字，兼用通假字、异体字，现全文改为规范简体字，但无对应简体字及简化后有可能导致歧义的繁体字、异体字则保留原字（包括人名、地名），以不损日记原意。

4. 关于节选的说明。本丛书为类编，会将同一天的日记内容按照类别进行拆分或做相应删减，因此书中篇目多为节选。为了简洁，在目录与正文中不一一标注“节选”二字。

转瞬间，距黄海章教授作《〈黄际遇先生文集〉序》又过去了30多年，当年曾参与编辑策划《文集》者大多已作古，健在者亦到耄耋之年。我们在此用此序作为本书的“序”之一，部分缘于黄（海章）公公与我家的世谊，但更多的是缘于我们对先辈们言行文章的崇敬。在此，要感谢的人很多。首先是今年已96岁高龄的母亲龙婉芸，她是我能将此事坚持到底的最大支持；同时告慰父亲：您一直萦怀于心的事情，我们尽力了，如今，我们特别能理解您为什么一直不敢将此重任寄托在我们肩上。其次是我的哥哥与两位姐姐，多亏他们分担了照顾母亲等许多家务琐事，让我能够专心致志。再次是在康乐园看着我们成长的中山大学中文系黄天骥、曾宪通、陈焕良教授，他们都已年过八旬，黄叔叔主动为此书作序，曾叔叔、陈叔叔不厌其烦地解答我的问题。还有就是我的小学同学钟似璇，他不仅帮忙查找资料，还在数学及英文方面给予指导与校正。最后是中山大学出版社的领导与编辑，因他们的敬业与“宽容”，才让此书顺利付梓。另外，我的先生何荫坤，为了编注此丛书，自修了许多课程，留下了十几本笔记、上百支空笔芯和三块写坏了的电脑手写板。虽然他去年因病离世，未能等到本套丛书付梓的一刻，但他是相信会有这么一天的。他那副一步一步验证祖父日记中棋谱所用的中国象棋，我将永久珍藏。

黄小安

2019年4月20日

2009年8月，黄小安在潮汕历史文化研究中心查阅资料